dossier
CAMILLE CLAUDEL

Jacques Cassar

dossier
CAMILLE CLAUDEL

présenté
par
Jeanne Fayard

Introduction de Monique Laurent
Conservateur du Musée Rodin

librairie séguier / archimbaud

AVERTISSEMENT

Pour faciliter la lecture de ce travail, le parti a été pris, conformément au souhait exprimé dans une lettre que notre ami nous a laissée, d'alléger les références qui rebuteraient le lecteur profane et de les reporter en fin de chapitre, soit, pour de plus amples documents en fin de volume : le chercheur s'y reportera sans difficultés.

Jacques Cassar indique ses emprunts aux ouvrages de ceux et celles qui, de près ou de loin, ont connu et relaté les événements qui ont marqué l'existence de Camille Claudel, les abréviations ci-dessous précisent la nature de ces références suivies du numéro de la page :

— AMR : Archives du Musée Rodin
— APC : Archives Paul Claudel
— BSPC : Bulletin de la Société Paul Claudel
— CPC : Cahiers Paul Claudel
— Ds : Robert Descharnes
— J. I, J. II : Journal de Paul Claudel tome I ou II
— JCI : Judith Cladel : « Rodin, sa vie glorieuse et méconnue » (Grasset, Paris, 1936).
— MM : Mathias Morhardt. Précision importante : Rodin a pris personnellement connaissance du manuscrit de cet article : le témoignage de Morhardt n'en acquiert que plus de valeur.
— MSC : Ma sœur Camille, Œuvres en prose, Pléiade.
— HG : Henri Guillemin : « Le converti ».

TABLE DES MATIÈRES

INTRODUCTION

Voici dix ans, qui connaissait Camille Claudel ? Certes, un petit nombre de spécialistes savait que la sœur aînée de Paul Claudel avait été élève, modèle, amante du géant Rodin et que quelques rares musées conservent d'elle des œuvres étonnantes de puissance, de sincérité et d'une exceptionnelle maîtrise d'exécution. Mais le public ignorait tout de cette artiste au destin marqué par la passion, la souffrance, la folie.

Pourtant Jacques Cassar, lui, savait, et depuis longtemps. Un projet de thèse de doctorat consacrée à la jeunesse de Paul Claudel l'avait conduit à travailler dans les archives de l'écrivain et il avait ainsi découvert Camille, la femme sculpteur dont la personnalité s'imposa à lui avec tant de force qu'un projet de biographie qui lui serait consacrée se substitua à l'ouvrage universitaire initial.

Nous apprîmes cela en 1976, quand Jacques Cassar vint au musée Rodin compléter par l'étude de la correspondance et des extraits de presse accumulés par Rodin, sa documentation personnelle déjà considérable. Déception : le dossier Camille Claudel est presque vide. En revanche, les textes des contemporains amis des deux artistes, critiques, journalistes, abondent. Ils vont aider cet homme frêle, discret, tout de réserve et de passion contenue, à construire avec rigueur, en dehors du sensationnel que le sujet, hélas, secrète aisément, ce qui devait être la toute première chronologie critique de la terrible Camille.

Mais les obligations professionnelles, la maladie retardent le travail du chercheur. Entre temps, la personnalité de Camille a inspiré plusieurs ouvrages de natures diverses et en 1984, quand s'ouvre au musée Rodin la mémorable exposition qui regroupe la presque totalité de l'œuvre connue de l'artiste, Jacques Cassar n'est plus.

Aujourd'hui, la publication de l'essentiel de son travail est donc un acte de justice. La forme adoptée, celle d'un dossier, correspond finalement bien à ce que souhaitait l'auteur qui avait confié préférer la succession des documents à la biographie rédigée, car il y voyait la meilleure façon d'exposer les faits avec l'objectivité qu'exigeait sa scrupuleuse probité intellectuelle. Pour les historiens d'art l'ouvrage a, de plus, le mérite de réunir la totalité des textes de critique esthétique suscités par l'œuvre de Camille.

Après les remous médiatiques de ces dernières années, voici que Jacques Cassar reprend sa place, parmi ceux qui se sont passionnés pour Camille Claudel, dont Mathias Morhardt disait « qu'elle est de la race des héros ». N'oublions pas qu'il fut le premier à la redécouvrir.

Monique Laurent
Conservateur en chef du musée Rodin

CAMILLE CLAUDEL AUJOURD'HUI

Camille Claudel suscite depuis quelques années un intérêt croissant : des livres, des articles de presse, des émissions de télévision, une importante exposition rétrospective lui ont été consacrés. On annonce un film, peut-être deux. Cet étonnant destin de femme exerce une réelle fascination sur le lecteur d'aujourd'hui, amateur de romans historiques, de biographies d'êtres hors du commun, d'histoires de couples exceptionnels aux amours tourmentés. Que peut donc encore apporter un nouveau livre sur Camille Claudel ?

A l'origine une personne, plus que toute autre, a contribué à faire sortir de l'ombre cette artiste oubliée : Jacques Cassar a consacré douze ans de sa vie à faire un énorme travail d'historien en rassemblant en vue d'une thèse de doctorat tous les documents et archives concernant Camille Claudel. Sa disparition prématurée et inattendue en 1981 a empêché la rédaction définitive de cette thèse. Sa femme, Bernadette Cassar, qui a suivi l'évolution patiente de cette recherche, a pu, grâce à sa ténacité, mener à son terme le travail complexe et très documenté de son mari en parachevant la mise en forme des chapitres.

Jacques Cassar voulait faire œuvre d'historien plutôt que de romancier. L'intérêt de ce dossier réside donc dans le fait qu'il fournit la totalité de la matière assemblée de façon objective pour permettre au lecteur de se former une opinion personnelle sur l'ensemble de la question.

Ce dossier comporte une biographie chronologique de Camille Claudel reconstituée à travers des documents présentés, non pas de façon fragmentaire, mais dans leur intégralité :

— La correspondance entre Camille et Paul, Camille et Rodin, Camille et sa famille, Camille et ses amis collectionneurs.

— Les lettres de Camille écrites à l'asile.

— Les articles de presse de l'époque, permettant au lecteur d'apprécier l'évolution de l'attitude de la critique à l'égard de l'œuvre de Camille.

— Les lettres concernant le sort de Camille à l'asile, échangées entre la mère, Paul et la sœur Louise.

Dans ce travail d'historien, Jacques Cassar voulait faire éclater toute la vérité sur la vie et sur la personnalité de l'artiste, plus particulièrement cerner les raisons complexes qui ont engendré sa fin tragique. Il voulait surtout contribuer à faire reconnaître l'œuvre de Camille Claudel occultée par l'Histoire.

Dès 1954, Jacques Cassar travaille sur la jeunesse de Paul Claudel, fasciné qu'il est par l'œuvre de l'écrivain qu'il découvrît à l'âge de quinze ans. Cette admiration lui fait considérer Paul Claudel comme son « père spirituel » et son œuvre comme une initiation à la vie. En 1969, il dépose un sujet de doctorat sur Paul Claudel. Jacques Cassar est un « claudélien » qui, dans l'ombre de l'écrivain, a découvert une sœur pour qui il s'est passionné, ce qui l'amène à changer son sujet de thèse et à se consacrer à une étude sur Camille.

Jacques Cassar est alors professeur d'histoire au lycée de Boulogne-sur-Mer et partage son temps entre sa famille et cette recherche qu'il veut exhaustive. Il hante les bibliothèques et les musées, classe les archives et multiplie les démarches pour sauver une sculpture de Camille qui est en péril. Et dans ce travail, ainsi qu'on le verra à l'examen des documents rassemblés, Jacques Cassar fait preuve du plus grand souci de rigueur, du plus grand désir de perfection dans le détail. Cette exigence l'amènera à retarder la rédaction de sa thèse afin de ne pas donner une image réductrice de la personnalité de Camille et de mettre en valeur, au contraire, l'originalité de son œuvre trop souvent citée par simple référence à celle de Rodin.

Jacques Cassar se prend d'une véritable passion, à la limite de la ferveur, pour le cas de Camille Claudel. Son honnêteté intellectuelle, son exigence scrupuleuse, sa modestie profonde et désintéressée lui gagnent l'entière confiance de la famille Claudel tout au long de ces douze années.

Camille Claudel est enfin arrachée à l'oubli. Nul doute alors que la famille Claudel ait revécu douloureusement le drame de cette tante entrevue dans l'enfance et sur qui pesaient le silence et le mystère le plus grand. Jacques Cassar fut le seul à avoir accès aux archives familiales et tint régulièrement la famille au courant de ses découvertes : historique de l'internement, lettres de l'asile...

Pendant toutes ces années, Jacques Cassar reçut également le soutien attentif et efficace de Madame Laurent, Conservateur du Musée Rodin à Paris, où il travailla régulièrement.

C'est dans ce même musée que Rodin avait souhaité faire une place à Camille à côté de son œuvre, sans toutefois avoir précisé ce vœu sur aucun registre avant sa mort.

Lorsqu'en 1980 nous avons décidé, Anne Delbée et moi-même, d'écrire la pièce de théâtre *Une femme, Camille Claudel,* Jacques Cassar a mis généreusement à notre disposition tous les documents, même inédits, qu'il avait rassemblés sur Camille Claudel. En 1981, la pièce de théâtre a été jouée successivement à la Cartoucherie (Atelier du Chaudron) puis au théâtre du Rond-Point (Jean-Louis Barrault-Madeleine Renaud).

Cette pièce de théâtre a constitué, en quelque sorte, le premier pas vers la reconnaissance de l'artiste. Elle fut saluée par la critique, appréciée par la famille Claudel et par Jacques Cassar.

Plus tard, en 1982, Anne Delbée s'appuie sur les recherches faites pour l'écriture de la pièce de théâtre pour publier un livre, *Une femme* consacré à Camille Claudel.

En 1984, une grande rétrospective des œuvres de Camille Claudel est réalisée par le Musée Rodin, avec un catalogue bien documenté, présenté par Bruno Gaudichon. Des foules se pressent au Musée Rodin, n'hésitant pas à faire la queue pendant des heures pour déchiffrer une histoire qui se racontait d'elle-même à travers les sculptures exposées. Des gens peu habitués à fréquenter les musées parlent de Camille Claudel comme d'une connaissance intime, interpellent les gardiens comme s'ils étaient personnellement responsables du drame de l'artiste. Quelle différence avec la rétrospective organisée à l'initiative de Paul Claudel en 1951, qui n'avait rassemblé dans ce même musée qu'un public d'initiés !

En 1984 encore, paraît un travail collectif sur la vie, l'œuvre et l'esthétique de *Camille Claudel,* dirigé par Reine-Marie Paris, petite-fille de Paul Claudel, qui rend public pour la première fois le dossier médical concernant l'artiste, dossier interprété par deux psychiatres.

En 1985, Anne Rivière publie *l'Interdite,* et un spectacle de danse, inspiré du personnage de Camille, est créé par Emmanuelle Mounier.

L'intérêt pour l'artiste ne cesse de croître et sa vie passionne les États-Unis, l'Allemagne, le Brésil, la Suède et bientôt le Japon où ses sculptures seront exposées prochainement. Le musée d'Orsay, musée du XIXe siècle, vient de faire l'acquisition d'une sculpture de Camille Claudel.

La vie de Camille est devenue aussi populaire que celle d'une héroïne de roman, et en cela le drame dépasse le cadre familial pour devenir celui de la société du XIXe et d'un moment de notre histoire.

En quoi la vie de cette femme nous touche-t-elle aujourd'hui ? En quelle part de son destin les artistes peuvent-ils se reconnaître en cette fin du XXe siècle ? Une fin aussi tragique que celle de Camille peut-elle encore être envisagée de nos jours ? Autant de questions soulevées à la lecture de ce dossier qui a le mérite de fournir au lecteur les éléments d'un constat sans lui imposer d'interprétation.

L'intérêt du public se porte plus sur l'histoire de la passion amoureuse entre Camille et Rodin que sur la sculpture de Camille. C'est pourtant cette passion qui a inspiré à Camille toutes les étapes de sa création et qui lui a donné son originalité.

Camille a vingt ans lorsqu'elle rencontre Rodin âgé de quarante-quatre ans. S'ils se fréquentent pendant quinze ans, il est étonnant de constater que la passion heureuse ne durera réellement que quelques années et qu'elle sera violente et féconde pour les deux artistes. Une gémellité spirituelle les fait se retrouver dans une même passion pour la sculpture. La fusion dans l'art et dans la passion amoureuse leur inspire des œuvres qui se ressemblent.

Camille est aussi sœur de Paul Claudel. Une complicité les lie depuis le plus jeune âge même si Camille exerce sur son frère « un ascendant cruel ». A l'audace de Camille qui défie son milieu par sa relation avec Rodin et par sa passion pour la sculpture, Paul oppose une conversion religieuse et se consacre au théâtre et à la poésie où, paradoxalement, l'image de Camille est sans cesse présente.

Camille apparaît, entre ces deux hommes de talent, comme la base, l'âme d'un triangle dont Paul, son frère, serait l'esprit, et Rodin, son amant, serait le corps.

Or la passion est difficile à vivre et à perpétuer pour un couple d'artistes partageant la même pratique artistique.

15

Les liens complexes de maître à élève, la rivalité artistique et la jalousie vont interférer dans le couple Camille-Rodin.

Et puis la passion va se heurter à la dure réalité de la vie et du quotidien. A l'amour absolu et intransigeant de la jeune Camille, Rodin oppose une vie amoureuse multiple entre une maîtresse, Rose Beuret, compagne des jours difficiles dont il a un enfant, et des liaisons avec des modèles et des femmes du monde.

Si l'on considère qu'au XIXe siècle, la grande affaire de la vie d'une femme est le mariage par lequel elle acquiert une position sociale, vivre autrement signifiait pour une femme « être entretenue ». Camille n'avouera jamais sa relation avec Rodin à ses parents. Pour eux, comme pour les milieux mondains qu'elle fréquente, elle est « l'élève de Monsieur Rodin ».

Camille fait alors le choix difficile de quitter Rodin pour s'affranchir sur le plan artistique. Elle va vivre seule et se consacrer entièrement à son travail. Elle traverse tout d'abord une période d'épanouissement artistique. Et puis soudainement, cette force qui lui avait permis de se libérer se retourne contre elle, et se cristallise en pensées obsessionnelles sur celui qui devient la cause majeure de ses difficultés. C'est ce qui fait dire à Paul Claudel :

« Elle avait tout misé sur Rodin, elle perdit tout avec lui ».

La difficulté de Camille Claudel à faire reconnaître son œuvre à son époque nous amène à nous interroger sur les conditions de la réussite d'une femme-sculpteur dans la société du XIXe. Le dossier établi par Jacques Cassar a le mérite de nous restituer l'intégralité de la critique de l'époque permettant de constater que, si Camille Claudel a d'abord été victime de n'être connue que comme disciple de Rodin, son talent fut, par la suite, reconnu par les plus grands critiques parmi lesquels Octave Mirbeau qui dira d'elle :

CAMILLE CLAUDEL

« C'est la femme la plus géniale de son temps ».

Mais il ne pourra s'empêcher d'ajouter : *« Elle a du génie, comme un homme qui en aurait beaucoup »,* marquant ainsi les limites de son admiration.

Rodin lui a également rendu hommage, en écrivant :

« Je lui ai montré où elle trouverait de l'or, mais l'or qu'elle trouve est à elle ».

La force physique nécessaire à la pratique de cet art fait qu'au XIXe, la sculpture semble n'être qu'un métier d'homme. Dans ce contexte, la grande beauté, la jeunesse et l'apparente fragilité de Camille rendent encore moins crédible son talent. On recense peu de femmes-sculpteurs au XIXe, alors qu'il y a plusieurs femmes écrivains et peintres. Camille sera moins connue de son époque que les sculpteurs Rude, Despiau, Lalou, Bourdelle, Maillol.

Camille ne recevra aucune commande d'État, sinon des promesses dont aucune n'aboutira, pas même celle du monument de son village natal de Villeneuve. Au XIXe, on ne fait pas confiance à une femme pour une telle entreprise.

Quelques collectionneurs s'intéresseront à son travail, Mathias Morhardt, M. Peytel, Maurice Fenaille, le Capitaine Tissier, Henry Asselin, Eugène Blot... qui deviendront presque tous des amis personnels, des défenseurs de l'artiste. Mais les ventes ne seront pas suffisantes pour couvrir le coût des matériaux, leur transport et la fonte des sculptures.

Par ailleurs, Camille travaille la sculpture de façon artisanale. Elle dégrossit, taille, sculpte et fait les finitions des matériaux qu'elle utilise (pierre, onyx, marbre). Rodin, quant à lui, travaille dans la tradition des Maîtres de la Renaissance en dirigeant des praticiens dans trois ateliers à la fois. Comme ses ouvriers font le travail préalable, il n'apporte que sa touche finale et peut ainsi mener de front plusieurs commandes, sortir des productions de grande dimension et se faisant l'organisateur de sa propre réussite, jouer le jeu social. Camille, elle, ne peut imaginer d'adapter sa technique à l'exigence du marché de la sculpture et ne dispose pas des moyens de le faire.

De par son tempérament sauvage et son éducation rigide, Camille ne sait pas non plus se faire des relations. Sa façon solitaire de travailler, sa réticence à participer à des mondanités sont en cela caractéristiques d'une femme refusant le jeu social. Rodin eut, au contraire, une attitude offensive et courageuse pour lutter contre l'esprit académique de son temps et pour imposer un renouvellement des formes de l'art qu'il pratiquait. Il fréquente les milieux littéraires et politiques, obtient de nombreuses commandes et affronte les scandales et les polémiques autour de son œuvre.

Dans un premier temps, sa liaison avec Rodin ouvre à Camille quelques portes, dans un second temps leur rupture contribue, parmi d'autres facteurs réels, à décourager et à isoler Camille du milieu artistique. Toute sa vie Camille sera assaillie par les problèmes d'argent. Son père, qui a toujours été convaincu du « génie » de ses enfants, lui envoie régulièrement de l'argent. Il est important de noter que le père n'hésite pas à prendre dans sa fortune personnelle pour subvenir constamment aux appels désespérés de sa fille mais cela ne suffira pas à la faire vivre. La misère s'installe dans le lit de la solitude. L'ensemble de ces difficultés matérielles et psychologiques, liées à une solitude extrême, seront fatales à l'équilibre psychique de Camille.

Cette lente transformation est remarquablement exprimée dans une œuvre sculpturale qui est une représentation des grands moments de la vie de l'artiste. L'amour passionné du couple : *Le Sakountala ou l'Abandon* ; la prémonition de la folie : *Clotho* ; le rêve hors du temps à travers la rencontre avec Claude Debussy : *la Valse* ; une scène quotidienne de la rue : *Les Causeuses* ; l'amour rejeté : *l'Implorante ou le Dieu envolé* ; la déchirante rupture de l'amour : *L'Age mûr ou les Chemins de la vie ;* l'approche du destin : *Persée : celui qui tue sans regarder.*

Ainsi la sculpture de Camille Claudel raconte quelque chose de vivant, nous parle d'émotion, de sentiments et de drames humains. Cette œuvre traduit la recherche d'une vérité intérieure. Camille Claudel est en cela l'élève accomplie de Rodin dont l'enseignement primordial était de suivre « la vérité de la nature ». Pour Camille, cette vérité n'est pas restée extérieure à elle-même, elle ne s'inspire pas de la vie sociale, mais chaque sculpture rayonne des émotions d'une chair vivante, où le sentiment illumine la matière et raconte une histoire puisée aux sources de l'expérience vécue de l'artiste. C'est un art de l'âme où vie et expression s'interpénètrent.

Pas de construction de l'esprit, aucun hermétisme dans cette œuvre ouverte et offerte à la sensibilité du spectateur. Aucune abstraction, simplement une œuvre d'un style plutôt intimiste exprimant une vie de femme avec ses passions et ses déceptions. Ce caractère d'immédiateté de l'art, d'instantané « photographique » révélant la vérité intérieure est traduit dans une matière où la lumière et l'ombre suggèrent le sens caché des choses. L'art de Camille Claudel a une fonction cathartique comme le théâtre. C'est dans ce sens que Paul Claudel a dit de sa sœur qu'elle était :

« Le premier ouvrier de cette sculpture intérieure ».

L'originalité de Camille se situe dans le don et l'expression exclusive de son aventure intérieure. Cette recherche sincère et quasi mystique de la vérité est peut-être un langage démodé pour des esprits avides de nouveauté ou soucieux de formes et de structures abstraites. C'est en cela que Camille exprime une subjectivité de femme avec la maîtrise d'un art traditionnellement réservé aux hommes.

Si Rodin reste incontestablement le maître de cette

époque charnière de la sculpture, il n'y a aucune raison pour que Camille Claudel ait été à ce point absente des livres d'histoire de la sculpture.

Les sculptures de la dernière période créatrice de Camille Claudel sont intéressantes en ce sens qu'elles portent en germe les prémices d'un dédoublement de sa personnalité. Camille ne raconte plus directement sa propre vie, mais nous dit autre chose à travers l'écran d'un personnage mythologique. *Persée : celui qui tue sans regarder* est un jeune homme fier et sûr de sa mission : tuer le monstre qui hante l'île. Pour échapper à la séduction de cette Gorgone maléfique, Persée utilise un miroir aux reflets fatidiques. Persée brandit la tête de la Gorgone à qui Camille prête les traits de son visage, un visage aux yeux exhorbités par la folie.

Son génie créateur va s'éteindre et avant d'entrer dans une longue nuit de silence, de 1905 à 1913, Camille passera par une étape auto-destructrice au cours de laquelle elle cassera les œuvres qu'elle a produites et où une haine violente à l'égard de Rodin commencera d'effrayer sa famille et ses amis collectionneurs.

Son comportement asocial provoquera une réaction de peur dans son entourage qui va la rejeter. Vivre les volets fermés et dans la saleté, s'entourer d'individus bizarres, ne plus se nourrir correctement... sont autant de signes inquiétants sur son état de santé mentale qui vont mener sa famille à prendre la décision de la faire enfermer. L'analyse du dossier médical, telle qu'elle apparaît dans le livre de Reine-Marie Paris, publié après la mort de Jacques Cassar, est à ce titre très instructive.

Camille était-elle allée trop loin dans la recherche d'un absolu impossible à vivre, et les difficultés de sa vie étaient-elles devenues si grandes qu'elle ne pouvait plus maintenir l'équilibre fragile de la vie quotidienne afin de préserver sa substance créatrice ? Une lente perte de contact avec la réalité se manifeste de 1905 à 1913 (de trente-neuf à quarante-sept ans). Période charnière pendant laquelle un traitement thérapeutique aurait été nécessaire pour empêcher des suites dramatiques.

Sa haine se cristallise sur Rodin auquel elle reproche de lui avoir volé son inspiration autant que certaines de ses sculptures. L'histoire du marbre de la *Clotho,* ne peut nous laisser indifférents. Elle accuse également Rodin d'avoir profité d'elle et de ne pas l'avoir aidée. Il est difficile de mesurer le partage de l'inspiration entre deux créateurs de talent, par contre on peut observer que Rodin a pratiquement cessé d'aider Camille à partir du moment où elle l'a quitté. La haine obsessionnelle de Camille continue à se projeter sur Rodin, même après la mort de celui-ci, comme si sa vie à elle s'était arrêtée avec cet amour. Son frère Paul poursuit sa mission de diplomate à l'étranger, son père qui l'a toujours soutenue est maintenant très âgé. La famille et les amis déplorent une conduite qu'ils ne comprennent pas, sans toutefois apporter une aide réelle à Camille. L'aurait-elle acceptée ? Sa solitude extrême et son comportement singulier ne nous permettent pas de l'assurer. On peut supposer que si Camille vivait aujourd'hui, un traitement préventif, à la fois chimique et psycho-thérapeutique, permettrait de diminuer ses angoisses obsessionnelles et de dédramatiser les événements de sa vie afin de lui donner la force d'assumer le patient combat pour la reconnaissance de son œuvre et d'en tirer les moyens d'existence.

L'équilibre psychique de l'artiste est souvent fragile, et l'est d'autant plus lorsque les difficultés de sources multiples l'assaillent en même temps. L'énergie créatrice qui est le moteur de toute réalisation peut alors se transformer sous l'effet de facteurs ressentis comme insurmontables pour l'artiste, en une force négative qui inhibe toute créativité et détruit l'individu. Notre époque a fait beaucoup de progrès dans le traitement des maladies psychiques. Il y a d'autres alternatives aujourd'hui que l'asile, les traitements faisant appel à la psychologie ou à la psychanalyse ont pour but essentiel de développer une situation relationnelle médecin-malade, et d'agir sur l'environnement familial par la prise de conscience des problèmes.

Si la folie continue d'être une des grandes peurs du XXe siècle, on se penche plus souvent sur les raisons multiples qui sont causes de ce cancer de l'âme. Il est bien difficile d'évaluer « le degré de folie » de Camille même si Jacques Cassar analyse les causes de cette « folie », et si l'on dispose aujourd'hui du dossier médical.

Le recours extrême à l'internement obligatoire (loi de 1838) n'a pas changé et notre société rejette toujours « ses fous » à l'extérieur des villes dans des asiles où les malades comme au XIXe sont parqués dans des bâtiments surveillés où l'intervention chimique a remplacé la camisole de force. Par contre il est devenu plus rare d'en arriver à l'internement, la pratique de notre époque visant plutôt à recourir à des solutions intermédiaires, et à soigner les stades préalables de la dépression. L'accent est mis, non pas sur une « guérison définitive », mais sur la capacité renforcée de l'individu à assumer ses contradictions et ses désirs.

On peut s'étonner, en revanche, du règlement appliqué à Camille Claudel pour sa correspondance et ses visites. La campagne de presse lancée par une partie de sa famille pour protester lorsqu'elle fut internée à Ville-Evrard eut pour effet d'inciter la mère de Camille à lui interdire toutes visites et lettres. Son transfert dans le lointain asile de Montdevergues renforça son isolement. En trente ans, la mère et la sœur ne lui rendirent aucune visite ; seul Paul vint la voir lors de ses voyages en France, ainsi que quelques rares amis. A l'exception des lettres de l'asile écrites par Camille à sa famille, il n'y a pratiquement aucune correspondance échangée avec ses amis collectionneurs.

La mort du père, protecteur de Camille, huit jours avant l'internement de celle-ci, les très longs déplacements de son frère Paul ont sans doute influé sur la décision de la mère de faire enfermer sa fille. Mais comment expliquer son refus de laisser sortir Camille quelques années plus tard alors que le directeur de l'asile l'y autorisait ? Peur d'un nouveau scandale de la part de cette fille qui, enfant déjà, défiait l'autorité familiale avec une volonté indomptable ? Rancune inconsciente d'une mère, prototype de la bourgeoise du XIXᵉ, ne trouvant pas en Camille, comme en sa sœur Louise, une fille ayant pour ambition exclusive la réussite sociale par un grand mariage ? Jalousie inavouée pour celle qui avait osé transgresser tous les tabous familiaux, sociaux et religieux ? L'évolution de l'étude des comportements et la psychanalyse verraient aujourd'hui ce rapport mère/fille comme un des nœuds qui ont laissé leur empreinte dès l'enfance dans l'esprit de Camille, pour resurgir avec force et de façon névrotique à l'âge adulte. On trouve des images de mères semblables dans les œuvres d'André Gide, François Mauriac et, bien sûr, Paul Claudel.

L'absence de contact et de communication pendant ces trente années d'asile ne pouvait que favoriser l'aggravation de l'état mental de Camille. Le type de maladie dont elle souffrait se caractérise par des bouffées délirantes où la malade se sent persécutée, suivies de périodes de répit où elle redevient normale, intervalles de temps où un environnement affectif aurait pu aider Camille à vivre, sinon normalement, tout au moins à réintégrer le tissu social.

Au cours de ces trente années d'asile, le refus de sculpter est la seule réponse vivante que Camille puisse donner à sa famille et à la société pour signifier qu'elle garde une volonté autonome, capable de déranger et d'inquiéter encore son entourage. Les lettres où elle se plaint d'être tantôt mal, tantôt trop bien traitée sont les seuls moments où elle exprime ses désirs et ses angoisses,

ses obsessions et ses regrets à ses rares interlocuteurs. Camille est un remords vivant.

Ne cherchons pas les coupables. Ou bien alors il faudrait les citer tous, chacun avec sa part de responsabilité d'avoir laissé s'établir et subsister une telle situation.

Le grand public est aujourd'hui touché par le drame de Camille Claudel, victime d'avoir été une femme de génie entre deux hommes de génie à une époque où seuls les hommes avaient la possibilité sociale de réussir.

En inaugurant la plaque commémorative à la mémoire de Camille et Paul Claudel dans le cimetière de Villeneuve-sur-Fère en Tardenois, Pierre Claudel a dit :

« Une double vocation s'est éveillée dans ce village même, pour la plus grande gloire de l'un et le plus grand malheur de l'autre ».

En effet, si les difficultés ont été fatales pour Camille, elles ont nourri l'œuvre de son frère. La réussite sociale d'une part et la foi d'autre part auraient-elles « sauvé » Paul Claudel, dont l'œuvre est marquée par un conflit permanent entre le Désir et la Foi ?

Paul Claudel comparaît la vocation de Camille à celle d'un Rimbaud, d'un Van Gogh, d'un Verlaine. Camille est de la race des poètes maudits. Il est rare de parler d'artistes maudites. De telles femmes furent de tous temps considérées comme sorcières ou hystériques et, dans le meilleur des cas, comme mystiques.

Camille fait partie des grandes figures romantiques, consumées par une passion amoureuse dont l'issue ne pouvait être que la folie ou le suicide. Elle est de la race des Kleist, Hölderlin, Nietzsche, Artaud...

Camille est une figure exemplaire qui, en allant au bout de sa passion, incarne tous les possibles mais cristallise aussi toutes nos peurs et nos angoisses. Si les femmes, au cours de l'Histoire, ont fait reconnaître leur existence par une revendication de leurs droits économiques, sociaux et politiques, elles désirent aussi aujourd'hui le droit à la création. Les femmes, à la vue de cette Camille prise entre le rêve de l'amour partagé et celui de l'expression artistique, peuvent mesurer la difficulté de mener de front une vie de femme et une vie d'artiste. Parce que le prix à payer pour cette réalisation de soi, de cette quête de vérité intérieure et d'amour, fut la solitude et le renoncement à soi pendant trente ans, Camille fascine, Camille fait peur.

Jacques Cassar voulait faire resurgir cette vie et cette œuvre. Son travail, paru de son vivant, aurait permis au public de découvrir beaucoup plus tôt le vrai visage de Camille Claudel. Aujourd'hui, alors que tout semblait dit sur Camille, sa recherche prend un autre sens, apporte une contribution essentielle : celle de la réalité des faits dans toute leur complexité.

Jeanne Fayard

AVANT-PROPOS

C'est une évidence que les erreurs, une fois commises, se perpétuent et que la première exigence, en matière de biographie, est toujours d'ordre chronologique. Si, comme le croit Judith Cladel, *la survie d'un génie prime en intérêt et durabilité son existence terrestre* s'ensuit-il que l'on doive compter pour rien cette existence ? Et qu'avant toute chose on ne cherche à établir, avec toute la rigueur souhaitable, le début et la fin ? La connaissance d'un être s'inscrit, en effet dans des limites qu'il n'est pas permis d'ignorer. Comme Camille Claudel a aujourd'hui sa place — encore modeste, à la vérité — dans les dictionnaires ou les encyclopédies, peut-être conviendrait-il maintenant de replacer, la concernant, cette rédaction fautive, trop souvent reproduite : « Claudel (Camille), sculpteur français (Fère-en-Tardenois, Aisne, 1864 — Montfavet, Vaucluse, 1943).

Son identité reconnue, et sans prétendre le moins du monde accéder au vœu de Mathias Morhardt, son premier biographe, d'élever à Camille Claudel *le monument définitif auquel elle a droit,* il me paraît urgent ensuite de lui rendre une justice à laquelle elle n'a pas moins droit. Car, sans doute, les biographes de Claudel comme ceux de Rodin ont-ils souligné l'influence capitale qu'elle exerça sur l'un comme sur l'autre ; mais peut-être, la jugeant trop par référence, ne lui concèdent-ils pas suffisamment ce qui lui revient en propre. Or Camille — Paul Claudel n'hésite pas à l'admettre — aura été, avant son frère, *le génie de la famille*. De même, ce n'est pas la rencontre de Rodin qui a fait d'elle, comme l'écrira plus tard Camille Mauclair, *la femme artiste la plus considérable de l'heure présente* ; très grande, elle l'était déjà avant de connaître Rodin.

Rendre à Camille sa personnalité est donc resté l'un des buts sinon le but essentiel de ce travail. Mais l'histoire ne se fait pas sans documents. Parmi eux, certains — comme, par exemple le dossier médical * des hôpitaux de Ville-Evrard et de Montdevergues — demeurent et demeureront longtemps encore inaccessibles. D'autres — les textes de Claudel, ceux de ses biographes ou des biographes de Rodin, les articles de revue, les comptes-rendus de presse — étaient connus, déjà exploités ou aisément trouvables. Seules, en définitive, relevaient d'une autorisation spéciale la consultation et l'exploitation des archives privées, en l'occurence les dossiers relatifs à Camille figurant aux archives Paul Claudel ou dans celles du Musée Rodin.

J'eus, à ce sujet, une longue correspondance et de fréquents entretiens avec M. Pierre Claudel (le dernier le jour même de sa mort) et avec Mme Renée Nantet-Claudel. Passablement échaudés, l'un et l'autre, par des allégations antérieures pour le moins tendancieuses sinon scandaleuses, je les trouvai d'abord réticents. Je les assurai que mon intention n'était en aucune façon de rechercher ou de provoquer le scandale, encore moins de répondre à la confiance qui me serait faite par l'indélicatesse de l'indiscrétion. Leurs archives, comme, à la requête de Mme R. Nantet, celles du Musée Rodin me furent alors largement ouvertes et je bénéficiai, quant à leur exploitation, d'une liberté totale dont j'espère ne pas avoir abusé. Qu'il me soit permis, pour manifester plus directement ma recon-

---

* Le dossier médical est paru dans le livre de Reine-Marie Paris publié en 1984 « Camille Claudel ». Éditions Gallimard.

naissance, de remercier ici Mme R. Nantet et de dédier la présente étude à la mémoire de son frère Pierre Claudel.

Boulogne-sur-Mer, le 23-4-1980

Jacques Cassar

CAMILLE : « UNE RÉVOLTE DE LA NATURE »

Le siècle s'achève dans les convulsions. Sadi Carnot tombe sous le poignard de Caserio. Casimir Perrier s'installe pour un temps à l'Élysée, suivi de « l'aimablement vaniteux et faiblement vertueux » bourgeois parisien Félix Faure (1). Au bagne de l'île du Diable, Alfred Dreyfus purge une peine dont personne ne doute qu'elle ne soit méritée. « L'Affaire », ce sera pour plus tard. Hors les milieux dirigeants — et encore ! — qui se soucie d'une victoire du Japon sur la Chine ou qu'une poignée de troupes, au terme d'une nouvelle expédition coloniale, soit aux portes de Tananarive ? Le folklore aidant, il sera temps, là aussi, de pleurer un jour aux malheurs de Ranavalo. Pour l'heure, on s'entretient du tricycle à moteur du Marquis de Dion, on va à la Renaissance applaudir dans *La princesse lointaine,* Sarah Bernhardt ; dans le monde des Lettres, circulent les noms d'André Gide, de Paul Valéry. En partance pour la Chine, Paul Claudel termine la seconde version de *Tête d'Or,* la première parue sans nom d'auteur est passée presque inaperçue, quoique déchaînant l'enthousiasme de Maeterlinck (2). La musique, peu à peu, se libère du « poison wagnérien » et reçoit, non sans réticence, le langage neuf de Claude Debussy.

Bientôt Paris entrera dans le XXe siècle. Quelques années plus tôt, une Exposition Universelle célébrait, sur l'Esplanade du Champ-de-Mars, le Centenaire de la Révolution. Il n'en reste que cette œuvre de l'avenir, la tour de l'ingénieur Eiffel au pied de la patisserie hispano-mauresque du Trocadéro, vestige d'une autre exposition.

Mais, en cette période de l'année, un mot seul, mot magique, occupe les pensées : le Salon ! Les Salons, devrait-on dire, car, depuis qu'en 1863, Napoléon III a permis celui des Refusés, ils foisonnent. Une « révolution » s'est même produite en 1890. Brisant avec l'autoritarisme de l'Institut, Meissonnier, bientôt suivi de Puvis de Chavannes, a « fait sécession » (3) et siège désormais au Champ-de-Mars, dans un pavillon de l'Exposition de 1884 et accueille chaque année, par cooptation, les artistes épris de liberté, *rassemblés par le seul désir de montrer leur travail* (4). Sans doute, le temps passant, n'a-t-elle pas échappé au reproche qu'elle-même adressait à l'ancien Salon, de faire le jeu de la médiocrité par la pratique du copinage ou de manier arbitrairement l'exclusive, du moins a-t-elle renoncé au jury et aux récompenses dont la Société des Artistes Français perpétue la tradition. Qu'on y ajoute le Salon des Indépendants, sous l'égide de la Ville de Paris depuis 1884 (3) et l'on comprendra que les œuvres exposées se comptent par milliers (5), le meilleur côtoyant le pire.

En ce printemps de 1895, Roger Marx assurait la critique des Salons pour la Gazette des Beaux-Arts, Octave Mirbeau tenait une chronique artistique au Journal. Le premier pouvait s'enorgueillir d'avoir découvert Rodin, le second, de l'avoir aidé à tenir tête aux accusations calomnieuses, aux mesquineries, à l'incompréhension mêlée de jalousie des thuriféraires de l'Art Officiel.

La longue analyse de Roger Marx, alors inspecteur des Beaux-Arts, parut en quatre livraisons, couvrant le second semestre de l'année. Le critique s'y interrogeait sur les avatars du naturalisme. A pousser trop loin, pensait-il, l'amour de la ressemblance, ne risquait-on pas d'aboutir à la copie exsangue du réel et, à la limite, au fac-similé photographique dans le genre de Bonnat ? Il était temps que l'imagination reprît ses droits, faute de quoi les Salons ne seraient plus qu'*un recueil de vastes photographies enluminées* (6). Et de montrer que si les œuvres de

Delacroix, de Courbet, d'Ingres ou de Degas participaient du réel autant qu'il était possible, leurs auteurs le transcendaient toujours, n'en étaient jamais esclaves. A l'école de Théodore Rousseau, de Corot, de Turner, l'Impressionnisme avait déjà brisé le carcan de l'immuable. La nouvelle génération exigeait maintenant de l'Art un « supplément d'âme » et que prenne fin le « séquestre de l'imagination » (7). En réaction contre le positivisme ambiant, un impérieux besoin de croire la possédait, qui la poussait vers Hello, vers Huysmans, Verlaine — celui de *Sagesse* —, Baudelaire ou le César Franck des oratorios. De même, avec Puvis de Chavannes, Eugène Carrière, Maurice Denis, Gustave Moreau, Jean-Charles Cazin, s'achevait le temps des imitateurs, celui de « l'art castré » (8). Ceux-ci, toutefois, n'étaient encore que des marginaux car le « photographisme » triomphait en peinture.

Mais la sculpture ? Échapperait-elle enfin à cette *mort des visages* (9) qui, chaque année, transformait les Salons en nécropoles ? Or, là, sévissait un autre mal. Par souci de coller à la réalité, la plupart des sculpteurs, *les dégourdis de l'Art académique* (10) pratiquaient le moulage direct sur le modèle et laissaient à des praticiens le soin d'achever leur travail, au point que la presque totalité des sculptures paraissait ne sortir que d'un unique atelier. Qu'un modèle fasse défaut, qu'un metteur au point ou un praticien maladroit dénaturent l'œuvre en cours, importait peu à ces commerçants de l'Art. Tant bien que mal, ils masqueraient leurs imperfections. Aussi, Roger Marx saluait-il au passage les envois sérieux de Dampt (11), de Constantin Meunier ainsi que le projet de Bartholomé pour le Cimetière du Père Lachaise. S'arrêtant longuement devant le groupe désormais définitif des *Bourgeois de Calais*, il se prit à songer que *si Paris avait conscience des obligations qui incombent à une capitale, il revendiquerait l'honneur de célébrer tous les héroïsmes... et voudrait ériger au cœur de la cité, un second exemplaire du monument épique* (12). Non loin du groupe monumental, deux œuvres de dimension modeste, attirèrent son regard. Il reconnut dans l'une la réplique en marbre du *Portrait d'une petite châtelaine* dont il avait remarqué le bronze au Salon en 1894. Était-il possible de reculer plus loin les bornes du génie et d'insuffler tant de vie à une matière inerte ? Ce visage, le rire au bord des lèvres, figurait certes l'enfance, par sa fragilité, sa malice contenue, mais, par le dessin volontaire du menton, la palpitation des narines, la perspicacité du regard, on y sentait en même temps les promesses, voire les ambiguïtés de l'adolescence. Quand Roger Marx porta ses yeux sur la seconde œuvre, il fut comme saisi d'une illumination. Le catalogue ne la mentionnait pas ; elle ne portait ni titre, ni signature, mais l'émotion qui l'avait envahi devant *La petite Châtelaine,* se renouvelait et s'amplifiait à mesure qu'il détaillait le groupe en plâtre pâtiné de ces quatre bonnes femmes en conversation. L'une d'elles racontait une histoire ou divulguait un secret et les autres, le corps déjeté, presque tordu par l'effort d'attention, étaient, comme on dit « suspendues à ses lèvres ». *Doute-t-on encore,* s'empressa-t-il de griffonner sur son carnet, *que la puissance de l'expression est indépendante de la question de format* (13), pour qu'une œuvre de si petite taille soit à ce point monumentale ?

Vers le même temps, Octave Mirbeau faisait la même découverte. Accompagné de ce double fictif — il l'appellerait Kariste — si commode aux critiques, il avait déjà parcouru, non sans irritation, les salles des peintures. Ce qu'il en avait vu, le confirmait dans son admiration pour Monet. Rassemblée dans les jardins, la sculpture, hormis Rodin et ceux qui, encore rares, s'engageaient à ses côtés dans les voies de l'authenticité, offrait la même lamentable vision de grandiloquence, de boursoufflure et d'impersonnalité. Face à tant d'insignifiance, établirait-il, comme chaque année, un constat de carence ? Soudain, il entraîna

Kariste vers un petit groupe en plâtre. Celui-ci *poussa un cri d'admiration* (14).

— *Qu'est-ce-que c'est ?*

— *Le catalogue est muet et le groupe ne se dénomme pas... C'est, tu le vois, une femme qui raconte une histoire à d'autres femmes qui l'écoutent... Cette œuvre est d'une jeune fille, Mademoiselle Claudel.*

— *Oui, parbleu ! je savais bien, s'écria Kariste. Je reconnais maintenant celle qui fit « la Valse », « la Parque », la « Tête d'enfant », le « Buste de Rodin ». C'est tout simplement une merveilleuse et grande artiste et ce petit groupe, la plus grande œuvre qu'il y ait ici...*

Sais-tu bien que nous voilà en présence de quelque chose d'unique, une révolte de la nature : la femme de génie ? »

NOTES

1. G. Bourgin. La Troisième République, A. Colin, Paris, 1956.
2. Cahiers Paul Claudel I « Tête d'Or » et les débuts littéraires, NRF, Paris, 1959, pp. 137-138.
3. B. Foucart. Les Salons (Histoire de l'Art) Encyclopaedia Universalis, Club Français du Livre, Paris, 1968, Vol. 14 (1972) p. 641.
4. Revue de Paris, 3e trimestre 1894, p. 189.
5. En 1880, 3 190 artistes exposent au Salon (J. Letheve, Vie quotidienne des artistes français au XIXe siècle, Hachette, Paris, 1968, p. 7). En 1891, le Salon de la Société Nationale rassemblait 1 441 envois dont 951 tableaux et 102 sculptures (Revue encyclopédique Larousse, 1891, p. 751).
6. R. Marx. Les Salons de 1895. Gazette des Beaux-Arts, vol. 51, p. 355.
7. Idem p. 358
8. W. Kandinsky. Du spirituel dans l'Art. Ed de Beaune, Paris, 1954, p. 15.
9. R. Marx. G.B.A. vol. 52, p. 112.
10. P. Claudel. « Camille Claudel statuaire ». L'Œil écoute. Bibliothèque de la Pléiade (B.P.), textes établis et annotés par J. Petit et Ch. Galpérine, Œuvres en prose (Oe. Pr.), Gallimard, Paris, 1965, p. 278.
11. Au Salon de 1891, Dampt avait exposé une « tête d'enfant » avec cette indication : « Étude d'après nature, sans mise au point ». Rev. enc. Larousse, 1891, p. 751.
12. R. Marx, G.B.A., vol. 52, p. 115.
13. Idem p. 119.
14. O. Mirbeau. Çà et là. Le Journal, 12-5-1895.

LE VENT DE VILLENEUVE

Interrogée sur ses origines, Camille Claudel privilégie son ascendance lorraine (côté paternel : Claudel), au contraire de son frère Paul, plus proche, lui, de ses ancêtres picards (côté maternel : Cerveaux).

Par certains côtés, cependant, les Claudel s'apparentent aux Cerveaux : on découvre chez eux le même sens du devoir, le même respect atavique de l'argent, la même horreur de la prodigalité (annexe 1).

Au matin du 3 février 1862, était célébré à Arcy-Ste-Restitue, petite commune du canton d'Oulchy-le-Château (Aisne) dont le docteur Anasthase Cerveaux est le maire depuis 1860, le mariage de Louis-Prosper Claudel et de Louise-Athanaïse Cerveaux, parents de Camille (annexe 2). Dans l'après-midi du même jour, Mgr. Jean-Joseph Christophe, évêque de Soissons et de Laon, parent du marié, recevait le consentement mutuel des époux, en présence de Charles et de Félix Claudel, de Docelle, de Nicolas-Louis Cerveaux, curé de Villeneuve-sur-Fère et de Joseph-Charles Thierry, maire de Chacrisse.

Le ménage s'installa ensuite à Fère-en-Tardenois où naquit, le 1er août 1863, Charles-Henri. Sa mort prématurée, à l'âge de 15 jours (1), fera de Camille l'aînée des enfants Claudel. Elle naît à Fère, le 8 décembre 1864 (2), suivie de Louise-Jeanne-Élisabeth, le 26 février 1866 (3). A Villeneuve-sur-Fère, le 6 août 1868, naîtra leur frère Paul-Louis Charles (4).

On sait la place de ce modeste village dans la vie et dans l'œuvre de Paul Claudel. Si les circonstances l'avaient permis, le poète eut souhaité, à l'issue de sa carrière diplomatique, s'y retirer et y finir ses jours. Car, pour lui-même comme pour ses sœurs, Villeneuve avait été durant de longues années, le lieu de leurs vacances. ... *C'est ici seulement,* écrira-t-il à Francis Jammes, *que j'ai l'impression de la patrie, et d'être profondément compris de tout ce qui m'entoure, vraiment autochtone.* Et Camille, après quinze ans de séquestration à Montdevergues, ne rêve que de retrouver *Villeneuve, ce joli Villeneuve qui n'a rien de pareil sur la terre.*

Au début du XIII⁰ siècle, qui vit se développer en France le mouvement communal, Fère-en-Tardenois, soucieuse d'accroître au sud de son domaine cultivable aux dépens de la forêt, s'était adjoint, à titre d'annexes, les deux « villas » de Villers (villare ad Faram) et de Villeneuve (villa nova ad Faram) entre lesquelles s'intercala, par la suite, une troisième villa qui prit naturellement le nom de Villemoyenne.

Villeneuve-sur-Fère occupait, au centre d'un important terroir défriché, le sommet d'un plateau de quelque deux cents mètres d'altitude, à l'écart de la grand'route et dominait, de par sa position de promontoire, ce que Claudel appelle *les quatre horizons :* celui de l'Est, *triste région des bergeries et des plateaux ;* celui du Sud, *qui est la forêt de la Tournelle ;* puis *l'horizon du Nord... commencement de cette plaine qui s'en va indéfiniment jusqu'à la mer ;* enfin l'horizon de l'Ouest, celui de l'appel, c'est-à-dire de la *trouée vers Paris, vers le monde, vers la mer, vers l'avenir !* (« Mon pays » P. Claudel).

Au milieu du siècle dernier, le village à la croisée d'une départementale et de plusieurs chemins vicinaux, s'organisait autour d'une pièce ombragée de tilleuls, faisant « parvis » à l'ancien manoir seigneurial, aujourd'hui en ruines, mais que les enfants Claudel connurent encore dans sa splendeur quand y habitaient leur grand-tante Julienne-Angéline Dujay et ses enfants Charles-Frédéric, parrain de Paul Claudel, Henri-Joseph et Jeanne-Marie-Geneviève, future épouse malheureuse du Marquis de Mejanes, Marguerite-Julie Dujay, la sœur de Julienne-Angeline, était la marraine de baptême de Camille.

La mairie, qui abritait l'école, se trouvait presqu'en face du « château » et, sur le même côté, quoique légèrement en retrait, le cimetière et l'église. Le presbytère, la première maison que les Claudel occupèrent à Villeneuve, était proche de l'église, vieille bâtisse du XVIII\ :sup siècle, bien national en 1789, qui n'avait été mis en vente qu'en 1796, sous le Directoire, et acquis par Joseph Thierry. Il passa dans l'héritage de son fils Joseph-Barthélémy puis dans celui de Louise-Rosalie avant d'être attribué, par tirage au sort, à Louise-Athanaïse Cerveaux qui le mit d'ailleurs à la disposition de son père quand celui-ci, veuf pour la seconde fois, eut quitté Arcy-Ste-Restitue.

Lorsqu'ils venaient à Villeneuve, au moment des vacances, les Claudel s'entassaient dans l'inconfortable demeure où devait naître Paul Claudel. Ce n'est qu'en 1873, après avoir vendu le presbytère à la commune, qu'ils prirent possession de la maison construite juste en face, vers 1850, par le curé Cerveaux. Là, la place ne manquait pas. On entrait dans la maison par un vestibule d'où partait, sur la droite, un escalier de bois. Au fond, à gauche, une petite chambre communiquait à la salle-à-manger qui, elle-même, ouvrait sur le salon.

A droite du vestibule, la cuisine et la buanderie prenaient jour sur un parterre. Sur le même alignement, une écurie et deux granges louées donnaient sur une cour commune aux Claudel et à leurs voisins, les Moitie. Tout le premier étage était réservé aux chambres, ouvertes sur un large corridor. Les greniers et débarras s'étendaient au-dessus de la partie mitoyenne. C'était le domaine de Camille, là où, quand elle eut commencé de sculpter elle avait installé son atelier. De ses fenêtres, elle apercevait le jardin puis, au-delà du jardin, le colombier de Bellefontaine et les constructions trapues de la ferme de Combernon.

A l'époque des enfants Claudel, vers 1860, la commune de Villeneuve-sur-Fère, non encore atteinte par l'exode rural, conservait une population relativement stable dont le nombre oscillait autour de quatre cents habitants. L'agriculture en occupait plus du tiers. Le reste se répartissait entre les industries extractives — carrières de plâtre ou glaisières — et celles du bâtiment, de l'habillement, de l'alimentation et des transports. Les artisans, nombreux, y formaient souvent des « dynasties ». Ainsi était-on sabotier de père en fils chez les Daviot ou chez les Debergues, charron chez les Gonnet. Une catégorie pratiquement disparue aujourd'hui, celle des vignerons, était, de toutes, la mieux représentée. En 1863, le maire, Ulysse Philipon, est un vigneron. Et si Louis-Antoine Moitie, qui lui succède en 1865, est un cultivateur, il préside un conseil municipal formé pour partie de vignerons.

Les Claudel, eux, appartenaient à un autre monde. Moins riches que leur illustre voisin le Duc Auguste de Coigny, seigneur de la Tournelle ou que leur parent Joseph Thierry, ils comptaient cependant parmi les plus forts contribuables d'une commune qui se prétendait la plus pauvre du département. Ils employaient des domestiques, ce qui, au village, était exceptionnel. A vrai dire, l'essentiel de leur avoir provenait, par voie d'héritage, de l'ancêtre Thierry. Au moment de son mariage, Louis-Prosper Claudel n'avait pas enrichi outre mesure la communauté : son traitement de receveur de l'Enregistrement, quelques valeurs boursières, obligations, rentes ou créances, le revenu d'une petite maison à Gérardmer, c'est à quoi se bornait son apport.

Louis Cerveaux, en revanche, avait du bien. Après la mort de leur mère, le docteur Cerveaux était devenu l'administrateur méticuleux des biens de ses enfants. Le partage en fut effectué par devant notaire entre Louise-Athanaïse et Paul, le onze juin 1864. Le même jour, Athanase-Théodore Cerveaux faisait procéder au partage avec eux de ses propres biens, à savoir un lot de terres à Villeneuve et surtout la propriété de Bellefontaine acquise par lui en 1840. Par suite de la mort de Paul Cerveaux, Bellefontaine passera dans l'héritage des Claudel.

Sans doute, ces biens — maisons, prés, terres, vignes, bois — étaient-ils loués et peut-être les fermiers renâclaient-ils à payer leurs fermages. Il n'empêche qu'en 1866, Louis-Prosper Claudel dispose de moyens suffisants pour acquérir des héritiers du Duc de Coigny les quatorze hectares du *Bois Planté* qui seront revendus en 1882, pour la somme de trente cinq mille francs, à Adolphe-Ferdinand Moreau. Cela, bien sûr, les enfants l'ignoraient. Leurs parents les élevaient selon les règles de l'économie la plus stricte. Chez les Claudel, si l'on disposait du nécessaire, on ne jetait jamais l'argent par les fenêtres.

Paul Claudel nous a communiqué l'atmosphère de sa vie familiale, souvent traversée d'orages. *Ah ! tout le monde se disputait dans la famille : mon père et ma mère se disputaient, les enfants se disputaient avec leurs parents et ils se disputaient beaucoup entre eux.* (Mémoires improvisés)
Pourtant, ces querelles fréquentes n'altéraient en rien la conviction des Claudel de former, face aux villageois de Villeneuve, ce que Paul appelait lui-même, *un petit clan qui nous trouvions immensément supérieur à tout le reste* (Mémoires improvisés, 19). « On était les CLAUDEL » (H.G. *le converti*).

Louis-Prosper Claudel avait trente-huit ans à la naissance de Camille. Son fils le décrira à Henri Guillemin comme *une espèce de montagnard nerveux, emporté, coléreux, fantasque, imaginatif à l'excès, ironique, amer.* Il conservait de sa jeunesse austère le goût de l'économie et la haine de toute prodigalité. *Ah les prodigues ! quel malheur de vouloir faire plus qu'on ne peut, ou de paraître au-delà de sa situation* (lettre à Paul, août 1909). Il se livrait peu, cachant sous des dehors bourrus une sensibilité à fleur de peau. Quand l'avenir de ses enfants l'exigea, il sut adopter les solutions héroïques : se défaire de ses biens, vivre seul, accepter les privations les plus cruelles.

Il avait reçu dans les collèges, à Remiremont puis à Strasbourg, une honnête culture classique et sa bibliothèque, à en juger par ce qu'il en reste à Villeneuve, était celle d'un humaniste. Salluste, Tacite, César, y voisinaient aux côtés d'Horace et d'Ovide. Les Tragiques grecs s'y trouvaient en compagnie d'Homère, de Plutarque, de Démosthène et d'Isocrate. Son éducation — par les bons pères ? — l'avait plutôt détaché des pratiques religieuses.

Il ne fera jamais très bon ménage avec les prêtres que son fils tentera de placer sur son chemin. Mais, à l'exemple d'une partie de la bourgeoisie catholique de son temps, il est antisémite, ne ménage pas son admiration — que Camille partagera avec lui — pour les écrits d'Édouard Drumont.

Plusieurs portraits nous restent de lui. Parmi eux, l'un des plus anciens est une photographie qui le représente, à Bar-le-Duc, souriant et heureux au milieu de ses enfants. Camille se tient à sa droite, Louise à sa gauche. Il a pris sur ses genoux, Paul, alors âgé de quatre ou cinq ans et vêtu d'une robe, selon la coutume du temps. Un autre portrait, que l'on doit au talent de Camille, est un très beau crayon, de date incertaine (*fusain de Louis-Prosper Claudel* vers 1905). Le visage buriné rappelle l'origine rustique, mais la main qui tient un crayon est celle du fonctionnaire zélé, du gestionnaire pointilleux. Un bon sourire illumine des traits où perce l'angoisse. Peut-être est-ce l'œuvre la plus révélatrice des sentiments profonds de Camille à l'égard de son père ?

La mère : de quinze ans plus jeune que son mari,

Louise-Athanaïse Cerveaux est avant tout femme de devoir. *Le contraire d'une femme du monde ; d'un bout de la journée à l'autre en train de coudre, de tailler des vêtements, faire la cuisine, s'occuper du jardin, des lapins, des poules ; pas un moment pour penser à elle ni énormément aux autres...* (H.G. 44). Chez elle, aucun souci d'élégance, pas la moindre fantaisie vestimentaire. Ainsi la voyons-nous sur la célèbre photographie du balcon, boulevard de Port-Royal, dans sa robe à tournure un peu étriquée, le visage fermé sous l'ordonnance sévère de la coiffure.

Des qualités, certes — simplicité, humilité de cœur — mais qui n'excluent pas les travers : le conformisme, une façon particulière d'expliquer les autres « sans charité », l'absence de curiosité intellectuelle et le manque de sens artistique encore qu'elle jouât du piano. Orpheline à trois ans, donc tôt sevrée d'affection maternelle, elle a banni de son système d'éducation les épanchements et la sentimentalité. « Notre mère ne nous embrassait jamais », dira Paul Claudel. Sa résignation était le lot d'une vie *qui fut pleine de chagrins et connut peu de joie* !.

Elle avait supporté le spectacle de relations pénibles entre son père et son frère, vécu le drame de la mort de Paul Cerveaux, sans avoir *jamais éprouvé de la religion, prétendra-t-elle, aucune consolation ni aucun réconfort* (lettre de 1926). L'atmosphère pénible de son foyer la referma davantage sur elle-même et elle ne comprit jamais aucun des deux génies qu'elle avait enfantés, aussi hermétique à la foi militante de Paul qu'à l'immense talent de Camille.

Quant aux enfants, jouissant à Villeneuve de la liberté des vacances, ils avaient tout loisir de s'abandonner à leurs passe-temps favoris. Louise, de tous la plus casanière, jouait du piano. Paul explorait la région ou, quand le temps interdisait les sorties, s'isolait pour lire. Camille dessinait et modelait l'argile. Entre eux, la bonne entente ne régnait pas toujours. Louise, qui supportait mal la tyrannie de Camille, s'associait pourtant à elle pour dominer Paul.

Le benjamin était, le plus souvent, en position de victime, exposé à la remise en ordre de *quelques gifles bien appliquées.* Aussi rongeait-il son frein et préférait-il abandonner la place. C'est alors que Villeneuve lui offrait le spectacle renouvelé de ses enchantements. Chaque saison ajoutait à la vendange de paroles et d'images qui emplirait son œuvre entière. Il voyait, dans le printemps, la saison de *la nudité de l'amour (Tête d'or).* L'été figurait la promesse tenue, le silence, la profusion jusqu'à l'accablement. Avec l'automne, revenait le vent. Il était *le personnage principal au milieu de ces horizons immenses,* emplis par lui d'une *ventilation perpétuelle.* L'enfant le chargeait de tous les maléfices ; c'était lui qui inclinait le clocher de l'église *comme le mât d'un vaisseau qui prend le large,* lui qui mettait la haine au cœur des habitants et qui exerçait *ses ravages* jusque dans sa propre famille. La première neige introduisait l'hiver qui ramenait le silence et où devenait *palpable... la présence des morts.*

Mais quelle que fut la saison, un lieu privilégié attirait Camille et son frère. Sur la route de Villeneuve à Coincy, se dressaient, au milieu des bruyères, des sables du bois de Chinchy, *des pierres monstrueuses, des grès aux formes fantastiques,* semblables *aux bêtes des âges fossiles, à des monuments inexplicables, à des idoles ayant mal poussé leurs membres et leurs têtes.* Fabuleux zoo géologique grouillant d'une faune maléfique : oiseaux gigantesques, crapauds prêts à bondir, gueules ouvertes de carnassiers, baleines échouées, que dominait de sa redoutable stature la masse de Geyn, le géant de Mont-Preux... Pour Paul, ce pouvait être le lieu d'imaginaires combats, à l'aube de l'histoire du monde.

Camille y découvrait l'exemple étonnant d'une nature créatrice.

NOTES

1. 1ᵉʳ août 1863, naissance à Fère-en-Tardenois de Charles Henri Claudel. Le témoin est Alphonse de Massary, notaire. 16 août, décès de Charles Henri Claudel (registre de l'état-civil de Fère-en-Tardenois, Archives municipales).
2. 8 décembre 1864, naissance à Fère-en-Tardenois de Camille Claudel. L'acte porte la mention suivante : « décédée à Avignon (section de Montfavet) le 19 octobre 1943 à quatorze heures (registre de l'état-civil de Fère-en-Tardenois).
   25 janvier 1865, baptême à Villeneuve-sur-Fère par Nicolas Cerveaux, curé de la paroisse, de Camille, Rosalie Claudel. Le parrain est Charles Claudel, la marraine, Marguerite Julie Dujay (registre des baptêmes et mariages de la paroisse de Villeneuve-sur-Fère, Archives de l'Évêché de Soissons et Archives paroissiales de Fère-en-Tardenois).
   27 septembre 1868, baptême à Villeneuve-sur-Fère de Eugénie, Camille, fille de Ernest Hennequin et de Delphine Duvillé. Parrain Charles, Louis, Ferdinand de Massary, marraine Camille Claudel.
3. Registre de l'état-civil de Fère-en-Tardenois.
4. 6 août 1868, naissance à Villeneuve-sur-Fère de Paul Louis, Charles Claudel (registre de l'état-civil de Fère-en-Tardenois).
   11 octobre 1868, baptême de Paul, Louis, Charles, Marie par Nicolas Cerveaux, curé de Villeneuve-sur-Fère. Le parrain est Charles Thierry, de Chacrisse, la marraine, Marie Claudel, de Docelles (registre paroissial de Villeneuve).

UNE VOCATION

Force est de reconnaître, pour évoquer l'enfance de Camille Claudel, la pauvreté de nos sources. Les souvenirs de Paul Claudel et l'important article que Mathias Morhardt fait paraître, en mars 1898, dans *le Mercure de France* : voilà l'essentiel ! Pour l'instant, l'iconographie se limite à la photographie, déjà citée, de Bar-le-Duc : Camille, alors âgé d'une dizaine d'années, est à la droite de son père, lequel, affectueusement, pose sa main sur son épaule.

Dans le visage aux traits fins, l'acuité du regard comme le pli boudeur des lèvres traduisent l'obstination : l'enfant sait ce qu'elle veut et, si nécessaire, impose sa volonté. *Ma sœur (...) avait une volonté terrible* dit Paul Claudel. M. Morhardt évoque, à son propos, « son grand-père maternel, médecin dans la localité où elle est née, (...) doué d'une puissante volonté » (MM 709) (1) ; *Dès son enfance, Mademoiselle Camille Claudel se montre extraordinairement volontaire et tenace.*

A cette volonté, Camille associe — héritage de son père ? — une imagination exceptionnelle, mais aussi « une violence effroyable de caractère », « un génie furieux de la raillerie » dont sa famille, d'abord, fera les frais, avant qu'elle ne l'exerce aux dépens de Rodin.

Camille aimait la lecture, Henri de Braisne la surprendra « tel jour à méditer sur Plaute, tel jour à juger les Morticoles ». Présentée à Edmond de Goncourt, elle le remerciera pour sa *Manette Salomon*. C'est elle qui, vraisemblablement, introduisit son frère dans l'univers de

Goethe, de Shakespeare, de Hugo... ; elle aussi qui imposa Renan à sa famille.

De l'instruction qu'elle avait reçue dans sa petite enfance, nous ne savons, en revanche, presque rien. Sans doute avait-elle d'abord fréquenté, à Fère-en-Tardenois, l'Institution de l'Enfant-Jésus des sœurs de Genlis, bien connue de sa mère qui y avait fait ses études. A Bar-le-Duc, entre 1870 et 1876, elle fut confiée aux sœurs de la Doctrine Chrétienne : les Archives Paul Claudel conservent un recueil de « Chants pieux ou choix de cantiques » décoré par Camille et enrichi par elle d'une précieuse annotation manuscrite *Ce livre appartient à Camille Claudel, 3ᵉ cours, 1ʳᵉ division, gagé [sic] de 9 ans, à Bar-le-Duc, chef-lieu de la Meuse 1873-1874.*

En 1876, Louis-Prosper Claudel, devenu Conservateur des Hypothèques, est affecté à Nogent-sur-Seine. *...Trois années à Nogent, Paul aura onze ans quand on changera, une fois de plus, en 1879, de résidence. Un très bon souvenir dans sa mémoire. Nogent, surtout à cause du petit jardin qu'on avait derrière la maison, rue Saint-Époingt, et du précepteur que les Claudel ont engagé pour leurs enfants, « Monsieur Colin » ; il était intelligent, fin et vif, républicain, un peu bohème...* (H.G., 40). C'était, dit Paul Claudel (*Mémoires improvisés*, 20), *un journaliste, et un professeur d'occasion, mais qui avait véritablement la vocation de l'enseignement. Pendant trois ans, il a jeté, pour dire vrai, les vraies bases de mon éducation. Il m'a appris le latin, l'orthographe et le calcul, enfin tout ce que j'en sais, d'une manière absolument solide et fondamentale, qui ne m'a jamais quitté, simplement parce qu'il avait de bonnes méthodes, qu'il s'occupait spécialement de nous, et qu'il avait trouvé moyen de nous rendre l'étude intéressante.*

« Ces trois années m'ont laissé un excellent souvenir. Et puis alors, de temps en temps, il nous lisait une chose que je trouvais magnifique, par exemple des extraits des morceaux choisis d'Aristophane — bien entendu, il ne lisait

pas tout —, « *la Chanson de Roland* », « *le Roman de Renart* », *enfin des textes qu'on ne lit pas d'habitude aux enfants, et qui nous enthousiasmaient, ma sœur et moi,* (Mémoires improvisés, 20). Dix ans plus tard, autour de 1886-1887, celle-ci accompagne son frère aux Mardis de Mallarmé et y côtoie, sans dépaysement apparent, les meilleurs esprits de son temps. Camille disposait donc, à défaut d'une culture étendue, d'un acquis sérieux qu'une curiosité toute naturelle d'esprit permettra, par la suite, d'approfondir.

Claudel et Morhardt se retrouvent encore pour révéler qu'avant de rencontrer le sculpteur Alfred Boucher à Nogent-sur-Seine, Camille avait découvert, avec la seule formation d'une nature initiatrice, l'unique référence d'un « écorché » et de « quelques gravures de livres anciens », mais surtout grâce à un don aigu d'observation et aux ressources d'une imagination toujours en éveil, les secrets du dessin et de la sculpture. Le Geyn lui offrait des modèles, lui fournissait des thèmes. « *Camille Claudel,* dit Louis Chaigne, *aimait ce lieu sauvage et en nourrissait sa méditation passionnée. L'un des rochers lui inspira une œuvre sur la tempête.* »

La présence d'argile sur le territoire de Villeneuve fut à l'origine de ses premiers modelages. Le docteur Cerveaux possédait, dans sa propriété de Bellefontaine, un four qu'il avait fait reconstruire à neuf dans le courant de 1847 et qui pouvait contenir 25 000 tuiles. La terre pour les fabriquer était toute proche. Comme le précise la minute d'un bail du 31 décembre 1846, on trouvait *la terre rouge dans une pièce de terre à côté du bâtiment de l'Augeat* (= nom de la tuilerie).

On imagine l'enfant malaxant la glaise pour en tirer des formes inattendues. Très vite, la sculpture devint sa raison de vivre. Elle en perdait le boire et le manger ; très jeune, en vacances à Chacrisse chez sa tante Thierry, on l'attend en vain pour le déjeuner : ayant trouvé de l'argile au cours d'une promenade, elle s'est mise à la travailler, indifférente au temps et aux contingences. Henri de Braisne rappelle qu'*à l'âge de douze ans, elle modelait déjà des glaises d'un audacieux dessin, dont la composition irritait les maîtres qu'on lui donna.*

Cependant, pour cette période de l'éveil de la vocation artistique chez Camille Claudel, nul témoignage n'est plus précieux que celui de Mathias Morhardt : par lui, en effet, nous prenons une exacte mesure de la place de la sculpture dans la vie de Camille et de l'ascendant — « souvent cruel », dira Paul Claudel — que la jeune artiste exerce sur son entourage.

La sculpture, écrit Morhardt, *est une passion véhémente qui la possède toute entière et qu'elle impose despotiquement autour d'elle, aux siens, aux voisins, aux domestiques eux-mêmes. Ignorante de tout procédé, de tout préjugé, de toute la technique absurde et guindée dont on abuse l'esprit trop crédule des néophytes de la sculpture, ignorant également de la nature humaine qu'elle ne voit qu'à travers un « écorché », elle sculpte ; et la maison paternelle que son art envahit rapidement n'est bientôt plus que la dépendance d'un atelier où se perpétuent, en terre, en pierre, en bois, mille figures tragiques ou grimaçantes qui sont les héros de tous les temps et de tous les peuples...*

Aidée par sa sœur cadette et par son jeune frère, Mademoiselle Camille Claudel y gouverne en souveraine. C'est sous sa direction, et tandis qu'elle tord fiévreusement des boulettes, que l'un bat la terre à modeler, que l'autre gâche le plâtre, cependant qu'un troisième pose comme modèle ou, improvisé « metteur au point », taille dans un bloc de marbre. Elle, elle est « l'artiste » ; mais chacun collabore de son mieux à l'œuvre commune...

Sans doute, des défections ne tarderont pas à se produire ; fatigué de poser, fatigué de rester debout les bras tendus et de garder indéfiniment des positions incommodes ou même intenables, le modèle s'échappe à travers la campagne, le gâcheur de plâtre fera de longs détours pour éviter la maison redoutable où la jeune artiste s'adonne à la sculpture. Quelque temps elle les poursuivra ; mais elle se lassera à son tour, fatiguée non de sculpter certes, mais de poursuivre d'infidèles et insaisissables collaborateurs (MM 710-711).

Alors *elle saura, grâce à la toute-puissante passion qui la détermine, faire des prosélytes qui successivement viendront remplacer les absents.* Quand ils séjournaient à Villeneuve, les Claudel employaient à leur service une jeune fille nommée Eugénie Plé qui secondait dans les gros travaux la vieille mais toujours solide Victoire Brunet. Par la volonté de sa tyrannique maîtresse, cette villageoise deviendra *le meilleur et le plus clairvoyant des praticiens,* aussi apte à gâcher le plâtre ou à battre la terre qu'à mettre au point.

Ce qui naquit de leur collaboration est aujourd'hui tombé en poussière. Seules les confidences de Camille à Mathias Morhardt ont pu ressusciter « les essais en terre » qu'elle modelait étant toute petite fille et qui représentaient les personnages illustres ou cruels dont ses rêves d'enfant étaient pleins : Napoléon Ier par exemple ou Bismarck.

Bismarck surtout, dont elle avait inventé, selon la logique de son âme enfantine, la terrifiante physionomie, une figure extraordinairement tragique et fatale.

Mais l'Histoire Sainte, les poèmes d'Ossian, les tragiques grecs lui inspiraient d'autres motifs : de la lecture de Sophocle naissait un Oedipe ou une Antigone ; elle retenait de la Bible l'histoire de David et Goliath dont elle modelait l'esquisse dans sa douzième ou treizième année. Morhardt, quand il interroge Camille, découvre ce qui reste de l'œuvre ; il la décrit ainsi : « *Bien que la glaise ait subi les atteintes du temps, bien que Goliath — sauf la jambe droite qui est repliée et dont le mouvement et le modelé sont indiqués avec une surprenante énergie — soit devenu une masse incertaine, le petit groupe biblique a une incontestable noblesse d'allure. Le jeune David surtout est splendide. Debout sur le corps renversé du géant qui, de son bras gauche, cherche à protéger encore sa tête que le jeune héros a coupée, il triomphe dans un superbe élan d'enthousiasme et de victoire. D'ailleurs, ses muscles, indiqués avec plus de logique peut-être que d'exactitude, sont noueux et robustes. Il y a en effet ceci de particulier à noter : que ces premiers essais attestent, aussi bien du point de vue du mouvement qu'au point de vue du modèle, une fougue indomptable. Le dos du petit David est montueux et raviné comme un fragment d'Alpe. C'est tout un drame romantique !* » (MM 712).

A cette époque, ne l'oublions pas, Camille n'a encore reçu aucune leçon de dessin ni de modelage. Seuls la guident son instinct et sa détermination. Les premiers conseils, les rudiments d'un art qu'elle pratique spontanément, c'est du sculpteur Alfred Boucher — véritable instrument du destin — qu'elle va les recevoir.

La rencontre se produit à Nogent-sur-Seine où, depuis 1876, est affecté Louis-Prosper Claudel et dont Boucher est originaire.

De quatorze ans plus âgé que Camille, il est né à Bouy-sur-Orvin, petite commune du canton de Nogent, le 25 septembre 1850. Fils de modestes jardiniers, une vocation naturelle l'oriente, très jeune, vers la plastique et la statuaire. Dès les bancs de l'école, il commence comme Camille, à modeler des figurines qui attirent l'attention du sculpteur Ramus pour qui travaillent ses parents. De lui, il reçoit ses premières leçons, avant qu'un autre Nogentais, Paul Dubois, déjà célèbre par ses envois aux Salons de 1864 et 1865, ne le pousse définitivement vers la sculpture en lui faisant obtenir, en 1869, une bourse de l'École Nationale des Beaux-Arts.

Quand la famille Claudel s'installe à Nogent (dans une maison rue Saint-Époingt), Alfred Boucher est sorti de l'anonymat : son *Enfant à la fontaine,* fort remarqué au Salon de 1874, lui a valu une médaille de 3ᵉ classe. Deux ans plus tard, il obtenait le second Grand Prix de Rome.

C'est vraisemblablement dans le courant de l'année 1879 que Boucher découvre Camille *dont il vient quelquefois visiter l'atelier* (MM, 712) ; *intéressé par les essais que pétrit si intrépidement la fervente petite fille,* il la conseille, l'encourage, joint ses efforts à ceux de Colin pour persuader Louis-Prosper Claudel de la vocation de grande artiste de sa fille et de la nécessité pour elle d'aller s'établir à Paris. Mais obtenir un poste à Paris était hors de question ; nommé à Wassy-sur-Blaise le 10 septembre 1879, Louis-Prosper s'en éloignait plutôt. Mais quant à faire céder Camille...

A partir du 18 novembre, les Claudel *habitent une assez belle maison, propriété de l'État, avec un balcon au premier étage et une grande porte d'entrée au haut d'un perron à double escalier* (HG, 41). A Wassy, comme à Villeneuve, à Bar-le-Duc et à Nogent, Camille continue d'imposer sa volonté, de plier sa famille aux exigences de son génie : ainsi verra-t-on Paul, une fois de plus, *mobilisé pour aller, au lieu-dit du Buisson-Rouge, chercher pour sa sœur de la terre glaise indispensable aux modelages !* (HG, 41). Camille avait quinze ans en décembre 1979.

« Et puis alors, écrit Paul Claudel, *s'est produit le cataclysme dans la famille. » :* Camille est parvenue à dissiper toutes les objections, à vaincre toutes les résistances, à contraindre son père à se séparer des siens et à assumer toutes les charges de l'installation de la famille à Paris. Louis-Prosper en prenait son parti, persuadé du bien-fondé de son sacrifice : Camille s'illustrerait dans la sculpture ; Louise, bonne musicienne, ferait carrière de virtuose ; Paul, doué pour les lettres, préparerait Normale : on l'inscrivit au lycée Louis-le-Grand où il entra en classe de seconde le 26 avril 1881.

Pour Camille, Paris, c'est la liberté de travailler, c'est

la possibilité d'apprendre le métier, d'avoir un modèle, de le faire poser, d'être l'artiste qu'il faut qu'on soit, sans se préoccuper des voisins qui regardent par-dessus le mur du jardin !... Paris, c'est le rêve enfin réalisé ! (MM 713).

NOTE

1. L'intégralité de l'article de Mathias Morhardt : annexe 13.

LA RENCONTRE AVEC LE SCULPTEUR AUGUSTE RODIN

Au printemps de 1881, Madame L.-P. Claudel, accompagnée de ses trois enfants Camille, Louise et Paul, arrive à Paris. La famille qui loge d'abord Boulevard Montparnasse, s'établira ensuite dans l'île Saint-Louis, puis, à partir de 1886, au 31 boulevard du Port-Royal.

Son mari quittera son poste de Conservateur des Hypothèques de Wassy-sur-Blaise en juin 1883 pour celui de Rambouillet ; et, en 1887, il sera nommé à Compiègne où il finira sa carrière en 1893.

Camille suit les cours de l'Académie Colarossi (aujourd'hui disparue), rue de la Grande Chaumière, « où elle s'initiait à l'anatomie ». Elle loue aussi un atelier, rue Notre-Dame-des-Champs, au 117 (le numéro n'existe plus). *« Elle s'est associée avec quelques amies, des Anglaises pour la plupart. C'est une petite colonie d'étudiantes libres des Beaux-Arts. Camille est, naturellement, l'âme du groupe : elle choisit les modèles, elle indique la pose... Ce sont aussi les premières tristesses. Des complications imprévues surgissent à chaque instant. Les modèles, surtout, constatant qu'ils n'ont devant eux que quelques jeunes filles, sont plus indisciplinés que de coutume et, sûrs de l'impunité, plus effrontés. Ils menacent de s'en aller, de les laisser là avec leur travail commencé, inutile désormais, si on n'augmente pas leurs appointements. »* (MM 713).

Cette année-là est assombrie par la mort de son grand-père. A Villeneuve, le docteur Théodore-Athanase

59

Cerveaux est très malade : *un cancer dévorait le vieillard qu'on entendait crier.* (HG 42). Il décède le 5 septembre 1881.

L'Écho républicain de l'Aisne du samedi 10 septembre rend compte des *« obsèques de M. le Docteur Cerveaux, maire de Villeneuve, décédé à l'âge de 78 ans. (Elles) ont eu lieu au milieu d'un grand concours de personnes. Le deuil était conduit par les parents du défunt, M. Claudel, Conservateur des Hypothèques, son gendre, M. Thierry-Dujet.*

« A la cérémonie assitaient, en corps, la Compagnie des sapeurs-pompiers, conduite par son lieutenant... et la compagnie des Archers.

Au cimetière, M. l'adjoint a prononcé sur la tombe du regretté M. Cerveaux quelques paroles profondément émues. »

Alfred Boucher se rend régulièrement à l'atelier de la rue Notre-Dame-des-Champs et donne des conseils aux jeunes filles. Il a tenu à présenter Camille à Paul Dubois, Directeur de l'École Nationale des Beaux-Arts ; elle lui apporte quelques-uns de ses groupes en terre dont un *David et Goliath* qui, aux dires de Mathias Morhardt, ne manque pas d'allure. Dubois, étonné, questionne : « Vous avez pris des cours avec M. Rodin ? » Il se trompe : Camille n'a encore jamais entendu ce nom.

D'ailleurs, *« il était aisé de remarquer qu'autant le sculpteur de l'Âge d'Airain se plaît aux belles harmonies, pleines, douces et blondes, autant il fuit les contrastes trop violents d'ombre et de lumière, autant les premiers essais de Mademoiselle Claudel étaient noueux, creusés de noirs profonds et dramatiques. Cela ne ressemblait pas plus à l'art de Rodin que l'art de Michel-Ange ne ressemble à celui de Donatello »* (MM 713).

Qui est alors Rodin, qui allait bientôt bouleverser la

vie de Camille ? Ses biographes Robert Descharnes et Judith Cladel nous renseignent amplement.

Auguste Rodin est né le 12 novembre 1840 à Paris. Sa famille, très pieuse, lui a donné une forte éducation religieuse ; il sera même quelque temps novice chez les Pères du Très-Saint-Sacrement, désespéré après la mort, en 1862, de sa sœur Maria qu'il adorait. Son instruction est restée rudimentaire : son orthographe sera toujours hasardeuse ; souffrant de son inculture, il suivra, plus tard, les cours de Michelet et de Quinet au Collège de France, et se mettra à lire : Hugo, Musset, Lamartine, et Dante.

Très vite, il manifeste des dons certains pour le dessin, et, à quinze ans, il reçoit, à la Petite École rue de l'École de Médecine, l'enseignement d'un maître exceptionnel, le peintre Horace Lecocq de Boisbaudran (en revanche, il essuie trois échecs à l'entrée de l'École des Beaux-Arts : « Il a de la chance », dira plus tard le sculpteur Dalou !).

Pendant près d'un quart de siècle, écrit Descharnes, *il peinera obscurément dans sa condition de « maçon d'art ».* L'artiste n'est guère reconnu : la première œuvre qu'il envoie au Salon : *L'Homme au nez cassé* est refusée ; à Bruxelles, où, après avoir été réformé pour sa myopie, il est allé chercher du travail, *Le vaincu* qu'il expose en 1877 lui vaut une accusation de surmoulage ! L'œuvre, admise au Salon de Paris sous le nouveau titre de *L'Âge d'Airain,* est victime de la même calomnie.

A l'automne 1877, un hasard amène Alfred Boucher dans l'atelier Laouste. Il *s'étonne d'y voir un petit homme roux et barbu façonner sans modèle des figures d'une fascinante exactitude... Il est donc capable de sculpter sans user du surmoulage.* Paul Dubois, membre du jury du Salon est aussitôt prévenu, le Sous-Secrétaire aux Beaux-Arts alerté ; et Rodin réhabilité ! Du même coup, il n'est plus un inconnu : son *Âge d'Airain* réapparaîtra au Salon et sera acheté par l'État.

Les difficultés pour lui ne sont pas terminées pour

autant : bien des projets seront encore refusés. A quoi s'ajoutent des soucis familiaux : son père est devenu aveugle et sombre dans une démence sénile dont la mort ne le délivrera qu'en 1883.

Heureusement, en 1880, des récompenses à Bruxelles et au Salon des Artistes français de Paris (la seule qu'il y obtiendra !) sont décernées à son *Saint Jean-Baptiste prêchant*. Et *Carrier-Belleuse, directeur des travaux d'art à la Manufacture nationale des porcelaines de Sèvres, l'attache au personnel extraordinaire non permanent de la Manufacture* (Ds). Grâce à un ami peintre, beau-frère du Secrétaire d'État aux Beaux-Arts, il se voit, par un arrêté officiel daté du 16 août 1880, chargé d'exécuter moyennant la somme de huit mille francs, le modèle d'une porte décorative destinée au Musée des Arts décoratifs en bas-relief représentant *La Divine Comédie* de *Dante*. Désormais, Rodin est à l'abri du besoin !

Pendant ces années difficiles, une jeune femme lui avait été d'un soutien indéfectible : sa compagne, Rose Beuret. Depuis 1864, elle partageait sa vie ; un fils, Auguste — qui portera toujours le nom de sa mère — leur était né en janvier 1866, dont les facultés intellectuelles se révéleront vite fort limitées et dont l'instabilité caractérielle ne cessera de s'aggraver. Une belle fille, Rose ! *« à vingt ans, mieux qu'une jolie femme : des traits un peu virils, de grands yeux d'agate mordorée qui flambaient à la moindre impression, des cheveux bruns en abondance qu'elle bouclait et coiffait de manière originale ; et, toute simple qu'elle fût, une toilette complétée par de larges chapeaux et à laquelle elle savait donner un cachet personnel, lui composait ce qu'on appelait alors un type.* Et courageuse en surplus : ouvrière en couture, elle *« tire l'aiguille pour subvenir aux besoins du couple »* ; c'est elle aussi qui entretient l'humidité *des linges autour des plâtres, tient les comptes, fait la cuisine, s'occupe de l'enfant et, le soir, prend la pose dans l'atelier glacé. »* C'est elle dont Camille va devenir la rivale.

CAMILLE CLAUDEL

En 1880, Rodin passe le cap de la quarantaine. « *Le poil de ce quadragénaire*, précise Descharnes, *est encore d'un roux sombre que la blancheur de l'âge va bientôt effacer ; Rodin ressemble très exactement à ce portrait que le critique Camille Mauclair brossera en 1910 ;*

« *Un homme de taille moyenne avec une tête énorme sur un torse massif. On ne voit de lui tout d'abord que ce buste léonin, cette tête au nez fort, à la flottante barbe grise, aux petits yeux clairs et fins, légèrement bridés par la myopie et l'ironie douce. L'impression de puissance est accentuée par la démarche roulante sur les hanches, l'aspect rocheux du front tourmenté sous les cheveux en brosse rude, l'épaisseur osseuse du nez aquilin, la torsion ample de la barbe. Mais l'impression est en partie démentie par ce pli réticent de la bouche, le regard vif, pénétrant, naïf et malicieux (un des plus composites que j'aie jamais vu) et surtout par la voix qui est sourde, nuancée avec difficulté, mêlée d'inflexions graves, puis tout à coup revenant à une prononciation dentale dont certains hochement de tête très expressifs modifient encore le sens et l'intention. Il apparaît simple, précis, réservé, courtois et cordial sans enjouement. Peu à peu sa timidité fait place à une autorité tranquille et singulière. Il n'a ni emphase ni gaucherie, et semblerait plutôt morne qu'inspiré. Une immense énergie émane de ses gestes sobres et mesurés. La lenteur, l'embarras apparent de son langage, les pauses de sa conversation lui donnent une signification particulière...* »

Avant de rencontrer Rodin, Camille Claudel a déjà réalisé des œuvres riches de promesse. *La première que Camille Claudel ait signé de son nom... est un buste de vieille femme qu'elle présente au Salon de 1883* (1). *C'est une domestique alsacienne de Mme Claudel qui a posé patiemment. L'œuvre est sérieuse et réfléchie. On sent qu'elle a été faite avec fidélité — une fidélité trop absolue peut-être même ! Pourtant, il n'y a ni maigreur ni sécheresse. La vieille femme aux traits ridés, au menton proéminent, aux pommettes des joues accentuées, regarde franchement devant elle. Ses yeux sont doux et bons. Toute la physionomie a, du reste, de la finesse et de la distinction.* (MM 715).

Elle a aussi réalisé un portrait de Mme B. qui sera présenté au Salon des Artistes français de la même année 1883, et un buste de Paul Claudel enfant (2) : « *Il est âgé d'environ treize ans. Sa sœur nous le montre le col nu, les épaules recouvertes d'une sorte de tunique antique, la tête droite. Le profil est rigide comme celui d'un empereur romain. Les narines du nez aquilin sont doucement gonflées. Elles semblent s'ouvrir pour aspirer l'air. Les cheveux sont coupés ras. Le front volontaire et bombé repose d'aplomb sur les arcades sourcilières. La coquille des oreilles très fines et, — chose rare dans les bustes modernes — très adroitement posée donne un angle facial d'une ouverture presque anormale. Enfin les paupières bien fendues s'ouvrent sur des yeux dont le regard est extraordinairement impérieux.*

Ici, déjà, s'affirment noblement les belles qualités de la jeune artiste. Rien dans le buste n'est laissé au hasard... C'est solide et net. C'est aussi une œuvre enthousiaste, où elle a heureusement insisté sur les caractéristiques du visage de son frère afin de lui donner cette physionomie impérieuse qui est, en effet, la sienne. (MM. 715)

Avant son départ pour l'Italie, Alfred Boucher demande à Rodin de le remplacer pour diriger les jeunes artistes de l'atelier Notre-Dame-des-Champs (3).

Camille travaille toujours dans son atelier, trouvant ses modèles dans son entourage : à plusieurs reprises, elle sculpte le buste de son frère qu'en 1884 elle représente, âgé de 16 ans, toujours avec une draperie à l'antique ; elle exécute aussi un buste (aujourd'hui disparu) de son père et divers portraits à l'huile dont celui de sa mère (MM. 716) (4). Au Salon de 1885, elle exposera *La vieille Hélène*, autre titre de *La vieille femme* en terre cuite, et une étude de nu *qui représente une jeune femme recroquevillée sur le bras droit, qui est posé sur les genoux ; le bras gauche passant par-dessus la tête, les deux mains se rejoignent naturellement, dans un geste harmonieux et simple, en avant du genou droit. Cette étude est un admirable morceau de nu.*

Les bras, le dos, le ventre sont d'une souplesse où la vie frémit. Le bras gauche, surtout, qui passe mollement par-dessus la joue de la jeune femme, est d'une beauté pleine et grasse. Du reste, l'œuvre tout entière est étudiée avec un souci de la perfection qui est si particulier à Mademoiselle Camille Claudel...

Que cette œuvre exquise ait exigé des semaines et des semaines de laborieuse application, qu'il ait fallu toute la patience et toute la passion de la jeune artiste pour en amener la réalisation à cet état de vérité, n'en doutons pas... (MM. 722).

D'emblée, Rodin reconnut les dons éclatants de la jeune artiste de qui l'image, les magnifiques yeux bleus sombres au regard illuminé captivèrent bientôt son cœur d'homme. (JCI, 226). De son côté, elle n'a pas hésité à voir en lui un maître. Elle deviendra donc son élève car « *la seule chose qui soit essentielle, c'est de faire de la belle et noble sculpture.* » (MM. 717).

NOTES

1. Note de M. Morhardt (715) : « Il existe, de ce buste, qui a été exposé au Salon de 1882, plusieurs variantes en terre cuite ou en plâtre, variantes qui consistent principalement dans l'arrangement de la coiffure. Presque toutes ces variantes ont été achetées par des Américains, notamment par Mme Boulard, et se trouvent aujourd'hui aux États-Unis. »
   La reproduction en plâtre se trouve dans le numéro de *l'Art décoratif* de juillet 1913 consacré à Camille Claudel. De ce plâtre, il a été tiré un bronze qui appartient aujourd'hui à la famille de Massary ; un autre est la propriété de M. André Tissier.
2. Buste en bronze au Musée Bertrand de Châteauroux.
3. La date précise de la rencontre de Camille et de Rodin est difficile à établir ; une lettre de Léon Lhermitte, de quatre ans le cadet du sculpteur, élève comme lui de Lecocq de Boisbaudran, datée du 9 mars 1883, prouve qu'à cette date, Rodin a déjà rencontré Camille ;
   Dans sa correspondance du 23 octobre 1883, envoyée de Mont-Saint-Père par Château-Thierry, à Rodin, le même Léon Lhermitte ajoute en post-scriptum ;
   « Quand vous verrez Melle Claudel, veuillez lui présenter nos compliments les plus respectueusement sympathiques. » (AMR)
4. Madame Jacques de Massary que j'ai (J. Cassar) souvent rencontrée à Villeneuve avait découvert ce portrait, laissé à l'abandon, dans ce qui avait été l'atelier de Camille et qui servait alors de grenier. Elle ne le revit plus jamais et pensait que le portrait avait été détruit par Mme Claudel elle-même.

UNE PASSION ORAGEUSE

Camille *va frapper à la porte de Rodin parce qu'elle est artiste, et parce qu'il est vraiment le seul sculpteur qui fasse de l'art. Pour elle, ce qui importe, c'est la recherche d'un même idéal de vérité et de beauté... L'exemple de Rodin lui est précieux. Grâce à lui, elle apprendra à modeler uniquement par les profils et à les exagérer constamment dans une proportion déterminée et toujours constante.* (M.M. 720)

« *L'entrée de la jeune artiste dans l'atelier de Rodin est un événement* (1)... *Tous ceux qui ont fréquenté l'atelier de l'Université se la rappellent. Silencieuse et diligente, elle reste assise sur sa petite chaise. C'est à peine si elle écoute les longs bavardages des oisifs. Uniquement occupée à sa besogne, elle pétrit la terre glaise et modèle le pied ou la main d'une figurine placée devant elle. Exercice ardu mais efficace :* « *Faites des pieds et des mains* » *répondait Rodin aux débutants qui venaient le consulter. Parfois elle lève la tête. Elle regarde le visiteur de ses grands yeux clairs... Puis elle reprend sa besogne interrompue.* » (MM. 718)

En 1886, la jeune artiste reprend le buste de son frère (Paul Claudel à 18 ans), exécute, en terre cuite, le buste de Rodin et une Tête de Brigand *ou* Giganti, « *tête d'homme de peine aux grands traits, et qui, pourtant, ne manque pas de sentiment élevé malgré sa large bouche, son nez épaté et ses cheveux épais tombant sur son front fuyant* » (Théodore Varon) (2).

En ou vers 1887, elle modèle un *Torse de femme* en plâtre teinté, sculpte un buste de jeune fille — celui de sa sœur Louise —, bronze qu'elle expose au Salon des Champs-Élysées. De son frère, une tête d'enfant. (Paul Claudel à 13 ans) et *Le Jeune Romain.* Elle peint, à l'huile, les portraits de Rodin, d'Eugénie Plé, de la *Vieille bonne victoire,* de Maria Paillette (3).

Rue Notre-Dame-des-Champs, Camille s'est liée d'amitié avec une autre élève, Miss Lipscomb — qui deviendra plus tard Mme Elborne — et dans ces mêmes années 1886, 1887, fait de fréquents séjours à Londres chez son amie. Il existe une correspondance (annexe 3) entre Miss Lipscomb et Rodin qui date de cette période (AMR). Les lettres de Rodin ne sont généralement pas datées ; elles sont raturées, souvent très difficiles à lire ; mais quel témoignage de l'intérêt que le maître porte à sa jeune élève ; pas une seule fois, le nom de Camille n'est omis ! Toutefois, si le maître est manifestement épris, on peut se demander s'il en est de même pour l'élève : aucune lettre de celle-ci ! C'est Miss Lipscomb qui sert d'« intermédiaire ».

Ma chère élève,

Pourriez-vous me faire avoir des nouvelles de Melle Camille ? J'espère que vous travaillez avec ardeur, à demain matin.

Votre affectionné professeur
Rodin

Envoyez le modèle, Boulevard de Port-Royal si vous voulez.

C'est l'adresse des parents de Camille où elle habite toujours ; il ne semble pas qu'elle soit alors entrée à l'atelier de Rodin.

Camille et Jessie Lipscomb sont-elles en voyage à Londres ? Il demande instamment des nouvelles, s'inquiète d'un risque de refroidissement que courrait « le petit professeur ».

Il demande à Miss Lipscomb de raconter les promenades qu'elles font ensemble, de lui envoyer des photographies en précisant : *Soyez près l'une de l'autre et, cependant que vos deux gracieuses personnes soient entières.*

Quand il est, lui, en Angleterre (probablement vers le 29 mai 1886), il est tout à la joie de les retrouver. Et il se désole s'il ne peut se rendre à un déjeuner commun.

Les relations se tendent parfois entre les deux correspondants : la jeune Anglaise laisse percer quelque irritation d'être mêlée à la vie sentimentale du maître :

> *Chez Melle Claudel l'Atelier*
> *117, rue Notre-Dame-des-Champs*
> *15 mars*
>
> *Cher Monsieur Rodin,*
>
> *Nous pensons aller travailler chez vous samedi prochain si cela ne vous ennuie pas. Vous savez, je vieux [sic] vous dire franchement que nous sommes venues d'Angleterre spécialement pour avoir vos conseils et vous aviez promis de nous les donner. Nous ne tenons pas à rester avec Mademoiselle Camille si cela vous contrarie, et les discussions que vous avez avec elle ne nous regardent pas. J'espère donc que nous aurons vos leçons comme par le passé et nous sommes disposées à faire ce que vous voudrez. Dites-nous donc franchement ce que vous avez l'intention de faire avec nous — afin que nous sacheons [sic] si nous devons rester ici ou repartir en Angleterre. Je vous prie instamment, cher Monsieur, de nous donner une réponse le plutôt [sic] possible.*

CAMILLE CLAUDEL

Agréez, Monsieur et cher Professeur, mes salutations les plus dévouées et sincères.

Votre élève,
Jessie Lipscomb

Mademoiselle et chère élève,

Oui, si cela fait plaisir à Mademoiselle Claudel, venez samedi la journée, Mademoiselle Faucet aussi. Je vous prie avant tout de me donner de ses nouvelles (souligné par Rodin qui a ajouté : « et des vôtres ») *par retour du courrier, ce que vous n'avez pas fait.*

Votre très respectueux,
Rodin

Il est probable qu'avant d'être l'élève de Rodin puis sa collaboratrice, Camille a d'abord été un admirable modèle, comme en témoignent le bronze de *Camille Claudel* (1884) et le marbre de *l'Aurore* qu'elle inspire au sculpteur en 1885.

Elle a alors vingt ans. César, dans la superbe photographie qu'il a laissé d'elle (4), fait revivre « *cette superbe jeune fille, dans l'éclat triomphal de la beauté et du génie... Un front superbe, surplombant des yeux magnifiques, de ce bleu si foncé et si rare à rencontrer ailleurs que dans les romans, ce nez où elle se plaisait plus tard à retrouver l'héritage des Vertus, cette grande bouche plus fière encore que sensuelle, cette puissante touffe de cheveux châtains, le vrai châtain que les Anglais nomment auburn, qui lui tombait jusqu'aux reins. Un air impressionnant de courage, de franchise, de supériorité, de gaîté. Quelqu'un qui a reçu beaucoup.* » (P. Claudel : *Ma sœur Camille*).

NOTES

1. Pas plus que pour la première rencontre, une date n'est aisée à fixer. Faut-il suivre F. Varillon qui dans *Claudel, Les écrivains devant Dieu,* penche pour l'entrée de Camille dans l'atelier de Rodin en 1884 ?
   Morhardt décrit sa venue sans apporter de précision. Il note seulement, plus loin, que « le sculpteur de *la Porte de l'Enfer* terminait *les Bourgeois de Calais*... lorsqu'elle vint travailler pour la première fois près de lui. » « Le 28 janvier 1885, Rodin a signé, à Calais, avec le comité du monument, un accord dans lequel promesse lui est faite d'un premier crédit de quinze mille francs, lui s'engageant à avoir fini le modelage au début de 1886. »
   Une lettre de Madame Laurent Conservateur du Musée Rodin du 28-9-1976 nous incite à avancer plutôt 1888.
2. Dans une carte de visite, non datée, adressée à Rodin de Mademoiselle Camille Claudel, 113, boulevard d'Italie :
   ... Si vous n'avez pas reçu le buste de *Giganti* exposé à Tours, prière de le réclamer car il est impossible de les décider à le renvoyer. » (AMR)
3. Œuvres de Camille des années 1886-1887 :
   — *Buste de Rodin :* catalogue du Musée Rodin, p. 147
   — *Tête d'enfant :* Musée de Châteauroux
   — *Buste de jeune fille :* Musée de Clermont-Ferrand
   « L'Art décoratif » n° 193 représente le *Torse de femme, le Buste de jeune fille* et le *Jeune Romain*. Les portraits d'Eugénie Plé et de Victoire Brunet, également reproduits, étaient — semble-t-il — la propriété de M. Morhardt. Le portrait de Rodin, hier à L.-P. Claudel, a disparu.
4. Revue encyclopédique Larousse, novembre 1896, p. 854.

LE « SAKOUNTALA » ou « L'ABANDON »

Pour mener à bien ses travaux — *La Porte de l'Enfer, les Bourgeois de Calais et Claude Gellée* — Rodin a besoin de main-d'œuvre : aussi engage-t-il élèves et praticiens. Il confie ses maquettes à Jules Desbois, son ami depuis la Manufacture et presque son associé ; Camille se voit chargée des marbres comme praticienne : elle a pour tâche de dégrossir l'ouvrage d'après un modèle de plâtre exécuté suivant les indications du maître, et doit mettre l'œuvre en état d'être achevée par le sculpteur. Les biographes reconnaissent que Rodin ne taillait pas ses marbres.

Elle devient la *collaboratrice clairvoyante et sagace. Rodin la mêle à ses propres travaux, la consulte sur tout, lui confie, avec les directives du plus exigeant des maîtres, le soin de modeler les mains et les pieds des figures qu'il compose,* (J. Cl. 226). Elle est prise tout entière dans l'entreprise : la collaboratrice sert aussi de modèle, et on la retrouve dans la frise de *la Porte,* dans l'étude pour *les Bourgeois de Calais* où s'assemblent son masque et la main de Pierre de Wissant. Elle a inspiré *la Danaïde* (1885), *Fugit Amor, Paolo et Francesca* (1887), *l'Emprise* (1888).

Elle poursuit parallèlement son œuvre personnelle. En 1888, elle peint deux pastels : celui de son frère à 20 ans, celui de sa sœur qui *est représentée assise de face, dans une élégante toilette, sur un fond orné de grandes fleurs décoratives. Il ferait, surtout, par la douceur, l'ampleur et l'énergie du modelé, songer à quelques-unes des œuvres de la meilleure période de Manet si (elle) n'avait donné à la physionomie de sa jeune sœur une attitude un peu plus hiératique que l'admirable peintre n'en avait la coutume.* (MM 724). Sa sœur Louise s'étant mariée cette année-là, Camille sculpte le buste de son beau-frère Ferdinand de Massary (1).

La même année, son groupe monumental, *Sakountala* ou *l'Abandon* obtient une mention honorable au Salon des Artistes français. *Sakountala et son époux, qu'un cruel enchantement a séparés, se rencontrent enfin dans le Nirvâna. Comme accablée par la joie trop intense qu'elle éprouve, la jeune femme s'est appuyée contre le tronc d'un arbre. Le buste penché en avant, elle laisse sa tête tomber sur l'épaule du roi agenouillé devant elle. Les deux visages se confondent presque. Sakountala a fermé les yeux. Et le roi, ivre d'avoir enfin reconquis sa mémoire perdue et retrouvé sa bien-aimée, entoure de ses deux bras sa taille souple comme un éclair. C'est un moment, c'est une éternité de tendresse ineffable et d'extase...* (MM 726). L'œuvre lui vaut des lignes élogieuses d'André Michel dans la Gazette des Beaux-Arts : « ... *Plus heureux assurément, le sculpteur, quand son programme lui permet d'employer sans arrière-pensée le nu et la draperie : c'est là son domaine propre, son grand moyen d'expression plastique, son inépuisable répertoire. Il y a tant de manières différentes d'interpréter la figure humaine ! Une jeune fille, Melle C. Claudel, a su mettre dans un groupe d'exécution inégale mais d'inspiration puissante, Sakountala, un sentiment profond de tendresse chaste et passionnée, je ne sais quel frémissement et quelle ardeur contenue, quelle aspiration et quelle plainte étouffée.* »

La liaison de Camille et de Rodin, qui, sans pouvoir être datée, est alors certaine, est stimulante pour les deux artistes ; Rodin crée des couples qui ne sont plus les condamnés du péché de *la Porte de l'Enfer* mais qui expriment « la sensualité du couple » ; et ce sont *l'Éternel Printemps* (1884), *le Baiser* (1885) (2) et *l'Éternelle Idole*

(1889). La même année 1889, Camille sert de modèle pour un plâtre de *Saint-Georges*. On a souvent mis en parallèle *le Baiser* de Rodin et le *Sakountala* de Camille ; Paul Claudel, au contraire, les oppose :

« *Que l'on compare* « *le Baiser* » *de Rodin avec la première œuvre de ma sœur que l'on peut appeler* « *l'Abandon* ». *Dans le premier, l'homme s'est pour ainsi dire attablé à la femme. Il s'est assis pour mieux en profiter. Il s'y est mis des deux mains, et elle, s'applique de son mieux, comme on dit en américain, à* deliver the goods. *Dans le groupe de ma sœur, l'esprit est tout, l'homme à genoux, il n'est que désir, le visage levé, aspire, étreint avant qu'il n'ose le saisir, cet être merveilleux, cette chair sacrée qui d'un niveau supérieur, lui est échue. Elle cède, aveugle, muette, lourde, elle cède à ce poids qui est l'amour, l'un des bras pend, détaché comme une branche terminée par le fruit, l'autre couvre ses seins et protège ce cœur, suprême asile de la virginité. Il est impossible de voir rien à la fois de plus ardent et de plus chaste. Et comme tout cela, jusqu'aux frissons les plus secrets de l'âme et de la peau, frémit d'une vie indicible ! La seconde avant le contact.* »

Mais, un rapprochement est peut-être plus significatif entre *l'Abandon* de 1888 et *l'Éternelle Idole* de 1889 où l'homme est à genoux et la femme debout.

Nouvelle et très importante étape de sa carrière que cette année 1889 pour Rodin ; une grande exposition est organisée dans la galerie Georges Petit, à Paris, pendant les mois de mai et juin : soixante-dix tableaux de Monet sont accrochés et trente-six figures du sculpteur sont installées dans les salles. Pour l'un et pour l'autre, c'est une consécration retentissante et qui va provoquer un concert de critiques scandalisées et de louanges inouïes. Pour Octave Mirbeau, enthousiasmé (L'Écho de Paris du 25 juin 1889), cette exposition (...) *a été un écrasant succès pour les deux merveilleux artistes à qui nous la devons...*

Ce sont eux qui, dans ce siècle, incarnent le plus glorieusement, le plus définitivement, ces deux arts, la peinture et la sculpture. »

Au Salon des Champs-Élysées de 1889, Camille expose la *Prière* (3), *une étude de femme aux formes pleines et rondes, et qui révèle l'une des caractéristiques essentielles de Mademoiselle Camille Claudel. Jamais en effet l'idée qu'elle cherche à exprimer n'y domestique ou n'y trahit la nature. La nature, la vérité, voilà ce qu'il importe d'abord d'exprimer...*

Dans le buste, on ne trouvera aucun des éléments par lesquels l'idée moderne de la mysticité s'est exprimée parmi nous. Les yeux ne sont pas creusés en noir. Les traits ne sont ni maigres ni tourmentés. Les joues n'ont pas ces profondes concavités qui témoignent ou qui semblent témoigner de jeûnes prolongés et d'habitudes invétérées de méditation et de mortification. Mais au contraire, les plans sont harmonieusement et largement établis. La tête aux yeux clos est renversée en arrière. Elle est dans une extase qui n'est ni excessive ni vulgaire. Sa coiffure tourangelle est dominée par un peigne en forme d'éventail ouvert. C'est « la Prière » pourtant, la Prière tendre, humaine, vivante, sincère, la simple et vraie Prière, telle que les maîtres du XVIe siècle nous l'ont montrée et dont nos modernes primitifs ont su faire une si pauvre et si douloureuse caricature. (MM 728). Avec cette œuvre, est exposé un buste de Charles Lhermitte, le fils du peintre Léon Lhermitte, ami de Rodin (4).

Cette année-là ; la municipalité de Fère-en-Tardenois refuse son concours à Camille Claudel pour sculpter un monument à ériger sur la place de la République à l'occasion de la prise de la Bastille.

Leurs amours sont loin d'être simples. Rodin continue de vivre avec Rose Beuret : depuis plus de vingt ans, *la présence de Rose à ses côtés a été, entre toutes, précieuse.*

Les liens de tendresse et de reconnaissance qui l'unissent à elle sont indestructibles. Ils sont d'ordre ménager plus que sentimental au sens amoureux du terme.

Rose soigne les modelages de « Monsieur Rodin » comme elle l'appelle, avec une patience et un dévouement maternels. Il peut voyager sans inquiétude. (Ds, 118). Et quand il ira à Londres en mai 1886, Rodin l'en remercie vivement :

> *Ma chère Rose, ma chérie,*
>
> *J'ai rêvé de toi cette nuit et si je t'avais écrit sous le coup de mon émotion, je t'aurais dit des choses pleines d'affection. Je pense combien tu as dû m'aimer pour t'attacher constamment à plaire à mes caprices.*
> *Ma chère amie, je t'envoie l'expression de toute ma tendresse.*
>
> > *Ton*
> > *Auguste Rodin.*

Camille, quant à elle, dissimule soigneusement sa liaison, du moins aux yeux de ses parents. Sa mère lui écrit pour lui annoncer sa visite (lettre non datée, AMRS) :

> *Mercredi*
> *Ma chère Camille,*
> *J'ai été bien étonnée de savoir que tu es encore à Paris, je te croyais partie depuis un mois. J'irai donc demain jeudi te voir, je partirai d'ici à 9 h et je serai chez toi vers 11 h et demie. Nous déjeûnerons ensemble et je reviendrai ici ce soir. Arrange-toi pour être libre vers midi et chez toi avenue de la Bourdonnais.*
> *Adieu, je t'embrasse.*
>
> > *L. C.*

Camille envoie ce mot à Rodin, et écrit au verso de la même lettre, : *Monsieur Rodin, ne venez pas ici car voilà la lettre que je reçois. Évitons les histoires. Du reste, je vais mieux.*

Les parents ignorent tout de la vie amoureuse de leur fille. Le père dépose chez Rodin sa carte de « Conservateur des Hypothèques à Rambouillet » où il sera en poste jusqu'en 1887. La mère (lettres malheureusement non datées) écrit cordialement au sculpteur :

> *Monsieur,*
>
> *Voulez-vous nous faire l'amitié de venir dîner avec nous demain soir samedi, vous nous feriez le plus grand plaisir.*
> *Mon mari n'a que très peu de temps à passer à Paris et jusqu'ici il a eu tant de courses indispensables à faire qu'il ne lui a pas encore été possible d'aller vous voir. Il me charge de vous dire combien il en est fâché et vous prie instamment d'accepter notre modeste invitation, ce sera une fête pour nous tous.*
> *Veuillez présenter à Madame Rodin nos meilleurs compliments et me permettre de vous serrer cordialement la main.*
>
> *L. Claudel.*

Une autre lettre est adressée de Villeneuve, tout aussi amicale :

> *Cher Monsieur Rodin,*
>
> *Voulez-vous permettre à deux lycéens amis de mon fils et amateurs de belles choses d'art de visiter votre atelier dont ils ont entendu vanter les beautés ?*

Je serais désolée que vous vous dérangiez pour eux ; ils désirent seulement voir. Connaissant votre bonté, nous avons cru pouvoir leur permettre cette visite mais à condition toutefois que cela ne vous gênera pas.

Nous sommes à Villeneuve, il fait très froid. Nous espérons votre bonne visite et celle de Madame Rodin, aussitôt qu'elle ira mieux. Nous serons très enchantés de vous recevoir, tout le monde me charge d'insister près de vous pour que vous veniez bientôt ; le jour qui vous conviendra nous conviendra aussi, n'importe lequel.

En attendant le plaisir de vous recevoir, agréez, cher Monsieur Rodin, ainsi que Madame, de la part de toute ma famille l'assurance de notre affectueux dévouement.

L. Claudel.

Merci bien des fois pour nos jeunes gens.

Depuis 1888 — ou 1886 ? (Descharnes donne les deux dates !) —, Rodin, pour abriter ses amours avec Camille qui veut éviter Rose, a loué une vieille demeure *qui tombe en ruines au milieu des buissons redevenus sauvages et des allées effacées par les herbes,* boulevard d'Italie, dans le parc du « Clos Payen ». La « Folie Neubourg », cette ravissante maison du XVIIIe siècle qui abrita déjà les amours de George Sand et d'Alfred de Musset restera longtemps la *retraite secrète de Rodin et de Camille. Lieu romantique et mélancolique entre tous, ce sera, pour Rodin, celui de ses ateliers qu'il regrettera le plus, et le plus longtemps.* (Ds).

NOTES

1. Buste de Ferdinand de Massary : propriété de Madame Jacques de Massary.
2. On a souvent mis en parallèle *le Baiser* de Rodin et le *Sakountala* de Camille ; Paul Claudel, au contraire, les oppose :

   « Que l'on compare le Baiser de Rodin avec la première œuvre de ma sœur que l'on peut appeler l'Abandon. Dans le premier, l'homme s'est pour ainsi dire attablé à la femme. Il s'est assis pour mieux en profiter. Il s'y est mis des deux maisn, et elle, s'applique de son mieux, comme on dit en américain, à délivrer the goods. Dans le groupe de ma sœur, l'esprit est tout, l'homme à genoux, il n'est que désir, le visage levé, aspire , étreint qu'il n'ose le saisir, cet être merveilleux, cette chair sacrée que d'un niveau supérieur, lui est échue. Elle, cède, aveugle, muette, lourde, elle cède à ce poids qui est l'amour, l'un des bras pend, détaché comme une branche terminée par le fruit, l'autre couvre ses seins st protège ce cœur, suprême asile de la virginité. Il est impossible de voir rien à la fois de plus ardent et de plus chaste. Et comme tout cela, jusqu'aux frissons les plus secrets de l'âme et de la peau, frémit d'une vit indicible ! La seconde avant le contact. (Ma sœur Camille.)

   Mais, précise J. Cassar, un rapprochement est peut-être plus significatif entre l'Abandon de 1888 et l'Eternelle Idole de 1889 où l'homme est à genoux et la femme debout.
3. C'est Morhardt qui signale la présence de *la Prière* au Salon : le catalogue n'indique pas l'œuvre. Il est possible qu'elle ait été exposée au dernier moment.
4. Le peintre Léon Lhermitte, qui apprécie beaucoup les sculptures de Camille, demande à celle-ci de faire le buste de son fils Charles. Il écrit à Rodin

   19, rue Vauquelin   11 avril

   Quant à votre élection au Salon qui ne faisait pas de doute pour moi, j'en suis personnellement enchanté, vous n'en doutez pas, et je ne cherche plus d'autre appui pour le buste de Mademoiselle Claudel. »
   L'œuvre est appréciée, et Rodin est invité à venir la voir : *« Lundi matin,*

CAMILLE CLAUDEL

« Vous seriez bien aimable de venir voir chez moi le buste de Charlot que vient de terminer Mademoiselle Claudel.

« Cela me paraît très beau et j'aimerais qu'il vous fût possible de me dire votre sentiment sur la matière à employer pour la chose définitive.

« Mille affectueux compliments de votre dévoué ami.

Léon Lhermitte

Le buste sera à mon atelier demain mardi.

Et, le 19 avril, nouvelle lettre de Lhermitte.

Cher ami,

Mille pardons à venir vous déranger mais voici ce qui arrive. Selon votre avis, j'avais fait part de votre sentiment sur la patine du buste à Mademoiselle Claudel qui, aussitôt, est allée avec un ouvrier qui n'a pu réussir sur place la modification souhaitée. Mademoiselle Claudel est allée voir Liard qui consent à donner au buste la même patine que celle qui a si bien réussi à celui de son frère (sans doute celui de 1886) patine noire. Seulement il ne s'en charge qu'à la condition de l'avoir chez lui.

Je viens donc vous prier de donner à qui de droit des instructions pour que l'on puisse retirer le bronze demain samedi en le remplaçant par le plâtre jusque mardi prochain, jour où Liard se fait fort d'être prêt.

Vous me rendrez un service personnel très réel en intervenant pour Mademoiselle Claudel de façon à ce qu'elle ait son buste revêtu de la patine noire qui lui convient.

LES JOURS HEUREUX... ET LA SÉPARATION

Islette en Touraine où la Folie Neubourg à Paris sont les lieux privilégiés où Camille et Rodin cachent leurs amours.

Faut-il, pour évoquer les jours heureux que les deux amants connurent à l'Islette, chercher à recréer leur intimité amoureuse ? Faut-il, puisqu'aucun document ne nous autorise à représenter la passion qui, à l'évidence, a réuni fougueusement les deux êtres, extrapoler ce que nous suggère telle lettre de Camille quand elle écrit à Rodin qu'elle se couche toute nue pour avoir l'illusion qu'il est auprès d'elle ? L'honnêteté du biographe impose de ne formuler que des hypothèses prudentes et respectueuses de la vie privée. Alors, laissons à d'autres la joie de projeter leur lumière sur ce qu'a pu être la réalité de cette passion. C'est vrai, il ne fait aucun doute que le sensuel Rodin, dont la vie amoureuse fut ponctuée de nombreuses aventures, a dû connaître auprès de la belle jeune femme qu'était Camille des plaisirs que la vieillissante Rose ne lui procurait peut-être plus, que la beauté du cadre tourangeau tant apprécié de cet autre grand amoureux que fut Balzac contribua encore à parfaire leur bonheur, que l'Islette dut leur apparaître comme le nouvel Eden ! C'est vrai et l'imagination s'enflamme vite à l'évocation d'une semblable passion. Que le lecteur nous pardonne si n'est pas imaginé le « non-dit », si les étreintes de Camille et de Rodin ne sont pas davantage évoquées, précisées ! Mais l'historien se refuse à romancer.

La période heureuse de la liaison de Camille et de

Rodin est ponctuée de déplacements et de séjours en Touraine et en Anjou. Les deux amants prennent pension pendant l'été 1890 au château d'Islette à Azay-le-Rideau. Les propriétaires, M. et Mme Cyprien Courcelles (1), y accueillent des hôtes payants.

Rose Beuret est-elle au courant de la liaison ? Rodin cherche à la rassurer :

Septembre 1890

Ma chère amie,

Ne t'impatiente pas et reste chez Vivier un peu de temps. Je suis dans une étude de plus en plus passionnante, je me sens revivre dans les époques d'autrefois car sûrement j'ai l'atavisme de ces temps passés et la vue de cette architecture me semble réveiller du fond de mon cerveau des choses que je connaissais.

Je deviens architecte et il le faut, car je complèterai ce qui me manque ainsi pour ma « Porte ». Écris-moi poste restante à Saumur, Maine-et-Loire.

Je t'embrasse et demande que tu profites de la campagne pour te donner la vigueur de passer l'hiver mieux que l'hiver dernier où tu avais si froid.

A toi
Rodin

Attitude hypocrite ? Il ne nous appartient pas de juger ; mais il est certain qu'une reconnaissance profonde lie le sculpteur à cette compagne des jours difficiles : il s'inquiète de la toux chronique de Rose ; cette même année, *(ses) doigts modèlent le dernier buste de Rose* (DS, 156).

Du séjour commun à l'Islette, rien n'est connu : le bonheur est secret ! Mais il ne semble pas que l'escapade amoureuse se soit renouvelée. En été 1892, Rodin repart en Touraine, à la recherche de documents pour son *Balzac* (2) ; l'auteur de la *Comédie humaine* étant originaire de Tours, des autochtones pourraient le rappeler par leur taille et leur physionomie ; rien ne permet d'affirmer que, cette fois-ci Camille l'ait accompagné.

A propos de cette période, deux points litigieux sont à éclaircir : les relations de Camille avec le musicien Claude Debussy, et sa cohabitation prétendue avec son frère Paul.

Claude Debussy est rentré d'Italie depuis 1887. A-t-il vu alors Camille chez Mallarmé ? On ne sait ; mais, rapporte Robert Godet (annexe 4), ami du musicien, *Cette diligente providence valut au jeune Debussy de premières rencontres avec la géniale artiste, préludes aux réunions qu'ils auraient plus tard à mon foyer où elle était déjà et fut toujours davantage la très respectueusement bienvenue* (3).

Debussy éprouve une *franche antipathie* pour Rodin, sculpteur au *romantisme faisandé* et Camille vit avec le maître. Elle a vingt-quatre ans, Debussy, encore peu connu, en a vingt-six. Ces deux génies vont-ils pouvoir se comprendre à travers des langages différents ?

Jules Renard affirme qu'elle *haïssait la musique*. Jugement excessif : Camille, comme Rodin, déteste peut-être Wagner ; mais rien ne permet d'affirmer qu'elle est insensible à l'art musical : *A mon très grand regret*, écrit-elle à Morhardt, *je n'ai pu assister à la dernière séance de Moussorgski.* (APC) Elle aborde l'univers de Debussy *sans méfiance*, mieux, sa curiosité sera *de plus en plus éveillée* et *elle finit par l'écouter avec un recueillement qui n'avait rien de la résignation*, précise Godet.

Un doux sentiment lie les deux jeunes gens. Liaison, comme le suggère Jules Renard (4) ? Le terme semble bien exagéré ; mais sûrement une très grande et très profonde amitié.

Puis brusquement, la rupture décidée par Camille ! Rodin était-il jaloux ? A-t-elle eu peur de se laisser aller trop loin dans cette relation ? Debussy confie son désemparement à Godet (lettre du 13 février 1891) :

« ...la fin tristement attendue de cette histoire dont je vous avais parlé ; fin banale, avec des anecdotes, des mots qu'il n'aurait jamais fallu dire. Je remarquais cette bizarre transposition, c'est qu'au moment où tombaient de ces lèvres ces mots si durs, j'entendais en moi ce qu'elle m'avait dit de si uniquement adorable ! et les notes fausses (réelles, hélas !) venant heurter celles qui chantaient en moi, me déchiraient sans que je pusse presque comprendre.

Il a bien fallu comprendre depuis, et j'ai laissé beaucoup de moi accroché à ces ronces, et serai longtemps à me remettre à la culture personnelle de l'art qui guérit tout ! (ce qui est une autre ironie, celui-ci contenant toutes les souffrances ; puis on les connaît ceux qu'il a guéris !).

Ah ! je l'aimais vraiment bien, et avec d'autant plus d'ardeur triste que je sentais par des signes évidents que jamais elle ne ferait certains pas qui engagent toute une âme et qu'elle se gardait inviolable à des enquêtes sur la solidité de son cœur !

Maintenant reste à savoir si elle contenait tout ce que je cherchais ! si ce n'était pas le Néant ! Malgré tout, je pleure sur la disparition du rêve de ce rêve ! Après tout, c'est peut-être moins désolant ! Ah ! ces jours où je sentais qu'il fallait mourir et où c'était moi-même qui veillais sur cette mort, que jamais plus je ne les revive. » (APC) (annexe 3).

Paul Claudel, alors, s'était orienté vers la carrière diplomatique et, depuis le 6 février 1890, était entré au

Quai d'Orsay en ayant opté pour les consulats. Il partira, comme vice-consul pour les États-Unis en 1893.

Dès l'été de 1891 peut-être (5) — très certainement en 1892 —, il va s'installer, seul, au 43 Quai Bourbon, dans l'île Saint-Louis. Surtout depuis sa conversion, il cherche à reconquérir, hors de l'atmosphère familiale, « son indépendance, son autonomie », « désir particulièrement violent », écrira-t-il dans ses (*Mémoires improvisés* 61).

L'hypothèse d'une cohabitation avec sa sœur semble devoir être écartée sans équivoque. Le post-scriptum d'une lettre envoyée à Maurice Pottecher et datée « mardi 1892 » l'établit sans conteste :

> *Ma sœur Camille est en ce moment à Paris, et quand tu seras de retour, nous irons la voir ensemble. Elle sera très heureuse de faire ta connaissance.*

Il semblerait plutôt que frère et sœur aient quitté, à peu près en même temps, le domicile familial, ce qui a pu entretenir une confusion. Un reçu du 27 avril 1892, au nom de Mademoiselle Camille Claudel, 113 Boulevard d'Italie, d'une somme de 300 F, envoyée par Rodin (AMR) infirme aussi la cohabitation avec Paul. Il prouve par ailleurs que Rodin connaît l'adresse de Camille et qu'il l'aide financièrement (à titre d'indication, signalons qu'à l'époque, Paul Claudel perçoit, au Quai, un traitement mensuel d'environ 600 F.).

Retirée dans l'absolue solitude de son atelier du Boulevard d'Italie, elle vit là, un an, deux ans, trois ans... sans recevoir personne, signale Morhardt qui reste dans l'imprécision (MM, 739) (6). *C'est un quartier désert, un de ces faubourgs de Paris qui tenaient alors plus de la banlieue agreste que de la ville* (J. Cl. 226) (7).

En s'installant là, Camille paraît s'être éloignée de

Rodin sans pour autant avoir rompu avec lui. *Déjà séparée des siens à qui elle n'a pu imposer plus longtemps sa volonté de faire de la sculpture, et qui, d'ailleurs, ne la voient pas sans chagrin et sans appréhension engager sa vie dans une voie toute peuplée de périls et de tristesse, elle quitte définitivement l'atelier de Rodin* (M.M. 730).

Elle veut faire le point sur sa vie aussi bien professionnelle que sentimentale. Tiraillée entre son maître et sa famille, cherche-t-elle à sortir d'une situation que l'on considère à l'époque comme du dévergondage ? Alors deux solutions s'offrent à elle : ou bien elle entre au couvent, mais l'hypothèse ne la séduit nullement ; ou bien elle se marie. Le mariage mettrait fin à des années d'humiliations et de compromissions.

La question est clairement posée à Rodin qui n'a toujours pas épousé Rose. Mais en vain : Rodin ne se détache pas de sa compagne.

Et Camille, avec ce *don féroce de la raillerie* qui est un trait de son caractère, jette son dépit dans trois dessins-charge : le premier représente un homme enchaîné (Rodin) ; une femme nue monte la garde, (légende : « le système cellulaire ») ; le second montre Rodin, collé par les fesses à Rose Beuret et s'agrippant à un arbre (légende : « le collage. Ah bien vrai ! ce que ça tient » ; en bas et à droite, une date : 1892) ; dans le troisième, Rodin et Rose sont enlacés (légende : « Douce remontrance, par Beuret » ; en bas, à droite : 1892 ? (AMR)

Camille, écrit Claudel, *ne pouvait assurer au grand homme la parfaite sécurité d'habitudes et d'amour-propre qu'il trouvait auprès d'une vieille maîtresse. De toutes façons, Camille était exclusive et n'admettait aucun partage.*

Au Salon de la Société nationale de 1892, Camille expose le buste de Rodin (8), accueilli favorablement par la critique parisienne.

Gustave Geffroy apprécie, dans *la Vie artistique, la*

tête pensive et énergique de Rodin (qui) apparaît sculptée fortement et délicatement par Mademoiselle Claudel, avec la belle compréhension de l'intelligence du grand artiste qu'elle avait à faire revivre ; Raoul Sertat (la Revue encyclopédique) s'est arrêté devant *le buste très énergique de Rodin par Mademoiselle Claudel ;* enfin, pour Edmond Pottier (la Gazette des Beaux-Arts), *outre ses qualités de modelé, le buste du sculpteur Rodin, exposé par Mademoiselle Claudel au Champ-de-Mars, est rendu fort expressif par l'emploi des tons verts ou rougeâtres qui rehaussent l'énergique physionomie du célèbre artiste et enlèvent au bronze un luisant trop monotone. Léonard de Vinci critiquait déjà la couleur du bronze en termes sévères :* « *Le bronze reste noir et laid, tandis que la peinture abonde en couleurs charmantes et infiniment variées.* » *Comment ne pas encourager les artistes qui s'ingénient à unir les deux arts ?*

En revanche, dans son pays natal, Camille reste ignorée. Et Rodin cherche à lui venir en aide ; fort de son expérience, il sait que pour réussir il faut se faire connaître ; et le meilleur moyen n'est-il pas la presse ? Alors il écrit au Courrier de l'Aisne :

> *Vous avez bien voulu me citer dans les sculpteurs que vous avez remarqués au Champ-de-Mars, permettez-moi de vous signaler mon élève Melle Camille Claudel, qui est du département et qui a un grand succès en ce moment avec mon buste placé en place d'honneur au Salon. Lhermitte, un artiste émérite du département, vient de lui commander aussi un buste. Mon élève avait déjà fait le buste d'un de ses enfants. Les journaux de Paris lui ont créé une réputation. Je serai personnellement flatté que vous vouliez bien tenir compte de son talent et que vous vouliez bien enregistrer dans votre* « *Courrier de l'Aisne* » *le nom déjà très connu*

de Mademoiselle Camille Claudel. « L'Art français », dans son numéro consacré au Champ-de-Mars, en a donné une grande photographie.

Agréez, Monsieur, en vous demandant pardon de mon (indiscrétion ?) et de ma prière, l'expression de mes sentiments distingués.

Rodin.
Paris, 182, rue de l'Université, 19 mai 1892
(collection privée G. Alphandery)

La demande a été entendue (9) ; et Rodin remercie :

Cher Monsieur,

Je suis heureux de lire « le Courrier de l'Aisne » et vous prie d'en agréer ma reconnaissance. Depuis, Mademoiselle Claudel a eu la médaille d'argent au blanc et noir, et une commande de l'État. J'espère que, de même que notre ami Lhermitte, votre sympathie et votre bienveillance soutiendra (sic) la jeune statuaire. Merci aussi pour moi, Monsieur Hustin, de votre vive sympathie.

Rodin
182, rue de l'Université 22 mai 1892,
(Collection privée G. Alphandery)

Deux œuvres de Rodin doivent aussi retenir notre attention : *la Convalescente* et *l'Adieu*, l'une et l'autre de la même année 1892. La dernière surtout, dont le sculpteur a choisi le titre, évoque le départ de Camille de l'atelier. Ce n'est pas encore la fin d'une liaison mais au moins celle d'une cohabitation, celle de la première rupture.

NOTES

1. Propriétaire actuel du château : Maître Pierre Michaud.
2. Le séjour de Rodin à l'Islette est confirmé par un bulletin du dépôt de la poste, daté du 7 juillet 1892 et dont le destinataire est Rodin, Azay-le-Rideau, et par le reçu, en date du 6 septembre, d'une somme de 300 F, envoyée à Rodin, Islette par Azay-le-Rideau avec ces quelques lignes : « Mon cher ami, les 300 F, sont bien partis ce matin. Ci-joint le reçu de la poste. Bien affectueusement à vous. » La signature est illisible.
3. Source : Debussy : *Lettres à deux amis,* 78 lettres inédites à Robert Godet et G. Jean Aubry (Paris, Corti, 1942, p. 93-95).
4. Jules Renard (Journal, 19 mars 1895) : « le musicien qui a vécu deux ans avec Claudel ».
   Dans quelles circonstances Debussy a-t-il acquis *la Valse* de Camille ? On ne sait. Mais ses contemporains pourront admirer l'œuvre sur la cheminée de son cabinet de travail qu'elle ne quittera qu'en 1918, avec la mort du musicien !
5. Une lettre de Paul Claudel à A. Mockel porte l'adresse du Quai Bourbon. Otten et P. de Galmyn pensent qu'elle a été probablement envoyée entre le 15 juin et le 25 août 1891 (Bulletin de l'Académie royale de langue et de littérature française, tome XLIV n° 3, 4 p. 153-171).
6. Le boulevard d'Italie, entre le Boulevard Saint-Jacques et la Place d'Italie, est l'actuelle Avenue A. Blanqui.
   N.B. Entre la rue de la Glacière et la rue de la Santé, l'îlot 13 a été rénové de 1958 à 1961 par la construction de grands immeubles remplaçant 107 petits bâtiments vétustes.
7. Une quittance de loyer de 165,50 F, au nom de Mademoiselle Claudel, 11, rue de la Bourdonnaye [sic], soulève le problème plus délicat de la double adresse. Il se complique par le fait que la majeure partie des lettres de Camille, dans son dossier des Archives du Musée Rodin, ne sont pas datées. Néanmoins, on peut affirmer que le 11 de la rue de la Bourdonnais est connu de ses parents. Sa mère lui écrit (lettre non datée, AMR) : « Arrange-toi pour être libre vers midi et chez toi Avenue de la Bourdonnais. »

8. Le buste en bronze de Rodin, le seul que nous possédions du maître, avait failli ne jamais exister : modelé pendant les années 1888 et 1889, il fut abandonné plus d'une fois et repris. Rodin posant rarement ; à un moment même, la terre sécha et allait tomber en ruine quand on put heureusement en prendre un moulage en terre fraîche ; l'œuvre fut terminée sur ce moulage et fondue en bronze.

— sa présentation par Morhardt (729-730) :

« *La grande figure du maître est comme engoncée dans la barbe lourde qui s'étale et qui forme le socle. La moustache qui retombe cache la bouche large et timide. Mais le masque énorme au nez droit, aux arcades sourcilières proéminentes, au front puissant et qui s'élargit au-dessus des tempes, semble l'image de la force et de la volonté. De même derrière les oreilles, le cou nu qui repose sur les épaules un peu voûtées — les épaules d'Atlas — surgit, pareil au fût d'une colonne debout sur d'inébranlables assises...* »

— son analyse par Paul Claudel (*Ma sœur Camille*) :

« *Il ne s'agit pas de vague tapoto-tripotage, il s'agit d'une réalisation architecturale, il s'agit de l'animal humain, il s'agit de l'os qui a fonctionné sa chair, qui s'est éveillé à un visage. Le voici avec son propre regard. Mais ce n'est pas le visage seulement qui pour elle avait un sens.* »

9. Article du *Courrier de l'Aisne* du 22 mai 1892.

« *Les artistes de l'Aisne au Salon, Champ-de-Mars*

(Une colonne entière est consacrée aux envois du peintre Léon Lhermitte, Puis...)

« *A la sculpture, Mlle Camille Claudel, de Fère-en-Tardenois, a exposé un bon buste du sculpteur Rodin.*

« *Mlle Camille Claudel est l'élève du célèbre statuaire qui lui a transmis son style et sa virtuosité. Nous avons eu l'occasion de voir de Mlle Camille Claudel des dessins d'une rare puissance et qui faisaient deviner en elle, par la vivacité du modelé, le sculpteur qu'elle est aujourd'hui.*

« *Mlle Camille Claudel a fait du jeune fils de Lhermitte, en attendant qu'elle fasse celui du père, un buste qu'on a admiré dans un précédent Salon ; elle expose cette fois celui de son maître, à qui on a justement donné la place d'honneur, qui revenait de droit à l'artiste et au modèle.*

« *C'est par elle que nous terminerons cette rapide revue qui a mis, croyons-nous, en relief cette constatation que les artistes de l'Aisne n'ont pas, cette année, été inférieurs à eux-mêmes.* » A. Hustin.

UN TOURNANT DÉCISIF POUR CAMILLE ET RODIN

Ainsi, désormais, Camille vit seule ; *sa demeure n'est pas plus connue que sa personne. Et comment voulez-vous qu'elle le soit ? Perdue au milieu de la Glacière... cette jeune fille habite derrière les grands arbres du Boulevard d'Italie, au fond d'une humble cour que garde un concierge cordonnier ; perdu loin de Paris, son atelier sévère n'offre aux regards aucune de ces amusettes luxueuses si nécessaires pour aguicher les commandes... Il semble davantage un couloir qu'une salle de travail* (1).

Les deux œuvres qu'elle expose au Salon de 1893, *La Valse* (annexe 4 *bis*) et *Clotho*, déconcertent certains critiques mais, en revanche, suscitent l'admiration d'Octave Mirbeau et de Léon Daudet.
La « Clotho » est une étude de nu. Debout, la Parque raidit ses membres vieillis. Elle s'efforce de débrouiller l'innombrable écheveau qui pèse sur sa tête et sur ses épaules et sur ses bras et d'en répandre les fils autour d'elle. Et la lourde avalanche fuit entre ses mains, glisse sur la peau ridée et forme un inextricable réseau de torsades où elle est littéralement emprisonnée... (M. M. 734). Si Gustave Geffroy mentionne (*Les Salons de 1893*) : « *Une ostéologie de vieille* » de Mademoiselle Claudel, si Henri Bouchot (*La Gazette des Beaux-Arts*) parle de « *deux inexprimables loques signées de Mademoiselle Claudel* », Mirbeau est bouleversé par « la Parque » : *Vieille, décharnée, hideuse, les chairs battant comme des loques le long de ses*

flancs, les seins flétris et tombant ainsi que des paupières mortes, le ventre couturé, les jambes longues et faites pour des marches terribles qui jamais ne finissent, des jambes agiles et nerveuses et dont les enjambées fauchent les vies humaines, elle rit dans son masque de mort (2).

Dans *La Valse*, *le sculpteur évoque surtout le sentiment d'entraînement que suggère la danse. Debout, le corps incliné en avant, la jambe gauche un peu projetée en arrière, l'homme entoure de son bras droit la taille de la danseuse. Celle-ci, presque renversée, s'appuie en sécurité, bercée, semble-t-il, par la force qui la soutient et qui l'attire ; sa main droite est posée sur l'épaule du danseur ; sa main gauche — une main longue et fine dont les doigts sont mollement recourbés, et qui, parmi toutes les délicatesses de cette œuvre est une œuvre exquisement délicate — s'ouvre dans la main entr'ouverte du danseur ; son ample robe, rattachée aux hanches, et d'où le torse surgit nu, flotte déroulée comme un croissant ; les plis abondants enveloppent le dos et les jambes qu'ils laissent deviner... (Mademoiselle Claudel a su faire de cette idylle un poème persuasif et charmant où, qui sait ? un peu de son cœur, un peu de son âme l'ont miraculeusement inspirée.* (M. M. 733).

Geffroy continuait dans l'article précité : *Mademoiselle Claudel a exprimé en plus dans « La Valse », le contact amoureux et la langueur de deux êtres entrelacés, perdus dans les étoffes volantes.*

Dans *La Revue Encyclopédique* (1893, p. 823), Lucien Bourdeau reprend les articles de Léon Daudet (3) et d'Octave Mirbeau.

Pour Léon Daudet, *le couple, emporté dans une giration furieuse, donne l'impression admirable du tourbillon et du vertige, alors que ces êtres beaux et nus, enlacés, sont enfermés dans la rigide et morne pierre.*

Alentour et partant d'eux est leur atmosphère, robe ou nuages, ou plis d'extase, ou mouvements de l'éther froissé, que signifient des volutes indéfinies, aériennes. Elles les enlacent, les prolongent, les arrachent au sol et donnent un sens à leur fougue, comme la queue de la comète témoigne de sa course, ou comme les cavaleries héroïques sont toujours manifestées par des môles de poussière. Un haut et large esprit a seul pu concevoir cette matérialisation de l'invisible. Et qu'est-ce que l'art en somme si ce n'est une prise perpétuelle, inassouvie de l'humanité sur le mystère, le mystère, réservoir inépuisable et sombre de toutes les beautés du possible. Et maintenant, les corps des valseurs vous parlent, puisqu'ils vous arrivent traduits par cette enveloppe mobile. Voici ce qu'ils m'ont semblé dire, de la voix pénétrante, inextinguible des chefs-d'œuvre : « Pris de dégoût pour la vie plate et la planète morose nous sommes partis pour les espaces dans une danse d'amour et d'espoir. Nous tournons comme tournent les mondes et les esprits à travers les mondes, et notre valse suit celle des atomes. Pauvres atomes que nous sommes, petite poussière dans la tempête ! Mais jusqu'à ce qu'un choc définitif nous sépare, joignons-nous dans l'ouragan même, virons, pivotons bien serrés, et que notre spire éperdue concorde à celle de l'Univers. »

Octave Mirbeau est tout aussi admiratif : « Enlacés l'un à l'autre, la tête de la femme, adorablement penchée sur l'épaule de l'homme, voluptueux et chastes, ils s'en vont, ils tournoient lentement, presque soulevés au-dessus du sol, presque aériens, soutenus par cette force mystérieuse qui maintient en équilibre les corps penchés, les corps envolés, comme s'ils étaient conduits par des ailes. Mais où vont-ils éperdus dans l'ivresse de leur âme et de leur chair si étroitement jointes ? Est-ce à l'amour ? Est-ce à la mort ? Les chairs sont jeunes, elles palpitent de vie, mais la draperie qui les entoure, qui les suit, qui tournoie avec eux bat comme un suaire. Je ne sais pas où ils vont, si c'est à l'amour, si c'est à la mort ; mais ce que je sais, c'est que se lève de ce groupe une tristesse poignante, si poignante qu'elle ne peut venir que de la mort, ou peut-être de l'amour, plus triste encore que la mort.

Paul Claudel, à qui son père a envoyé l'article de Léon Daudet, remercie ce dernier :

> *Consulat général de France, 10 juillet 1893,*

> *... Je suis très fier de ce que tu dis de ma sœur. Et merci pour la fin de l'article dont elle ne m'avait pas parlé.*

Eté 1893, Rodin, toujours épris, est venu voir Camille et a trouvé porte close ; celle-ci s'en excuse dans une lettre du 8 juin (date indiquée par le cachet de la poste) ;

> *J'étais absente lorsque vous êtes venu, car mon père est arrivé hier et j'ai été dîner et coucher chez nous. Comme santé je ne vais pas mieux car je ne peux pas rester couchée ayant à chaque instant des occasions de marcher. Je ne partirai sans doute que jeudi. Justement Mademoiselle Vaissier (4) est venue me voir et m'a raconté toutes sortes de fables forgées sur moi à L'Islette. Il paraît que je sors la nuit par la fenêtre de ma tour, suspendue à une ombrelle rouge avec laquelle je mets le feu à la forêt ! ! !*
> (AMR)

De fait, Camille part en Touraine où elle séjournera durant l'été. Mais elle y sera seule : il ne semble pas que Rodin l'ait rejointe, sinon à l'occasion d'une brève visite. De l'Islette, est adressée la seule lettre intime que l'on ait retrouvée :

CAMILLE CLAUDEL

Monsieur Rodin,

Comme je n'ai rien à faire, je vous écris encore. Vous ne pouvez vous figurer comme il fait bon à l'Islette. J'ai mangé aujourd'hui dans la salle du milieu (qui sert de serre) où l'on voit le jardin des deux côtés, Madame Courcelles m'a proposé, sans que j'en parle le moins du monde que si cela vous était agréable, vous pourriez y manger de temps en temps et même toujours (je crois qu'elle en a une fameuse envie) et c'est si joli, là!

e me suis promenée dans le parc, tout est tondu, foin, blé, avoine, on peut faire le tour partout, c'est charmant. Si vous êtes gentil à tenir votre promesse, nous connaîtrons le paradis. Vous aurez la chambre que vous voulez pour travailler. La vieille sera à vos genoux, je crois.

Elle m'a dit que je (devrais ou pouvais? déchiré) prendre des bains dans la rivière, où sa fille et la bonne en prennent sans aucun danger. Avec votre permission, j'en ferai autant, car c'est un grand plaisir, et cela m'évitera d'aller aux bains chauds à Azay. Que vous seriez gentil de m'acheter un petit costume de bain bleu foncé avec galons blancs, en deux morceaux, blouse et pantalon (taille moyenne) au Louvre ou au Bon Marché (en serge) ou à Tours!

Je couche toute nue pour me faire croire que vous êtes là, mais quand je me réveille ce n'est plus la même chose. Je vous embrasse.

Camille.

Surtout ne me trompez plus.   (AMR)

Une autre lettre est envoyée au retour :

Monsieur,

Une suis de retour à Paris. Je n'ai pas pu emporter toutes mes affaires de l'Islette, car cela m'aurait coûté trop cher. Il est convenu que je reviendrai l'année prochaine. Je m'étais monté un peu l'imagination. Rien qu'à Madame Courcelles, j'ai payé 300 f, et 100 f, au mouleur, 60 f, de voyage et de surcroît de bagages, pièces, etc... Il me reste 20 f, et je n'ai rapporté qu'un groupe et un buste (5), mes livres, mes dessins, etc. J'ai déjeuné chez les Vaissier qui ont été très aimables et m'ont rassurée.

Camille. (AMR)

A plusieurs reprises, Camille fait des allusions discrètes à sa santé ; et il faut aborder ici un des mystères les plus délicats de la vie de Camille Claudel : a-t-elle eu ou non des enfants de Rodin ?

Le bruit court, écrira Descharnes (p. 122), *qu'elle a eu de Rodin au moins deux enfants (mâles), et on sait de sources sûres* (lesquelles ?) *qu'un des plus proches collaborateurs de Rodin fut plusieurs fois chargé par lui de régler la pension de deux enfants qui pourraient bien être ceux là. Simple supposition et qui demanderait à être prouvée.*

Déjà, au temps de Rodin, des rumeurs circulent, et Judith Cladel se hasarde à lui poser directement la question : *Mais on prétend couramment... que... vous avez de votre amie... quatre enfants... — Dans ce cas,* répond simplement Rodin, *le devoir eût été trop clair.* (J. Cl. 228)

Rodin est alors âgé de 52 ans. Il connaît bien des soucis avec le fils qu'il a eu de Rose, lequel ne se prive pas de revendiquer sa filiation d'avec le célèbre sculpteur.

Celui-ci n'aurait-il pas voulu éviter de renouveler la triste expérience et de connaître de nouveaux déboires ?

Autre question : que Camille ait été enceinte, ne serait-elle pas allée en Touraine pour avorter... ou se remettre d'un avortement ?

Madame Romain Rolland a rapporté une confidence de Paul Claudel (6) : Camille a été enceinte de Rodin et s'est fait avorter. Dans un domaine aussi intime de la vie de Camille, on ne peut admettre cette confidence que comme une hypothèse possible. Cet événement aurait pu se produire :

— soit en 1892 où une œuvre de Rodin, dont Camille est le modèle, est intitulée *La Convalescence*

— soit en 1893 : dans sa lettre du 8 juin, Camille signale : *Comme santé, je ne vais pas mieux...*

Si cet événement tragique a effectivement eut lieu, nul doute qu'il ait marqué la jeune femme d'une blessure profonde.

En 1893, Rodin s'éloigne de Paris et s'installe 1, Chemin Scribe à Bellevue, dans la romantique maison campagnarde dite du « Chien-Loup », *dont le grenier à sept fenêtres qui donnent sur Paris et la vallée de la Seine lui servait d'atelier,* (DS, 152). Cette année-là marque un tournant décisif dans l'histoire des relations entre Camille et Rodin.

NOTES

1. Henri de Braisne : *Revue idéaliste* n° 19, p. 357-359 ; « Camille Claudel » (BN 4°V, 3748)
2. Mirbeau : article important (voir annexe n° 4) retrouvé dans les Archives P. Claudel, dactylographié, sans signature, ni date.
3. Léon Daudet : *Germinal* (B. N. quot. LC2 4975 *bis*)
4. Alix Vaissier, qui acquerra l'étude en plâtre du *Dieu envolé* (Salon du Champ-de-Mars, 1894)
5. Le groupe est peut-être le *Dieu envolé* ; le buste, celui de la *Petite Châtelaine*.
6. Dans une lettre adressée à J. Cassar en date du 28 décembre 1976, Madame Romain Rolland, qui « n'aimerait pas qu'on prenne connaissance (de lettres à caractère très personnel à son égard) avant de nombreuses années » ajoutait :
Ne vous suffirait-il pas de savoir, (puisque je puis vous le confirmer) qu'il est exact que Paul Claudel m'a parlé de sa sœur au sujet de sa rupture avec Rodin et de ce qui s'ensuivit ; bien entendu, il m'en a parlé du point de vue « chrétien », avec à la fois horreur devant ce « crime » et pitié pour sa sœur.
« Donc, si vous doutiez de l'« authenticité » des « bruits » au sujet de ce drame, vous pouvez affirmer qu'ils ne sont pas faux, que Claudel lui-même en parle parfois dans des lettres...

« L'OR QU'ELLE TROUVE... »

Dès 1890, Rodin avait écrit à M. O. Maus, alors secrétaire du groupe des artistes belges XX, pour faire inviter son élève Camille Claudel à leur exposition.

Elle devra attendre quatre ans avant de recevoir l'invitation au Salon de la Libre Esthétique (1). Elle en remercie son directeur, M. O. Maus :

> *J'accepte avec plaisir votre aimable invitation d'exposer à la Libre Esthétique. Je vous prie de bien vouloir me dire le plus tôt possible la date de votre exposition afin que je sache quoi y mettre.*

Et, en février 1894, elle présente quatre œuvres parmi lesquelles *La Prière* ici nommée *Psaume* (buste à capuchon). De Villeneuve, elle écrit à M. Maus :

> *J'ai reçu aujourd'hui, étant en villégiature dans le département de l'Aisne, la somme de 300 f, que vous m'envoyez comme paiement de mon buste « Le Psaume ».*
>
> *P.S. Etant en ce moment très souffrante et ne pouvant rentrer à Paris que le 23, j'espère que M. Monniot voudra bien garder mes objets pendant quelques jours.*

De fait, Camille se repose chez ses parents qui ne

sont pas encore au courant de la nature exacte de ses relations avec Rodin.

Avant l'exposition de Bruxelles, elle avait écrit à son frère, toujours aux Etats-Unis :

Mon Cher Paul,

Ta dernière lettre m'a bien fait rire ; je te remercie de tes floraisons américaines mais j'en ai reçu moi-même toute une bibliothèque, effet de neige, oiseaux qui volent, etc. La bêtise anglaise est sans bornes, il n'y a pas de sauvages qui fabrique de pareilles amulettes.

Je te remercie de l'offre que tu me fais de me prêter de l'argent ; cette fois-ci, ce n'est pas de refus car j'ai épuisé les 600 f de maman et voici l'époque de mon terme, je te prie donc si cela ne te cause aucun dérangement de m'envoyer 150 à 200 f.

J'ai eu dernièrement de 3 malheurs [sic] : un mouleur pour se venger a détruit à mon atelier plusieurs choses finies, mais je ne veux pas t'attrister.

Les Daudet doivent venir me voir la semaine prochaine avec Madame Alphonse Daudet. Ils sont toujours très aimables. Je ne vois plus souvent Schwob et Pottecher, Mathieu a disparu.

Je suis toujours attelée à mon groupe de <u>trois</u> (2), je vais mettre un arbre penché qui exprimera la destinée ; j'ai beaucoup d'idées nouvelles qui te plairaient énormément.

Je serais tout à fait enthousiasmée si elles rentrent ton esprit. Voici un croquis de la dernière esquisse (La Confidence).

(dessin) trois personnages en écoutent un autre derrière un paravent (3).

Le Benedicite (dessin) *des personnages tout petits autour d'une grande table écoutent la prière avant le repas.*

Le Dimanche (dessin) *trois bonhommes en blouse neuve et pareils, juchés sur une très haute charrette, partent pour la messe.*

La Faute (dessin) une jeune fillet accroupie sur un banc pleure, ses parents la regardent tout étonnés.

Tu vois que ce n'est plus du tout du Rodin et c'est habillé.

Je vais faire des petites terres cuites.

Dépêche-toi de revenir pour voir tout çà.

Le Violoneux (dessin) trois petits enfants assis par terre écoutent un vieux joueur de violon.

Qu'en dis-tu ? ...

C'est à toi seulement que je confie ces trouvailles, ne les montre pas !

J'ai un grand plaisir à travailler. Je vais envoyer au Salon de Bruxelles le petit groupe des amoureux, le buste à capuchon, la Valse en bronze, la petite de l'Islette ! Au Salon prochain, le buste de Lhermitte avec une draperie qui vole et le groupe de trois si j'ai fini.

Voilà comment il sera (dessin) tout en largeur ; et puis j'ai un autre groupe dans ma tête que tu trouveras épatant.

Tu ne me parles jamais de ce que tu écris : as-tu de nouveaux livres en train ?...

Plusieurs de mes amis m'ont dit qu'ils allaient acheter Tête d'Or.

Tu ne seras pas là pour le vernissage, je le regrette beaucoup.

CAMILLE CLAUDEL

*Il a fait dernièrement un froid terrible, j'ai
été obligée de faire du feu la nuit.*
Je te serre la main.

Camille, (4)

Au Salon de 1894, Camille présente une de ses œuvres
les plus captivantes : le *Portrait d'une petite Châtelaine*,
un bronze dont elle parlait à son frère. Elle l'a réalisé en
Touraine. « *C'est une fillette aux traits énergiques et frêles,
au front volontaire et qui regarde le ciel avec des yeux
pleins d'une extraordinaire ferveur. Ce petit visage ambigu,
précocement formé et sur lequel on lit toute la passion dont
il est pénétré, est étrangement intelligent. Il y a en outre
dans la disproportion de cette tête déjà trop puissante, déjà
trop vivante, déjà trop ouverte sur les mystères éternels, et
les épaules délicatement puériles qu'elle domine, quelque
chose d'indéfinissable qui communique une angoisse profonde* ». (M. M. 736). Dans la *Gazette des Beaux-Arts*,
Th. de Wyzeva parle de « *Mademoiselle Claudel qui a mis
dans un buste de petite fille quelque chose de la douceur
ingénieuse et malicieuse de Nino de Fiesole* » (5).

Au même Salon, un étude en plâtre : « *le Dieu envolé* ».
*Une jeune fille agenouillée, la main gauche levée à la
hauteur des seins, tend le bras droit au-dessus de sa tête
dans un mouvement d'une merveilleuse élégance. Le dieu
vient de partir, Psyché est restée seule. Mais son geste
invisible la rattache à lui. Le bras s'allonge et s'étend.
Comme la prière elle-même dont il est le signe visible, il
va, semble-t-il, jusqu'au cœur du Dieu* ». (M. M. 739).

Mathias Morhardt est sensible à l'évolution de l'art
de la jeune artiste : « *A mesure qu'il se sent plus sûr de
lui-même, le sculpteur suit moins mot à mot la nature.
L'interprétation qu'il en donne s'amplifie, s'exaspère, se
purifie. Il s'éloigne en apparence de la nature pour s'en
rapprocher davantage par la voie de l'indéfinissable Beauté...*

Cependant le « Dieu envolé » inspire d'autres réflexions encore... Ce bras droit levé ...au-dessus de la tête de la jeune fille, est une sorte d'aile qui la soulève presque et qui l'emmène, semble-t-il, vers le dieu disparu. Il est quelque chose comme le commencement d'une miraculeuse assomption. (M. M. 740,741). L'opinion est partagée par Paul Claudel qui estime qu'*« un groupe de Camille Claudel est toujours creux et rempli du souffle qui l'a inspirée »* qu'*« elle est le premier ouvrier de cette sculpture intérieure. »* (Ma sœur Camille, 274-275).

Voilà qui n'empêche pas l'inspiration de Camille de se nourrir du spectacle de la vie quotidienne ; au cours de ses promenades, mille idées d'œuvres futures lui sont suggérées (M. M. 731 » : « *Elle va droit devant elle regardant de toute la force des ses yeux grands ouverts... Un passant, un groupe entrevu, un essaim d'ouvriers occupés à leur besogne.. D'autre fois, c'est de la fenêtre de son atelier qu'elle regarde la vie... Voici un groupe d'enfants qui jouent. Le vieux musicien aveugle, à la longue barbe blanche et sale, paraît devant la porte cochère. Il entre en hésitant dans la cour où retentissent leurs cris joyeux. Il s'avance avec précaution... Il s'arrête enfin quand il juge qu'il est à peu près au milieu du vaste rectangle. Il prend le violon pendu le long de son vêtement usé et troué. Et tout à coup il chante. Il chante de sa voix fatiguée et tragique... qu'accompagnent les sons grêles de l'instrument. Alors les enfants se rapprochent. Ils s'enhardissent un peu. Et bientôt, il s'asseoient en demi-cercle tous les trois, sur le pavé, devant le lamentable vieillard dont la chanson évoque l'idylle du temps des cerises ou l'idylle du temps des blés d'or »*. Le commentaire est évidemment celui du dessin que Camille avait adressé à son frère (voir lettre ci-dessus).

... Ces minimes incidents de la vie inspirent à la jeune artiste des groupes d'une inconcevable beauté.

Melle Camille Claudel a le don souverain : c'est la vie

elle-même, la vie exhaltée à sa plus haute puissance lyrique qui sort toute frissonnante de ses mains.

Les armoires de son atelier se peuplent alors de mille figurines, fruit de l'abondante moisson récoltée pendant cette laborieuse retraite.

Sur le plan de l'esthétique, elle se libère de l'influence de Rodin : elle s'en est déjà confiée à son frère. Elle le confirme dans une lettre à Maurice Fenaille (lettre non datée, sans doute avant mai 1894) :

> *Monsieur,*
>
> *Veuillez avoir la bonté de m'excuser si je prends la liberté de vous écrire. J'ai eu l'honneur de faire votre connaissance chez Monsieur Rodin dont je suis l'élève. Je travaille maintenant pour moi et je venais vous prier de me faire l'honneur de visiter mon atelier ; je serais très heureuse et très flattée de connaître votre opinion sur mes œuvres, particulièrement sur ma prochaine expo- sition au Salon du Champ-de-Mars.*
> *Vous avez peut-être vu, dans le magasin de Monsieur Siot-Decauville au Boulevard (sic) des Italiens, la reproduction en bronze de mon groupe « la Valse » qui était exposée en plâtre au Salon dernier,*
>
> *113, Boulevard [sic] d'Italie, (APC).*

Quant à la rupture des relations avec Rodin, elle est confirmée par cette note relevée dans le Journal d'Edmond de Goncourt du 10 mai 1894 :

Marx me parle ce matin de la « sculpteuse » Claudel, de son collage un moment avec Rodin, collage pendant lequel il les a vus travailler ensemble, amoureusement, tout comme devaient travailler Prudhon et Mademoiselle Mayer.

Puis un jour, pourquoi ? on ne le sait, elle a quelque temps échappé à cette relation, puis l'a reprise, puis l'a brisée complètement. Et quand c'est arrivé, Marx voyait entrer chez lui Rodin tout bouleversé, qui lui disait en pleurant qu'il n'avait plus d'autorité sur elle.

Rodin est désemparé ; il continue toutefois d'essayer d'aider Camille, de la faire connaître, comme en témoigne une lettre à Boyer :

> *Merci de votre mot d'amitié. Je vous demanderai puisque je suis absent du Champ-de-Mars de reporter votre étude sur mon élève Camille Claudel qui a eu chez les artistes un grand succès avec une tête d'enfant (buste) et, pour moi de préférence, avec une femme à genoux, « le Dieu envolé » !*
>
> *En vous priant d'agréer mes vives sympathies,*
>
> *Rodin,*

(fac similé dans DS, 126)

Camille se tient au courant des parutions de librairie et envoie les nouveautés à son frère, toujours éloigné de France : les derniers livres de Daudet, *l'Astre noir* et *les Morticoles* parviennent à Paul en juillet (CPC 1 p. 168-169). Elle séjourne, durant l'été, dans l'île de Guernesey, prend des croquis grâce auxquels elle exécute *le Peintre* (1894) tandis que M. Y. (le peintre Léon Lhermitte ?) fait des paysages. (M. M. 743). Et Jules Renard, dans son Journal (p. 273), lui demande : *Est-ce vrai, Mademoiselle, qu'à Guernesey, les rochers où s'est assis Victor Hugo sont marqués d'une croix verte ?*

Le 16 janvier 1895, la Clotho en marbre est commandée à Mademoiselle Claudel par les organisateurs du banquet Puvis de Chavannes afin d'être offerte, en commémoration de cette belle fête et avec l'assentiment du Maître lui-même, au Musée du Luxembourg. (MM 734).

Paul Claudel revient en France l'espace d'un printemps. Il a quitté Boston le 17 février 1895, et partage son séjour entre son logement du 43 quai Bourbon et Villeneuve, son village natal, où ses parents résident depuis la retraite de son père. Nommé à Shangaï, Paul regagnera son poste pour débarquer en Chine le 14 juillet.

Le 19 mars, Camille l'invite, dans son atelier, à un dîner qui laissera des souvenirs au moins curieux. Sont présents Mme Claudel, Charles de Laripiddie, un Japonais dont Camille tirera une « étude » (6) et Jules Renard. Ce dernier note dans son Journal (p. 272-273) :

Chez Claudel, dîner et soirée fantomatique. Atelier traversé de poutres, avec des lanternes suspendues par des ficelles. Nous les allumons. Des portes d'armoires que Melle Claudel a plaquées contre le mur. Des chandeliers où la bougie se plante sur une pointe de fer et qui pourraient servir de poignard, et des ébauches qui dorment sur le linge... (Melle Claudel) me dit : Vous me faites peur, Monsieur Renard, vous me ridiculiserez dans un de vos livres. Son visage poudré ne s'anime que par les yeux et la bouche. Quelquefois il semble mort. Elle hait la musique, le dit tout haut comme elle le pense, et son frère rage, le nez dans son assiette et on sent ses mains se contracter de colère et ses jambes trembler sous la table. Dans une lettre écrite le 26 décembre 1930 de Washington, Paul Claudel estimera que Jules Renard avait décrit « *ce fameux dîner chez (sa) pauvre sœur Camille plutôt inexactement* » (7).

Le 30 mars, Mathias Morhardt, dans une lettre à en-tête du Comité Puvis de Chavannes dont il est le secrétaire, informe Rodin qu'il a « *acheté — sur le fond Puvis de*

Chavannes — le buste en plâtre de petite fille de Melle Claudel » (AMR) : c'est *la Petite Châtelaine.*

Au Salon de 1895, Camille expose un buste en bronze du peintre Léon Lhermitte, une statue en plâtre *Etude,* et un marbre *Jeanne enfant* qui est une première variante du portrait d'une *Petite Châtelaine* (avec d'importantes nuances, surtout dans la chevelure). *Lorsqu'en Touraine elle avait modelé le buste d'une petite châtelaine, elle avait été, moins par elle-même que par l'évidence d'une analogie morale, conviée à l'intituler « Jeanne enfant ». Elle n'a pas choisi ce titre. Comment l'eut-elle choisi, puisque cette commémoration de Jeanne d'Arc n'était ni dans sa pensée ni dans son intention et qu'elle eût menti à elle-même et à son dessein en songeant, devant la petite châtelaine qui posait, à l'héroïne d'Orléans ? Mais si elle n'y a pas songé, les yeux ardents et décidés de l'enfant, ses lèvres entrouvertes, son front puéril et puissant suscitaient nécessairement l'idée d'une résurrection miraculeuse. Et « Jeanne enfant » est sans doute le meilleur portrait et le seul authentique de Jeanne d'Arc à Domrémy... (Mademoiselle Claudel) a l'inestimable privilège de discerner dans le passant même vulgaire, ce qu'il contient de grandeur, de pittoresque et de beauté... Elle ne nous fait pas un médiocre récit de la vie : elle en écrit le poème* (M. M. 728).

Mais plus encore, un plâtre *Etude d'après nature* qui s'appellera *les Bavardes* ou *les Causeuses* provoque l'admiration des critiques. *Quatre femmes assises les unes en face des autres dans l'étroit compartiment d'une voiture de chemin de fer et qui semblaient se confier on ne sait quel précieux secret... Je ne crois pas me tromper en disant qu'il n'existe à peu près aucune œuvre moderne qui ait l'envergure des « Causeuses »,* (M. M. 744-745).

De toutes les œuvres de Camille, c'est sans doute celle où elle s'éloigne le plus de Rodin, autant par l'inspiration puisée dans la vie quotidienne que par la technique des personnages qui, totalement libérés de leur gangue, accueillent et divisent la lumière.

Les articles sont dithyrambiques.

Roger Marx (*Revue encyclopédique* : « Le Salon du Champ-de-Mars à vol d'oiseau », p. 167-171) parle de *« cette création glorieuse »*. Et, dans la *Gazette des Beaux-Arts* (2ᵉ livraison, août 1895, p. 119), il continue : *La volonté de signification morale n'est pas moins certaine chez Melle Claudel... des poses éloquentes, des voussures de dos, des croisements de bras, traduisant dans un groupe minuscule et admirable, le repliement de l'être tout entier, absorbé par l'attention aux écoutes. Doute-t-on encore que la puissance de l'expression est indépendante de la question de format ?*

Pour G. Geffroy (*Revue de Paris* : « l'Art aux deux Salons » (p. 436), *c'est une merveille de compréhension, de sentiment humain, par les pauvres corps réunis, les têtes rapprochées, le secret qui s'élabore ; et c'est aussi, par l'ombre de l'encoignure, le mystère du clair-obscur créé autour de la parleuse et des écouteuses, une épreuve qu'une force d'art est là, prête à créer des ensembles.*

Dans *le Journal*, Octave Mirbeau clame son enthousiasme. S'adressant à son interlocuteur imaginaire, Kariste, il l'interpelle : *Sais-tu bien que nous voilà en présence de quelque chose d'unique, une révolte de la nature : une femme de génie ?..*

Du génie, oui, mon cher Kariste... Mais ne le dis pas si haut... Il y a des gens que cela gêne et qui ne pardonneraient pas à Melle Claudel d'être qualifiée ainsi...

Kariste trépignait de joie absolue devant cet admirable groupe d'une absolue beauté et telle qu'on n'eût rien trouvé de plus pur, de plus fort à Pompéï et à Tanagra, au temps où les artistes divins y foisonnaient, dans l'émerveillement de la nature et le culte de la vie... D'une composition délicieusement imaginée, d'une interprétation de la nature vraiment miraculeuse, d'un métier savant, souple, ce groupe l'enchantait comme une découverte. Il ne se lassait pas de le regarder, d'en faire sortir toutes les beautés.

— Et on ne la connaît pas ! s'écriait-il.. Et l'Etat n'est pas à genoux devant elle, pour lui demander de pareils chefs-d'œuvre ! Mais pourquoi ?

— Oui... pourquoi ? Est-ce qu'on sait ?... Pour ne pas déplaire aux amateurs peut-être !

— Mais c'est un devoir d'encourager une pareille artiste ! .. ce serait un crime que de ne pas s'intéresser à la vie de cette femme unique, capable à elle seule d'illustrer un musée, une place publique, n'importe quoi !

— Sans doute ! ... Mais va dire cela dans les bureaux ! ...On t'y recevra bien ! ...Ah ! il y a des choses tristes et qui font pleurer. Voilà une jeune fille vraiment exceptionnelle... Il est clair qu'elle a du génie, comme un homme qui en aurait beaucoup... C'est de tradition dans la famille d'ailleurs, puisqu'elle est la sœur de cet attachant Paul Claudel, en qui nous avons mis l'espoir de grandes œuvres futures... Eh bien ! cette jeune fille a travaillé avec une ténacité, une volonté, une passion dont tu ne peux pas te faire idée... Enfin elle est arrivée à ça ! ...Oui, mais il faut vivre ! Et elle ne vit pas de son art, tu le penses ! ...Alors le découragement la prend et la terrasse. Chez ces natures ardentes, dans ces âmes bouillonnantes, le désespoir a des chutes aussi profondes que l'espoir leur donne d'élan vers les hauteurs... Elle songe à quitter cet art.

— Qu'est-ce que tu dis là ? rugit Kariste, dont le visage se bouleversa... Mais c'est impossible !...

— As-tu donc du pain à lui donner, peux-tu lui payer ses modèles, ses mouleurs, sa fonte, son marbre ?

— Voyons, le Ministre des Beaux-Arts est, exception-nellement, un artiste... Il n'est pas possible que cet art ne le touche, puisqu'il nous arrache les entrailles, à nous ! On pourrait lui parler... Je sais qu'il est accessible et plein de bonne volonté... Mais de ne pas avoir tout fait pour donner à une si grande artiste la tranquilité d'esprit qu'il faut pour

le travail, ce serait une responsabilité qu'il ne voudrait pas assumer... Voyons, mon ami, pense à cela... Est-ce possible ?

— Sans doute, mais le ministre n'est pas toujours le maître ! ...Et qui donc sait ce qui se passe dans les bureaux ?

— Un amateur alors... Il doit y avoir un amateur riche...

— Les amateurs, mais ils ne veulent que les œuvres consacrées et les artistes arrivés aux honneurs.

Et Kariste frappait le sol de sa canne et, à toutes mes objections, criait :

— Mais elle a du génie !

Et ce mot de génie dans ce grand jardin où des êtres aux yeux vides passaient et repassaient sans seulement jeter un coup d'oeil sur l'œuvre de Melle Claudel, résonnait comme un cri de douleur ».

Mirbeau ne reste pas inactif et, dans une lettre non datée mais sans doute postérieure à l'article ci-dessus, s'adresse à Rodin :

Clos Saint-Blaise Carrière-sous-Poissy, Seine-et-Oise.

Mon cher bon ami,

J'ai un projet pour Mademoiselle Claudel. Je crois que vous l'agréerez, mais il faudrait que nous en causions avec Mademoiselle Claudel elle-même.

Ne pourriez-vous pas venir très prochainement à Carrière. Et Mademoiselle Claudel voudrait-elle nous faire l'honneur de venir aussi passer avec vous une après-midi et une soirée ? Et quel jour ? Arrangez-cela, je vous prie.

(De quel projet s'agissait-il ? L'entrevue eut-elle lieu ?
Il ne semble pas).

Rodin répond longuement à Mirbeau (lettre non
datée).

Mon Cher Mirbeau,

*Vous dites dans votre appréciation ce que je
pensais. Saint-Marceau est mort, vive Saint-
Marceau sous un autre nom (8) et merci aussi.
Je suis en communication si directe avec vous
que nous pensons de même, c'est peut-être cela
qui nous unit, mais cher ami, j'en suis heureux,
bien heureux. Pour Mademoiselle Claudel qui a
le talent du Champ-de-Mars, elle est inappréciée
presque. Vous avez un projet pour elle, vous
l'avez fait connaître, malgré le temps de mensonge,
vous vous êtes sacrifié pour elle, pour moi, pour
votre conviction. C'est votre cœur, Mirbeau, qui
est un obstacle, c'est votre générosité qui empêche.
Je ne sais si Mademoiselle Claudel acceptera de
venir chez vous le même jour que moi, il y a 2
ans que nous ne nous sommes vus et que je ne
lui ai écrit. S'il faut que je sois là, Mademoiselle
Claudel en décidera. Je vais un peu mieux par
moment quand je suis content, mais que notre
vie est cruelle.*

*Chavannes doit écrire une lettre que quelques
amis signeront pour le ministre, mais je n'ai pas
confiance pour l'instant : tous ont l'air de croire
que Mademoiselle Claudel est ma protégée quand
même, quand c'est une artiste incomprise, elle
peut se vanter d'avoir eu contre elle mes amis
les sculpteurs et les autres en plus qui m'ont
toujours paralysé au ministère car là on ne s'y
connaît pas, ne nous décourageons pas, cher ami*

car je suis sûr de son succès final mais la pauvre artiste sera triste, plus triste alors, connaissant la vie regrettant et pleurant ayant [sic] peut-être d'arriver trop tard victime de sa fierté d'artiste qui travaille honnêtement, ayant le regret de ses forces laissées à cette lutte et à cette trop tardive gloire qui vous donne en change la maladie.

Toutes mes amitiés et à Madame Mirbeau.

Rodin.

8 chemin Scribe, Bellevue Seine-et-Oise (9)

Ma lettre est trop découragée, qu'elle ne tombe pas sous les yeux de Melle Claudel. Je crois que l'adresse de Melle Claudel est toujours 113 Bld d'Italie.

Il semble pourtant que la carrière de Camille soit en bonne voie :

— Morhardt à Rodin :

Comité Puvis de Chavannes,
Paris 18 juin 1895
Mon cher ami,

Monsieur Fenaille est allé l'autre jour chez Mademoiselle Claudel. Elle est absente. Elle est absente pendant quelque temps tous les après-midis. Elle fait un buste à l'avenue du Bois de Boulogne. Mais elle attendra Monsieur Fenaille dimanche prochain. Voulez-vous lui écrire, à

Monsieur Fenaille ? J'ai essayé de lui téléphoner, pas moyen.

Bien cordialement à vous, mon cher ami.

M. M. (APC)

— Morhardt à Rodin :

Comité Puvis de Chavannes, 21 juin 1895

J'ai vu Mademoiselle Claudel hier. Vous pourrez parfaitement lui présenter le ministre s'il vient. Mademoiselle Claudel est chez elle tous les dimanches. Elle y sera aujourd'hui vendredi. Les autres jours, jusqu'au 6 juillet, elle travaille à un buste. Rien ne serait plus facile, si le ministre venait tout à coup vous prendre, d'envoyer une voiture avec le concierge chercher Mademoiselle Claudel chez Monsieur Pontrémoli avenue du Bois de Boulogne 11.

Bien vôtre et à demain.

M. M. (AMR)

Enfin, dans une lettre du 25 juin, Fritz fixe un rendez-vous à Rodin et ajoute : *J'ai aussi à causer de Mademoiselle Claudel* (10).

Le 19 décembre, Rodin achète la ville des Brillants de Meudon, une petite maison très simple de pierres et de briques, tournée vers le nord, au haut des falaises de la Seine, perdue dans la verdure au milieu des champs et des vignes... (M. Aubert, Conservateur du Musée Rodin).

Camille vole de ses propres ailes. A *Clotho,* à *la Valse,* aux *Causeuses,* à ces œuvres manifestement très différentes de l'art du maître, on peut appliquer la phrase du grand sculpteur :

« Je lui ai montré où trouver de l'or, mais l'or qu'elle trouve est bien à elle. »

NOTES

1. Le salon de la Libre Esthétique était la seule manifestation artistique d'avant-garde de Bruxelles qui continuait l'esprit libéral du groupe des Vingt. (Renseignement fourni à Jacques Cassar par Madame Hanotelle qui rédigeait un mémoire, à l'Ecole du Louvre, sur *Les échanges artistiques franco-belges entre les sculpteurs dans le dernier quart du XIXe siècle*. Lettre datée du 20-10-1975).
2. *Le groupe de trois* est une première ébauche de *l'Age mûr,* des *Chemins de la vie.*
3. Ce sera bientôt *Les Causeuses.*
4. Le fac-similé de la lettre de Camille Claudel se trouve dans le numéro 37 du Bulletin de la Société Paul Claudel (février-avril 1970).
5. *Gazette des Beaux-Arts,* vol. 50, p. 34, Th. de Wyzeva, *la Sculpture.*
6. L'*étude d'après un Japonais* (plâtre) est reproduite dans *l'Art décoratif.* 1913.
7. Lettre reproduite dans L. Guichard : Renard (*Bibliothèque idéale,* Paris, Gallimard 1961, p. 144).
8. Il ne s'agit nullement d'une appréciation posthume sur Saint-Marceaux mort en 1915 ! L'interprétation de la formule « Saint-Marceaux est mort, vive Saint-Marceaux sous un autre nom » nous est fournie par Ary Renan *Le Salon du Champs-de-Mars,* Revue de Paris 3e trimestre 1894, p. 176) ; Saint-Marceaux, qui avait rempli de ses œuvres le Salon en 1893, n'a pratiquement rien présenté en 1894.
9. Il y a divergence entre Descharnes qui parle du 1, rue Scribe, et P. Claudel qui indique le 8 (J.1, 526627).
10. Renseignement fourni par Madame Laurent, Conservateur du Musée Rodin.
   Fritz Thaulow est un peintre admirateur de Camille Claudel.

« L'AFFAIRE » SAKOUNTALA

En 1895, Camille Claudel fait don au musée de Châteauroux, qui vient de lui acheter une toile du peintre Harrisson, de son groupe *Sakountala*. La présence de l'œuvre au Musée déclanche une polémique qui oppose détracteurs et admirateurs ; l'échange de lettres acides dans des journaux rivaux ne manque pas d'illustrer par le menu les difficultés que rencontre tout artiste qui sort des sentiers battus, difficultés aggravées peut-être en l'occurrence par le fait que l'artiste dont l'œuvre est discutée est... une femme ! L'épisode permet de mieux apprécier les obstacles de tout ordre que Camille a du surmonter pour s'affirmer dans le monde de l'époque.

10 octobre 1895
Journal du département de l'Indre du jeudi 10 octobre n° 234 (BN Versailles J° 86201)
UN DON AU MUSÉE (non signé)
Le Musée de Châteauroux va recevoir incessamment le beau groupe en plâtre grandeur nature offert par Melle Camille Claudel, élève de Rodin, devenue presque aussi forte que le maître.
L'auteur s'est inspiré dans son œuvre d'une légende hindoue, la légende de Sakountala rendue célèbre par le ballet qu'a composé sur ce thème Th. Gauthier.
Sakountala était, selon le célèbre indianiste anglais M. Wilson, la fille de Wiswanûtra, prince descendant de Cousika et de Menaka, aspara ou nymphe de la mythologie

123

hindoue envoyée par les dieux pour séduire Wiswanûtra et lui faire perdre le fruit de ses austérités et de ses pénitences. Sakountala fut élevée dans l'ermitage de Caniva, c'est là que le roi Douchmanta l'aperçut et en devint amoureux. Il l'épousa. Mais ayant mécontenté un mouni ou sage indien, il fut de la part de ce mouni l'objet d'une malédiction qui lui fit oublier Sakountala.

Quand elle vint auprès du roi lui rappeler les promesses qu'elle avait reçues, elle fut méconnue de lui et repoussée, et revint dans la solitude où elle se livra à l'éducation de son fils Bharata. Enfin, ayant heureusement retrouvé l'anneau que le roi lui avait donné, Sakountala, reconnue par son époux, en fut de nouveau aimée et reçue auprès de lui.

— C'est cette dernière scène, celle de la reconnaissance, que représente le groupe de Melle Claudel. Il prendra place parmi les meilleures œuvres artistiques du Musée de Châteauroux.

C'est à Melle Claudel que fut acheté récemment le tableau d'Harrison, la Vague, qui orne la salle des séances du Conseil municipal.

Lundi 14 et mardi 15 octobre
RÉCEPTION AU MUSÉE

Ce soir a été déballé, en présence de M. Létang, conservateur et de MM. Lenseigne, Guillard et Creusot, membre de la commission du Musée, le beau groupe en plâtre pâtiné, que M. G. Lenseigne a offert au Musée au nom de Melle Camille Claudel.

Les deux presonnages de grandeur nature sont représentés nus dans une attitude passionnée. Le tout ne manque pas d'une impressionnante grandeur.

On travaille au moment où ces lignes vont paraître à monter le groupe au premier étage dans une des salles du Musée.

Dans l'ascension du groupe, un pied de l'un des personnages a été brisé.

Lundi 11 et mardi 12 novembre
La Commission s'est occupée de l'emplacement définitif à donner au groupe offert par Melle Claudel.

Malgré les protestations de MM. Girault et Hubert, la Commission a décidé de maintenir ce groupe dans la salle d'honneur.

Lundi 18 et mardi 19 novembre 1895
MELLE CLAUDEL A CHÂTEAUROUX
Qu'est Mademoiselle Claudel ? diront ceux de nos lecteurs qui n'ont pas encore visité le Musée depuis l'installation de l'une des œuvres de cette artiste au Musée de Châteauroux.

Cette œuvre, nous avons dit ce qu'elle était lors de son installation au Musée ; qu'il suffise de rappeler que c'est une scène de la légende hindoue de Sakountala.

Depuis ce groupe, œuvre de prime jeunesse, Melle Claudel a parcouru un immense chemin, et la critique parisienne saluait en elle, au Salon du Champ de Mars de cette année, la grande élève de Rodin.

Hier, se rendant dans la Touraine, Melle Claudel s'est arrêtée quelques instants à Châteauroux.

Elle a été reçue au Musée par plusieurs membres de la Commission parmi lesquels M. Burteau, président et M. Lenseigne...

M. Burteau a remercié Melle Claudel du don qu'elle a fait au Musée de Châteauroux et l'a félicitée ainsi que tous les membres de la Commission. L'artiste a été flattée de l'accueil qui lui était fait et a conseillé de placer son œuvre dans un des angles de la grande salle.

Jeudi 21 novembre 1895

TRIBUNE PUBLIQUE : Lettre d'un Bourgeois Grincheux

L'impunité enhardit le coupable, chacun sait celà ! Tout le monde sait aussi : qu'il est imprudent d'abuser des meilleures choses, qu'à force d'aller au puits, la corde s'use, que celui qui veut trop prouver ne prouve rien, etc...

Sancho Pança, qui n'a jamais passé pour un sot — excepté chez les sots, peut-être — savait nonante et trois proverbes, qu'il récitait volontiers — et en espagnol, s'il vous plaît — pour corroborer ces incontestables vérités.

J'avais résolu de ne pas parler du morceau de pain d'épice qui a généreusement été offert au Musée de Châteauroux, contre la somme de 300 F, payable avant livraison de l'objet ! Je ne voulais pas parler pour plusieurs raisons dont la principale est celle-ci : j'estime que Messieurs les membres de la Commission du Musée doivent déjà être assez froissés de s'être laissés empâter d'une telle façon, sans qu'il soit nécessaire de verser le corrosif de l'amère plaisanterie sur la plaie purulente, occasionnée à leur amour-propre, par le fait de cet accident sculptural.

Mais voilà que non contents de placer ce mastodonte en plâtre au milieu du salon d'honneur, malgré certaines protestations sévèrement motivées, l'on nous fait raconter des solennités académiques qui auraient eu lieu dans le Musée même en l'honneur de cette débauche de plâtre ?

Cela devient abusif, et ces Messieurs auraient dû sentir la mordante ironie qu'amenait leur excès de zèle, sur les lèvres de l'auteur même, quand il leur conseilla de placer « son œuvre dans un des angles de la salle ! »

Un membre de la Commission n'avait-il pas proposé de voter l'acquisition d'un rideau pour dérober le groupe aux regards du public !

Quant au maître paysagiste qui s'est trouvé au milieu des membres de la Commission, trop poli et trop bon camarade, pour exprimer tout haut son jugement, nul ne saura jamais ce que ce malheureux a dû souffrir !

CAMILLE CLAUDEL

Ce n'est pas lui qui était le plus heureux des trois ! Les personnes qui n'ont pas encore contemplé ce monolithe, cette pyramide, cet obélisque de gypse, feront bien de se presser de l'aller contempler, avant qu'il ne soit tombé en morceaux, ce qui ne saurait manquer d'arriver : il a déjà un pied cassé.

On affirme qu'il s'agit d'une légende hindoue, la légende de Sakountala : 2 époux longtemps séparés se retrouvent au ciel et... je vous laisse penser quelle joie. Si c'est ainsi que se passent les choses dans le paradis de Siva, les tribunaux correctionnels ne doivent pas chômer !

Ce groupe aurait sa place marquée dans le vestibule d'Aspasie, mais non pas dans le salon d'honneur d'un Musée municipal.

L'œuvre « de jeunesse » de Melle Claudel ne saurait être classée parmi les croûtes absolues, elle a quelques qualités mais combien plus de défauts ! C'est d'abord une œuvre inachevée : je crois même qu'elle frise l'éternité, en ce sens qu'elle n'a pas eu de commencement et qu'elle n'aura jamais de fin.

Les proportions manquent absolument ; on y trouve entre autres choses : les mains de Goliath emmanchées au bout des bras de David ; des reins de poitrinaire et des pieds de facteur rural ; quand aux têtes, il faut être d'une sagacité de Peau-Rouge pour les découvrir.

Le visiteur voudra bien arrêter son regard sur certaines cavités qui rappellent à s'y méprendre les effets produits sur le corps humain par la pénétration des éclats d'obus à la mélinite. Les contorsions du sujet qui est à genoux — est-ce l'homme ? est-ce la femme ? — rappellent les tours de l'homme-serpent. Si c'est ainsi que s'exprime l'amour conjugale (sic) après décès ? ... au diable le métier !

Le tout est recouvert d'enduit d'une couleur tirant sur le marron.

L'application de cet enduit constitue le patinage : cela coûte 100 F.

Avec 2 sous de sucre noir et un seau d'eau, il serait possible, dit-on, d'obtenir le même résultat:.. Mais il a fallu employer le procédé italien de Dianieli, gentilhomme florentin, qui a écrit de longs articles sur du papier très embaumé, pour vanter les vertus de son incomparable pommade.

L'Amérique et l'Italie auraient-elles donc fait un traité d'alliance offensive et défensive, en vue de la conquête du Musée de Châteauroux, Harisson et Danieli Harisson nous a importé un des nombreux tableaux bleus qu'il peint chaque jour — trois en 24 heures — coût : 1 000 F. Au prix où est la pommade de Dianieli, ce n'est pas trop cher, vraiment !

Allez donc voir la légende de Sakountala avant que l'Administration des bâtiments municipaux qui a déjà cassé un pied à l'un des héros, n'ait achevé son œuvre moralisatrice en démolissant le restant du groupe.

Pour finir, rappelons le mot prononcé à propos de l'œuvre de jeunesse en question par un de ces messieurs gourmets, qui naissent M. Prudhomme comme d'autres naissent rôtisseurs :

— Néanmoins, disait-il, l'œuvre ne manque pas de grandeur.

Je vous crois : 3 m 50 de hauteur ! (1)

Lundi 16 et mardi 17 décembre
AUTOUR D'UNE ŒUVRE D'ART

Ayant depuis longtemps fait connaître notre opinion sur l'œuvre scupturale dont Melle Claudel a récemment fait don au Musée de Châteauroux, nous avons jugé inutile de répondre aux facéties *désobligeantes qu'*un de nos confrères *a eu le bon goût de publier il y a quelques jours à ce sujet. Elles nous semblaient être suivant le mot du fameux peintre Detrois « d'obscures piqûres d'épingles impuissantes à diminuer l'estime du monde artistique pour Melle Claudel et ses belles productions ». Et de fait elles n'auraient certes pas soulevé d'autre discussion si elles n'avaient pas été* *l'expression d'une opposition que nous avons signalée et contre laquelle les amis de Melle Claudel ont tenu à protester.*

C'est ainsi que nous avons aujourd'hui entre les mains les témoignages de gens dont on ne saurait vraiment pas récuser la compétence artistique. Hier paraissait dans le Journal l'article ci-dessous, sous la signature du célèbre critique d'Art Gustave Geffroy, dont la récente polémique avec Jean Baffier a eu tant de retentissement.

CAMILLE CLAUDEL A CHATEAUROUX

J'apprends par le poète du Berry, mon cher ami Maurice Rollinat, que la ville de Châteauroux est actuellement troublée par l'art de Melle Camille Claudel, à l'occasion d'un groupe de l'artiste récemment acquis par le Musée.

Il y a des protestations au nom de la convention méconnue, de la morale outragée, conversations animées, polémiques dans les journaux, bref, toute cette agitation qui se produit parfois autour des œuvres non classées, agitation qui va volontiers jusqu'à la colère et l'injure.

C'est une des caractéristiques de ces œuvres, de provoquer ainsi jusqu'à la violence l'esprit d'habitude, de fâcher les gens dans leur goût, dans leur vanité, par le surgissement de l'imprévu.

Cela s'est vu à Paris, et s'y voit encore. Cela peut bien se voir à Châteauroux.

Tant mieux, après tout. C'est une preuve de vie. Car s'il y a des protestations contre l'entrée de Melle Camille Claudel au Musée, l'artiste a aussi trouvé des défenseurs très ardents, très convaincus. Elle a tout d'abord pour elle ceux qui l'ont invitée et accueillie : les membres de la Commission du musée ; puis des défenseurs spontanés parmi les intellectuels de la ville, amateurs d'art et lecteurs renseignés.

Mais combien ici, seront surpris lorsqu'ils apprendront que cette bataille se livre autour du groupe de Sakountala, exposé au salon des Champs Elysées, en 1888 !

CAMILLE CLAUDEL

Personne n'a oublié cette belle œuvre savante où l'élève de Rodin affirmait sa compréhension de l'enseignement du grand statuaire et révélait un si magnifique don personnel. Tout ceux qui ont vu le Salon de sculpture de cette année-là ont encore dans la mémoire la science d'anatomie et l'expression passionnée de ces deux figures. Depuis Melle Claudel a définitivement affirmé sa maîtrise et marqué sa place, et ceux qui se sont faits, dans l'Indre, les défenseurs de cette artiste fière et passionnée, ceux-là se sont fait honneur, et ont droit au salut de leurs compagnons de Paris et de partout.

Gustave Geffroy.

Un autre critique écouté est M. Armand Sylvestre, qui rend hommage à l'œuvre de Melle Claudel en ces termes :

Je connais la Sakountala de Melle Camille Claudel et je fais le plus grand cas de ce morceau.

Quant au talent de l'artiste, elle-même, je l'estime tellement que, quand la direction des Beaux-Arts m'a récemment envoyé dans l'atelier de Melle Claudel, pour lui commander un lustre, j'ai obtenu qu'on lui confiât à la place l'exécution en marbre d'une composition d'elle qui m'a paru tout à fait supérieure.

Voilà très sincèrement mon opinion sur le sculpteur et sur son œuvre.

Armand Sylvestre.

C'est enfin un représentant de l'art, en quelque sorte officiel, M. Armand Dayot que l'on ne taxera certainement pas de préférence pour les œuvres irrégulières ou douteuses qui s'exprime ainsi :

Melle Claudel est un des sculpteurs les plus fortement

doués de l'époque. Sans doute elle a subi l'impérieuse influence de son maître Rodin, on le voit dans ses premières œuvres. Mais pouvait-il en être autrement ? Sa personnalité se dégage chaque jour de plus en plus et le moment est proche où de ses efforts constants vers la réalisation de rêves ardents, sortira une œuvre de 1ᵉʳ ordre. Son art est fait de science profonde et d'émotion aigüe. Je serais très surpris si Melle Claudel ne prenait pas place un jour, brusquement, parmi les grands maîtres sculpteurs du siècle.

Armand Dayot.

18 décembre 1895

TRIBUNE PUBLIQUE : Lettre d'un Bourgeois Grincheux.

Non, jamais je n'aurais pensé, que ma modeste opinion, formulée « à la blague », sur le groupe désormais fameux de Melle Claudel, pouvait occasionner un émoi dans le monde artistique et appeler des critiques d'art, tels que Gustave Geffroy, Armand Sylvestre, Armand Dayot, à venir à la rescousse !

Même le grand poète Maurice Rollinat, que j'appelle mon cher ami, autant que peut l'appeler M. Gustave Geffroy, aurait pris la peine d'informer la grande presse, de l'existence de ce que l'on a fait dénommer par le peintre Detrois — à tort certainement, car il est trop fin pour cela, — *« obscurs coups d'épingles »* !

Comme s'il y en avait de lumineux !

Voilà beaucoup de bruit pour rien, et, ceux qui n'ont pas craint, dans l'espoir vain de se dérober à la critique, de demander aide et assistance aux maîtres dont je viens de citer les noms, sont déjà punis « dans leur vanité blessée », par les réponses qu'ils ont reçues.

En effet, n'est-il pas évident que ces consultations gratuites ont été arrachées ?

Le sympathique et loyal Gustave Geffroy, dit dans son article du « Journal », qu'il s'est créé, à Châteauroux, autour de l'œuvre de Melle Claudel, « une agitation qui va volontiers jusqu'à la colère et l'injure ».

Où a-t-on vu cela ? De l'ironie — dans le sens courant du mot, bien entendu — oui, mais de la colère ?...

Allons donc !

On a trompé la bonne foi bien connue de M. Geffroy.

De la colère !

Le Berrichon est bien trop avisé pour se fâcher à propos d'une statue.

Les intellectuels qui ont renseigné le distingué écrivain, auraient dû lui dire plutôt, que le Berrichon a le sens artistique développé autant que quiconque.

Rollinat le sait bien !

Le Berrichon n'est pas ennemi des hardies tentatives que ne le serait le plus audacieux Parisien.

Baffier en est une preuve !

Il est idoine, le Berrichon, à la compréhension de toute œuvre et son imaginative ne cède en rien à celle de ses voisins.

Demandez aux Desçachons !

Enfin, que M. Geffroy veuille bien agréer l'assurance que les personnes qui sont allées déposer en son sein leurs doléances, — oh, combien douloureuses ! — ne sont pas les seules, dans notre pays, à posséder le goût des arts et l'amour du beau !

Aussi bien, qui donc, à Châteauroux, pensa dénier le talent de Claudel ?

Elle en aura beaucoup assurément ; elle en a déjà, c'est acquis !

Mais en résulte-t-il que son Sakountala, soit œuvre parfaite et faudrait-il applaudir, des deux mains à la vue de cette œuvre, sous prétexte qu'elle a figuré au salon des Champs Elysées, en 1888 ?

Voilà le sentiment qui décèlerait l'amour de la convention méconnue !

CAMILLE CLAUDEL

Armand Sylvestre dit, lui, qu'il fait grand cas de Sakountala.

La réelle admiration que j'ai pour son talent et pour la profonde connaissance qu'il possède de l'art, me défendent de heurter une opinion émise par lui.

Mais qu'il me soit permis de demander respectueusement, à l'illustre maître, si ce n'est pas pour plaisanter qu'il a écrit la lettre en question ?...

Ou alors il y a eu mal donne !...

Armand Sylvestre allant chez Claudel pour commander, — au nom de l'Etat, — un lustre !...

Vrai ! Je donnerai Sakountala et trois de ses admirateurs, pour jouir de l'esclaffement de l'auteur de : « Au pays du rire », apprenant qu'il a osé cette démarche !

M. Armand Dayot est plus net ; aussi, me contenterais-je de reproduire sa lettre sans en déplacer une virgule :

« Melle Claudel est un des sculpteurs... ...les grands maîtres sculpteurs du siècle. »

Quant à celui de nos confrères de la ville, qui a reproduit les lettres des critiques éminents dont j'ai dû parler, qu'il sache que personne ne sera dupe de son attitude dans cette trop longue discussion.

Il dit que depuis longtemps il a fait connaître son opinion sur le cas ; en effet, n'est-ce pas lui qui a révélé au monde que Sakountala ne manquait pas d'une certaine grandeur ?...

Il est à présumer que cette histoire ne va pas recommencer, aussi tiendrais-je à répéter en terminant ce que j'ai précédemment indiqué, à savoir : que le talent de Melle Claudel n'a jamais été révoqué en doute, mais seulement, qu'il est fait des réserves en ce qui concerne Sakountala.

(Source : *Journal du Centre* n° 224, B.N. Versailles 86192)

NOTES

1. Le dernier mot restera-t-il aux détracteurs casteroussains de Sakountala ?

Le Conservateur du Musée Bertrand, à qui j'avais (J. Cassar) écrit en 1972, m'avait fait savoir que « cette œuvre non-exposée » « était malheureusement en mauvais état ». Je me rendis moi-même à Châteauroux, dans l'été de 1975, après avoir obtenu l'autorisation de la voir et de la photographier. Le plâtre offert par Camille Claudel en 1895 se trouvait dans une sorte de hangar, exposé à toutes les intempéries. Il était couvert de poussière et de toiles d'araignée. L'humidité l'avait presque entièrement débarrassé de son ancienne patine. Je m'aperçus que l'homme avait perdu ses pieds et son bras gauche. La femme était privée de ses bras ; sa tête reposait presque en équilibre sur celle de l'homme, prête à se détacher du tronc. Je décidai de signaler le fait à Madame Françoise Giroud, alors Secrétaire d'Etat à la Culture. Ma lettre fut transmise à Monsieur Dominique Ponneau, Chef de l'Inspection Générale des Musées classés et contrôlés, lequel me répondit, par l'intermédiaire de Monsieur le Recteur Niveau, que des dispositions allaient être prises pour « mettre l'œuvre à l'abri dans un bâtiment clos afin que l'humidité n'aggrave plus les détériorations malheureusement déjà existantes » (lettre du 15 février 1977).
2. Sakountala mesure 1 m 90.

1896 : LES RETROUVAILLES

Rodin et ses amis, Mathias Morhardt surtout, viennent en aide à Camille chaque fois que l'occasion se présente.

Les relations entre les deux anciens amants reprennent en 1896 sous la forme épistolaire pour le moins. Camille demande l'aide de Rodin à l'encontre d'un client récalcitrant :

(Cachet de la poste : 30 mars 1896 ; à Monsieur Rodin, statuaire, 182, rue de l'Université)

> *Vous recevrez demain sans doute la visite de Léon Maillard qui m'a fait faire deux gravures d'après vous. (Prix convenu : 200 f).*
>
> *Comme il fait des difficultés pour me payer, j'ai dit que vous ne teniez pas à ce que ces croquis soient publiés (ne me contredisez pas trop).*

Morhardt est désireux de répandre en Suisse, son pays natal, la renommée de trois grands artistes français : Puvis de Chavannes, Auguste Rodin et Eugène Carrière. Il a organisé en conséquence une exposition de leurs œuvres au Musée Rath à Genève ; à cette occasion, Camille n'a pas été oubliée :

Voici le reçu de vos œuvres à l'Exposition de Genève, écrit-il à Rodin (22 janvier 1896). *Il n'y avait au Boulevard d'Italie que 19 sculptures, dont un bronze, au lieu de 20. Nous avions compté le bronze prêté par Mademoiselle Claudel.*

L'appui de Rodin est précieux. Il offre à Camille de rencontrer le Président de la République avant le Salon de 1896, mais par un pneumatique (AMR), elle décline l'invitation :

Monsieur Rodin,

Je vous remercie de votre aimable invitation de me présenter au Président de la République. Malheureusement, n'étant pas sortie de mon atelier depuis deux mois, je n'ai aucune toilette convenable pour la circonstance. Je n'aurai ma robe que demain pour le vernissage. De plus, je suis acharnée à finir mes petites femmes en marbre (1). Il y a eu des casses qu'il me faut toute la journée pour réparer, mais j'espère qu'elles seront prêtes demain pour le vernissage (s'il est encore temps de les mettre).

Excusez-moi donc et ne croyez pas à ma mauvaise volonté.

Recevez tous mes remerciements.

Camille Claudel.

Financièrement, il recommence à l'aider, comme le prouve un reçu retrouvé, de 200 f, daté du 4 juillet. *Destinataire : C. Claudel, Paris.* (AMR).

Ils se revoient à nouveau.

A propos d'une visite prévue chez elle, Morhardt transmet à Rodin :

Le Temps 22 septembre 1896

Mon cher ami,

Le buste de Mademoiselle Claudel n'est pas

*encore assez avancé. Elle souhaiterait ne pas le
montrer avant une quinzaine de jours. Voulez-
vous remettre à un autre jour la visite que nous
devions lui faire ?*

Votre bien dévoué, M. Morhardt. (AMR)

Camille qui s'emploie à faire éditer les œuvres de son
frère, recourt aux bons services de Morhardt. Elle lui
remet les notes de voyage de Paul qui, en partance pour
Fou-Tchéou *où il est appelé pour la gérance du Consulat
de cette localité, prie* (son père) *de lui adresser le journal
ou la revue* qui les ont éditées (lettre de Louis-Prosper
Claudel à Morhardt).

*... Je suis heureuse que vous trouviez les articles de
mon frère intéressants,* écrit-elle à Morhardt, *comme il
exprime dans sa lettre le désir qu'ils paraissent dans la
« Revue de Paris », c'est là d'abord que je voudrais bien
que vous essayassiez de les faire accepter ; quant à la Revue
Blanche, il ne voudrait pas en entendre parler...* (APC)

Elle suit attentivement les projets d'éditions :

Cher Monsieur,

*Je suis de retour de mon petit voyage,
j'aimerais beaucoup avoir des nouvelles du manuscrit de mon frère ; avez-vous réussi à le
placer ? J'espère vous voir bientôt ; recevez mes
meilleures amitiés pour vous et pour Madame
Morhardt.*

Votre dévouée, Camille Claudel (APC)

Le nécessaire a été fait : deux textes de *Connaissance
de l'Est* paraissent dans la livraison du 15 août 1896 de
La Revue de Paris ; et Camille en remercie le journaliste :

J'irai avec plaisir dîner chez vous dimanche soir, non seulement pour me régaler de rizotto, mais encore pour avoir le plaisir de m'entretenir avec vous au sujet de mes affaires. Je commence par vous remercier vivement d'avoir obtenu de Monsieur Ganderax, la publication des articles de mon frère ; mes parents sont enchantés d'apprendre cette bonne nouvelle. Vous me demandez si j'aurai beaucoup de choses au Salon de cette année ; hélas, vous et Monsieur Rodin, vous savez combien le marbre est long et difficile et combien j'ai eu de retard venant de mes ouvriers. Je fais tout mon possible pour terminer mes « Petites Causeuses » en marbre (2) ; elles viennent très bien, je crois, mais j'aurais besoin immédiatement d'un ouvrier intelligent pour m'aider à ajourer le coin pendant que je polis les petites femmes. Voulez-vous (ou M. Rodin) m'en adresser un ? Vous me rendriez grand service ? Je mettrai le buste de Bing (3) certainement puisque notre maître le trouve bien. Si j'étais sûre que le buste de Lhermitte en bronze (4) soit bien et que celui-ci me permette de l'exposer, je l'enverrai aussi. La petite femme à genoux n'est pas encore terminée. (APC)

De son côté, Louis-Prosper n'a pas manqué d'adresser ses remerciements à Morhardt *pour le précieux et bienveillant intérêt qu'(il) porte à (ses) enfants.* (28 octobre) (APC).

Camille sollicite à nouveau. Maurice Fenaille (5) lui a-t-il commandé une sculpture ? a-t-elle besoin d'une avance ? Morhardt prend l'avis de Rodin :

3 octobre 1896

Mon cher ami,

Je voudrais vous voir aussi tôt que possible. Il est absolument nécessaire que nous nous entendions au sujet de Mademoiselle Claudel. Elle m'a autorisé à faire une démarche auprès de Monsieur Fenaille. Mais je ne voudrais pas faire cette démarche sans vous consulter et même sans vous demander de la faire avec moi. Y êtes-vous disposé?

Consentirez-vous à demander un rendez-vous à Monsieur Fenaille chez vous par exemple, pour un de ces prochains jours?

Si oui, convoquez-le et prévenez-moi. Si non, allons chez lui ensemble, ou vous tout seul...
(AMR)

Rodin a pris contact avec M. Fenaille qui lui répond :

Cher Monsieur Rodin,

Je vous remercie de votre précieuse amitié et je suis trop heureux de pouvoir faire quelque chose pour vous.

Je ferai en sorte de passer la semaine prochaine, mercredi ou jeudi, chez Mademoiselle Claudel pour lui remettre ce que vous m'indiquez et pour voir ses travaux, et chez vous samedi prochain.

Votre bien dévoué,
M. Fenaille

7 novembre 1896 (AMR)

En rapport sans doute avec la lettre précédente, Camille confirme à Morhardt :

Cher Monsieur,

Vous pouvez compter sur moi, demain dimanche. J'ai vu M. Fenaille qui m'a apporté la somme demandée par vous. Et merci.

Camille Claudel. (APC)

Elle semble ignorer que Rodin soit intervenu en sa faveur. Mais la mort de son beau-frère Ferdinand de Massary l'oblige à remettre le rendez-vous.

Lettre de Camille à M. Morhardt (date du cachet de la poste)

Cher Monsieur,

Je suis désolée de ne pouvoir recevoir demain Madame Morhardt et les autres dames qui voulaient bien me faire le plaisir de me faire visite. Mon beau-frère* vient de mourir. Je suis forcée de partir à Etampes demain matin et ne serai de retour que mardi.
Présentez, je vous prie, tous mes regrets...

*Ferdinand de Massary, époux de Louise Claudel

(APC)

Le même mois, la Revue encyclopédique Larousse, sous le titre *La femme moderne par elle-même* publie un article — non signé — sur Mademoiselle Camille Claudel. Il renferme des indications qu'il convient de n'accepter qu'avec prudence (6).

Née à Fère-en-Tardenois. Dès l'âge de 13 ans, elle s'adonna à la sculpture. Son père, qui était fonctionnaire, habitait alors Nogent-sur-Seine où elle eut M. Boucher pour premier maître. Venue à Paris en 1880, Melle Claudel y devint élève de M. A. Rodin, avec lequel elle travailla huit années durant. Ses débuts au Salon datent de 1886 : on vit d'elle 2 bustes dont un représentant le frère de l'artiste, écrivain de talent.

L'Art disait à leur propos, dans son Salon : *Le caractère promet d'être la qualité maîtresse de Melle Claudel ; dans tout ce qu'elle entreprend elle accentue la force et l'expression, une bonne construction est son constant objectif. Comme tous les vrais sculpteurs, elle dessine beaucoup, et son crayon poursuit avant tout le modelé et le traduit avec une science extraordinaire.* La réputation de l'artiste s'achevait au Salon de 1888 où parut un groupe singulièrement attachant de Sakountala, qui valut à son auteur une mention honorable et qui figure aujourd'hui au Musée de Châteauroux. Depuis la fondation de la Société Nationale des Beaux-Arts, Melle Camille Claudel a exposé des œuvres très remarquées, toutes commentées et presque toutes reproduites dans la Revue Encyclopédique. Ce sont : « Le buste du sculpteur Rodin (1892), *La Valse* et *Clotho* (1893), *Le Dieu envolé* et le portrait d'une *Petite Châtelaine* (1894), *Jeanne enfant, Buste* de M. Léon Lhermitte, *Etude et Causerie* (Musée de Genève, 1895) ».

NOTES

1. *Les Causeuses* ne figurent pas sur le catalogue de 1896. D'ailleurs Camille n'a rien exposé cette année-là.
2. Les *Petites Causeuses* en marbre ; elles seront présentées en onyx en 1897.
3. Le buste de Bing ; serait-ce Hamadryade ? (Salon de 1898).
4. Le buste de Lhermitte en bronze figurait déjà à celui de 1895.
5. Maurice Fenaille dont on a déjà parlé et dont le nom sera plusieurs fois cité était un amateur d'art qui, admirateur de l'œuvre de Camille, lui vint souvent en aide.
6. Critique de l'article :
   — Camille est venue à Paris non en 1880 mais en 1881.
   — Ses débuts au Salon ne datent pas de 1886 mais de 1883 et même peut-être de 1882.
   — En 1886, elle n'a présenté que le buste de *Jeune Fille* (sa sœur).

DES SIGNES PRÉMONITOIRES

Peu à peu, l'existence de Camille se complique. Sa réputation grandit certes ; son talent est de plus en plus reconnu ; mais, parallèlement, se pressent une fragilité qui va aller en s'aggravant, du fait, entre autres, de sa personnalité même. Déjà Mirbeau signalait son désir d'abandonner la sculpture à cause des difficultés auxquelles elle se heurtait. Dans un article de *La Revue idéaliste,* n° 19 du 1er octobre 1897 (annexe 5), Henry de Braisne perçoit finement des failles qui laissent pressentir l'éclatement de la crise : *Lorsqu'on est à ce degré taraudé par le démon de produire, on succombe fièrement attaché à sa passion, quelque douloureux qu'en soit le culte. On peut avoir des heures d'âpre découragement, des désespoirs fous, on reste ce qu'on est, une artiste hors de pair.*

L'année avait pourtant bien commencé. On avait pensé à elle pour le monument que la Société des Gens de Lettres se propose de faire ériger à la mémoire d'Alphonse Daudet récemment décédé (1). Au Salon du Champ-de-Mars, en mai, elle expose *La Valse, les Causeuses* en jade et le *Portrait de Madame D.* qui a *l'éloquence indéfinissable et le charme des choses audacieuses et réussies* (M. M. 750) ; et les critiques ont été élogieuses ;

— G. Jeannicot (*Revue Encyclopédique*) : « Mademoiselle Claudel a exécuté, en jade son très beau groupe des *Petites Causeuses.* On s'arrête étonné et ravi, devant cette œuvre étrange, d'un métier savant, d'une ampleur peu commune... »

— *La Gazette des Beaux-Arts* du 1er juin : « On verra enfin avec intérêt les bustes de Mademoiselle Claudel ».

— Une note discordante toutefois, dans *La Revue de Paris* sous la signature de Maurice Hamel : « En art, ce qui est tendu n'est pas fort, mais plutôt cassant : car on affirme doucement les vérités que l'on possède et que l'on domine.

« Il semble donc que, dans le buste de Madame D., Mademoiselle Claudel ne fait pas preuve de force en insistant avec une sorte de violence sur le rendu des traits et de la physionomie ; l'expression est dure parce que l'exécution n'est pas conduite avec assez de logique et de fermeté ».

Dans une lettre qu'il envoie à Paul Claudel, le 24 mai 1897, M. Morhardt témoigne d'une lucidité perspicace :

Il annonce d'abord une bonne nouvelle pour celui-ci :

> ... *Nous avons passé hier avec Mademoiselle Claudel, la soirée dans une maison amie où nous avons rencontré Monsieur Thadée Natanson de « La Revue Blanche ». Il paraît que vous avez eu avec Monsieur Muhlfeld quelque difficulté autrefois. Monsieur Muhlfeld n'est plus à la « Revue Blanche ». Monsieur Natanson serait heureux et reconnaissant de publier, naturellement sans aucune correction quelconque, vos sept paysages* (2).

Puis il aborde le cas de Camille : *Certes,* commence-t-il, *Mademoiselle votre sœur vient d'avoir au Salon du Champs-de-Mars un succès considérable. On peut dire qu'elle tient aujourd'hui une des premières places, sinon la première.* Mais il poursuit : *Malheureusement que de difficultés encore ! et qui tiennent à l'essence même de son génie !...* (APC)

Ecrivant à Rodin lequel, tenu d'assumer sa notoriété, est accaparé par les obligations mondaines, Camille laisse percer une inquiétude maladive et d'amers reproches :

Cher ami,

Je suis bien fâchée d'apprendre que vous êtes encore malade. Je suis sûre que vous avez encore fait des excès de nourriture dans vos maudits dîners, avec le maudit monde que je déteste, qui vous prend votre santé et qui ne vous rend rien. Mais je ne veux rien dire car je sais que je suis impuissante à vous préserver du mal que je vois.

Comment faites-vous pour travailler à la maquette de votre figure sans modèle (3) ? Dites-le-moi, j'en suis très inquiète. Vous me reprochez de ne pas vous écrire assez long. Mais vous-même vous m'envoyez quelques lignes banales et indifférentes qui ne m'amusent pas.

Vous pensez bien que je ne suis pas très gaie ici (4) ; il me semble que je suis loin de vous ! et que je vous suis complètement étrangère. Il y a toujours quelque chose d'absent qui me tourmente.

Je vous raconterai mieux ce que j'ai fait quand je vous verrai. Je vais jeudi prochain chez Miss Faucett, je vous écrirai le jour de mon départ d'Angleterre (5). D'ici là, je vous en prie, travaillez, gardez tout le plaisir pour moi. Je vous embrasse.

Camille. (AMR)

Sa réponse est édifiante quand Rodin sollicite, par

l'intermédiaire de l'un de ses praticiens, Le Bossé, son avis sur la statue de Balzac qu'il vient de terminer.

Le début est équilibré :

Monsieur Rodin,

Vous me faites demander par Le Bossé (6) de vous écrire mon avis sur la statue de Balzac. Je la trouve très grande et très belle et la mieux entre toutes vos esquisses du même sujet (7). Surtout l'effet très accentué de la tête qui contraste avec la simplicité de la draperie et [sic] absolument trouvé et saisissant. J'aime beaucoup aussi l'idée de manches flottantes, qui exprime bien l'homme d'esprit négligent (qu'était ? déchiré) Balzac. En somme, je crois que vous devez vous attendre à un grand succès surtout près de vos connaisseurs qui ne peuvent trouver aucune comparaison entre cette statue et toutes celles dont jusqu'à présent on a orné la ville de Paris (8).

Mais la suite inquiète quelque peu :

Je profite de l'occasion pour vous parler un peu de mes affaires. Dernièrement Morhardt m'a fait commander par le Mercure de France 10 bustes en bronze qui seront vendus 300 f, chacun par ce journal ; or je toucherai là-dessus 280 f, avec lesquels (partie déchirée) payer le fondeur et de faire le travail du ciseleur, c'est-à-dire ôter les coutures et graver un caducée. J'avais accepté cette commande sans me douter du travail qui m'incombait, mais rien que pour graver le caducée il faut une journée et 5 à 6 jours pour ôter les coutures convenablement. Je vous prie de dire à

Morhardt que je ne puis continuer ces bustes, je n'ai pas 1 000 f, à mettre de ma poche pour me faire après accuser d'être une prodigue et des commandes de ce genre sont plutôt faites pour faire croire aux gens qu'ils en ont que pour les aider réellement.

Vous avez bien fait d'empêcher Morhardt de publier l'article qu'il avait préparé sur moi (9), il était destiné à attirer sur moi des colères et des vengeances dont je n'ai certes pas besoin. Vous avez peut-être tort de croire à la ‹ ›mplète bonne volonté des Morhardt envers moi, ils font plutôt semblant mais je crois qu'en réalité tout leur clan ne les voit pas d'un bon œil me procurer des commandes, me faire valoir, etc. Il vaudrait mieux que tous les efforts de Morhardt soient au service de Raymond Vernet, etc. qui sont du même pays et de la même religion (10) et dont les femmes sont amies intimes de Madame Morhardt. Vous savez bien d'ailleurs quelle haine noire me vouent toutes les femmes aussitôt qu'elles me voient paraître jusqu'à ce que je sois rentrée dans ma coquille, on se sert de toutes les armes ; et de plus, aussitôt qu'un homme généreux s'occupe de me faire sortir d'embarras, la femme est là pour lui tenir le bras et l'empêcher d'agir. Ainsi je risque fort de ne jamais récolter le fruit de tous mes efforts et de m'éteindre dans l'ombre de la calomnie et des mauvais soupçons. Ce que je vous dis est tout à fait secret et pour que vous jugiez bien net la situation. Je suis malade depuis quelque temps et c'est pourquoi j'ai tardé à vous écrire.

La mère Courcelles est arrivée à me faire payer 1 000 f, pour avoir laissé des plâtres chez elle, j'ai voulu d'abord l'attaquer, puis j'ai eu

peur. Si vous trouvez moyen de lui réclamer votre Dante (11) *en disant que vous n'avez fait que l'oublier là-bas vous me feriez un vrai plaisir.*
Recevez mes amitiés,

C. Claudel. (AMR)

Se profilent déjà des symptômes qui iront en s'aggravant : l'idée pernicieuse de la persécution, le goût morbide du secret. Un mot de Camille sans date ni lieu (AMR) est à rapprocher à ce propos : *Je serai au restaurant à midi. Ce que je vous ai dit est parfaitement vrai. Surtout méfiez-vous de ne pas approcher de mon atelier.*

Il faut aussi souligner que la santé de Camille est ébranlée : un passage de la lettre l'a indiqué ; et, dans un post-scriptum (5 octobre), Morhardt précise à Rodin que *Mademoiselle Claudel va un peu mieux. Le médecin et ma femme sont auprès d'elle en ce moment* (AMR). La fragilité est certaine.

La Vague a été présentée au Salon de cette année-là mais ne figure pas sur le catalogue. La présence des *Causeuses* en onyx a quelque peu éclipsé ce plâtre qu'Henry de Braisne mentionnera dans son article. Comme les *Causeuses, La Vague* a été exécutée sans le secours du modèle vivant ; par là, Camille diffère de Rodin lequel était perdu s'il n'en avait pas :

Les trois petites baigneuses effrayées et frileuses se donnent la main. Au-dessus d'elles, la vague énorme s'élève et déjà sa volute d'écume s'échevèle en retombant. Et les trois petites créatures regardent la redoutable avalanche qui les menace. Et leurs genoux fléchissent. Leurs épaules se haussent. Leurs bras se serrent contre leurs flancs. Et toute leur attitude atteste leur émotion et l'angoisse qu'elles éprouvent. (MM 747)

CAMILLE CLAUDEL

Dans son illustration de sa thèse sur *le geste suspendu, la seconde avant le contact,* Claudel évoque ce groupe :

La voûte peu à peu se creuse, elle surplombe ; elle s'arme de toutes ses griffes de la ménagerie japonaise. Elle va s'abattre... Non ! dit la petite figure nue au-dessous, déjà repliée sur les jarrets, qui appelle, qui attend. Attendez que je sois complète, laissez-moi le temps d'avoir mes sœurs avec moi, que nous soyons toutes, ces deux sœurs toutes pareilles que j'ai déjà saisies de la main droite et de la main gauche et qui ne sont autre que moi-même. (P. Claudel, 1951)

NOTES

1. Lettre de M. Morhardt du 21 janvier 1897 ;

   Le Temps 21 janvier 1897
   Mon cher ami,
   La Société des Gens de Lettres fait un monument à Alphonse
   Daudet. Il me semble que la famille Daudet sera consultée. Ne
   pourriez-vous envoyer un mot à Léon Daudet pour lui rappeler
   Mademoiselle Claudel ? Je suis sûr qu'il vous écouterait. Peut-être
   aussi Octave Mirbeau pourrait-il écrire un mot ?
   Quel beau monument elle ferait, n'est-ce pas ? (AMR)
2. *La Revue Blanche* a publié 12 textes de *Connaissances de l'Est*
   dans sa livraison du 1er juillet 1897.
3. Il s'agit très certainement du « Balzac » dont Rodin multiplie les
   esquisses. Les modèles, il les a trouvés en Touraine. A Paris, il
   semble travailler à partir de documents iconographiques : dessins,
   tableaux, daguerréotypes, caricatures...
4. « Ici », « en Angleterre ». Deux interprétations sont possibles : ou
   bien Camille est loin de Paris, ou bien elle déplore la distance
   entre son domicile et Meudon.
5. Miss Faucett est une des Anglaises qui fréquenta l'atelier de
   Camille au 117 rue N. D. des Champs.
6. Le Bossé : un des praticiens de Rodin. Dans *Rodin intime ou*
   l'envers d'une gloire (Paris, Editions du Monde Nouveau, 1932)
   p. 154, Marcelle Tirel, qui fut la secrétaire de Rodin, écrit « Il
   semble que l'Etat aurait dû récompenser les anciens praticiens,
   les collaborateurs obscurs de sa lumineuse gloire ». Et elle cite :
   « Le Bossé, perclus de rhumatismes ».
7. Il y eut effectivement une multitude d'esquisses, mais la lettre fait
   allusion au plâtre reproduit dans le catalogue du Musée Rodin
   (ed. 1944) sous le numéro 289.
8. Note : « Cet avis très autorisé et très pertinent peut être mis en
   parallèle avec toutes les inepties (à commencer par celles de la
   Société des Gens de Lettres) dont on a abreuvé Rodin à propos
   de son Balzac ».

9. Morhardt connaît Camille depuis de nombreuses années, il a recueilli de sa bouche même d'innombrables renseignements sur sa vie et les a rassemblés pour en rédiger un article toujours capital aujourd'hui. Avant de le publier, il écrit à Rodin :

Le Temps 5 octobre
Mon cher ami,
Etes-vous de retour ? Si oui, cela ne vous ennuierait-il pas de monter un moment à l'avenue Rapp où je voudrais vous lire l'article sur Mademoiselle Claudel. Si cela ne vous est pas possible, je passerai à votre atelier demain à 4 heures.

10. Le pays est la Suisse, et la religion est la religion protestante.
11. L'œuvre est-elle connue des biographes de Rodin ? Il ne s'agit certainement pas du *Dante* (plâtre, 1914) dont W. de Kay aurait fourni le modèle (AMR, dossier C. Claudel).

LES CHEMINS DE LA VIE (1)

Comme « l'affaire » *Sakountala,* l'histoire de ce groupe *Les Chemins de la Vie* ou *L'Age mûr* mérite d'être contée par le menu tant elle illustre les obstacles qui se multipliaient autour de Camille et auxquels Morhardt, dans sa lettre à Paul Claudel (cf. Ch. précédent), faisait discrétement allusion. Par ailleurs, les avatars de cette œuvre ont une signification biographique indubitable directement liés à l'évolution de la relation de Camille avec Rodin.

Cette œuvre a un rôle capital puisqu'elle marque le moment à partir duquel Rodin va cesser de soutenir l'œuvre de Camille auprès de l'administration des Beaux-Arts.

L'idée des *Chemins de la Vie* a lentement mûri en Camille : dans ce groupe de l'Age mûr, une femme jetée en avant de tout son désir, tend les bras vers l'homme que la mort a déjà marqué de sa flétrissure et qu'elle entraîne loin des joies de la vie.

Vers 1894, elle écrivait à son frère : *Je suis toujours attelée à mon groupe de trois. Je vais mettre un arbre penché qui exprime la destinée... Voilà comment il sera : tout en longueur.* Elle pense le présenter au Salon de 1894, mais l'œuvre n'est pas achevée à temps ; seule, la figure de droite y sera exposée sous le titre *le Dieu envolé* (L'Implorante). Camille reprend le groupe de gauche : l'homme emporté par la vieillesse ou par la mort.

Dans ce premier projet, la figure à genoux fait corps avec l'ensemble ; dans une attitude d'imploration, elle s'aggripe au bras gauche de l'homme qui entoure de son bras droit l'autre figure debout qui est celle de la vieillesse. L'allusion est plus qu'évidente à un Rodin partagé entre son amour pour Camille et *la parfaite sécurité d'habitude et d'amour-propre qu'il trouvait auprès d'une vieille maîtresse,* Rose Beuret (1 *bis*).

Paul Claudel le commente en 1951 (2) :

Il résiste, c'est vrai, de son pilier central, mais la jambre droite s'est engagée et tâte la libération, tandis que le long membre qui part de l'épaule gauche et qui a l'air de s'abandonner à l'implorante, en réalité c'est l'instrument de la libération, il la repousse !

...Ce qui saute aux yeux, c'est le « vide, créé, c'est cette espèce d'ogive tragique, cet espace, cette distance que crée un bras en fonction déjà de son arrachement à la main. Et se détachant sur ce vide, une griffe, une serre, qui va se refermer sur sa proie.

...Au centre du groupe, lisez là, cette architecture humaine en proie à des violences contradictoires. Ce torse incliné qui, c'est vrai, cède à ce bras encore pour un moment consenti, mais qui déjà demande à l'autre bras de toute sa longueur recourbé sur l'auxiliaire qui lui arrive de par derrière et de par dessous la force de se reprendre ».

Alors que, sur proposition du Directeur des Beaux-Arts, Armand Sylvestre était venu offrir à Camille de réaliser le buste de Gaston d'Orléans, il la voit travailler à ce premier projet de *l'Age mûr*. Il signale que *le mouvement en est vraiment lyrique et la préoccupation de Rodin manifeste. L'artiste eut préféré beaucoup que l'Etat lui commande cette œuvre qu'elle prétend faire en marbre pour 5 000 f. Sans lui donner aucun espoir à ce sujet, je lui ai promis de vous soumettre son vœu. C'est vraiment de la part d'une femme une œuvre très noble et très poussée.*

Sylvestre est assez persuasif pour que l'administration signe, le 25 juillet 1895, la commande du plâtre.

Après six mois de labeur, Camille sollicite une avance.

A. Sylvestre vient vérifier l'avance du travail et trouve la demande justifiée : l'acompte sera versé le 19 février 1896.

Le 14 octobre 1898, elle prévient le Directeur des Beaux-Arts que l'œuvre est terminée. A. Sylvestre rédige son troisième rapport : *L'homme à la fin de la maturité (est) vertigineusement entraîné par l'âge tandis qu'il tend une main inutile vers la jeunesse qui voudrait le suivre en vain... Melle Claudel a séparé la main de son principal personnage de celle de la figure de la jeunesse pour en mieux exprimer l'éloignement. Elle a de plus enveloppé la figure de l'Age de draperies volantes qui accusent la rapidité de sa marche... D'une facture très moderne, il mériterait l'exécution en bronze.* (Archives Nationales).

Quoiqu'agréé, le groupe ne fut pourtant pas payé : le nom de Camille n'avait été inscrit sur aucun inventaire. Il faudra attendre le 23 décembre pour qu'une note adressée au Conservateur du Dépôt des Marbres demande de faire figurer la mention de prêt à l'artiste : « Melle Claudel est autorisée à garder à sa disposition, en vue de l'exécution définitive, le modèle en plâtre ».

En réalité, Camille a refusé d'envoyer le plâtre au Dépôt des Marbres, « ce grand cimetière des sculptures ». En plus, comme le travail n'est toujours pas réglé, elle envoie une lettre acrimonieuse (27 décembre) :

Il est fort probable que si ma demande était appuyée par quelques-uns de vos amis comme M. Rodin par exemple, M. Morhardt ou autre, vous n'hésiteriez pas à me solder ce que vous me devez. Je me bornerai à vous faire remarquer que j'ai fait sur ce groupe 2 000 f d'avance et, que cela plaise ou non à M. Rodin ou à Morhardt, il faut que j'en sois payée, sans cela c'est à eux que j'aurai à faire. Je vous prie de croire que je ne suis pas d'humeur à me laisser tenir en suspens même par vous... (Archives Nationales).

Le 5 janvier 1899, Camille reçoit son dû ! Mieux, le 16 juin de la même année, le modèle d'un arrêté est rempli, prix et date étant laissés en blanc : il charge Camille Claudel d'exécuter l'œuvre en marbre.

Mais, le 24 juin, le Directeur des Beaux-Arts, M. Ronjon, fait « supprimer la commande » sans en mentionner les raisons. En fait, celles-ci ne sont que trop claires : Rodin, au sommet de sa gloire ne tient nullement à ce que sa vie intime soit exposée sur la place publique.

C'est le second projet qui est présenté au Salon de 1899. Il est formé de deux parties distinctes : à droite « sur un socle spécialement modelé » pour elle, la figure de la jeune femme *l'Imploration* ; sur un autre socle, contourné en forme de vague, les figures de l'homme et de la vieille femme. Une lettre, que le Général Tissier adressa le 31 août 1943 à Paul Claudel, apporte des preuves :

> *L'œuvre de Camille Claudel fut exposée au Salon de la Nationale de 1899.*
> *J'en admirais l'exemplaire, le jour du vernissage, avec le peintre Léon Lhermitte, grand ami de votre sœur qui fit de lui un buste* (3) *ainsi qu'une tête de son plus jeune fils* (4). *Le peintre qui m'honorait de son amitié depuis de nombreuses années, me présenta à Camille Claudel à laquelle je demandai s'il lui serait possible de me céder un moulage en plâtre de la jeune femme agenouillée. Elle accepta, me conseillant toutefois, étant donné ma carrière sujette à de nombreux déplacements — j'étais alors capitaine — d'en faire exécuter une fonte en bronze. Je suivis ses conseils et elle me fit faire une fonte par le maître Gruet. Des relations amicales s'établirent entre nous et j'allais souvent voir l'artiste en son atelier du rez-de-chaussée Quai Bourbon.*

CAMILLE CLAUDEL

De retour de Chine, fin 1901, le Capitaine Louis Tissier revoit Camille et retrouve dans son atelier le groupe de « l'Age mûr ». *Elle m'apprit qu'elle n'avait pas voulu le livrer à l'Etat qui l'avait acquis, craignant que mis au « Dépôt des Marbres », ce grand cimetière de sculptures de la rue de l'Université, le plâtre n'ait à souffrir de grands dommages.*

Un désir s'empara de moi, celui de sauver l'œuvre de la destruction en la faisant fondre ; j'avais déjà l'un des personnages. Malheureusement, le socle modelé spécialement pour lui ne pouvait s'adapter à l'autre partie. Votre sœur me décida à la fonte de l'œuvre entière. Mais toujours officier, à la merci de multiples déplacements, comment emporter dans mes garnisons futures un groupe de trois personnages demi-grandeur nature ? Nous étudiâmes une solution. Camille Claudel me proposa de séparer l'ensemble en trois parties pour faciliter les transports éventuels. La draperie, d'une part, fixée par un tenon et une vis au dos de la Vieillesse et les deux personnages que vous appelez dans l'article de « l'Art décoratif », l'un « l'Age mûr » et l'autre « l'Imploration ». Cela explique pourquoi se trouvent sur la photogravure de « l'Imploration » deux tenons visibles dans le socle : ils s'emboîtent dans deux alvéoles correspondants de la partie « l'Age mûr » et, rapprochés, reconstituent l'ensemble de l'œuvre ainsi remontée en place.

J'acceptai ces propositions. Il fallut chercher un fondeur. Rudier que votre sœur proposa fit un devis que mes modestes moyens ne me permirent pas d'accepter (5). Nous nous entendîmes avec la maison Thiébaut Frères (6). Et c'est l'artiste elle-même qui exécuta les coupures nécessaires dans le plâtre et surveilla personnellement tout le travail dans l'atelier des Ternes où j'allais la voir : la fonte est parfaite.

...(Le bronze) porte, gravé à gauche sur le socle, 1re épreuve ; et Camille Claudel qui ne voulait que rarement signer ses œuvres, a bien voulu inscrire son nom en creux

dans le socle, au droit du personnage central. (Source : M. André Tissier).

Que devint le projet des *Chemins de la Vie* en bronze commandé par l'Etat ?

Eugène Blot, vers 1900, fera la connaissance de Camille et prendra une part active à la diffusion de ses œuvres. En sa qualité de Trésorier des Amis du Luxembourg, il écrit au Sous-Secrétaire d'Etat pour qu'une suite soit donnée à la promesse d'achat *qui avait été donnée autrefois par Armand Sylvestre, de son groupe en bronze : la Jeunesse et l'Age mûr... Il y aurait là pour vous un acte de bonté et de justice, une belle réparation d'un oubli regrettable, puisque C. Claudel n'a jamais obtenu une seule commande de l'Etat...* (A.N.).

Camille, en mars 1906, écrira elle-même au Sous-Secrétaire d'Etat : le Président et le Trésorier des Amis du Luxembourg *m'ont informée que vous aviez bien voulu leur assurer de reprendre pour vous la promesse de commande en bronze par l'Etat de mon groupe « l'Age mûr », qui l'avait été faite en 1893 par feu Armand Sylvestre et pour laquelle j'attends toujours...* (A.N.).

En janvier 1907, toujours dans l'attente de la commande officielle, elle s'adresse, cette fois, au Ministre :

J'ai l'honneur de m'adresser à vous pour obtenir la conclusion d'une affaire qui traîne à l'administration des Beaux-Arts depuis de nombreuses années. Il s'agit d'une commande de l'Etat qui m'a été faite il y a plus de vingt ans et n'est pas encore soldée. M. Dujardin-Beaumetz m'avait promis une solution rapide, mais la statue en bronze (valeur 3 000 f) est toujours chez moi, attendant vainement que l'on décide sur son sort. Mon fondeur attend également le paiement de son travail se montant à 1 000 f.... Je vous prie d'agir en ma faveur et de me faire payer le plus tôt possible le prix de mon travail... (A.N.).

Toutes les démarches resteront vaines. En 1907, Eugène

Blot prendra l'initiative de faire exécuter une nouvelle fonte de la Jeunesse *et de* l'Age mûr.

De toutes les œuvres de Camille Claudel, *l'Age mûr* est sans conteste l'œuvre la plus biographique. Le commentaire de son frère ne laisse aucune ambiguïté :

Cette jeune fille à genoux... Cette jeune fille nue, c'est ma sœur ! Ma sœur Camille. Implorante, humiliée, à genoux, cette superbe, cette orgueilleuse, c'est ainsi qu'elle s'est représentée. Implorante, humiliée, à genoux et nue ! Tout est fini ! C'est ça pour toujours qu'elle nous a laissé à regarder ! Et savez-vous ? ce qui s'arrache à elle, en ce moment même, sous vos yeux, c'est son âme ! C'est tout à la fois l'âme, le génie, la raison, la beauté, la vie, le nom lui-même.

NOTES

1. (Ce chapitre doit beaucoup aux précieux renseignements qui ont été aimablement fournis par M. Bruno Gaudichon, Conservateur du Musée de Poitiers. Qu'il veuille bien trouver ici l'expression de nos remerciements les plus sincères).
1. bis Claudel : *Ma sœur Camille*, Pleiades œuvres en prose p. 280.
2. *Ma sœur Camille*, p. 281
3. Cf. Salon de 1895.
4. Charles Lhermitte : Salon de 1889.
5. Lettre de Rudier (orthographe respectée) :
Je ne puis faire le groupe de « l'Age mûr » de Mademoiselle Claudel moins de six mille francs.
Pour une fonte en bronze tout terminé.

F. Rudier rue Vavin 41

Camille envoie au Capitaine Tissier le devis du fondeur Rudier.
(Cachet de la poste : 12 janvier 1902)
Mon cher Capitaine,
Je viens de consulter mon fondeur, suivant votre désir, sur le prix qu'il prendrait pour fondre le groupe « L'Age Mûr », les trois personnages. C'est 6 000 f et voici sa signature. Vous voyez que c'est pour ainsi dire impossible.
Recevez mes regrets et mes sincères amitiés.

Camille Claudel

6. Lettre de Thiébaut frères Fumière et Gavignot successeurs

32, avenue de l'Opéra

Paris, le 28 février 1902
à Monsieur le Capitaine Tissier
39, rue de Bellechasse
Monsieur,
Nous avons l'honneur de vs accuser bonne réception de votre estimée du 27 Ct et ns empressons de vs informer que ns sommes parfaitement d'accord au sujet de l'exécution et du règlement du groupe de Mademoiselle Claudel que ns ferons prendre demain matin.
En vs assurant que ce travail fera l'objet de tous nos soins, ns vs prions d'agréer, monsieur, l'assurance de nos sentiments distingués.

Fumière et Gavinot

Les ateliers se trouvent au 32 de la rue Guersant XVIIe.

LA CLOTHO

L'année 1899 marquera l'extrême limite de la liaison de Camille avec Rodin. Elle va être envenimée par une « affaire » beaucoup plus importante que la précédente, celle du « vol » du marbre de *La Clotho*.

Mais avant de l'aborder, rappelons que l'année précédente, en mars 1898, un article très important de Mathias Morhardt *Mademoiselle Camille Claudel* paraît dans la revue du Mercure de France. C'est la première étude importante consacrée à la vie et à l'œuvre de l'artiste. Elle fourmille de renseignements précis et précieux. De nombreux extraits ont déjà été cités ici, qui témoignent de la valeur de cette étude réalisée par un ami attentif et dévoué que bientôt hélas, Camille va repousser.

Il est important de souligner qu'avant sa parution, l'article a été soumis à Rodin qui en a approuvé le contenu (annexe 13).

C'est la même année que le Mercure de France (décembre 1898) annonce la mise en vente de quinze bustes en bronze de Rodin exécutés par Camille Claudel.

Le Mercure de France vient d'éditer une des plus belles œuvres de Melle Camille Claudel ; le buste de Rodin, qui fut exposé au Salon du Champs-de-Mars en 1893 (1). *M. Rudier, fondeur, a été chargé de couler en bronze, d'après le modèle qui a servi à couler le seul exemplaire qui en eût été fondu jusqu'à ce jour et qui appartient à M. Rodin lui-même, quinze exemplaires nouveaux de ce buste. Une combinaison ingénieuse a permis d'obtenir ces pièces d'une seule coulée, c'est-à-dire à un prix de revient extraordinairement minime ; et chacun de ces bustes, dont la ciselure et le patinage ont été exécutés sous la surveillance de Melle Camille Claudel elle-même, est mis en vente au prix de 300 f, (prix dans nos bureaux, frais d'emballage et d'expédition, le cas échéant, de douane, à la charge des acheteurs), tous les exemplaires sont marqués, au-dessous de la signature de l'auteur, du caducée de Mercure, et sont numérotés de 1 à 15, ce numérotage leur conférant une absolue authenticité en empêchant toute reproduction. Le modèle est détruit. On peut voir le buste dans nos bureaux, de 9 heures à 11 heures et de 3 à 6 heures.*

Tandis que Camille s'active à la préparation du salon, M. Morhardt lui sert d'intermédiaire auprès de Rodin.

Désormais Camille n'écrit plus directement à Rodin.

Dans la lettre qui suit Morhardt demande à Rodin d'intervenir auprès des organisateurs :

6 avril 1898

Mon cher ami,

J'ai deux choses à vous demander pour Mademoiselle Claudel. D'abord, à quelle adresse avez-vous acheté le bloc de marbre du petit groupe rosé qui se trouve en ce moment dans votre atelier (marbre pentélique, je crois) ?

En second lieu, Mademoiselle exposera cette année, au Salon, son buste de jeune fille que nous avons vu chez Bing et qui appartient à Monsieur Fenaille (2). C'est très fragile, vous le savez, Mademoiselle Claudel aimerait bien qu'il fût protégé contre la foule et contre les doigts des passants.

> *Pourrait-on lui trouver un coin idéal où il serait, en même temps, vu et inaccessible ?*
>
> *Avec ce buste, Mademoiselle Claudel expose un petit bronze : une femme agenouillée devant une cheminée, qui appartient à Monsieur Peytel (3).*
>
> *Bien cordialement à vous.* (AMR)

Comme il ne semble pas que le nécessaire ait été fait, il revient à la charge :

> *Mademoiselle Claudel a envoyé, il y a trois jours, au Palais des Machines, son beau buste en marbre et un petit bronze, une femme agenouillée. Le buste n'est pas encore exposé et il est dans la poussière et au soleil. Quant au bronze, elle ne sait pas où il est, il paraît qu'elle a été très mal reçue à l'administration qui lui a même refusé ses cartes, je vous supplie de faire immédiatement le nécessaire.*

Au Salon, sont exposés le *Buste de M. X* (4), un croquis d'après nature, statuette en bronze, la *Profonde Pensée* — autre titre : *La Femme agenouillée devant la cheminée* — et *Hamadryade* ou *Jeune Fille aux Nénuphars* : Cette œuvre, la plus parfaite que la grande artiste ait encore signée de son nom, résume superbement ses glorieuses qualités... Les reliefs ronds et dorés de la patine suscitent l'idée de ces bustes de prince de la Renaissance italienne où le luxe de l'ensemble s'unit à l'opulence des détails pour assurer mieux en quelque sorte la gloire du personnage... (M. M. 753).

Et Paul Claudel en souligne l'opposition avec le travail de Rodin :

Quelle différence avec la main légère, aérienne, de ma sœur, avec ce goût un peu enivré, cette présence perpétuelle de l'esprit, ces complexes ou buissons madréporiques, profondément pénétrés par l'air et tous les jeux de la lumière intérieure ! Les bustes eux-mêmes, ennuyés de ces caboches, elle les surmonte d'un fantastique édifice de cheveux, elle accroche à leur nuque, en tant sans doute que la pensée, l'arrière-pensée, une riche torsade de fleurs. (« Ma sœur Camille »).

1899 : Camille expose au Salon le marbre de *la Clotho* ainsi que le portrait de Monsieur le Comte de Maygret en costume Henri II, *l'Age mûr* (plâtre) et la maquette de *Persée* (plâtre).

La Clotho va être l'enjeu de la rupture définitive entre Camille et Rodin. Les accusations de Camille contre Rodin commencent à cette époque et ne cesseront qu'à sa mort.

A nouveau les critiques reconnaissent le talent de l'artiste :

— Si, dans *La Revue de Paris* (1er juin 1899, p. 656), Maurice Hamel, après un hommage à Rodin, continue à être parfois réticent, il n'en apprécie par moins les qualités :

Une Clotho de marbre n'est pas moins belle d'exécution ; ce corps de vieille femme, d'un aplomb original et d'un accent énergique, se dérobe malheureusement sous un écheveau embrouillé. Le buste d'un contemporain en costume Henri II est un marbre fièrement travaillé, vigoureux et d'expression tranchante : le talent viril de l'artiste n'a pas toujours le charme qui s'ajoute à la force quand elle n'est pas toujours maîtresse d'elle-même.

— L'article d'André Fontainas dans *le Mercure de France* n° 114 (« Les Salons de 1899 ») est sans réserve :

La sculpture, à la Société Nationale, offre cette étrangeté, à côté de mainte production de hasard, de réunir des œuvres de quelques artistes vrais : Mme Cazin, Mme de Frumerie,

Melle Genthe, Mme Vallgren se groupent avec grâce, diversement fortes, autour de Mademoiselle Claudel, de qui, cette année, une œuvre puissante et tendre, intitulée (pourquoi ?) l'Age mûr, révèle les rares qualités de réalisation plastique, en une belle ligne d'ensemble ferme et comme à la fois flottante, souplesse de ces draperies, coloration expressive du plâtre obtenue au moyen de plus ou moins d'épaisseur de la matière, sûreté harmonieuse dans chaque partie de ce parfait ensemble. C'est là une belle chose, vraiment émouvante et attachante.

— Inconditionnel, M. Morhardt ne voit que beauté :

La Clotho, *entourée de ces longs fils de marbre qui tombent de tous les côtés autour d'elle, est comme emprisonnée sous une voûte formée de leurs innombrables stalactites. C'est sous cette voûte que le ciseau a dû pénétrer, c'est dans les mailles de ce réseau qu'il est allé fouiller le marbre, c'est à travers leur infinie complication qu'il a lentement, laborieusement dégagé le puissant modèle de la Parque. Or, s'il n'est pas élégant d'insister sur ce que ces caprices coûtent de temps et d'argent, il est nécessaire d'indiquer leur caractère de somptuosité... Ces caprices l'enrichissent d'une parure superbement orgueilleuse...* (MM 735).

La *Clotho,* commandée en 1895 par les organisateurs du Banquet Puvis de Chavannes et à laquelle Camille travaillait encore en 1897 (5) était destinée à entrer au Musée du Luxembourg.

Mais, en 1905, elle n'y est toujours pas ; et Rodin demande conseil à Morhardt :

Rue de l'Université 182
Mon cher Morhardt,

Voulez-vous me faire le grand plaisir de me dire votre conseil dans l'affaire que je vous ai parlé [sic] le marbre de Mademoiselle Claudel.

171

Il me sera bien difficile de le faire entrer au Musée du Luxembourg ces temps-ci et même toujours. Je suis dans une opposition qui n'aura pas de fin. Venez me voir en passant ce serait mieux. Présentez mes respects à Madame Morhardt.

Votre dévoué,

A. Rodin 27 juin 1905 (APC).

L'affaire tourne au vinaigre ; Camille aurait accusé Rodin de lui avoir volé son marbre : *Je reçois des lettres injurieuses de Mademoiselle Claudel qui me dit que je lui ai volé un marbre* se plaint Rodin à Morhardt (APC). (On ne trouve pas trace de ces lettres dans le dossier Camille Claudel du Musée Rodin !)

L'ami tente de le rassurer (lettre du 3 ou 9 ? juillet) :

Mon cher Maître et ami,

J'attendais votre retour d'Espagne pour aller vous entretenir de la question du marbre de Mademoiselle Claudel. Mais me voici moi-même en préparation de départ. Je tâcherai toutefois de passer demain après-midi rue de l'Université.
L'accusation de Mademoiselle Claudel de lui avoir volé un marbre est extravagante. Je pense qu'il n'y a pas lieu de s'en émouvoir. Ce marbre pour lequel vous avez donné vos deniers, mille francs et auquel le solde des fonds Puvis de Chavannes (environ 1 100 f) a été attribué, doit rester suivant moi, entre vos mains jusqu'au jour où nous aurons pu le faire accepter par l'Etat... (AMR).

En décembre, le problème n'est toujours pas réglé et Rodin s'en inquiète dans une lettre qu'il dicte à son secrétaire pour Morhardt :

> *5 décembre 1905*
> *Monsieur,*
>
> *Monsieur Rodin vous prie de ne vouloir bien oublier qu'il a toujours encore la petite figure de Mademoiselle qui devait être offerte au Musée du Luxembourg. Vous saurez sans doute si le temps sera venu pour en soutenir le placement. C'est seulement pour vous rappeler l'existence de cette œuvre. Vous verrez ce qu'on pourra faire, Monsieur Rodin vous présente ses amitiés toujours les mêmes.*
>
> *A. Rodin*
>
> *P.S. (dicté) Mon cher Morhardt, à l'égard de Mademoiselle Claudel, vous écrirez peut-être un mot aussi à Mirbeau ?* (APC).

Dès le 11 décembre, le journaliste tient Rodin au courant de sa démarche auprès du Directeur du Musée du Luxembourg : ... *Dès que j'aurai une réponse, je vous la transmettrai et alors nous pourrons nous réunir utilement avec Mirbeau et Geffroy. Je crois d'ailleurs que la chose ne fera plus de difficulté puisque M. Dujardin-Beaumetz a fait pour l'Etat don d'un bronze de Mademoiselle Claudel.* (AMR).

Léonce Bénédite, est, quant à lui disposé à accepter le marbre *mais*, écrit-il le 15 à Morhardt, *j'ai besoin d'en faire part à Monsieur Dujardin-Beaumetz, ne sachant s'il acceptera d'accueillir cette offre sans passer par le Conseil des Musées ou s'il croit devoir la soumettre au Conseil. Dans ce cas, je ne crains pas de dire que je suis assuré du résultat. On peut dans tous les cas faire porter provisoirement le marbre au Luxembourg où il pourra être vu s'il est nécessaire.* (AMR).

Le lendemain, Morhardt remercie L. Bénédite de ses bonnes dispositions pour Mademoiselle Camille Claudel. *Je m'empresse de demander à Rodin de faire porter la Klotho à votre cabinet. Je suis bien convaincu que M. Dujardin-Beaumetz ne refusera pas d'accueillir notre don...* (APC).

Le même jour, est envoyée copie de la lettre du Directeur à Rodin lequel est prié de faire porter le marbre au Musée du Luxembourg.

Je vais préparer les éléments d'une lettre que nous proposerons à votre signature et à celle de nos amis s'il y a lieu. Je verrai d'autre part comment il sera possible d'agir auprès de M. Dujardin-Beaumetz pour éviter la Commission (AMR).

Rodin avertit son ami que l'œuvre a été portée le 18 au Luxembourg. *Pour la signature, quand on me donnera la chose, je la signerai.*

Que s'est-il alors passé ? Le 14 mars 1909, Morhardt rappelle à Rodin :

J'ai depuis plus d'un an déjà, chez moi, le marbre que nous avons demandé à Mademoiselle Camille Claudel, à la suite du Banquet Puvis de Chavannes. Vous vous rappelez que nous nous proposions d'offrir ce marbre au Musée du Luxembourg. Il faudrait faire le nécessaire. (AMR).

En 1935, dans un article paru dans *Le Temps*, M. Morhardt continuera encore à se poser des questions au sujet de la *Clotho* !

NOTES

1. Le *Mercure* fait erreur en indiquant 1893 : c'est en 1892 que le buste a été exposé.
2. *Reçu de Monsieur Fenaille la somme de huit cents francs pour le pied en bronze de mon buste Hamadryade et cinq cents francs d'avance pour la Vague, ce qui fait 1 500 f, d'avance pour La vague.*
   Le 25 mars 1898,   C. Claudel. (APC)
3. M. Peytel était le Directeur du Crédit Algérien.
4. Le buste de M. X : pas encore de renseignements sur cette œuvre, indique J. Cassar.
5. *La Clotho est presque terminée. Nous allons prochainement l'envoyer au Musée du Luxembourg. Mais là encore, n'aurons-nous pas quelque difficulté ?* indique Morhardt dans une lettre à Paul Claudel du 24 mai 1897 (APC).

LES CHEMINS DE CAMILLE ET RODIN DIVERGENT

Dans ce XXe siècle qui commence, peut-être n'est-il pas inutile de rappeler l'âge des protagonistes d'un drame qui trouvera son dénouement en 1913. Né en 1840, Rodin va franchir le cap de la soixantaine. Rose Beuret « la vieille maîtresse » a cinquante-quatre ans.

Camille n'en a que trente-cinq...

Mais tandis que Rodin va connaître gloire et opulence à partir de l'Exposition Universelle de 1900, Camille continue de se débattre dans des ennuis pécuniers constants.

L'année précédente Judith Cladel « plus ou moins pressée par Rodin » rend visite à Camille dans son atelier du quai Bourbon (1) afin d'écrire un article sur elle. Judith Cladel qui sera la biographe officielle de Rodin travaillait à cette époque au journal *La Fronde* (fondé en 1897) qui défendait des revendications féministes.

Le journal « La Fronde » auquel je destinais mon article défendait des idées opposées aux opinions conservatrices de celle que j'étais venue voir (2) C'était le temps où l'affaire Dreyfus faisait rage (3). Peu après ma visite, elle me pria, en une lettre d'un style précis et pur, de bien vouloir ne publier l'étude projetée que dans une feuille ou une revue d'opinion concordant avec les siennes (4).

Camille redoute d'ailleurs ce qu'on pourrait écrire sur elle et, rompant son silence épistolaire, se tourne vers Rodin :

CAMILLE CLAUDEL

Monsieur,

*Vous m'avez envoyé une dame de « La
Fronde » qui désire faire un article sur moi, qui
doit paraître samedi prochain ; je préférerais que
cet article ne parût que plus tard et que vous
ayez le temps de le lire avant, il doit y avoir
encore des choses ennuyeuses. Ecrivez, je vous
prie, de suite, pour demander à le lire, si vous
pouvez, retardez la publication.*

Camille Claudel

63, rue de Turenne
(AMR) (5)

Camille semble lasse de lutter. Paul étant revenu de
Chine depuis les premiers jours de janvier, elle l'invite à
déjeuner avec Jules Renard. Et celui-ci note dans son
Journal qu'« elle a envie de suivre (son frère) dans les
consulats » !

Son travail se poursuit cependant, et elle continue à
être aidée par le mécène Maurice Fenaille qu'elle remercie :

Monsieur,

*Je vous remercie vivement des mille francs
que vous venez de m'envoyer et qui me permettront
de payer mes ouvriers.*

*J'espère avoir l'honneur de vous voir un de
ces jours. Mon frère, retour de Chine où il a
passé cinq ans, pourrait peut-être vous donner
des renseignements sur les gisements de pétrole
là-bas car il connaît admirablement les contrées
qu'il a parcourues dans de nombreux voyages. Il
est en ce moment à la campagne, chez nous (6)*

et sera de retour dans une quinzaine. Si vous le désirez, il sera à votre disposition.

Recevez, Monsieur, l'expression de mes sentiments dévoués et reconnaissants.

C. Claudel

P.S. Le buste de marbre et bronze (7) n'est pas de retour chez vous parce qu'il paraît qu'étant accepté par le jury de l'Exposition, on ne peut le retirer, et il y figurera forcément.

L'Exposition Universelle de 1900 est, en effet, activement préparée. Et Camille, à nouveau, exprime sa reconnaissance à Maurice Fenaille :

Monsieur,

Je vous remercie de m'avoir permis de mettre à l'Exposition le buste d'Ophélie et surtout de m'avoir donné le moyen de l'exécuter ».

Depuis que je vous ai vu, je n'ai pas beaucoup travaillé à la Vague en onyx sur laquelle vous avez bien voulu me donner une avance de 1 500 f. J'espère avec votre aide arriver à la finir si vous voulez bien ne pas retirer votre protection à une artiste bien française et cependant bien peu encouragée ; et qui, après quinze années d'exposition au Salon, se trouve encore au même point qu'au départ malgré les fausses promesses que certaines gens lui avaient faites... » (APC)

Qui lui a fait de fausses promesses ? Rodin ?

Le maître, qui en a les moyens, s'est fait construire, aux portes de l'Exposition, une « vaste orangerie — style Louis XVI — qui se dresse, parmi les arbres, face au

Pont de l'Alma, à l'angle de l'Avenue Montaigne et du Cours la Reine ». De cette manière, il n'a pas besoin de passer devant un jury pour présenter « au grand public étranger et français un vaste ensemble de ses œuvres » (Ds) : sculptures, aquarelles, dessins, gravures.

Camille s'est vu refuser ses « deux principales œuvres. De ce fait, elle a retiré toutes les autres, mais sans avoir la possibilité de les exposer ailleurs ! Elle s'inquiète de savoir si *Ophélie* a bien été rendue à son propriétaire et de la poursuite de son travail.

Monsieur,

Je voudrais que vous me fassiez savoir par un mot si le buste en marbre à feuillage vous a été retourné. J'ai dû le retirer de l'Exposition, mes deux principales œuvres, le buste de Madame la Comtesse de Maygret et l'Age mûr acquis par l'Etat en ayant été refusés, j'ai ôté en même temps les autres.

Je vous saurais gré en même temps de me dire si oui ou non vous voulez que je continue pour vous « La Vague » : dans le cas contraire, je chercherais un autre amateur et je vous rembourserais vos avances.

En attendant votre réponse, recevez, Monsieur, mes civilités.

Camille Claudel
19 Quai Bourbon

M. Fenaille répond favorablement et Camille l'en remercie, profitant de l'occasion pour le solliciter à nouveau :

CAMILLE CLAUDEL

Monsieur,

Je suis heureuse d'apprendre que vous vous intéressez encore à mon travail. Je voudrais bien continuer la Vague et puisque vous voulez bien m'en faire les avances je vous les rembourserai aussitôt que j'aurai trouvé un amateur ; excusez-moi d'avoir pensé que la Vague vous était destinée.

En ce moment, j'aurai besoin de mille francs. Si cela ne vous dérange pas de me les envoyer, vous rendriez service à une artiste qui vous sera très reconnaissante et ne l'oubliera pas.

Recevez, Monsieur, mes civilités empressées.

Camille Claudel

19 Quai Bourbon (APC) (8)

Une fois encore, M. Fenaille s'est exécuté : sur la lettre de Camille, au crayon est ajouté « 29 mars 1900, mille francs » !

Le vernissage de l'Exposition est éclipsé, dans la presse, par l'assassinat du Roi d'Italie ; et, si la foule se bouscule aux différents stands, de l'aveu de Rodin « on ne s'écrase pas » aux guichets de son pavillon. En revanche, on ne peut y pénétrer *sans y rencontrer les plus grands noms des Lettres et des Arts et surtout de la High Society internationale... Chacun veut avoir son buste fait par* (Rodin) *; Américains, Anglais, Allemands, Autrichiens, Suisses... et Parisiens ! Les commandes pleuvent... Rodin porte le prix d'un buste à 40 000 f...* (Ds).

Un jour, Gustave Geffroy fait la surprise à Camille de lui rendre visite avec un ami, le marchand d'art Eugène Blot (annexe 6) qui écrira en 1935 :

Ce jour-là, je lui achetai sa « Fortune », la très spirituelle œuvre que Geffroy admirait beaucoup et aussi la figure à genoux (femme agenouillée dite « l'Imploration ») de son grand groupe de trois personnages : la Jeunesse et l'Age mûr ou les Chemins de la Vie, dont Monsieur Philippe Berthelot possède l'original en plâtre ; et depuis, je lui en ai repris beaucoup d'autres (APC). De fait, il s'emploiera à promouvoir les œuvres de Camille qu'il expose dans sa galerie.

De retour de Chine fin 1901, le Capitaine Tissier, déjà possesseur de l'Imploration, aide Camille en lui achetant l'Age mûr en bronze et en essayant de placer parmi ses connaissances quelques œuvres de l'artiste. Sur sa demande, Camille lui donne des renseignements sur les prix (8) ;

> Cher Monsieur,
>
> Je vois avec plaisir que vous vous occupez du placement de mes œuvres, mais réussirez-vous ?
> Je ne puis laisser la femme à genoux en bronze que vous possédez à moins de 400 f. C'est le prix que m'a coûté la fonte et puis êtes-vous sûr que cette figure plaira à des gens de province ?
> Je vous conseille d'aller voir chez Blot, 5 Boulevard de la Madeleine, ma « Tête de brigand » (9), bronze admirablement réussi avec cheveux tout à jour que vous pourrez apprécier vous qui êtes maintenant au courant de la fonte ; j'ai donné l'ordre à ce marchand de la laisser pour 600 f, (c'est pour rien, mais j'ai tellement besoin d'argent en ce moment pour terminer ma grande statue (10).
> Je laisserai aussi ma petite Fortune en plâtre telle qu'elle est sans retouche pour 150 f : voyez

*donc un peu à secouer les rentiers de votre
connaissance... quoi que ce soit dur ! ...ne m'en
voulez pas trop (sic).*

Recevez mes sincères amitiés.

C. Claudel.

(Source : Archives familiales privées ; propriété de
M. André Tissier).

Une autre lettre envoyée au Capitaine Tissier le 25
février 1902 (cachet de la poste) résume les multiples
difficultés :

Monsieur,

*Je suis heureuse que vous ayez pu vous
arranger avec M. Fumière. J'espère bien que,
quoique limité pour le prix, il fera tout son
possible pour obtenir un bon résultat tout en
ménageant le groupe en plâtre. Je voudrais bien
que les coupes des bras de la jeune femme soient
faites au-dessus de l'épaule parce qu'il y en a
déjà eu de faites au bas du deltoïde et que
plusieurs coupes successives à la même place
peuvent faire tomber des éclats de plâtre.*

*M. Fumière peut envoyer prendre le plâtre
le jour qu'il voudra le matin. J'irai quan vous
voudrez avec vous surveiller la fonte.*

*Vous ne m'avez pas trouvée au Persée parce
que depuis quelques jours j'ai des maux de dents
qui m'empêchent de travailler et me rendent à
moitié folle. Puis je n'y suis pas toujours j'ai
aussi des visites et des courses à faire l'après-
midi ; quand vous voudrez être sûr de m'y
rencontrer, écrivez-moi un mot.*

Quant à la figure en bronze que vous avez, puisque vous l'avez achetée, elle est à vous : pourquoi me la rendriez-vous ?

La seule chose que je vous demanderais serait de faire tout votre possible pour m'aider à vendre à quelqu'un de vos amis un objet d'art quelconque pour m'aider à payer mes ouvriers qui lorsqu'ils attendent ne travaillent plus et je voudrais bien que mon Persée soit au Salon !

Je vous envoie mes amitiés.

C. Claudel

Je vais avoir prochainement un buste d'Alsacienne, terre cuite originale que j'ai faite autrefois et qui est d'un grand intérêt.

Après l'Exposition Universelle, peu d'artistes ont présenté leurs œuvres aux Salons de 1901, et Romain Rolland marque sa déception dans *la Revue de Paris* du 1er juin ;

Je réunis en un seul groupe la sculpture des deux Salons (la Nationale et les Artistes français) ; car, en vérité, il n'y a là qu'une poignée d'œuvres. On est si habitué à entendre vanter la supériorité de notre école français qu'on est stupéfait, à cette exposition, de la disette de talent ou de vie qu'elle révèle. On ne saurait croire à un tel manque d'âme, à une froideur, à une platitude, à une indifférence aussi révoltantes...

Vraiment, qu'on est heureux de sentir le souffle de Rodin, qui balaie cet air lourd, comme un vent de mer rude et sain.

Au troisième trimestre de 1901, dans *la Revue des Revues*, Camille Mauclair présente un article sur *l'Art des femmes peintres et sculpteurs :*

CAMILLE CLAUDEL

Mademoiselle Claudel, sœur de l'écrivain lyrique Paul Claudel auteur de l'Arbre *et de* Connaissance de l'Est *dont il a été parlé ici, partage les qualités de puissance tragique de son frère. Elle expose, depuis dix ans, des œuvres qui l'ont placée d'emblée au Sociétariat de la Société Nationale et qui lui ont assuré le renom d'un des trois ou quatre sculpteurs que notre époque puisse revendiquer avec Roche, Bartholomé et Charpentier dans la génération récente.*

Mademoiselle Claudel a un don prestigieux de statuaire. C'est un des talents les plus énergiques, les plus serrés, les plus originaux qu'on puisse citer dans l'école française. Depuis sa Valse, si nerveusement entraînante, jusqu'à son admirable et étrange composition des trois petites femmes chuchotant avec mystère dans un angle de rocher, vue au Salon il y a quatre ou cinq ans, jusqu'à ses bustes si vigoureusement modelés, elle a donné des preuves de volonté, de science et de haute intellectualité. Elle comprend pleinement tout le sens silencieux de la matière bronze ou marbre, et elle y fouille avec une violence exceptionnelle des figures tourmentées, rugueuses, crispées, crispantes, qui ne ressemblent à celles d'aucun sculpteur et qui frémissent d'une vitalité fiévreuse. Un tel art saisit l'âme par la profonde intensité de son affirmation. Lorraine (11), de robuste race agreste, Mademoiselle Claudel est une solitaire jeune femme au visage simple et fin éclairé par deux yeux d'une bleuité claire (12), où se réfléchit la faculté maîtresse de la contemplation et elle porte en elle et sur elle toute l'annonce du monde de créatures passionnées ou méditatives qu'elle engendre. Comme son frère, elle enclôt des rêves singuliers (13), des visions d'un lyrisme exceptionnel, outrancier, austère, dans une forme décorative aussi savante qu'osée. On a dit de Mademoiselle Claudel qu'elle avait plus de talent, une lueur de génialité : c'est probablement vrai, il flotte autour de ses œuvres une sorte d'atmosphère mentale qui y ressemble, et leur aspect abrupt, leur silhouette fruste, imposée là avec une magnifique lourdeur, avec la noble brutalité du bronze et de la pierre, posant de tout le poids de leurs façonnements aux grands plans, tout y dégage l'esprit de la matière avec cette aisance qui est le propre de l'inspiration planante. C'est de la sculpture héroïque : Mademoiselle Claudel est la femme artiste la plus considérable de l'heure présente.

En mai 1902, Camille expose au Salon sa sculpture *Persée* en marbre, commandée par la Comtesse de Maygret. Elle était destinée à orner, au pied d'un escalier monumental, l'entrée de l'hôtel de la famille à Paris.

Henry Marcel, dans la *Gazette des Beaux-Arts* » d'août 1902 (p. 133), « les Salons de 1902 », n'est guère tendre pour l'œuvre :

Mademoiselle Claudel a cherché, dans son « Persée » vainqueur de Méduse, le style ramassé et nerveux de la Grèce archaïque ; mais son héros est d'un galbe bien rachitique, et l'horreur du masque hagard, hérissé de serpents, s'atténue de toute la vulgarité d'un type de mégère.

Le 5 mai de l'année suivante, Gabriel Reval rédige un article sur Camille dans la revue *Femina :*

Deux yeux magnifiques d'un vert pâle qui évoque les jeunes pousses des forêts... Au moment même où le regard vous attire, un geste instinctif de l'artiste semble arrêter l'élan de sympathie, et l'on reste avec cette impression bizarre d'une nature profondément personnelle, qui vous attire par sa grâce et vous repousse par sa sauvagerie. Tout le caractère de Mademoiselle Claudel est dans ce retrait un peu farouche... La fillette qui sculptait dans la glaise d'une tuilerie des figurines étonnantes est devenue... par son tempérament original, la sensibilité et la beauté de son art... une figure complète du génie féminin.

Au Salon de 1903, Camille expose le deuxième projet de *l'Age mûr* ou *les Chemins de la Vie* commandé par le

Général Tissier. Personne ne reconnaît plus son originalité, on oserait même parler de fiasco ;

— Romain Rolland : « Les Salons de 1903 » (*La Revue de Paris*, 1er juin p. 664) : *La scuplture est, dans l'ensemble, d'une désolante médiocrité, Rodin n'expose pas.*

Les Artistes français p. 667 : Le Groupe de bronze de Mademoiselle Claudel, « l'Age mûr », a de grandes qualités : de la force, une impétuosité de vague qui se rue, de la passion, de la tristesse, mais un goût vraiment trop décidé de la laideur et je ne sais quoi de mou dans la nervosité, de lâché, d'improvisé, qui est un peu la caricature du génie de Rodin. (Souligné par J. Cassar).

— Charles Morice : « Le Salon des Artistes français » (*Le Mercure de France*, juin p. 691) :

Parmi les œuvres sculpturales, c'est Mademoiselle Claudel qui nous retiendrait le plus utilement. Son groupe en bronze « l'Age mûr », marqué d'une frémissante amertume, est digne du beau nom que s'est fait cette vaillante femme. On lui reproche de ressembler à Rodin. Ces gens sont admirables qui veulent tous que tout le monde ne vienne de personne. Combien plus justement blâmerais-je les artistes qui seraient restés insensibles à la leçon du plus grand statuaire de ce siècle ! Et combien il est à regretter que ses élèves soient si rares ! On peut toutefois relever dans « l'Age mûr » un parti-pris excessif de disgrâce physique. Ces doigts des mains et des pieds noués et malades, ces chairs hâlées et flétries n'ajoutent à l'effet sombre de dramatique tristesse que les gestes suffisaient à nous suggérer. (Souligné par J. Cassar).

— Henry Cochin : « Quelques réflexions sur les Salons » (*Gazette des Beaux-Arts*, juillet 1903) : *...M. Rodin, absent d'ici, et que je retrouve seulement en de nombreux imitateurs, et, en passant, parmi ceux-ci, je salue le talent de Mademoiselle Claudel ». (Souligné par J. Cassar).*

Pour Rodin, c'est le triomphe : il a engagé *une armée de dizaines de praticiens* (qui) *taillent le marbre, moulent, polissent, fondent, patinent pour le compte de l'usine Rodin...* (Ds p. 197).

Il a les moyens de s'offrir des secrétaires qui devaient supporter *ses colères et ses caprices... Un grand nombre ne purent remplir leurs fonctions plus de quelques semaines. Succèdant au poète Rainer-Maria Rilke, Marcelle Tirel l'assistera au cours de ses dix dernières années.* (DS p. 189).

Mais si, *jusque-là et malgré la grande passion qui l'avait occupé près de quinze ans... il avait à peu près évité ce* « *piège féminin* » *qu'il dénonçait comme le plus terrible danger pour un artiste* (JC, 265), désormais à *l'armée des rudes et bons travailleurs, il faut ajouter celle, non moins nombreuse, des favorites qui se succèdent à un rythme de plus en plus obsédant et que Rodin présente laconiquement et invariablement comme ses* « *élèves* » *: modèles, femmes du monde, riches étrangères, admiratrices d'âge mûr ou à peine nubiles, pas forcément jolies, mais que les regards noirs de Rose ne décourageaient pas de s'offrir au maître.* (DS p. 197).

D'abord, il semble discerner la qualité de ces hommages et l'intérêt pratique qui inspirait certains d'entre eux. Mais l'âge venant, il ne résista pas au besoin de s'illusionner soi-même et les accueillit dès lors sans contrôle. Il mène une vie passionnément consacrée au travail et au plaisir, « *une vie coûteuse, très coûteuse* » (JC p. 267).

Chez Camille, la crise va éclater.

NOTES

1. Lettre de Camille à M. Fenaille (sans date) :
   63 rue de Turenne

   Monsieur,
   Je viens de vous dire que je vais changer d'adresse et serai, à
   partir du mois de janvier, 19 Quai Bourbon,
   Recevez, je vous prie, l'expression de mes sentiments dévoués.
                                        Camille Claudel. (APC)

2. « Les opinions conservatrices » ; comme son père, Camille était une admiratrice d'Edouard Drumont J, II, 754)
3. « L'affaire Dreyfus faisait rage » ; l'article de Zola *J'accuse* est du 13 janvier 1898.
4. Judith Cladel, op., cité 231 ; cf. aussi la note de Jules Renard dans son Journal après le déjeuner chez Camille en février 1900 (p. 570) : *Sa sœur a dans sa chambre un portrait de Rochefort et, sur sa table, la « Libre Parole »* (= le journal d'Edouard Drumont).
5. Volontairement ou non, Camille se trompe d'adresse ; il y a contradiction entre l'adresse qu'elle donne et le lieu où Judith Cladel lui a rendu visite et qui est incontestablement le 19 Quai Bourbon.
6. « chez nous » : à Villeneuve.
7. Hamadryade.
8. Lettre de Camille au Capitaine Tissier (date illisible sur le cachet de la poste) adressée au 46 avenue de Saint-Mandé.
9. La *Tête de brigand* ou *Giganti,* bronze monté sur socle de marbre, a été offert au Musée de Lille par le Baron Alphonse de Rothschild en 1892.
10. « La grande Statue » : s'agit-il de Persée ?
11. L'auteur privilégie l'ascendance paternelle.
12. Claudel, lui, écrit : *...des yeux magnifiques de ce bleu foncé si rare à rencontrer ailleurs que dans les romans.* (« Ma Sœur Camille », Pléiade Œuvres en prose p. 277).
13. A rapprocher de Claudel (*Camille Claudel statuaire,* « L'œil écoute »

Pléiade Œuvres en prose, p. 274) : *Mais désormais proscrite de la place publique et du plein air, la sculpture, comme les autres arts, se retire dans cette chambre intérieure où le poète abrite ses rêves interdits ».*

14. *Les deux lettres adressées au capitaine Tissier font partie des archives familiales privées et sont la propriété de M. André Tissier.*

LE DERNIER CRI DE CAMILLE

L'atelier de Camille au 19 Quai Bourbon sera la dernière demeure qu'elle occupera pendant quatorze ans avant d'être emmenée à l'asile.

Ce n'est pas le moindre des charmes de Paris que de préserver de son excitation ordinaire des lieux où la vie s'imprègne de silence à l'égal des coins les plus reculés de la province. De ces lieux privilégiés, l'Ile Saint-Louis, « vaisseau amarré à de lointains départs » (1), figé dans le luxe austère du XVIIᵉ siècle, offre l'exemple de tous le plus remarquable. Les quais d'Anjou et de Bourbon qui la limitent au Nord regardent, comme autrefois, les lents chalands sur la Seine et, sur la rive droite, au travers des arbres défeuillés, le chevet de St-Gervais ou les toits surchargés de l'Hôtel de Ville.

Le Quai de Bourbon s'inscrit entre le pont Marie et le pont Saint-Louis, ouvert sur la Cité. Ses demeures se lisent comme les pages d'un armorial. Pourtant, que de détresses derrière l'opulence des façades ! (2) Car ces hôtels, construits pour le plaisir d'un seul, énormes bâtisses lourdes à entretenir, connurent souvent, par les vicissitudes des successions, la décadence de la roture. Promis à la location, dûment cloisonnés, ils devinrent le refuge d'écrivains en mal de gloire ou d'artistes besogneux. Ainsi en était-il advenu du monumental hôtel édifié vers la fin du XVIIᵉ siècle pour Nicolas Jassaud d'Arquinvilliers : trois étages mansardés, façade à *frontons ornés de guirlandes* (3), porte cochère surmontée de la ferronnerie d'un élégant balcon, il portait en 1899 — et porte encore de nos jours — le numéro 19.

Camille habite, à gauche de la porte cochère, les deux pièces d'un rez-de-chaussée surélevé dont elle avait fait son atelier. Pour toute décoration, *accrochées par des épingles, les quatorze stations du chemin de croix.*

Sur le conseil d'Eugène Blot, Henri Asselin vient lui rendre visite, il s'en souviendra en 1956 ;

C'était le printemps, et, par les fenêtres, entraient les douces senteurs du renouveau, le bruissement des premières feuilles dans les hauts peupliers et le chant des oiseaux. Une femme, dont la chevelure disparaissait sous un foulard noué sous le menton, secouait à une fenêtre un chiffon à poussière, encore qu'il fût trois heures de l'après-midi. Au voix de la nature répondait sa voix un peu rauque : elle chantait, joyeusement, un « frou-frou » de l'époque. C'était Camille Claudel.

Elle me fit entrer, non sans hésitation. Elle me dévisagea longuement, d'un air soupçonneux. Le nom d'Eugène Blot fut le Sésame qui triompha de son inquiétude et me permit de gagner sa confiance... Elle enleva son voile et dégagea une chevelure encore très noire, épaisse, mal retenue par les peignes et les épingles. Elle avait alors quarante ans... Mais elle en paraissait cinquante.

...L'extrême négligence de son vêtement et de son maintien, l'absence totale de coquetterie, un teint mat, fané, des rides précoces, soulignaient une sorte de déchéance physique... Cependant, il n'y avait pas trace d'abattement dans cette femme active et charmante... Ses grands yeux foncés, ombrés, auréolés de noir, n'avaient rien perdu de leur beauté, ni son regard d'un éclat troublant, presque gênant parfois. Car il était l'expression directe d'une franchise entière, absolue... (annexe 12).

Au Salon de 1904, Rodin expose son *Penseur* déjà

présenté à son pavillon en 1900. Il n'est pas question de Camille.

Le père s'inquiète de Camille et écrit à Paul :

2 août 1904

Mon cher Paul,

Morne, affalé dans le marasme, la tristesse, le découragement en présence des événements et pour d'autres causes encore, j'ai recours à ma ressource habituelle dans les moments d'affaissement moral, j'ai repris ton livre L'Arbre (...)

P.S. Il paraît que nous irons à Gérardmer le mois prochain, invités par Marie (4) qui y a loué un chalet pour nous recevoir. C'est bien aimable, mais c'est avec un crève-cœur que je laisserai Camille à son isolement.

Quel malheur que ces discussions, ces discordes en famille, cause d'immense chagrin pour moi.

Si tu pouvais m'aider à rétablir l'harmonie, quel service tu me rendrais !

Adieu, je t'embrasse encore. Te reverrai-je et quand ? grand souci pour moi à mon âge.

(CPC p. 116-1)7

Paul Claudel quitte Fou-Tchéou, ce port de la Chine où il a passé les plus sombres années de son existence. Il revient en France en avril 1905 et ses congés conduisent cet infatigable voyageur de Ligugé à Bordeaux et à Orthez, de Paris aux Pyrénées, de l'Alsace à Villeneuve-sur-Fère.

Camille reçoit beaucoup d'autres visites d'Asselin. D'abord, précise-t-il, parce que je désirais observer jusqu'à son aboutissement d'exécution une grande sculpture parti-culièrement attachante : ensuite, parce que Camille me demanda un jour de poser pour elle. Cette proposition me surprit ; mais elle l'expliqua avec sa rondeur habituelle. Elle n'avait pas de quoi se payer des modèles ; elle allait commencer un buste de son frère ; elle ferait le mien en même temps. Cela l'amuserait et ne lui coûterait rien. C'est ainsi que je fis la connaissance de Paul Claudel...

Au Salon, Camille a exposé la *Petite Sirène* — ou *la Joueuse de flûte* — et *Vertumne et Pomone*, qui sont bien accueillies (5) :

— Charles Morice : « Les Salons de la Société Nationale et des Artistes français » (*Mercure de France* 1ᵉʳ juin p. 387) : *La Sirène de Mademoiselle Claudel, admirable, est hors de l'espace et du temps.*

— Eugène Morand : « Les Salons de 1905 » (*Gazette des Beaux-Arts*, juillet 1905, p. 76) : *Pour la poésie, elle émane d'un beau groupe de Mademoiselle Claudel, « Vertumne et Pomone ».*

— Maurice Hamel : « Les Salons de 1905 » (*La Revue de Paris*, juin 1905 p. 650) : *Faut-il s'étonner de ces brutalités ou de cette indifférence d'une production qui n'a pas sa raison d'être ? L'art qui n'est pas en communication avec la vie présente s'agite dans le vide. Il faut bien masquer sa froideur par la surenchère du geste qui déclame, de l'attitude qui provoque, du cri mélodramatique. Il s'éteint dans la langueur ou se débat dans l'hystérie. C'est une consolation de trouver, un peu à l'écart du tapage, une œuvre émouvante, une œuvre exécutée avec amour, le « Vertumne et Pomone » de Mademoiselle Claudel.*
Qu'elle est touchante et belle, cette Pomone ! Sa douce main posée sur son sein, elle se laisse aller d'un mouvement

si vrai d'abandon amoureux ! Sa tête charmante et divinement coiffée s'incline comme un fruit trop lourd, vient rejoindre les lèvres avides de Vertumne. Le beau cri étouffé du profond amour ! Et comme le travail du marbre, où l'on sent non le ciseau du praticien mais la main de l'artiste, est à la fois large et serré ! C'est un pur chef-d'œuvre.

Mais quel choc, à son retour de Chine, en 1905, a dû ressentir Paul en revoyant sa sœur ? A-t-elle changé à ce point pendant ses quatre ans d'absence ? Toujours est-il qu'il multiplie les initiatives à son égard.

D'abord, en août, il l'emmène avec lui dans les Pyrénées (8). Elle l'accompagne avec les Franqui, visite Pau, Lourdes, Gavarnie, pendant que lui assiste au pélerinage national.

Ensuite, pour lui porter un soutien efficace, il utilise la seule arme qu'il possède : sa plume. C'est dans le même mois d'août que paraît, dans *l'Occident,* le premier texte important de Paul Claudel sur l'œuvre de sa sœur « Camille Claudel statuaire » (10) (annexe 8).

Au cours du mois de septembre, Gabriel Frizeau, qui l'a lu, lui donne son avis : ...*Votre article sur « Mademoiselle Camille Claudel statuaire » m'a été un délice. Quel juste sens de la chose sculptée, et son histoire en raccourci frappante d'exactitude... Je me réjouis de voir ces délicieux motifs de rêve intérieur qu'anime le génie de votre sœur. Je n'en ai jamais vu...*

Le 29 septembre, de Villeneuve, Paul remercie :
Je suis content que vous aimiez mon article sur ma sœur et suis sûr que vous aimeriez encore plus ce qu'elle fait. C'est une femme de génie. Je le dis parce que je la crois, en dehors du peu de goût que j'ai pour elle (11), bien supérieure à Rodin dont j'ai vu à Nancy une statue de Claude Lorrain lamentable. Je tâcherai de vous la faire connaître quand vous viendrez à Paris, mais elle est d'abord

si redoutable ! Je n'ai malheureusement pas de photographies de ses œuvres sous la main, mais je crois que son éditeur Blot en a de l'une des choses qu'elle a faites de mieux : son groupe des « Baigneuses ». Je lui dis de vous l'envoyer. Malheureusement la photographie ne peut vous donner les reliefs et la couleur magnifique de l'onyx vert de « la Vague »

Et, le 14 octobre, à Francis Jammes :

Mon article sur ma sœur a eu beaucoup de succès. Les lignes sur Rodin surtout ont eu l'applaudissement général. Ma sœur, qui n'avait pas vu son éditeur depuis plusieurs mois, l'a vu accourir, qui lui a fait sur-le-champ, deux commandes. Il faut se faire craindre et c'est à celà, je l'espère, que pourra servir cette dent pointue sur laquelle vous me demandez des renseignements. Je la garde à quelques scélérats dont Rodin sera le premier servi. J'ai rédigé un second petit article dont je vais donner la lecture çà et là, en attendant que le moment soit venu de le publier.

L'article en question, *Rodin ou l'homme de génie*, (Annexe 9) restera à l'état de manuscrit et demeurerea « inédit jusqu'à la publication du tome XVII des œuvres complètes » (note de J. Petit, Pléiade Œuvres en prose p. 1438) ; on y parle de *carnaval de croupions... œuvre de myope... figures à la tête en bas comme si elles arrachaient les betteraves avec les dents et la croupe braquée vers les astres sublimes* etc, etc. L'animosité est grande contre celui qui est à ses yeux la cause de tous les ennuis de Camille.

Paul veut que son ami G. Frizeau connaisse les œuvres de sa sœur et, faute d'avoir pu se procurer des photographies, lui envoie, dans une lettre du 19 octobre, la seule gravure qu'il ait, déjà ancienne. *Vous seriez aimable de me la renvoyer. Elle fait en ce moment mon buste qui sera, je crois, une œuvre superbe.* Il revient sur son article qui a été un grand succès. *Surtout les quelques lignes sur*

Rodin ont eu l'approbation générale. L'exposition de ce farceur au Salon d'automne est un vrai scandale.

De Guillac par Branne, G. Frizeau le remercie :

23 octobre

> *Merci encore pour l'image de la Valse que vous m'avez envoyée. Je ne sais pourquoi je pense en la regardant entendre le chant aigu et grave tour à tour du violon. Je recevais en même temps de Biot deux photos de la Vague. Cela doit être délicieux, ces corps de femmes aux pieds dans l'eau, dans la haute vague surplombante, anxieuses et amusées. Celle dont le dos mime la vague, et l'autre qui voudrait s'accrocher au sol et la troisième qui s'arc-boute du bras sur la cuisse. J'entends le fracas de l'eau verte. Je vais demander à Blot de me laisser ces photos et le prier d'envoyer celles qu'il pourrait avoir d'autres œuvres de Melle Camille...*

Il paraît ensuite surpris des appréciations de Claudel sur le Salon d'automne : *Vous me parlez avec bien du mépris du Salon d'Automne. Depuis cinq ans je ne suis à Paris (et cependant je n'étais pas en Chine) et l'on m'affirmait que de tous les salons ce furent les plus intéressants (celui de l'an dernier notamment). Cela est bien triste...*
Blot lui ayant fait parvenir les photographies demandées, Frizeau en informe Paul Claudel (13 novembre) et commente : *Persée ! (la tête de Gorgone n'aurait-elle pas les traits de votre sœur ?)... L'Imploration ! la gracieuse Fortune ! étonnante de vitesse et d'équilibre... L'Abandon ! et la Sirène délicieuse, tout ceal d'une chair vivante.*
Nous irons chez Blot voir cela n'est-ce-pas ?

CAMILLE CLAUDEL

Au Salon d'automne, Camille a présenté *l'Abandon* en bronze, édité par Blot, réduction de *Sakountala*, qu'admire Charles Morice (*Mercure de France*, décembre 1905) : *Le groupe en bronze ABANDON de Mademoiselle Camille Claudel est une des plus belles choses qu'on puisse voir ici. Mademoiselle Claudel a bien souvent affirmé ses titres à la maîtrise. Cette œuvre récente fait voir qu'elle les garde. Je ne connais rien de plus touchant et de plus noble que le mouvement de cette femme en ce moment d'« abandon », rien de plus purement ému que cet embrassement de l'homme aux bras ouverts, avides et reconnaissants, qui reçoivent et qui donnent. Tout ce qu'il y a de sacré dans le geste de l'amour, Mademoiselle Claudel l'a mis dans cette œuvre magnifique, aux plis larges, aux détails habilement sacrifiés à l'effet de l'ensemble et si vraie au-delà de l'immédiat réalisme.*

Du 14 au 16 décembre 1905, Eugène Blot a organisé une exposition des œuvres de Camille qu'on peut aller voir dans sa Galerie avec celles de Bernard Hoetger. La préface détaillée du catalogue est rédigée par Louis Vauxelles (12) :

Camille Claudel
Dans l'histoire de l'art contemporain, je ne vois guère que deux grands noms de femmes : Berthe Morizot et Camille Claudel. Berthe Morizot fut élève de Manet, mais la fraîcheur lumineuse de sa palette lui confère une personnalité exquisement rare et raffinée ; quant à Camille Claudel, les leçons qu'au début elle reçut de Rodin lui ont certes appris la grammaire, voire la syntaxe de la statuaire, mais elle est elle-même, profondément, autant que Rodin.

Cette Lorraine agreste et primesautière, qu'on a guère aidée à se faire la place qu'elle mérite, qui a connu les pires détresses, la misère déprimante et agressive, qui a lutté seule, dédaigneuse des coteries salonnières, est un des

198

plus authentiques sculpteurs de ce temps. Il émane de son œuvre une puissance tragique ; elle a tour à tour l'énergie tourmentée et la finesse nerveuse. Certaines de ses compositions valent par une magnifique massivité, d'autres sont subtiles, aériennes, mais toutes vivent. Camille Claudel n'interrompt jamais le mouvement de la vie. Il y a chez elle cette vitalité fiévreuse, ce lyrisme qui palpite dans les ouvrages de son frère, l'écrivain Paul Claudel, connu de la seule élite, l'auteur de l'Arbre *et de* Connaissance de l'Est.

Prétendre révéler aux amateurs qui sont familiers de la Galerie d'Eugène Blot le nom de cette considérable artiste serait, en vérité, ridicule ; tous apprécient, aiment la Valse, les Baigneuses, les Bavardes, l'Imploration, le Persée, l'Abandon, *etc... Depuis dix ans, Camille Claudel s'impose par la continuité de son effort, par sa science, sa volonté, sa haute intellectualité. Elle a la compréhension des mythologies et aussi le sens du modernisme.*

Voici les Bavardes, *quatre étranges commères nues, chuchotant avec mystère dans l'angle d'un mur ; voici les* Baigneuses *qui se font toutes petites pour recevoir la formidable caresse de la vague croulante.* La Valse *est un poème de griserie éperdue : les deux corps n'en font qu'un, le tourbillon prestigieux les affole, les étoffes tournoient, la valseuse se meut de volupté ! Ah ! si Camille Claudel s'était abaissée à sculpter des danseurs élégants, d'une grâce mondaine, son succès eût été soudain et mirifique ; l'artiste, dédaigneuse de ces basses réussites, s'est plu à symboliser le rythme, la mélodie, l'enivrement.*

Et cette fortune insolente, cambrée vivement en arrière, offrant et retenant, toute frémissante ! Et ce Persée, *contemplant en son bouclier le reflet de la tête fascinatrice, crêpelée de serpents ! Et la* Sirène *aux cheveux collés par l'eau glauque et qui, à peine assise, à peine posée sur le roc qu'elle va quitter pour plonger au fond du gouffre, module avec sa syrinx une mélopée singulière !*

Persée *est l'inquiétude ;* la Sirène, la Fortune *sont*

l'ironie ; l'Imploration *est la douleur humaine ;* l'Abandon, *l'indicible tendresse.*

L'imploration, *douloureuse créature agenouillée qui supplie de tout son regard, de ses lèvres tendues, de l'offertoire de son buste, de ses mains tremblantes, que veut-elle ? Le mystère de son geste suggère à l'âme diverses interprétations. Peut-être simplement la misère qui pleure au bord du chemin ?*

Quant à l'Abandon, *nos pauvres mots ne peuvent dire l'émotion sacrée de ce groupe : la femme vaincue qui cède au lamento d'amour de l'homme, à la prière montant vers elle !*

Un commentaire devant ce pur chef-d'œuvre serait oiseux, presque sacrilège. Redisons ce mot que prononça jadis Eugène Carrière, il n'en est pas qui convienne mieux à l'œuvre de Camille Claudel : « La transmission de la pensée par l'art, comme la transmission de la vie, est œuvre de passion et d'amour ».

La presse abonde dans le même sens :

— Andrée Myra (*Le Petit Quotidien* du 11 décembre) : *Mademoiselle Claudel nous met en face d'un art où le naturalisme s'unit à l'idéal d'une façon intime et si humaine que cela seul, indépendamment de ses autres qualités de statuaire, suffirait à lui assurer la maîtrise. Avec une grande personnalité de facture, elle sait interpréter la forme et traduire tous sentiments d'une manière originale et noble, sans tomber dans le banquisme (= charlatanisme) ni la grandiloquence. Son exposition vaut par la distinction absolue du ciseau, la précision du dessin, la douceur des enveloppes lumineuses, la fermeté et l'énergie presque virile des attitudes, si grâcieuses ou si abandonnées qu'elles soient. Il est bien difficile de faire un choix parmi les œuvres de Mademoiselle Claudel, car toutes, chacune en son genre, témoignent d'une perfection de style, d'une hauteur d'idées et d'une science* technique presque absolues ; c'est du très grand art, de l'entité revêtue d'une forme tangible, de l'art suivant la formule éternelle de Bacon : « l'âme ajoutée à la nature ».

Je citerai cependant, parmi les choses qui m'ont le plus séduit, l'Imploration achetée par M. Dujardin-Beaumetz pour l'Etat, le Persée regardant en son bouclier la tête de Méduse, le Coin du Feu, la Valse admirable interprétation d'un acte vulgaire et mondain, et le groupe amusant des Bavardes.

— Charles Morice (Le Mercure de France du 15 décembre) renchérit et en appelle aux amateurs : Camille Claudel est une grande artiste. Nous sommes quelques-uns à le proclamer depuis longtemps et nous croirions volontiers que personne ne l'ignore ; nous nous tromperions ; nous restons quelques-uns. Rien de plus lamentablement injuste que la destinée de cette femme vraiment héroïque. Elle n'a jamais cessé de travailler et son labeur obstiné s'atteste par des œuvres dont quelques-unes sont parmi les plus belles que puisse citer la statuaire contemporaine ; elle reste pauvre et sa production est compromise par les conditions précaires de sa vie. Il faut pourtant qu'on le sache et je voudrais crier dans l'espérance que cette iniquité cesse enfin. Comment les amateurs, s'il en est, comme on m'assure, d'éclairés, ne se hâtent-ils pas d'enrichir leurs collections de ces pièces aujourd'hui facilement accessibles et qui, plus tard, dans ce douloureux plus tard de la gloire et du lendemain, atteindront certainement à des prix — stérilement vengeurs hélas ! — La plupart de celles qui sont exposées dans la Galerie Blot ont déjà été vues, mais leur réunion confère, semble-t-il, à chacune d'elles une valeur plus haute et plus claire, nous aide à les mieux comprendre toutes ; elle nous fait aussi mesurer l'étendue vaste d'un esprit et d'une sensibilité où la tendresse, l'ironie, le lyrisme, la gaîté même, font alliance pour concentrer une humanité complète. Les Bavardes et les Baigneuses, les premières surtout, appartiennent en *propre à Camille Claudel, personne avant elle n'avait fait cela, personne ne l'a refait après elle : dans des silhouettes aussi réduites matériellement et encore limitées par la recherche des seuls modelés essentiels, qui donc a mis tant d'expression, si intensément vivifié les attitudes et groupé les unités dans un si naturel mouvement de vie ? La Valse, la Fortune, Persée, la Sirène, oui ! Mais rien, entre de belles œuvres ne vaut l'Imploration et l'Abandon. On a vu cette dernière œuvre au Salon d'automne et j'ai eu l'occasion de dire mon admiration profonde pour elle. L'Imploration — cette figure de jeune fille, nue, agenouillée, qui tend les bras dans un geste si touchant, si poignant, est du même ordre, suprême.*

— Articles aussi de Gustave Kahn (*le Siècle*) et de François Monod dans le supplément de janvier d'*Art et décoration* qui y montre combien Camille est différente de Rodin :

On ne comprend et on ne prend d'autrui, et du génie même, que ce dont on a déjà en soi la source et l'analogie... On compte, dans l'art ou dans les lettres, les femmes d'un talent si ferme et si original...

L'année 1905 s'achève. Paul avait espéré pouvoir agir sur les événements ; mais sa lettre du 15 novembre à G. Frizeau laisse percer un découragement profond :

J'étais sûr que les œuvres de ma sœur vous plairaient. La pauvre fille est malade, et je doute qu'elle puisse vivre longtemps. Si elle était chrétienne, il n'y aurait pas lieu de s'en affliger. Avec tout son génie, la vie a été pleine pour elle de tant de déboires et de dégoûts que le prolongement n'en est pas à désirer... et le 15 décembre :

... J'ai prié cette année avec une urgence épouvantable, avec des larmes, avec du sang, pour une âme qui m'est terriblement chère. Je n'ai obtenu quoi que ce soit.

1905 : la dernière année productrice de Camille Claudel. Mais ses hantises persistent comme le montre cette lettre qu'elle envoie à Henry Lerolle à cette époque.

Lettre de Camille à Henry Lerolle, non datée (entre 1904 et 1905 ou postérieure à 1905).

Monsieur,

J'ai envoyé votre tableau chez vous pour que vous le signiez ; si vous deviez être absent longtemps je vous prie de le faire signer par Monsieur votre fils. Je vous avoue ma honte que je l'ai vendu (150 f) ayant grand besoin d'argent : vous me pardonnerez n'est-ce pas, vous qui connaissez l'affolement des artistes aux abois.

Monsieur Rodin (que vous connaissez) s'est amusé cette année à me couper les vivres partout, après m'avoir forcé [sic] de quitter le salon de la Nationale par les méchancetés qu'il me faisait. De plus, il m'insulte, fait publier partout mon portrait sur des cartes postales malgré ma défense expresse, il ne redoute rien, se croyant un pouvoir illimité. Je serai poursuivie toute ma vie par la vengeance de ce monstre.

J'aurais voulu vous conduire à la Ctesse de Maygret comme je vous l'avais promis mais depuis qu'on m'a brouillé [sic] avec elle, ma bonne mère, qui ne rêvait que de mettre ma sœur à ma place dans cette maison, et Lhermitte que je gênais pour s'y installer tout à fait ont tant intrigué qu'ils m'ont ôté l'affection de cette dame,

*ma seule acheteuse. Vous voyez qu'il n'y a pas
de ma faute.*

*Je pense toujours à la mauvaise réception
que vous avez eue chez moi grâce aux incapables
que j'avais prises à mon service : mais vous qui
connaissez la sottise des artistes en matière de
réalité vous ne m'en voulez pas j'en suis sûre.*

*Si vous voulez venir me voir vous verrez le
groupe que je suis en train de terminer à la
sueur de mon front, prévenez moi d'un mot.*

Sincères amitiés, respects à Madame Lerolle.

> *Camille Claudel.*
> *19 Quai Bourbon*
> *(A.P.C.)*

En 1907, à l'exposition de Mauguin, Marquet et Puy
dans la Galerie Blot, son éditeur tentera encore une fois
de sortir Camille de l'isolement où elle s'est enfermée ; il
y présentera *l'Age mûr* qu'il a édité en 1905.

Un dernier cri d'appel de Charles Morice : *le talent
de Camille Claudel est une des gloires, à la fois, et des
hontes de notre pays.*

Puis le SILENCE...

NOTES

1. P. Claudel : « A mes amis de Belgique. Contacts et circonstances ». O.P. 1366.
2. Charles-Louis Philippe, l'auteur de « Bubu de Montparnasse », qui habitait d'abord Quai d'Anjou, s'en alla mourir « seul et pauvre et petit » au 45 du Quai Bourbon (J. P. Clebert : *Les rues de Paris*, Club des Librairies de France, Paris, 1958, tome I, p. 332-333).
3. J. Hillaiert *Connaissance du vieux Paris* Club français du Livre, Paris, 1959, p. 159.
4. Marie Claudel est la cousine germaine et la marraine de P. Claudel. Autres œuvres de Camille : le portrait de L.-P. Claudel, fusains.
5. Propriété de la famille de Massary. Bronze, Paul Claudel à 37 ans.
6. Tiré à 6 exemplaires par Henry Lerolle, et celui de *La Fortune*.
7. Voir lettre n° 4 à Blot (annexe).
8. Ceci est confirmé :
   — par Jacques Petit dans la chronologie établie pour le Journal I, juillet-août, séjour dans les Pyrénées avec Francqui et Camille Claudel,
   — par Eve Francis dans sa lettre à Jacques Cassar du 30 novembre 1973 : « Quant au voyage à Lourdes en 1905 avec les Francqui dont Claudel m'a longuement parlé plus tard... ce séjour a eu lieu avec Camille ».
9. Toutes ces lettres sont dans la correspondance Claudel — Jammes — Frizeau.
10. Mis dans *l'Art décoratif* (1913), dans *Positions et propositions* (J, I, 1928), dans les *Oeuvres en prose* (Pléiade, 1965, p. 272-276).
11. Comment interpréter cette remarque ? Ressentiment et admiration mêlés ? (J. Cassar).
12. Œuvres présentées :
    — *Imploration n° 1* (taille originale, tirage limité à 20 épreuves)
    — *Imploration n° 2* (réduction, tirage limité à 100 épreuves)
    — *Persée* (30 épreuves)
    — *Au coin du feu* (50 épreuves)
    — *Fortune* (50 épreuves)

CAMILLE CLAUDEL

— *Intimité* (50 épreuves)
— *Buste de vieille femme* (50 épreuves)
— *Sirène* (50 épreuves)
— *Abandon (50 épreuves)*
— *la Valse* (50 épreuves)
— *les Bavardes* (50 épreuves)
— *les Bavardes* (marbre, appartient à M. Peytel)
— *les Baigneuses* (pièce unique, onyx et bronze, se trouve aujourd'hui à Brangues)

INQUIÉTUDE DE PÈRE

A partir de 1906, chaque été, Camille détruit systé-
matiquement à coups de marteau toutes ses œuvres de
l'année. Ses deux ateliers offraient alors un spectacle
lamentable de ruines et de dévastation. puis elle faisait venir
un charretier auquel elle confiait le soin d'aller enterrer,
quelque part dans les fortifications, ces débris informes et
misérables. Après quoi, elle mettait ses clefs sous le paillasson
et disparaissait pendant de longs mois, sans laisser d'adresse...
Dans le vieil immeuble du Quai Bourbon, on commence à
s'inquiéter, à s'agiter. Trop de mystère entoure ce rez-de-
chaussée qui n'ouvre pas ses fenêtres et n'entrouve plus sa
porte que pour les sorties rares et furtives d'une sorte de
fantôme. Encore est-ce assez pour que les plus curieux
aperçoivent l'incroyable désordre, et l'invraisemblable saleté
qui y règnent. Ce lieu pestilentiel dégage des odeurs
insupportables... (H. Asselin) (annexe 12).

A Paris, Camille folle, le papier des murs arraché à
longs lambeaux, un seul fauteuil cassé et déchiré, horrible
saleté. Elle, énorme et la figure souillée, parlant incessamment
d'une voix monotone et métallique. (J, I, 103)

De 1906 à 1909, son frère réside avec sa famille à
Tien-Tsin, à 80 miles de Pékin (1). Ses fonctions seront
celles d'un maire et celles d'un préfet, puis, le 22 novembre
1906, il passe consul plein, faisant fonction de consul
général. Le 13 août 1909, Le Transsibérien le ramène en
France, à travers l'Asie et l'Europe ; ses deux petits enfants

sont malades et sa femme en attend un troisième (2) (CPC, IV).

A Villeneuve, le 5 septembre, est célébré le baptême de Pierre : La table ronde de famille avec les trois générations, mes parents, ma femme et son père, mes enfants dans leur petite chaise, ma sœur et son fils (3), Repas presque solennel.

Paul a dû voir Camille à Paris et écrire à son père pour le mettre au courant de la situation, Louis-Prosper Claudel lui répond :

(Août 1909)

Pour la première fois, j'entends autre chose que des paroles de malédiction et c'est accompagné de mes sentiments de profonde reconnaissance que je te fais l'envoi de la somme de 200 f, que tu me demandes. Jusqu'ici, personne n'a voulu s'occuper d'elle. Il y a bel âge que j'aurais voulu que ta mère allât la voir, vérifier son trousseau, son mobilier — car, pour moi, je n'ai jamais pu me faire entendre de Camille sans amener des scènes écœurantes. Enfin, des Galeries Lafayette, nous lui avons fait parvenir, il y a peu de temps, toute la lingerie nécessaire literie, linge de corps, je ne veux pas entrer dans d'autres détails. Nous payons son loyer, ses contributions et jusqu'à ses traites de boucher, et des menues sommes que nous lui envoyons de temps en temps, demandées ou non par lettres non affranchies. Elle nous demande 20 f, nous envoyons 100 f ; ou elle ne nous demande rien et nous envoyons tout de même 100 f., souvent plusieurs fois dans un trimestre.

D'ici au 15 octobre, son loyer sera échu : c'est 30 f, si je ne me trompe. Enfin, comme on dit chez nous à la Bresse, il n'y a ni fin, ni bout.

Les économies que j'ai faites, c'est pour ainsi dire sou à sou, au milieu de difficultés et de circonstances qui pour d'autres seraient de cruelles privations, mais qui pour moi ont été légères, grâce à des habitudes invétérées... Inutile d'insister. En t'occupant de Camille, tu me rends le plus grand des services et je t'en suis profondément reconnaissant. Tu n'as pas idée de mes soucis, de mes peines, de mes tourments. En ce moment, je vis dans de vraies tortures. Il faudra que tu donnes à Louise l'argent de son terme du 15 octobre prochain ; elle se chargera comme d'habitude d'aller le payer.

Si tu n'as pas assez d'argent, tu m'en redemanderas. Inutile de t'en dire plus long.

Avant tout je tiens à ne pas perdre ton estime.

Ah les prodigues ! quel malheur de vouloir faire plus qu'on ne peut, ou de paraître au-delà de sa situation !

En cinq ans, les Thierry ont mangé un revenu de 30 000 f, en immeubles. Je le sais pertinemment ; c'est la vérité — fruit du désordre et de l'inconduite.

Les voilà depuis deux ans dans une misère noire.

Je voudrais que Camille vienne nous voir de temps en temps. Ta mère ne veut pas entendre parler de ça, mais je me demande si ce ne serait pas le moyen de calmer sinon de guérir cette folle enragée.

Adieu, je t'embrasse ; ta femme et tes enfants sont-ils partis seuls sans toi ?

L. Claudel.

...J'espère que tu reviendras nous voir le plus souvent que tu pourras. Il y a des gens qui s'embrassent, parce qu'ils ne veulent plus ou ne doivent plus se revoir, ce n'est pas mon cas.

Enfin, j'espère par ton intervention connaître de nouveau un peu de tranquillité et reprendre mes esprits. J'en ai encore besoin, l'ère des difficultés n'est pas encore finie.

Ah, si j'avais ton talent, quel beau et intéressant roman j'écrirais avec mon martyrologue (4).

Outre la souffrance morale que lui causait l'effroyable situation de Camille, L.-P. Claudel a connu de réelles difficultés financières. Il fut contraint pour entretenir sa fille, de puiser dans des économies, faites « sou par sou » et surtout de vendre la plus grande partie des biens que lui et sa femme possédaient à Villeneuve. Ils finiront par ne plus y conserver que leur maison et la propriété de Bellefontaine (encore fut-il question de la vendre en 1911) (5). Le registre des cultures de Villeneuve (6), qui donne pour l'année 1902 les noms de 31 propriétaires, n'indiquent pour toute propriété, en face de celui de Claudel Louis-Prosper, que 50 ares plantés en blé d'hiver et 2 ha de luzerne. Or, en 1874, avant même qu'il ait recueilli la succession du Docteur Cerveaux, (son beau-frère), L.-P. Claudel figurait parmi *les plus haut imposés* de la commune (7). Où est donc passée la fortune des Claudel.

Le 14 octobre 1909, P. Claudel est nommé consul à Prague ; et, dans les premiers jours de Décembre, il part effectuer un voyage de reconnaissance dans *la ville dorée aux cent clochers et aux cent coupoles* (8) ; ses fonctions l'y retiendront jusqu'en août 1911, d'abord comme consul, puis comme consul général chargé du consulat à partir du 22 février 1911. (CPC, IV, 145).

N'emmène pas mes sculptures à Prague lui écrit Camille. Cette lettre a dû être écrite entre le 14 octobre et le 7 décembre ; le texte, qui compte 11 pages non numérotées, en est incohérent ; en voici l'essai de reconstitution :

> *Je tremble du sort de « l'Age mûr » ; ce qui va lui arriver, c'est incroyable ! Si j'en juge par ce qui est arrivé aux « Causeuses », exposées en 1890. Depuis ce moment, divers individus s'en servent pour se faire des rentes. Entres autres, une Suédoise (Staheberg de Frumerie) qui, depuis cette époque, expose un groupe de « Causeuses » plus ou moins modifié, et bien d'autres peintres et sculpteurs qui exposent des « Potins », « Conversations »... Après quoi, la « Petite Cheminée » ; cette année-là dans tout Paris, on ne voyait que des « Cheminées » avec femme assise, debout, couchée, etc. « L'Age mûr », ce sera de même ; ils vont tous le faire les uns après les autres. Chaque fois que je mets un modèle nouveau en circulation, ce sont des millions qui roulent pour les fondeurs, les mouleurs et les marchands. Et pour moi, 0 + 0 = 0.*
>
> *Une autre année, je me servais d'un gamin qui m'apportait du bois. Il vit une esquisse que j'étais en train de faire : une femme avec une biche. Tous les dimanches, il allait à Meudon rendre compte au sieur R. de ce qu'il avait vu. Résultat : rien que cette année, il y avait trois « Femme à la biche » textuellement modelées sur*

la mienne, grandeur nature. Rapport au bas mot = 100 000 f.

Une autre fois, une femme de ménage me donnait un narcotique dans mon café, qui me fit dormir 12 heures sans arrêter. Pendant ce temps, la femme pénétrait dans mon cabinet de toilette et prenait la femme à la croix, trois figures de femme à la croix, rapport = 100 000 f.

Après cela, ils s'étonnent que je leur ferme la porte de mon atelier, et que je refuse de leur donner ces modèles qui rapportent à tout le monde, excepté à moi... Et çà fait les étonnés !

L'année dernière, mon voisin le sieur Picard (copain de Rodin), frère d'un inspecteur de la Sûreté pénétrait chez moi avec une fausse clef ; il y avait contre le mur une « Femme en jaune ». Depuis, il a fait plusieurs « Femme en jaune », grandeur nature, exactement pareilles à la mienne, qu'il a exposées, rapport au bas mot = 100 000 f. Depuis, ils font tous des « Femme en jaune » ; et quand je voudrai exposer la mienne, ils feront la contrepartie, et me la feront interdire ! Le même jour, le sieur Picard vit chez moi un monument que j'étais en train de faire et le passa à ses bons copains, les sculpteurs ; on partage en frères, entre franc-maçons.

Le gaillard vit à nos crochets et se taille une belle pâtée. Et quand je rue dans les brancards, il se sert de vous pour me donner des coups de fouets. Le mécanisme est facile à comprendre. Garde tout cela pour toi, inutile de crier, il faut mieux agir en dessous. Quand ils te parleront de moi, tu leur diras : « Ça nous étonne qu'elle se refuse à ce système-là ! c'est pourtant assez logique, tout le monde en ferait autant, il y a l'amour-propre d'artiste, cela se

*comprend. Et jamais, rien pour elle ? ». Il avait
du toupet après s'être servi de mes groupes depuis
plus de vingt ans, de me faire terminer ma
carrière à la charité de mes parents ; du toupet !
Tu leur diras : « Vous lui devez quelque chose
pour tout ce que vous lui avez pris depuis des
années. Sans cela, son atelier restera dorénavant
hermétiquement fermé, je n'y peux rien. »*

*Les huguenots sont aussi malins que féroces.
Ils m'ont élevée exprès pour leur donner des
idées, connaissant la nullité de leur imagination.
Je suis dans la position d'un chou qui est mangé
par les chenilles, à mesure que je pousse une
feuille, ils la mangent.*

*La férocité des huguenots était légendaire
au moment de la Renaissance. Depuis, çà n'a
pas changé. Ne montre ma lettre à personne.
Méfie-toi des suppôts que l'on te soudoie. Mes
amitiés pour toi et Reine et Chouchette.*

*Ne parle de rien ; et surtout ne dis pas de
nom ; sans cela, ils arriveraient tous me menacer.*

*Le triste sire puise chez moi par différents
moyens et partage avec ses copains, les artistes
chics, qui, en échange, le font décorer, lui font
des ovations, des banquets, etc... Les ovations de
cet homme célèbre m'ont coûté les yeux de la
tête ; et pour moi, rien de rien ! Depuis il a
attiré les Cartereau à Paris et leur a volé tous
leurs meubles. Rapport au bas mot = 500 000 f.*

*N'emmène pas mes sculptures à Prague, je
ne veux pas du tout exposer dans ce pays-là ;
les admirateurs de ce calibre-là ne m'intéressent
nullement. Je désirerais avoir bientôt la reconnaissance de « L'Aurore » ; comme ce n'est que
15 f., je la retirerai le mois prochain et je vais*

essayer de la vendre. Renvoie-la moi le plus tôt possible.

Tu as raison : la justice ne pourrait rien contre les Hébrard et les brigands de son acabit. Ce qu'il faut avec ces gens-là, c'est le revolver, seul et unique argument. C'est ce qu'il faudrait, car note bien qu'en laissant celui-ci sans punition, cela encourage les autres qui exposent impunément mes œuvres et se font de l'argent avec, sous la direction du sieur Rodin. Mais ce qu'il y a de plus drôle, c'est qu'il s'est permis l'autre année d'exposer une œuvre en Italie qui n'était pas de moi, signée de moi, et qu'il a fait donner une médaille pour pousser l'ironie jusqu'au bout...

Je tiens maintenant le bout de l'oreille. Le gredin s'empare de toutes mes sculptures par différentes voies, il les donne à ses copains, les artistes chics qui, en échange, lui distribuent ses décorations, ses ovations, etc...

En entrant chez nous, il a ruiné Chacrisse et s'est fait 300 000 f, avec les tapisseries : il n'a pas perdu son temps de s'entendre avec Colin pour me faire venir à Paris. Ma prétendue vocation lui a rapporté !

A bientôt,

Camille.

(APC)

Pendant ce temps, l'âge et les soucis pèsent de plus en plus sur son père.

Alors qu'il est resté seul à Prague — sa femme et ses trois enfants sont partis pour la France depuis le 7 juillet 1910 (9) — P. Claudel, qui a écrit à son père à l'occasion de sa fête, reçoit une réponse du vieil homme affaissé sous la charge de (ses) 85 années et celle plus lourde encore de (ses) soucis. Tu les connais, continue-t-il, *inutile de t'attrister en insistant. Ils me viennent surtout de Camille. Ce sont aussi les tiens. (...) Tes délicieux enfants ont fait la joie et la fierté de tous ici : ils m'ont un peu distrait de mon noir découragement...* (CPC, I, 120)

Séjournant à Villeneuve, Paul écrit à son ami Francis Jammes, le 23 juin 1911 (10) :

Mon cher Jammes,

Me voici de nouveau avec mes vieux parents dans ce Villeneuve que vous aimez et qui est pour moi plein de souvenirs, la plupart bien amers ; la mort affreuse de mon grand-père, toutes les crises de la conversion et de la passion, la présence de tous les disparus, et les visages de ceux qui restent, sur lesquels la marque du temps s'approfondit chaque année. Et je viens de revoir à Paris ma sœur Camille.

Nommé, pendant l'été de la même année, consul général à Francfort qu'il rejoindra dans la deuxième quinzaine d'octobre, il note dans son Journal : *Septembre-octobre : Sur le chemin épars et marchant dans la même direction, mon père âgé de 85 ans, ma mère 71, ma sœur, 45 et son fils Jacques 19, moi, Reine 30 ans, mes enfants Marie et Pierre, 5 et 3 ans.* (J., I, 205) (ne sont pas mentionnées sa dernière fille Reine, née en février 1910, et Camille qui avait alors 46 ans). Et ces deux lignes raturées : *27 novembre, Camille à 4 h du matin s'est sauvée de chez elle. On ne sait où elle est.* (J., I, note de la page 210).

On peut faire un parallèle entre la vie de Camille et celle de Rodin entre 1904 et 1911.

Rodin loue à l'Etat l'Hôtel Biron, rue de Varenne, qui deviendra plus tard le Musée Rodin. Peu à peu, s'y installe « une petite femme, mince, vêtue avec une sobre élégance, compromise par un violent maquillage de son visage fané et coiffée d'un buisson de frisures rousses » (J. Cl., p. 267).

C'est en 1909 où l'on voit officiellement à ses côtés une étrange « élève » à l'accent fortement yankee, couverte de plumes et de bijoux, qu'il ne présente plus, toutefois, en marmonnant le mot *élève* mais en la désignant de *Madame.* Cette petite femme, pétillante de vie malgré son âge mûr, est sacrée par Judith Cladel *reine du bluff et du toupet...* Quant à elle, elle s'institue tout simplement *la Muse* et répond à ceux qui veulent entrer en contact avec le maître : *Inutile de le déranger, puisque je suis là. Je m'occupe de tout, Rodin c'est moi !* Fille d'un grand avocat new-yorkais d'origine française, elle a épousé l'authentique mais désargenté Duc de Choiseul. Ce personnage, non seulement désargenté mais joueur impénitent, s'accommode très bien des liaisons de sa femme, à condition qu'elles soient rentables.

Or, le *marché Rodin,* prend en Amérique une extension de plus en plus grande et *la Muse,* qui connaît toute la haute société américaine, est un impresario tout désigné. Il faut d'ailleurs convenir qu'elle s'acquitte de sa tâche avec une grande efficacité. Mais les projets de donation de Rodin, qui risquent de bloquer le commerce de ses œuvres, ne sont évidemment pas pour lui plaire.

De 1909 environ à l'automne 1912, elle règne en maîtresse absolue à l'hôtel Biron, où elle va convaincre Rodin de demeurer exclusivement, en abandonnant Rose et Meudon.

Au début de leur liaison, les quelques anciens amis qui sont encore conviés, sont bientôt évincés.

Même Rainer-Maria Rilke sera chassé comme un voleur de l'Hôtel Biron qu'il avait découvert pour Rodin.

Chaque jour, constate Rilke avec tristesse, *fait de sa vieillesse une chose grotesque et risible.*

Le Duc et la Duchesse de Choiseul montent autour de lui une garde vigilante, de jour et de nuit.

Rodin est de plus en plus abattu, coléreux, bizarre, les rares familiers qui peuvent encore l'approcher sont frappés par ses radotages, son hébétitude et, surtout, par l'expression d'une inquiétude qu'il se refuse à exprimer...

Des bruits circulent. On aurait vu à plusieurs reprises la Duchesse de Choiseul quitter Biron, le soir avec des aquarelles et des dessins roulés sous ses bras. Elle se vante, quant elle a bu, de « tenir » Rodin auquel elle aurait fait signer un contrat lui abandonnant les droits de reproduction sur une bonne partie de ses œuvres...

Au mois d'octobre 1912, pourtant, Rodin convoque Judith Cladel et lui annonce qu'il vient de traverser une époque terrible... mais que maintenant, c'est bien fini et qu'il s'agit de reprendre d'un bon pied les démarches pour la donation.

Toujours est-il, rapporte Judith Cladel, qu'il revint à Rose avec l'instinct de l'homme aux forces diminuées qui revient à sa mère. Il avait fait prévenir qu'il rentrerait le soir, comme autrefois, à la fin de sa journée de travail... La vie commune reprit, avec ses joies et ses orages.

> *Ma bonne Rose,*
> *Je t'envoie cette lettre comme une réflexion que je fais de la grandeur du cadeau que Dieu m'a fait en te mettant près de moi*
> *Mets ceci dans ton cœur généreux.*
> *Je reviens mardi.*
> *Ton ami*
>
> *Auguste Rodin.*
>
> *Le Pressoir, Parpan par Beaurieu (Aisne), 24 août 1913*

NOTES

1. Paul Claudel avait épousé, le 15 mars 1906, Reine Sainte-Marie Perrin, fille de l'architecte de N. D. de Fourvière ; trois jours plus tard, les jeunes époux embarquaient pour la Chine.

2. « Départ de Tien-Tsin pour la France, le dimanche 15 août 1909 à 11 h 37 du matin...
   « Voyage très pénible. Ma femme enceinte. Pierre malade. La bonne espagnole donnée par le ministre, souffrant d'une hernie... Arrivée à Paris le dimanche 29 août à 4 h, du s(oir). » (J., I, 102)

3. Louise de Massary et son fils Jacques.

4. CPC, I, 117, 118, 119.
   1911 « Voyage à Paris : 20 juin — à Villeneuve : 21 ».

5. Au sujet de la vente de Bellefontaine, conversation avec le notaire Pradier et le marchand Lévy (J. I, 199).

6. Registre des cultures, Villeneuve-sur-Fère, 1902 (Archives communales).

7. Registre des délibérations du Conseil municipal 1858-1898 (Archives communales).

8. 20-25 novembre. Premier voyage à Prague (J. I, 111) : « Départ de Paris pour Prague le mardi 7 déc(embre) à 9 h du matin... Arrivée à Prague par un temps affreux de neige et de dégel ».

9. « 7 juillet. Départ de ma femme et des 3 enfants pour la France, par Linz ». (J. I, 163).
   « Villeneuve, 1er octobre ». (J. I, 174).
   « 2 nov(embre), retour à Prague ». (J. I, 176).

10. Paul-André Lesort, dans sa chronologie de *Paul Claudel par lui-même*, note : « Voyage à Paris » en 1910. Rien n'est mentionné cette année-là dans le *Journal*.
    1911 « Voyage à Paris : 20 juin — à Villeneuve : 21 » (J. I, 199).
    « Retour à Hostel, 28 juin » (J. I, 200).

LA « FOLIE » DE CAMILLE

I. — La « folie » de Camille.

Le terme « folie » est mis entre guillemets car sur ce point, on a suffisamment exagéré. Le mal a été diagnostiqué par un médecin qui a connu Camille ; il écrit « psychose paranoïde ». Les manifestations en sont intermittentes, mais à l'époque, pas de thérapeutique autre que l'internement en asile psychiatrique, alors qu'aujourd'hui une chimiothérapie adaptée conduirait à une amélioration sensible, voire à la guérison. Le cas de Camille n'était pas désespéré et, suffisamment informé sur la question de son internement, il est impossible de suivre H. Asselin quand il écrit : *Elle est morte, déjà, à l'intelligence, à l'art, à la foi, à l'espérance. Elle ne souffre plus, sans doute, puisqu'elle ne pense plus.* Autant d'affirmations erronées qui témoignent d'une ignorance totale de la réalité. (Mais nous disposons d'éléments dont manquait H. Asselin).

II. — Les Causes de la Psychose de Camille.

Il y a lieu de distinguer : *a)* les causes matérielles et *b)* les causes psychologiques (ou affectives).

a) Les causes matérielles.

● Le manque d'argent a été toute sa vie <u>sa préoccupation quotidienne et constante</u> (Asselin). Non qu'elle fût dépensière ou prodigue, comme le croyait son père, mais la sculpture est un art dispendieux : les modèles, les praticiens, le marbre, l'onyx, la fonte en bronze engloutissaient ses modestes ressources. Tout est sacrifié à la sculpture ; elle rognait sur le reste : les toilettes, la nourriture, les distractions.

Sa garde-robe est inexistante, Rodin pense la présenter au Président de la République, elle décline l'invitation : *n'étant pas sortie de mon atelier depuis deux mois, je n'ai aucune toilette convenable pour la circonstance* (AMR). Sur une carte de visite adressée à Rodin : *Je ne puis aller où vous me dites car je n'ai pas de chapeau ni de souliers, mes bottines sont tout usées, Camille.* (AMR). *J'aurais mieux fait,* écrit-elle à E. Blot, *de m'acheter de belles robes, de beaux chapeaux qui fassent ressortir mes qualités naturelles que de me livrer à ma passion pour les édifices douteux et les groupes plus ou moins rébarbatifs.*

Elle se prive de nourriture : *Si vous venez demain,* écrit-elle à Asselin, *tâcher d'arriver à midi, avec de quoi déjeuner. Autrement nous nous passerons de manger.*

Son loyer n'est pas payé : *J'ai grand besoin d'argent,* demande-t-elle à Blot, *pour payer mon loyer d'octobre, sans cela je vais encore être réveillée un de ces matins par l'aimable Adonis Pruneaux, mon huissier ordinaire, qui viendra me saisir avec sa délicatesse ordinaire.* (AMR).

● Elle manque du confort le plus élémentaire : *parmi les marbres, les pierres, les terres cuites, les maquettes enveloppées de linges humides, dans un appartement d'une incroyable nudité dont deux pièces au moins étaient transformées en atelier, où un divan servait de lit... où il n'y avait ni meuble ni décor d'aucune sorte...* (Asselin).

Le docteur Michaux, dont le père exerça la médecine cinquante-cinq ans au 19 Quai Bourbon, confirme dans une lettre à Henri Mondor du 18 novembre 1961 : *Mes parents m'interdisaient d'entrer chez Camille Claudel... Ils craignaient de me voir pénétrer dans ce capharnaüm où s'amoncelaient au milieu des bustes une forêt vierge de toiles d'araignées que parcouraient une bonne douzaine de chats.*

Retirée dans une vieille maison de l'île Saint-Louis, elle vivait toujours seule et très pauvre, entre les murs nus et élevés d'un appartement complètement vide. Sur des caisses d'emballage retournées, ses œuvres en plâtre, de rares bronzes, des esquisses enveloppées de linges limoneux composaient, avec deux ou trois chaises, tout l'ameublement. (J. Cl.).

La situation matérielle de Camille est justement appréciée par Louis Vauxelles (préface du catalogue de l'exposition de la Galerie Blot en 1905) ; il évoque : *Cette Lorraine agreste et primesautière... qui a connu les pires détresses, la misère déprimante et agressive.* Et Mirbeau interroge (1895) : *As-tu donc du pain à lui donner, peux-tu lui payer ses modèles, ses mouleurs, sa fonte, son marbre ?*

● *Pour vivre, elle ne peut compter que sur de rares commandes* ou sur l'argent, toujours insuffisant, que lui envoient ses parents ou son frère. De Rodin, qui l'aidait à payer son loyer du 113 Boulevard d'Italie, elle ne veut plus rien accepter.

Elle remercie son frère de l'offre qu'il lui fait de lui prêter de l'argent. *Cette fois-ci, ce n'est pas de refus car j'ai épuisé les 600 f de maman et voici l'époque de mon terme. Je te prie donc, si cela ne te cause aucun dérangement, de m'envoyer 150 f à 200 f.*

Nous payons, écrit son père à Paul (1909, CPC I, p. 118), *son loyer, ses contributions et jusqu'à ses traites de boucher, et de menues sommes que nous lui envoyons de temps en temps, demandées ou non par lettres non affranchies. Elle nous demande 20 f, nous envoyons 100 f ; ou elle ne nous demande rien et nous envoyons tout de même 100 f*

*souvent plusieurs fois dans un trimestre. D'ici au 15 octobre,
son loyer sera échu : c'est 30 f, si je ne me trompe.*

● Le métier de sculpteur est dur, il demande une
grande force physique et un véritable acharnement. Depuis
l'enfance, la sculpture est, pour elle, une passion dévorante,
*un passion véhémente qui la possède toute entière, et qu'elle
impose despotiquement autour d'elle, aux siens, aux voisins,
et aux domestiques eux-mêmes* (MM. 710). Déjà dans
l'atelier de N. D.-des-Champs, *elle est naturellement l'âme
du groupe... Elle distribue la besogne. Elle assigne à chacun
sa place... Inflexible, un peu despotique, et, d'ailleurs,
incapable d'admettre la moindre malhonnêté, la jeune artiste
ne cède jamais* (MM. 713). Dans l'atelier de Rodin,
uniquement occupée à la besogne, elle pétrit la terre glaise
et modèle le pied ou la main d'une figurine placée devant
elle. Parfois elle lève la tête. *Puis elle reprend aussitôt sa
besogne interrompue.* (MM. 718). *Rentrée chez elle* (Boulevard d'Italie), *elle se met immédiatement à modeler. Avec
un enthousiasme que ne déconcertent ni les difficultés
matérielles, ni cette pesante et persistante solitude dont elle
souffre dans son atelier désert, elle note l'impression reçue,
le mouvement des travailleurs* (MM. 731).

● Sa conscience professionnelle est poussée à l'héroïsme. Pas plus que Rodin, elle ne recourt au surmoulage,
*elle ignore profondément ces ingénieux artifices. Elle peut
signer de son nom les œuvres qui sortent de son atelier.
Elles sont bien d'elle-même et d'elle seule* (MM. 750). Elle
pratique la taille directe (Rodin lui-même ne le fait pas),
*elle a conquis cette œuvre (le portrait de Mme D.) directement
et victorieusement sur le marbre lui-même. Il est incontestable,
dans tous les cas, que le sculpteur qui entreprend ainsi de
tirer immédiatement et sans esquisses préliminaires un
portrait d'un bloc de pierre doit être imprégné d'une foi
robuste* (MM. 751) ; on peut voir aussi la photographie

reproduite dans le « Rodin » de B. Champigneulle p. 166, qui montre Camille sculptant le marbre de *l'Abandon*.

Elle va jusqu'à fabriquer ses propres outils : *dirais-je, enfin, pour montrer comment une artiste consciencieuse est servie aujourd'hui par une industrie trop peu scrupuleuse qu'elle a dû se faire forgeron et marteler, tremper et aiguiser elle-même les aciers nécessaires aux ciseaux, aux limes et aux vrilles dont elle se sert* (MM. 753).

Elle surveille la fonte de ses bronzes, ce que confirme le Général Tissier dans une lettre à Paul Claudel (31 août 1943) : *C'est l'artiste elle-même qui exécuta les coupures nécessaires dans le plâtre et surveilla personnellement tout le travail* (à propos de la fonte de *l'Age mûr.* Elle polit elle-même ses marbres, ses onyx : *Ce poème de* la Vague, rapporte Claudel (« Ma sœur Camille »), *je vois dans son atelier du Quai Bourbon, sous l'ombre agitée des grands peupliers, la solitaire en blouse blanche, grain à grain, qui l'use. Patiemment depuis le matin jusqu'au soir.* A E. Blot, sans doute à propos du *Persée, mon groupe en marbre devient merveilleux, on dirait de la nacre.* Elle recherche des techniques nouvelles, des effets nouveaux, comme la polychromie appliquée au bronze, elle *prétendait avoir retrouvé le polissage en usage du temps de Bernin, avec un os de mouton* (« Ma soeur Camille »).

b) Les causes psychologiques

Mais sans doute, les causes psychologiques, affectives sont-elles prépondérantes dans l'explication de la psychose.

● <u>Les relations avec ses parents</u> ont été bien difficiles. Le caractère réel de sa liaison avec Rodin a été longtemps ignoré de ses parents : ils croient Rodin marié, ils l'invitent à Paris ou à Villeneuve ; Camille ne s'affiche pas, bien au contraire : en 1892 — elle habite alors 11 avenue de la

Bourdonnais (Rodin paie le loyer) — attendant une visite de sa mère, elle décourage Rodin de venir la voir. Mais le secret ne fut pas indéfiniment gardé : dans une lettre à Paul où il est question de Camille — celle-ci est alors enfermée à Montdevergues — sa mère écrit qu'*on ne peut pas songer à la mettre chez elle, à lui monter une maison, un atelier, elle ferait ce qu'elle a toujours fait : des accusations mensongères sur nous et nos amis et tout ce que tu sais bien* (ce qui peut être une allusion à Rodin, lui-même hors de cause depuis 1917).

Je voudrais aussi retenir un projet de Camille qui n'est resté qu'à l'état de dessin, titre *la Faute* (BSPC n° 37, lettre à Paul Claudel) ; une jeune fille, accroupie sur un banc, pleure, ses parents la regardent, tout étonnés.

● La mère, Louise-Athanaïse Cerveaux, n'a guère manifesté de tendresse. *Notre mère ne nous embrassait jamais,* se souvient Paul (Figaro Littéraire, 3 septembre 1949). Dans une lettre à son fils, Louis-Prosper regrette : *Il y a bel âge que ta mère allât la voir, vérifier son trousseau, son mobilier... Je voudrais que Camille vienne nous voir de temps en temps. Ta mère ne veut pas entendre parler de ça* (CPC, I, 117). Louise-Athanaïse demeura hostile à tout rapprochement : elle n'ira jamais voir sa fille à Montdevergues et s'opposera à tout transfert : *J'ai autant de peine qu'on peut en avoir de la voir si malheureuse mais je ne puis rien autre chose que ce que je fais pour elle ; et si on la relâchait, ce serait toute la famille qui aurait à souffrir au lieu d'une seule.* (lettre non datée à Paul Claudel, APC). Et Camille en souffre ; au début de 1939, *Je pense toujours à notre chère maman... Je ne l'ai pas revue depuis le jour où vous avez pris la funeste résolution de m'envoyer dans les asiles d'aliénés !* (J, II, p. 1005-1006).

● Avec le père, les relations ne sont pas plus faciles,

mais une tendresse secrète unit les deux êtres. Contrairement à Paul, Camille appartient davantage au monde du père qu'à celui de la mère. Tendresse et tension coexistent ; dans des lettres à son fils, Louis-Prosper rappelle qu'il *n'a jamais pu se faire entendre de Camille sans amener des scènes écœurantes* (1909, CPC, I, 118) mais aussi *je voudrais que Camille vienne nous voir de temps en temps*. Dans une conversation qu'il eut avec Mme Nantet-Claudel, H. Asselin a révélé que Camille qui *ironisait avec son frère... ne parlait jamais de sa mère et de sa sœur... écrivait très souvent à son père*. (Que sont devenues ces lettres ?).

● Quant aux relations avec Rodin, elles n'ont cessé de se dégrader depuis la fin de la cohabitation en 1892. Rodin continue de voir Camille de temps à autre ; puis, un jour vient — quand ? difficile à dater ! — où c'est elle qui refuse de le recevoir : *Je vous en prie*, demande-t-elle à M. Morhardt (APC) *de bien vouloir faire votre possible pour que M. Rodin ne vienne pas me voir mardi... Si vous pouviez en même temps inculquer à M. Rodin, délicatement et finement, l'idée de ne plus venir me voir, vous me feriez le plus sensible plaisir que j'aie jamais éprouvé*.

Ce qui ne l'empêche pas, mue par une jalousie maladive, de chercher elle-même à le revoir : *par un de ces contrastes atroces dont est faite la passion, mue par le besoin de revoir celui dont le souvenir la torturait, elle venait à Meudon, et tapie dans les buissons bordant la route, guettait son passage* (Ds, 163) ; *dans l'obscurité, Rose a vu les buissons s'agiter : c'était Camille Claudel qui, malgré sa rancune, à demi-folle de douleur, avait voulu, une fois encore, apercevoir le maître qui l'abandonnait* (A. Manson « les Maudits »).

Elle cherche à le blesser et lui envoie des lettres injurieuses et l'accuse de lui avoir *volé un marbre ;* à ce sujet, elle raconte à Henry Lerolle que *Monsieur Rodin (que vous connaissez) s'est amusé cette année à me couper*

227

les vivres partout, après m'avoir forcée de quitter le Salon de la Nationale par les méchancetés qu'il me faisait. De plus, il m'insulte, fait publier partout mon portrait sur des cartes postales malgré ma défense expresse, il ne redoute rien, se croyant un pouvoir illimité. Je serai poursuivie toute ma vie par la vengeance de ce monstre. (lettre non datée, APC). Bref, elle est « possédée » par lui : *Tout cela*, écrit-elle à son frère de l'asile (3 mars 1930, APC), *sort du cerveau diabolique de Rodin. Il n'avait qu'une idée, c'est que, lui étant mort, je prenne mon essor comme artiste, que je devienne plus que lui. Il fallait qu'il arrive à me tenir dans ses griffes après sa mort comme pendant sa vie. Il fallait que je sois malheureuse, lui mort comme vivant.*

● Toutefois, si les persécutions imaginaires constituent un des symptômes de la psychose de Camille, on ignore généralement les difficultés réelles nées de l'exercice de son art autant que de son caractère : *De suite, l'envie dresse le front quand on vante ces œuvres* (H. de Braisne, Revue idéaliste, 1897). Selon Morhardt, *elle est toujours et presque nécessairement volée, volée de son argent, ce qui n'est rien, mais volée aussi de son temps et de son travail, ce qui est tout.*

Il signale encore à Paul Claudel qu'*elle vient de passer une semaine bien pénible avec deux praticiens qu'elle a chassés et qui l'ont persécutée avec une incroyable méchanceté. Nous les avons fait arrêter par la Préfecture de Police. Espérons que la leçon leur profitera.* (24 mai 1897, APC). Elle-même relate ses désagréments : *J'ai eu dernièrement des malheurs : un mouleur, pour se venger, a détruit à mon atelier plusieurs choses finies, mais je ne veux pas t'attrister* (lettre à Paul Claudel, PSPC, n° 37). *En fait d'anecdotes, je vous raconterai que l'aimable Adonis a de nouveau exercé contre moi des poursuites inconsidérées, nous sommes allés en référés avec des mines patibulaires auxquelles je n'étais pas habituée (depuis que j'étais allée aux prudhommes pour*

*la modique somme de 18 sous que je ne voulais pas payer
à un honnête ouvrier.* (A E. Blot, lettre inédite, AMR).

● Descharnes souligne, aussi, la dureté physique du
labeur : *Si les sculpteurs sont, de façon générale, plus
résistants à la misère, à l'angoisse, à la folie que les
peintres, c'est, en effet, que de nos jours encore, les premiers
se recrutent, pour une large majorité d'entre eux, parmi les
fils d'artisans alors que les peintres sont le plus souvent
d'origine bourgeoise, donc volontiers « fragilisés » par l'aisance
de leur éducation.* Et Paul Claudel approuve : *Le métier
de sculpteur est pour un homme une espèce de défi perpétuel
au bon sens, il est pour une femme isolée et pour une
femme du tempérament de ma sœur une pure impossibilité.*

● Il faut ajouter à cela le fait que certains sculpteurs
ont réellement exploité les idées de Camille. Un exemple
précis : *les Causeuses* qui semblaient avoir fait pas mal de
« petits ». Elle s'en plaint à son frère dans une lettre par
ailleurs totalement incohérente (1909 sans doute) : *Si j'en
juge par ce qui est arrivé aux Causeuses, exposées en 1890,
depuis ce moment, divers individus s'en servent pour se faire
des rentes. Entre autres une Suédoise qui depuis cette époque
expose un groupe de Causeuses plus ou moins modifié et
bien d'autres peintres et sculpteurs qui exposent des « Potins »,
« Conversations ».* L'accusation est fondée : au Salon de
1904, expose *une Madame Agnès de Frumerie, dont la
vitrine contient cinq statuettes excellentes, vieilles commères
bavardes* (Marcelle Tinayre, Revue de Paris, 1904, p. 406).

● Le reproche de faire du Rodin peut être apparenté
(c'est du moins ainsi que Camille l'entend depuis 1893) à
une persécution. C'est dire qu'on cherche à la diminuer.
Elle en souffre et s'en ouvre à M. Morhardt (APC) :
*M. Rodin n'ignore pas que bien des gens méchants se sont
imaginés de dire qu'il me faisait ma sculpture ; pourquoi*

donc alors faire tout ce qu'on peut pour accréditer cette calomnie. Si M. Rodin me veut réellement du bien, il lui est très possible de le faire sans d'un autre côté faire croire que c'est à ses conseils et à son inspiration que je dois la réussite des œuvres auxquelles je travaille péniblement.

Rodin qui n'ignore pas ces calomnies y répond dans sa lettre à Mirbeau : *Tous ont l'air de croire que Mademoiselle est ma protégée. Quand même, quand c'est une artiste incomprise, elle peut se vanter d'avoir contre elle mes amis les sculpteurs et les autres en plus... Ne nous décourageons pas, cher ami, car je suis sûr de son succès final* (J, II, 626-627). Et H. de Braisne s'insurge : *De suite, l'envie dresse le front, quand on vante ces œuvres. Elles sont distinguées, parbleu, c'est évident, cela crève les yeux, mais c'est du Rodin ! Mademoiselle Claudel ne fera jamais que du Rodin !... Pour flatteuse que soit la constatation à l'endroit du grand statuaire, dont l'influence croissante se fait partout sentir aux Expositions, elle est inexacte* (Salon de 1905). Pour Romain Rolland (La Revue de Paris, juin 1903), *l'Age mûr a de grandes qualités... Mais un goût vraiment trop décidé de la laideur, et je ne sais trop quoi de mou, dans la nervosité, de lâché, d'improvisé, qui est un peu la caricature du génie de Rodin.*

Henry Cochin (Gazette des Beaux-Arts, juillet 1903) est plus nuancé : *M. Rodin absent d'ici et que je retrouve seulement — en de nombreux imitateurs — et, en passant, parmi ceux-ci, je salue le talent de Melle Claudel.*

Même opinion pour Charles Morice (Mercure de France, juin 1903) : *on lui reproche de ressembler à Rodin. Ces gens sont admirables qui veulent tous que tout le monde ne vienne de personne. Combien plus blâmerais-je les artistes qui seraient restés insensibles à la leçon du plus grand statuaire de ce siècle.*

Autant d'appréciations contre lesquelles s'insurge Paul Claudel : *Des critiques irréfléchis ont souvent comparé l'art*

de Camille à celui d'un autre dont je tais le nom. *En fait,*
on ne saurait imaginer opposition plus et plus flagrante
(Camille Claudel statuaire).

III. — LES MANIFESTATIONS DE LA PSYCHOSE

A la recherche de l'isolement dès 1892 et à la folie
de la persécution que nous venons de voir, il faut ajouter
la fureur dévastatrice qui s'empare d'elle à partir de 1906.
A la mort de mon père en 1912, écrira Mme-
Fauvarque (1), *elle nous a écrit avoir brisé tous ses modèles*
en plâtre, et brûlait tout ce qu'elle pouvait pour se venger
de ses « ennemis » qui avaient empoisonné et fait mourir
son père, nous donnant le conseil de ne pas aller la voir,
ni écrire car nous serions condamnés.
Ses extravagances inquiètent ceux qui la connaissent.
On ne lui connaissait ni amis, ni relations ; et puis, un beau
soir, au lendemain d'un gain imprévu, le rez-de-chaussée du
Quai de Bourbon se remplissait tout à coup d'une foule
d'anonymes avec lesquels on sablait le champagne toute la
nuit. Pour ces réceptions ahurissantes, parmi les marbres,
les pierres, les terres cuites, les maquettes enveloppées de
linges humides, dans un appartement d'une incroyable nudité,
...où des coins de tables, libérés par miracle, recevaient les
assiettes et les verres, ...Camille, qui avait fait toilette
arborait les robes les plus extravagantes et surtout des
coiffures faites de ruban et de plumes où se mariaient les
couleurs les plus criardes et les moins harmonieuses...
On ne pouvait *malheureusement pas rire de ses*
extravagances. On la savait en proie à de terribles hantises
que de tels débordements ne calmaient que momentanément
(Asselin).
Il y a aussi ses fugues prolongées. Après avoir détruit
ses œuvres, *elle mettait ses clefs sous le paillasson et*
disparaissait pendant de longs mois, sans laisser d'adresse

(Asselin). A rapprocher de ce que son frère écrit dans son journal en 1911 : *Camille a 4 h du matin s'est sauvée de chez elle...*

A partir de ces quelques éléments un psychiatre pourrait établir un diagnostic.

IV. — ROLE DE RODIN (2)

Comme le rapporte Judith Cladel, Rodin jusqu'à sa mort sera hanté par le souvenir de Camille Claudel (voir ch. « La Grande Guerre »).

Rodin a été très affecté par le départ de Camille, encore plus peut-être que par sa décision de ne plus le voir. Il a compris son drame (sans admettre toutefois qu'il y soit pour quelque chose). Dans une lettre à Mirbeau (J, II, 627), il reconnaît que Melle Claudel *a le talent du Champs-de-Mars* mais qu'elle est *inappréciée presque, incomprise, victime de l'hostilité de ses amis les sculpteurs.* Il se dit *sûr de son succès final,* mais prévoit qu'elle le paiera cher, *ayant le regret de ses forces laissées à cette lutte et à cette trop tardive gloire qui donne en change la maladie.* Il recommande à Mirbeau la discrétion : *Ma lettre est trop découragée, qu'elle ne tombe pas sous les yeux de Melle Claudel.*

Il tâche de l'atteindre par des intermédiaires. Parmi eux, Mirbeau, déjà cité, admirateur à la fois de l'œuvre de Camille et de celle de Rodin, confie au sculpteur qu'il a *un projet pour Melle Claudel. Je crois que vous l'agréerez mais il faudrait que nous en causions avec Melle Claudel elle-même* (dossier Mirbeau, AMR). Ami sincère de Camille, Morhardt écrit à Rodin pour l'informer d'une démarche en faveur de Camille auprès de Maurice Fenaille (lettre du 30 octobre 1896, AMR) ; il souhaiterait que Rodin la fasse avec lui ; et, plus tard, comme la Société des Gens de Lettres se propose d'ériger un monument à Alphonse Daudet, il suggère à Rodin d'écrire à Léon Daudet pour lui rappeler Camille (lettre du 21 janvier 1897).

Judith Cladel, enfin, rend visite à Camille, *plus ou moins poussée par Rodin qui espérait sans doute voir s'établir entre elle et moi des rapports qui lui eussent permis d'obtenir des nouvelles de son amie par mon intermédiaire.... (Il) ne pouvait supporter la pensée de la situation précaire de celle dont les œuvres ne se vendaient encore qu'à des prix infimes. Grâce aux relations qu'il possédait dans l'Administration des Beaux-Arts, il réussit à lui faire acheter par l'Etat quelques-unes des meilleures d'entre elles qui prirent place dans différents musées. Il lui envoya des amis communs, avec mission de lui proposer, de sa part, un concours matériel ; mais elle refusait avec emportement* (J Cl.).

Pour les achats de l'Etat, il faut être plus réservé que Judith Cladel. Rodin est peut-être intervenu auprès de l'administration pour la commande en marbre de *Sakountala,* alors que Camille est son élève, de même que pour celle de *La Valse* en marbre, mais sans succès. Il a participé à la souscription pour le marbre de la *Clotho.* Il semblerait au contraire qu'il se serait opposé à la commande en bronze de *l'Age mûr* (3).

Rodin, par ailleurs, est lui-même débordé de travail, accaparé aussi par tous les à-côtés de la gloire... et par sa liaison avec la duchesse de Choiseul, qui le coupe irrémédiablement de Camille (1904-1912).

Pourtant, en 1904, c'est le visage de Camille qu'il choisit pour évoquer la France (Catalogue Musée Rodin, n° 337-338). C'est d'ailleurs une réminiscence du Saint-Georges pour lequel Camille avait servi de modèle (Catalogue Musée Rodin, n° 214).

Et la dernière évocation : *Mademoiselle Camille Claudel,* pâte de verre, 1911 (Catalogue Musée Rodin, n° 420). Mais il est vraisemblable, comme le précise J. Grappe, que Jean Cros — le fils du poète — qui a exécuté la reproduction de l'œuvre, a travaillé d'après un original antérieur à la réalisation de 1911.

Quant à l'internement de Camille, il en sera très affecté et essaiera, une dernière fois, de lui venir en aide.

NOTES

1. Lettre de Madame Fauvarque, née Marguerite Thierry, fille de Henri-Joseph, à Jacques Cassar (18 juin 1974) :

...Puis j'ai fait un retour sur le passé, lorsque Camille Claudel habitait, je crois me souvenir, 15 (a) Quai Bourbon où nous sommes souvent allés la voir avec mes parents. Voici la description de son appartement. Une entrée donnait directement sur le quai ; par quelques marches nous étions dans son atelier, immense pièce, blocs de marbre, car elle faisait venir le marbre brut et le travaillait entièrement.
Entre autres, c'est l'époque où elle avait fait David combattant Goliath (b), plus tard Persée tenant la tête de la Gorgone « Méduse » et des sujets plus petits : une femme se chauffant devant le foyer (éclairé par l'électricité), c'était le début de ce genre. Puis beaucoup de plâtres, et quand nous allions dîner, sur la table, nous étions éclairés par des maquettes. Ses œuvres étaient exposées chez « Barbedienne », je crois, Boulevard des Italiens.
La sculpture était toute sa raison de vivre. Et très jeune, chez ma grand-mère (c) à Chacrisse, ne la voyant pas rentrer pour déjeuner, elle était arrivée très tard s'étant attardée avec de la glaise qu'elle avait trouvée et travaillée.
Elle avait été élève des Beaux-Arts (d) puis de Rodin, elle n'estimait pas ce dernier, car, disait-elle, « il faisait travailler ses élèves, donnait un coup de ciseau et : une signature ».
Elle s'est présentée au Salon vers 1910 (e) ; je crois que Rodin devait être membre du jury, alors elle n'a pas eu de prix.
Aussi en voulait-elle aux « Juifs et aux Francs-Maçons », pourtant elle était comme son père « libre-penseur ».
A la mort de mon père en 1912, elle nous a écrit avoir brisé tous ses modèles en plâtre, et brûlait tout ce qu'elle pouvait pour se venger de ses « ennemis » qui avaient empoisonné (f) et fait mourir mon père, nous donnant le conseil de ne pas aller la voir, ni écrire car nous serions condamnés.
Au début de la guerre de 1914, nous avons reçu une lettre : la maison de Ville-Evrard où elle était pensionnaire l'avait dirigée en Provence. C'est la dernière lettre reçue d'elle. Nous avons encore

cette lettre dans une maison près d'Auxerre, où nous allons en vacances...
Je me souviens lors d'une visite à Camille, disant à ses parents :
Paul, je crois bien qu'il va se faire moine ! ! (g).
a. non : 19
b. signalé par Morhardt comme une œuvre de jeunesse
c. Angeline Dujay
d. non
e. à vérifier
f. à rapprocher de la lettre de Louise de Massary à Paul Claudel, après la mort de Louise Claudel en 1929
g. 1900
2. Jusqu'à ce jour, aucune lettre de Rodin à Camille n'a été découverte, le plus simple est de penser que tout a été détruit.
3. La confirmation a été donnée par M. Bruno Gaudichon, Conservateur-Adjoint du Musée de Poitiers dans une lettre du 10 décembre 1986.

L'INTERNEMENT

Les locataires de cette vieille maison du quai Bourbon se plaignaient. Qu'est-ce que c'était que cet appartement du rez-de-chaussée aux volets toujours fermés ? Qu'est-ce que c'était ce personnage hagard et prudent, que l'on voyait sortir le matin seulement pour recueillir les éléments de sa misérable nourriture ? (P. Cl. « Ma sœur Camille »).

L'année 1912 apporte son lot de tristes nouvelles ; durant l'été, Rodin est atteint d'une première attaque d'hémiplégie (Ds) ; et le 9 décembre, meurt à Paris Henri-Joseph Thierry, deuxième fils de Joseph-Charles Thierry, cousin de Camille, laquelle écrit à sa veuve et à ses enfants : *Villeneuve 27, 28, 29 juin. Les deux vieux seuls dans la vieille maison fêlée avec la vieille servante et le cricri dans la cendre de la cuisine. A Villeneuve, je suis toujours OVERWHELMED BY PATHETIC* (J, I, 228).

Le 20 septembre de la même année, Paul est envoyé à Hambourg où il demeurera pendant 8 mois, jusqu'à la déclaration de guerre de l'Allemagne à la France, le 2 août 1914 (CPC, V, 146).

Les événements se précipitent.

Mon père gravement malade depuis une semaine. Je recule de partir sans raison, par paresse, par désir secret d'arriver trop tard. Le 1er mars, télégramme urgent. Je pars le soir. Sur la Marne, aurore admirable de ce dimanche du Laetare. A pied jusqu'à Villeneuve. Arrivée à 8 h 30. Mon père mort presque subitement à 3 h du matin, sans s'être confessé, bien qu'à plusieurs reprises il en ait manifesté le désir. La figure jaune, l'air recueilli, self-communing, le froid mortel de ce cadavre (J, I, 247).

Louis-Prosper est décédé le dimanche 2 mars 1913 à l'âge de 86 ans. « Enterrement le 4 ». Camille ne semble pas avoir été prévenue de la mort de son père ; elle n'assite pas aux obsèques.

Dès avant le décès du père, Claudel avait déjà pris contact avec le Directeur de la Maison de Santé de Ville-Evrard dont il reçoit une lettre datée du 15 janvier. De retour à Paris, aussitôt après les obsèques, P. Claudel se fait délivrer par le Docteur Michaux, Quai Bourbon, le certificat médical nécessaire à l'internement.

Le 7, il rencontre le Directeur de la Maison Spéciale de Ville-Evrard qui lui demande une correction, ce qu'il réclame le 8 au médecin :

Mars 1913 samedi

Monsieur le Docteur,
J'ai vu hier Monsieur le Directeur de Ville-Evrard. Il a trouvé votre certificat parfaitement suffisant, moyennant la correction qu'il a lui-même indiquée au crayon, et qui, paraît-il, ne saurait sérieusement vous inquiéter. Si cela vous est possible, je vous serais reconnaissant de me faire parvenir, avant cette après-midi, le certificat corrigé et légalisé, car je voudrais essayer de faire procéder à l'internement aujourd'hui même.
Veuillez agréer, Monsieur le Docteur, avec mes sincères remerciements, l'assurance de mes sentiments les plus dévoués.

Paul Claudel. (APC)

Le certificat n'arrive pas à temps ; pour Camille c'est son dernier dimanche de liberté.

Le lundi 10 mars au matin, a lieu l'internement à la Maison de Santé Spéciale de Ville-Evrard.

Camille mise à Ville-Evrard le 10 (mars) au matin. J'ai été bien misérable toute cette semaine.

Les folles à Ville-Evrard. La vieille gâteuse. Celle qui jasait continuellement en anglais d'une voix douce comme un pauvre sansonnet malade. Celles qui errent sans rien dire. Assise dans le corridor la tête dans la main. Affreuse tristesse de ces âmes en peine et de ces esprits déchus (J, I, 247).

Le vendredi 14 mars, Paul répond à une lettre de Zdenka Braunerova, marraine de sa fille Reine :

> *Consulat général de France à Francfort-sur-Main*
> *Francfort-sur-Main, le 14 mars 1913*

> *Chère amie,*

> *Votre bonne lettre que je retrouve à mon retour de Paris m'a fait plaisir dans les tristes circonstances que je viens de traverser. Mon père est mort presque subitement le 2 mars, et quelques jours plus tard j'ai dû faire mettre ma pauvre sœur Camille dans une maison de santé* (CPC).

Et le 22 mars, dans une lettre adressée de Francfort-sur-Main à André Gide : *...Quant à ma sœur Camille, je viens de la conduire dans une maison de santé. Vous voyez que je viens de passer par de mauvais moments.*

Aussitôt internée, Camille s'empresse de prévenir un parent, vraisemblablement son cousin Charles Thierry, frère de Henri-Joseph mort l'année précédente. Elle lui envoie au moins deux lettres les 14 et 21 mars, écrites au crayon ; elles seront partiellement reproduites dans le journal *Le Grand National :* d'après l'article de Paul Vibert qui paraîtra le 20 décembre :

Le 17 mars 1913, le médecin-chef de la maison d'aliénés de Ville-Evrard écrivait au parent de Melle C. Claudel : « Vous pourrez visiter Melle Claudel lors de votre prochaine visite à Paris ; sauf complication, d'ailleurs peu probable, de son état mental. Etat de santé général assez bon. »

L'ordre formel de ne laisser visiter Melle Claudel et de ne pas donner de ses nouvelles n'a été donné que quelques jours après.

Pour s'occuper des biens de Camille, un Conseil de famille est constitué le 16 avril ; il comprend :
1. dans la ligne paternelle :
M. Paul Claudel
M. Alexandre-Albert Bedon, propriétaire à Luxeuil-les-Bains
M. Louis Claudel, industriel à Ville-sur-Saulx (Meuse)
2. dans la ligne maternelle :
M. Félix-Pierre-Joseph Leydet, président de section au tribunal civil de la Seine, 2 rue d'Ulm, Paris
M. Henry Lerolle, artiste peintre, 20 avenue Duquesne à Paris
M. Philippe Berthelot, chef de cabinet du Ministre des Affaires Etrangères, Ministre plénipotentiaire, 125 boulevard Montparnasse, Paris.
(Minutes du Greffier de justice de paix du 4e arrondissement de Paris).

En juin, Paul Claudel reçoit cette lettre de la Maison Spéciale de Ville-Evrard :

CAMILLE CLAUDEL

Neuilly-sur-Marne, le 24 juin 1913

Monsieur,

Comme conséquence de la délibération du Conseil général en date du 22 décembre et suivant les intentions que je vous ai annoncées dans ma lettre du 15 janvier dernier, j'ai l'honneur de vous transmettre ci-inclus l'engagement de pension concernant Melle Claudel et portant modification du prix des pensions et des conditions nouvelles du paiement de ces prix.

J'ai l'honneur de vous prier de bien vouloir me renvoyer, par le plus prochain courrier, les deux pièces communiquées après les avoir revêtues de votre signature.

Recevez, Monsieur, l'expression de mes sentiments distingués.

(APC)

Deux notes du Journal se passent de commentaire :
12 août Un fou, un aliéné (J, I, 259)
23 août Vendredi, Ville-Évrard (J, I, 260)

Un numéro spécial de juillet-décembre 1913 de *L'Art décoratif, revue de l'art ancien et de la vie artistique moderne,* dont le directeur est Fernand Roches, est consacré à Camille Claudel, avec de nombreuses illustrations. Le texte est de Paul Claudel.

CAMPAGNE DE PRESSE AUTOUR
DE LA « SÉQUESTRATION »

Quelques mois se passèrent avant qu'une campagne de presse se déchaînât contre les Claudel.

Le 19 septembre, paraissait, dans *L'Avenir de l'Aisne* (1), organe de la démocratie de l'arrondissement de Château-Thierry et de la région, quotidien passionnément anticlérical, l'article suivant :

Nos compatriotes,

L'œuvre d'un sculpteur génial, originaire de notre département, par un grand poète, c'est ce que « L'Art décoratif » nous offre dans un numéro spécial où Paul Claudel étudie l'art puissant et tout vibrant de lumière intérieure de sa sœur Camille Claudel.

Cette étonnante artiste, que le destin a meurtrie avec une incessante férocité, attendait encore le moment où la justice tardive en ferait l'égale des plus grand génies plastiques.

Grâce à « L'Art décoratif », ce moment est venu : ceux qui, dans les quarante-huit reproductions (dont une place hors-texte en couleur) réunies par M. Fernand Roches, apprendront à connaître cette œuvre où la noblesse d'un Donatello est animée par le frémissement d'une âme toute moderne, n'hésiteront plus à saluer Camille Claudel comme le véritable sculpteur de notre époque.

Cependant, chose monstrueuse et à peine croyable, en plein travail, en pleine possession de son beau talent et de toutes ses facultés intellectuelles, des hommes sont venus chez elle, l'ont jetée brutalement dans une voiture malgré ses protestations indignées, et, depuis ce jour, cette grande artiste est enfermée dans une maison de fous.

Ce premier article ne mettait pas en cause — du moins pas directement — la famille de Camille. Tout changea quand la presse parisienne se fut emparée de l'affaire. Paul Vibert, journaliste au *Grand National* (2) reçut de l'Aisne une longue communication signée A. L. Il en fit le sujet de son éditorial du 8 décembre. On y trouvait la condamnation de la loi du 30 juin 1838 dont le Sénat discutait l'abrogation éventuelle :

La nouvelle Bastille est plus redoutable que jamais. Oui il y a des êtres naïfs qui se figurent que l'on a démoli la Bastille le 14 juillet 1789. Quelle erreur ! La Bastille d'aujourd'hui, avec ses lettres de cachet, connue sous le nom de la loi du 30 juin 1838, est infiniment plus meurtrière, plus criminelle et plus redoutable que l'ancienne, et l'on enferme ainsi par an, en France, par vengeance et surtout pour s'emparer de leur fortune, certainement quatre ou cinq cents personnes absolument saines de corps et d'esprit. A ce propos, je reçois cette curieuse communication que je m'empresse de mettre sous les yeux de mes lecteurs.

Une loi protectrice
La séquestration légale ! ! !

Il y a deux moyens de supprimer une personne de la société ; le premier moyen est l'assassinat. Le deuxième moyen est l'internement légal que l'on convertit, pour les besoins de la cause, en séquestration. L'internement arbitraire est provoqué couramment par des personnes qui désirent se débarrasser d'un parent gênant afin de satisfaire leur vengeance ou leur cupidité. Le fameux article 8 de la loi du 30 juin 1838 nous donne le moyen, trop facile, pour arriver d'abord à l'internement, c'est-à-dire à la suppression de la liberté individuelle. Ce moyen, le voici : vous vous adressez à un docteur quelconque, qui soit susceptible d'accomodement (il y en a bien avec le ciel, dit-on) ; vous lui demandez qu'il vous délivre un certificat constatant que votre parent a des absences d'esprit. C'est suffisant. A ce certificat, vous joignez une demande d'internement et c'est tout.

Vous déposez ensuite ces deux pièces entre les mains d'un directeur d'une maison d'aliénés, lequel ordonne aussitôt l'arrestation et l'enlèvement de la victime ; vous n'avez plus qu'à assurer qu'il n'y a pas d'erreur sur la personne arrêtée.

Il n'y a pas de procédure plus pratique ni plus expéditive que celle-là.

Pour convertir l'internement en séquestration, rien n'est plus facile. Voici comment on s'y prend.

Vous défendez au directeur de l'établissement (qui obéit toujours, malgré l'esprit de l'article 29 de la loi précitée) de ne laisser communiquer l'interné avec qui que ce soit, et la séquestration est établie.

Dès lors que la victime ne peut plus écrire ni recevoir de lettre, même sous le contrôle dudit directeur, il ne lui est plus possible d'intéresser un parent, un ami à son sort. Le moyen de se faire rendre justice lui est enlevé, et il ne lui reste plus que le droit de communiquer avec ceux qui ont provoqué la séquestration, avec celui ou celle qui lui donne chaque jour sa nourriture, et enfin avec le directeur, qui a toujours intérêt à conserver son client ! Il y a bien dans la loi des articles qui semblent protéger les internés, mais, comme dans beaucoup d'administrations, il arrive souvent que le tout se passe en famille.

Quand un proche parent désire, en vertu de l'article 29 précité, essayer, par les moyens légaux, de venir au secours de la séquestrée et lui faire recouvrer sa liberté, il s'adresse d'abord au directeur qui l'éconduit toujours en lui disant : Adressez-vous à M. le Procureur de la République qui, lui, répond sérieusement : Adressez-vous à M. le Directeur.

Voilà comment les choses se passent. Par suite, la victime est condamnée à mourir dans l'établissement protecteur d'où l'on ne sait jamais quand on sort ; elle n'a plus qu'un seul espoir, celui de devenir folle pour ne plus se rendre compte de l'horreur de la situation. Heureusement que cette folie arrive presque toujours.

Tout ceci est monstrueux et révoltant. Quand donc réformera-t-on cette loi qui n'offre pas de garanties suffisantes et qui est par trop commode pour les personnes sans scrupule, sans dignité et veulent trafiquer ? Législateur, il y a urgence de protéger l'humanité.

Combien se produit-il chaque année, dans toute la France, d'internements arbitraires ? Si une enquête sérieuse était ordonnée, elle nous le dirait et nous serions stupéfaits.

Une séquestration, où on rencontre du raffinement, vient d'avoir lieu récemment à Paris. Une mère et un frère auraient fait séquestrer, par les moyens indiqués plus haut, Melle C., artiste de grand talent.

La pauvre fille venait à peine d'apprendre, par l'effet du hasard, la mort opportune de son père qui la chérissait beaucoup, et qu'on lui avait cachée, quand, le lendemain de la triste nouvelle, alors qu'elle était accablée et terrassée par la douleur, deux forts gaillards firent irruption dans sa chambre vers onze heures du matin, la saisirent et l'emmenèrent, malgrè ses protestations et ses larmes, dans une maison d'aliénés.

Trois jours après, la pauvre fille écrivait : « J'ai à mon actif trente ans de travail acharné et je suis tout de même punie ; on me tient bien et je ne sortirai pas ».

Un peu plus tard, l'internement était converti en séquestration. Voilà comment on supprime de la Société une personne saine d'esprit.

De plus, pour donner le change à l'opinion publique, il a été dit dans un journal que « le Destin a meurtri, avec une incessante férocité, cette étonnante artiste ».

Il est bien entendu que c'est le Destin qui est coupable ! Oh, quel charlatanisme !...

A. L.

Le jeudi 11 décembre, le Grand National — fait paraître un deuxième article où il reprend l'information de *l'Avenir de l'Aisne* — du 19 septembre :

TOUJOURS LA LOI DE 1838 SUR LE RÉGIME DES ALIÉNÉS.

On connaît les effets terribles de cette loi qui permet toutes les vengeances de famille, tous les crimes pour s'emparer de la fortune des gens que l'on veut dépouiller et que l'on fait enfermer sur le simple certificat d'un médecin, comme je le démontrais encore ici même il y a quelques jours.

On espérait que le Sénat allait enfin s'occuper de cette loi de 1838 pour arriver à sa prompte abrogation et puis, nouvelle déception, voilà qu'il n'en est rien et que la question est remise aux calendes parlementaires, ce qui constitue pour le Sénat une grosse et redoutable responsabilité.

C'est ainsi que « l'Avenir de l'Aisne » publiait le 19 septembre dernier, le très sérieux et très énigmatique filet que voici, sans y changer un seul mot.

Nos compatriotes,
L'œuvre d'un sculpteur génial...
       ...enfermée dans une maison de fous.

Est-ce que « l'Avenir de l'Aisne », de Château-Thierry, ne pourrait pas dans l'intérêt de la justice et pour faire respecter la liberté individuelle, nous donner quelques renseignements sur le rapt et cette séquestration que rien ne justifie et qui constituent le crime le plus monstrueux dans un pays qui se croit civilisé ?

Ce qu'il y a d'effrayant, c'est que tandis que les crimes se reproduisent tous les jours, impunis grâce à la loi de 1838 sur le régime des aliénés, l'Eglise catholique et la soldatesque peuvent faire impunément tout ce qui leur plaît contre les lois ; on les laisse bien tranquilles, étant tabous et comme au-dessus des lois.

Le procès d'intention devint évident quand *l'Avenir de l'Aisne,* se référant à l'éditorial du 8 décembre, publia, dans les nouvelles locales de son numéro du vendredi 12 décembre, un article non signé :

> *Villeneuve-sur-Fère*
> *Une séquestration*
> *Notre confrère Paul Vibert dans « le Grand National »,*
> *organe édité à Paris, publie les lignes suivantes où les habitants de Villeneuve reconnaîtront les personnages : « une séquestration... une personne saine d'esprit ».*
> *Notre confrère ajoute :*
> *Nous sommes résolus, mes amis et moi, à arracher cette infortunée et grande statuaire aux griffes de la maison d'aliénés où l'a fait enfermer sa famille ; je compte bien revenir bientôt sur cette monstrueuse affaire qui, hélas, avec la loi infâme de 1838, n'est malheureusement pas une exception, bien au contraire.*

Dès lors, les accusations se précisèrent. Dans son article du 17 décembre, Paul Vibert interpellait Paul Claudel :

> *J'ai raconté ici comment une jeune statuaire d'un immense talent, élève de Rodin, absolument saine de corps et d'esprit, en possession de toutes ses facultés intellectuelles, avait été, un jour, saisie chez elle par trois hommes qui, sans mandat d'un juge d'instruction, en violation de domicile, l'avaient brutalement jetée dans une voiture et enfermée dans un in-pace de la maison de fous de Ville-Evrard.*
> *Il s'agit de Melle C. Claudel. Ses amis — et ils sont nombreux — se sont émus d'une pareille situation ou d'un pareil scandale et l'un d'eux m'écrit : « La pauvre séquestrée*

est toujours là et ne sait pas très probablement que l'opinion est en sa faveur et qu'elle condamne les coupables. Cette condamnation sera-t-elle enfin entendue par les autorités compétentes dont le devoir est de faire cesser un pareil scandale. Il faut l'espérer.

Nous avons pu recevoir des renseignements précis sur cette montrueuse affaire et nous nous faisons un devoir de vous dire que la séquestrée, la grande et géniale élève du maître Rodin, Melle C. Claudel, aurait été internée le 10 mars dernier et conduite dans la maison d'aliénés de Ville-Evrard ; plusieurs jours après, elle ignorait encore où elle était. Dans les deux lettres qu'elle a écrites au crayon à un parent, les 14 et 21 mars — la séquestration n'étant pas encore un fait accompli — on y [sic] rencontre les passages suivants :

primo dans celle du 14 : « Si tu peux venir me voir, apporte-moi un portrait de ma tante (3), ma marraine (4) pour me tenir compagnie et me consoler. Tu me feras plaisir, tu ne me reconnaîtrais pas, toi qui m'as vue si jeune et si brillante dans le salon de ce Ch. (5). On a déjà essayé de me faire renfermer, dans la crainte que je nuise au petit Jacques (6) en réclamant mon bien ».

et dans celle du 21 mars : « Tu ne sais pas le plaisir que tu me fais en m'envoyant le portrait de ma tante et de Mme de J. (7). Je ne les quitterai plus. Oh ! si elles étaient encore vivantes (8), je ne serais pas comme je suis ; elles avaient si bon cœur.

J'attends ta visite avec impatience, malgré que ce soit dans de tristes circonstances...

Je ne suis pas rassurée, je ne sais pas ce qui va m'arriver. Je crois que je suis en train de mal finir ! !

Tout cela me semble louche. Si tu étais à ma place, tu verrais...

Te rappelles-tu le pauvre Marquis de S..., ton ex-voisin, il vient seulement de mourir après avoir été enfermé pendant trente ans. C'est affreux ! »

D'un autre côté, il ne faut pas oublier que son frère,

CAMILLE CLAUDEL

M. Paul Claudel, homme de lettres, a consacré dans le numéro de juillet 1913 (9) de la belle revue « l'Art décoratif », une étude très complète sur l'œuvre de sa sœur Camille Claudel, la grande et déjà célèbre statuaire. En semblable occurence, c'est donc à lui de faire cesser une odieuse séquestration qui n'a déjà que trop duré et qui a tout l'air d'une vengeance cléricale, à démasquer le complot infâme et à faire punir les coupables quels qu'ils soient.

Pour nous, nous sommes prêts à l'aider dans cette œuvre de justice et d'humanité, non seulement pour tirer sa sœur de cette incroyable séquestration mais encore dans l'intérêt supérieur de l'Art.

Il ne semble pas que Claudel ait répondu publiquement à ces attaques. Les méprisait-il ? Depuis octobre 1913, il est consul général à Hambourg. Considérait-il que sa position officielle lui interdisait d'y répondre ? Il n'en ignorait ni l'existence ni l'origine. Dans son journal il note :

Atroces calomnies contre nous à propos de l'internement de Camille à Ville-Evrard de Lelm et des Thierry (10) dans « l'Avenir de l'Aisne » et diverses feuilles de chantage dénonçant un « crime clérical ». C'est bien. J'ai reçu tant de louanges injustes que les calomnies sont bonnes et rafraîchissantes ; c'est le lot normal d'un chrétien. (J, I, 268)

Octobre — novembre :

La dernière chose qu'ait faite ma sœur est une couverture en morceaux de soie de ses vieilles robes pour ma petite fille. Je regarde ces larges fleurs éclatantes et toutes diverses, écloses sous les doigts d'une folle. (J, I, 265)

Rodin ne semble pas avoir été informé tout de suite de l'internement de Camille. Il l'apprendra sans doute par cette violente campagne de presse. La nouvelle le bouleverse.

Il tente une dernière fois d'aider Camille en se servant d'un intermédiaire : Mathias Morhardt.

> *Châtelet-en-Brie Seine et Marne*
> *Le 28 mai*
>
> *Je voudrais que vous voyiez pour que Mademoiselle Claudel reçoive des adoucissements jusque elle sorte [sic] de cette géhenne. Je puis donner de l'argent à des cantines pour qu'on lui serve des douceurs ou que l'on l'aide en quelque chose. J'ai pensé à vous qui êtes comme moi son admirateur.* (APC)

Morhardt répond par retour :

> *Le Temps 30 mai 1914*
> *Cher maître et ami,*
> *Je n'ai pas besoin de vous dire que vous pouvez compter absolument sur moi. Je vais voir ce qu'il est possible de faire. Votre fidèlement dévoué.*
>
> *M. Morhardt.* (AMR)

Il intervient auprès de Philippe Berthelot qui lui répond aussitôt :

> *Affaires étrangères*
> *Direction des Affaires politiques et commerciales*
>
> *Monsieur,*
>
> *Je me suis absenté deux jours et je trouve votre lettre à mon retour. Si vous pouvez, sans*

vous déranger, venir me voir au Ministère un matin à votre choix à 11 h, je serai heureux de causer avec vous de Melle Camille Claudel.

Veuillez agréer, Monsieur, mes sentiments très distingués.

Berthelot. (BSPC n° 28 1967 p. 26)

Rodin est prévenu :

Le Temps 5 juin 1914
Cher maître et ami,
Je viens de recevoir M. Philippe Berthelot à qui j'ai fait part, d'une manière rigoureusement confidentielle, de votre désir en ce qui concerne la pauvre et admirable artiste. Il va s'enquérir très délicatement de la situation et nous irons vous voir ensemble dès que nous aurons une idée exacte des choses.

Mais j'ai insisté très énergiquement auprès de Philippe Berthelot pour que nous unissions nos efforts surtout — tout espoir de guérison étant chimérique ! — en vue de rendre un hommage convenable à cette grande mémoire. Ce que je voudrais, c'est que vous consentiez à réserver une salle de l'Hôtel Biron à l'œuvre de Camille Claudel (11). Nous y grouperions tout ce qu'elle a laissé. Il va sans dire que pour mon compte, je donnerais volontiers ce que j'ai conservé d'elle. Je suis sûr que nos amis Fenaille, Peytel, etc. en feront autant. Et ce sera un beau musée digne de voisiner avec le vôtre. N'est-ce pas votre avis ?

Votre fidèlement.

M. Morhardt (AMR)

Aussitôt Rodin répond :

Le Châtelet-en-Brie   *9 juin 1914*

Mon cher ami,

Je suis heureux que vous vous soyez occupé de Melle Say et discrètement surtout, et que nous unissions nos efforts pour elle avec Monsieur Berthelot. Quant à l'Hôtel Biron rien n'est encore fini. Le principe de prendre quelques sculptures de Melle Say me fait grand plaisir.

Cet hôtel est tout petit et je ne sais pas comment on fera pour les salles.

Il y aurait à ajouter quelques constructions, pour elle comme pour moi. Mais quleque [sic] soit la proportion et si la chose se finie [sic] elle aura sa place.

Je vous donnerai un rendez-vous dans quelque temps où nous pourrons causer.

Mes profondes salutations à Madame Morhardt. Cordialement vôtre.

A. Rodin. (APC)

Le 22 juin, il envoie un chèque : *Voici la petite somme que je vous envoie ; pour ce que nous voulons en faire elle sera renouvelée de temps en temps. Je suis heureux de votre sympathie pour cette affaire douloureuse.* (APC).

Morhardt accuse réception le 25 juin :

Cher maître et ami,

J'ai reçu très exactement le chèque de 500 francs que vous m'avez envoyé et je me suis immédiatement préoccupé de faire parvenir cette somme à sa destinataire.

Malheureusement ce n'est pas facile. M. Berthelot, en raison de l'opposition de la famille, n'a pu s'en charger. J'ai dû me tourner, conformément à ses conseils, du côté de l'Administration des Beaux-Arts, laquelle a accordé un secours annuel de 500 f, qu'elle ne peut payer faute de fonds. Elle examine en ce moment si elle peut recevoir les 500 f anonymes que j'offre de lui verser.

Mais sur la question de l'œuvre laissée par la grande artiste, M. Berthelot ne désespère pas du succès. Donc attendons.

Si je ne parviens pas à verser les 500 f, je vous les retournerai.

Croyez, cher maître et ami...

M. *Morhardt* (AMR)

L'affaire se débrouille et, le 1ᵉʳ juillet 1914 :

Cher maître et ami,

J'ai déposé hier à la Caisse de l'Etat les 500 f que vous m'avez fait parvenir pour Camille Claudel. Et j'ai remis ce matin le reçu à l'Administration des Beaux-Arts qui va faire les formalités nécessaires. Mais M. Valentino se montre très désireux de hâter les choses. Déjà il a envoyé 150 f. Il va envoyer les 350 autres francs un de ces jours prochains. Votre nom ne sera naturellement pas prononcé ! Seul,

M. Berthelot est au courant, et naturellement, il ne dira rien. (AMR).

Rodin, le 4 juillet, *remercie infiniment de ce que vous me dites dans votre lettre, de votre habile discrétion et du service que vous rendez et à Melle C. J'espère renouveller [sic] la chose dans un certains temps. C'est une terrible histoire. De tout cœur. Rodin* (APC).

NOTES

1. Bibliothèque Nationale J° 11580
2. *Le Grand National*, journal quotidien, politique, économique et littéraire, directeur Paul Emile, Paris.
3. La tante de Camille est Julienne-Angélique Dujay
4. Sa marraine, Marguerite-Julie Dujay
5. Chacrisse, propriété des Thierry-Dujay
6. Jacques de Massary
7. du Jay
8. Décès de Julienne-Angéline Dujay : 26 juillet 1886
   Décès de Marguerite-Julie :
9. Sans doute l'origine de l'erreur de Paul Claudel dans son texte de 1951
10. Les Thierry étaient des cousins éloignés des Claudel. La grand-mère de Camille était née Thierry.
11. C'est Rainer-Maria Rilke qui, bien que « chassé de Meudon comme un voleur » (sur ordre de la duchesse de Choiseul), avait indiqué l'Hôtel Biron à Rodin qui en avait loué le rez-de-chaussée. Mais en octobre 1911, l'Etat décide la destruction et la vente du terrain ; grâce à une contre-attaque menée pas ses amis, Rodin peut se maintenir dans les lieux, non en achetant la demeure mais en la restaurant à ses frais pour y installer son musée (Ds).

LA GRANDE GUERRE

Août 1914. La Grande Guerre.

Paris étant bientôt menacé, Rodin part pour Londres avec Rose, Judith Cladel et sa mère ; mais, dès l'automne, il se rend à Rome où le buste du pape Benoît XV lui a été commandé (Ds 258).

Paul Claudel quitte le consultat de Hambourg et revient en France en passant par la Suède et la Norvège : *Le 16 (Août) (dimanche) voyage très pénible jusqu'à Paris... Arrivée à minuit. Descente à l'Hôtel Terminus Nord. Le lendemain ministère. Camille va à Enghien.* (J. I. 329). Fin août, Reims était touchée et les Allemands progressant vers Compiègne, le gouvernement prend la direction de Bordeaux ; P. Claudel y représente les Affaires Etrangères au Ministère de la Guerre (CPC 149).

Le 9 septembre, Camille est transférée, avec les pensionnaires d'Enghien à l'hôpital psychiatrique de Montdevergues à Montfavet dans le Vaucluse.

En mai et juin, Claudel fait une tournée de conférences avec Eve Francis en Suisse et en Italie. De retour, il rend visite à sa sœur :

Avignon. Je retrouve ma femme.. Le lendemain, Montdevergues, visite à ma sœur... De Montdevergues, la pauvre Camille envoie un chapelet à maman, fait avec une graine en forme de cœur qu'on appelle « larmes de Job » (J, I, 331).

Samedi 19 (juin). Voyage à Villeneuve. Le canon dans

le lointain comme un bruit d'orage dans l'odeur des foins coupés et le chant des oiseaux (J, I, 331).

Du 23 au 30 s(eptembre) voyage et séjour à Villeneuve... Le 25, la grande offensive, 20 000 prisonniers. N(ous) l'apprenons lundi...

Le 21 septembre, j'apprends ma nomination à Rome, chargé d'une mission économique en vue d'étudier la place que la rupture des relations avec l'All(emagne) peut faire à la France en Italie...

Départ pour l'Italie le mercredi 27 oct(obre) à 14 h. de l'après-midi.

29 fev(rier) 1916. Nouvelles de ce matin. L'offensive allemande sur Verdun semble arrêtée. Jours d'angoisse (J, I, 355).

Pressenti pour le poste de Ministre à Rio-de-Janeiro, Paul, après avoir été sur le point de refuser, accepte sur le conseil de Philippe Berthelot.

Noël 1916, l'un des rares Noëls de sa carrière que Claudel passa en France, est l'occasion d'un dîner d'adieu. Mme Claudel qui attend son cinquième enfant, ne pourra accompagner son mari, nouvellement nommé ministre plénipotentiaire de 2ᵉ classe (2 janvier 1917) (CPC 4 p. 151).

La guerre continue de faire rage, Villeneuve a été évacué. En 1918, Louise envoie à Paul, toujours au Brésil, une très longue lettre de 13 pages postée de Belmont dans l'Ain :

> Le 11 juin,
> Qui nous aurait dit, mon cher Paul, qu'un jour nous serions venues chercher refuge dans ce beau pays d'Hostel et que notre cher vieux Villeneuve serait détruit. Ah ! c'est bien dur pour nous, je t'assure, et nous nous habituons difficilement à cette idée que notre maison est perdue, que notre jardin, justement plein de fruits et de légumes cette année, est en possession des Boches.

> *Nous avions des lapins, des poules en quantité,*
> *des œufs à ne savoir qu'en faire, des confitures*
> *et du linge en quantité, du bois — Enfin rien ne*
> *nous manquait, nous vivions dans l'abondance la*
> *plus large sans presque rien dépenser.*
>
> *Ici, ce n'est pas la même chose, il faut tout*
> *acheter et à quel prix et encore, on manque de*
> *beaucoup de choses ! Enfin, rien ne sert de*
> *récriminer. Heureusement, nous avons qq milliers*
> *de francs d'avance avec lesquels nous vivrons un*
> *moment mais ensuite que deviendrons-nous ? Je*
> *n'ose y penser... Il ne faut plus rien espérer des*
> *fermiers pas plus de ceux de Villeneuve que de*
> *ceux de Sergy. Nous avions fait couper du bois*
> *à la sablonnière... Il est resté là sur le bord de*
> *la route. C'est un véritable désastre pour nous !...*

Elle explique ensuite longuement les derniers jours de mai passés à Villeneuve, les raisons de leur exode et les difficultés rencontrées. Puis elle poursuit :

> *Enfin nous sommes bien maintenant, libres*
> *et chez nous, ne craignant plus ni canons, ni*
> *Gothas, et nous avons tes enfants pour nous*
> *distraire. Seulement c'est 500 f de location : c'est*
> *cher. Comment arriverons-nous jamais à payer*
> *toutes nos dépenses, la pension de Camille, etc...*
> *Maudit argent ! Jacques me donne 300 f par*
> *mois. C'est toujours çà... Le pauvre enfant est*
> *en grand danger tout près de Reims... (APC).*

Depuis avril 1915, Rodin est revenu en France. Le 1er avril 1916, le Ministre du Commerce Clementel vient à Meudon pour la signature d'un contrat provisoire de la donation des œuvres et des biens de Rodin à l'Etat. Il faut faire vite : le 10 juillet, nouvelle attaque de congestion cérébrale ; désormais les instants de lucidité seront de plus en plus rares (Ds).

Judith Cladel raconte : *Mme Rodin me reconduisait et me confiait : « Il se croit toujours en Belgique. Par moment, il ne me reconnaît pas. Il me dit : « Où est ma femme ? » Je lui réponds : « Je suis là ; est-ce que je ne suis pas ta femme ? — Oui, mais ma femme qui est à Paris, est-ce qu'elle a de l'argent ? » Je me gardai bien d'éclairer Mme Rose. « Sa femme de Paris ! » Le pauvre homme voulait sûrement parler de celle de qui le souvenir ne l'avait jamais abandonné, de son élève...*

Dans la grande maison glaciale de Meudon, Rose, souriante, essaie sa plus belle robe. Le lundi 29 janvier 1917, Monsieur Auguste Rodin épouse Mademoiselle Marie-Rose Beuret.

Deux semaines après, Rose succombe à une broncho-pneumonie...

Agé de 77 ans, Rodin est malade. Depuis le 2 novembre, le Docteur Stephen Chauvet, qui le soigne, a fait savoir qu'il ne répondait de rien si son malade n'était pas immédiatement transporté dans un appartement *chauffé*. Mais c'est la guerre et le sculpteur continue de grelotter à Meudon. A quatre heures du matin, le 17 novembre 1917, il rend le dernier soupir. *Dépossédé de tout, Auguste Rodin est mort comme un pauvre. Et, comme un pauvre, il est mort de froid* (Ds).

De Montdevergues, le 25 février 1917 (date écrite au crayon), Camille envoie la première des lettres dites *lettres de l'asile ;* elle est adressée au Docteur Michaux, celui-là même qui avait signé le certificat pour son internement. Elle est entièrement cousue ; la photographie montre nettement les points de couture.

Monsieur le Docteur,

Vous ne vous souvenez peut-être pas de votre ex-cliente et voisine, Mlle Claudel, qui fut enlevée de chez elle le 13 mars 1913 (non : le 10) et transportée dans les asiles d'aliénés d'où elle ne sortira peut-être jamais.

Cela fait cinq ans, bientôt six, que je subis cet affreux martyre, je fus d'abord transportée dans l'asile d'aliénés de Ville-Evrard puis, de là, dans celui de Montdevergues près de Montfavet (Vaucluse). Inutile de vous dépeindre quelles furent mes souffrances. J'ai écrit dernièrement à Monsieur Adam, avocat, à qui vous aviez bien voulu me recommander, et qui a plaidé autrefois pour moi avec tant de succès ; je le prie de vouloir bien s'occuper de moi. Mais, dans cette circonstance, vos bons conseils me seraient nécessaires car vous êtes un homme de grande expérience et, comme docteur en médecine, très au courant de la question. Je vous prie donc de bien vouloir causer de moi avec M. Adam et réfléchir à ce que vous pourriez faire pour moi. Du côté de ma famille, il n'y a rien à faire : sous l'influence de mauvaises personnes, ma mère, mon frère et ma sœur n'écoutent que les calomnies dont on m'a couverte.

On me reproche (ô crime épouvantable) d'avoir vécu toute seule, de passer ma vie avec des chats, d'avoir la manie de la persécution ! C'est sur la foi de ces accusations que je suis incarcérée depuis 5 ans 1/2 comme une criminelle, privée de liberté, privée de nourriture, de feu et des plus élémentaires commodités. J'ai expliqué à M. Adam dans une longue lettre les autres motifs qui ont contribué à mon incarcération, je vous prie de la lire atentivement pour vous rendre compte des tenants et aboutissants de cette affaire.

Peut-être pourriez-vous comme docteur en médecine, user de votre influence en ma faveur.

Dans tous les cas, si on ne veut pas me rendre ma liberté tout de suite, je préfèrerais être transférée à la Salpêtrière ou à Sainte-Anne ou dans un hôpital ordinaire où vous puissiez venir me voir et vous rendre compte de ma santé. On donne ici pour moi 150 f, par mois et il faut voir comme je suis traitée, mes parents ne s'occupent pas de moi et ne répondent à mes plaintes que par le mutisme le plus complet, ainsi on fait de moi ce qu'on veut. C'est affreux d'être abandonnée de cette façon, je ne puis résister au chagrin qui m'accable. Enfin, j'espère que vous pourrez faire quelque chose pour moi et il est bien entendu que si vous avez quelques frais à faire, vous voudrez bien en faire la note et je vous rembourserai intégralement.

J'espère que vous n'avez pas eu de malheur à déplorer par suite de cette maudite guerre, que M. votre fils n'a pas eu à souffrir dans les tranchées et que Madame Michaux et vos deux jeunes filles sont en bonne santé. Il y a une chose que je vous demande aussi, c'est quand vous irez dans la famille Merklen, de dire à tout le monde ce que je suis devenue.

Maman et ma sœur ont donné l'ordre de me séquestrer de la façon la plus complète, aucune de mes lettres ne part, aucune visite ne pénètre.

A la faveur de tout cela, ma sœur s'est emparée de mon héritage et tient beaucoup à ce que je ne sorte jamais de prison. Aussi je vous prie de ne pas m'écrire ici et de ne pas dire que je vous ai écrit, car je vous écris en secret contre les règlements de l'établissement et si on le savait, on me ferait bien des ennuis !

LES FROIDS DE L'ASILE DE MONTDEVERGUES

I. — LA SEQUESTRÉE

L'avance allemande, que stoppera la victoire de la Marne, a entraîné l'évacuation des malades de Ville-Évrard vers Enghien, moins directement menacé ; mais Enghien ne fut qu'une étape.

Le 9 septembre 1914, Camille est transférée avec d'autres pensionnaires, à l'hôpital psychiatrique de Montdevergues à Montfavet, dans le Vaucluse. C'est là qu'elle passera les trente dernières années de sa vie jusqu'à sa mort, le 19 octobre 1943.

Montdevergues est proche du village de Montfavet, sur le territoire de la commune d'Avignon dont il n'est distant que de cinq kilomètres. Depuis 1862, l'établissement remplaçait les bâtiments, devenus étroits et vétustes, de la Maison Royale de Santé d'Avignon et concrétisait l'idée défendue par les aliénistes depuis le début du siècle, que le traitement des maladies mentales requiert des locaux différents des hôpitaux traditionnels. Or la colline de Montdevergues, outre sa proximité, offrait l'avantage d'un domaine qui réunissait, autour des bâtiments de ferme, 10 hectares de bois, 8 hectares de terres labourables et 1 hectare de vignes.

Le plan retenu pour la construction s'adaptait à la forme du terrain. Dans l'axe de la porte d'entrée, les services généraux et administratifs — quatre corps de bâtiments donnant sur une cour — occupent la partie basse, en arrière de deux pavillons où logent le directeur et le médecin-chef. Les pavillons des malades, rayonnant à partir d'un hémicycle, s'étendent de part et d'autre des bâtiments centraux. La règle, strictement appliquée, de la séparation des sexes regroupe les hommes dans ceux de gauche, les femmes dans ceux de droite. Par un escalier et par des raidillons, on accède à la chapelle qui se trouve au centre de l'hémicycle. En arrière et à un autre niveau, s'élèvent les pavillons des pensionnaires que sépare un bâtiment de service. D'autres constructions abritent les infirmeries, les bains ainsi que les ateliers, l'ergothérapie constituant alors, en même temps que l'hydrothérapie, l'essentiel du traitement imposé aux malades.

Ainsi conçu, l'hospice de Montdevergues ne rappelait en rien l'hospice des insensés, plus tard Maison Royale de Santé, édifié dans le courant du XVIIIe siècle sous la Roche des Doms, ou encore la « maison ou prison » des insensés établie en la Tour de l'Auditeur, en vertu d'une bulle du vice-légat Nicolini en 1681. C'était un hôpital moderne, *considéré en son temps comme un établissement modèle d'assistance aux aliénés* (1).

Tout aurait été parfait si le nombre des malades n'avait excédé les 600 initialement prévus. Mais, très vite, aux malades du Vaucluse et du Gard, s'étaient ajoutés ceux des Basses-Alpes, des Alpes-Maritimes et même de la Seine. Durant la guerre, l'obligation faite à Montdevergues de recevoir des aliénés d'autres départements, à commencer par les malades de Ville-Évrard, rendit la situation critique. En dépit des travaux d'extension de la fin du siècle, aucune structure d'accueil ne pouvait faire face à un gonflement imprévu de la population, et, tandis que le nombre des malades dépassait les 2 000, celui du personnel restait sensiblement le même.

A Montdevergues, les aliénés ressortissaient à deux régimes : un régime commun pour ceux dont la pension était payée au taux le plus bas, par le département ou les familles, et un régime spécial pour les pensionnaires.

La catégorie des pensionnaires à laquelle appartiendra Camille Claudel comportait plusieurs classes : à l'origine, il y en avait trois, une quatrième fut créée par la suite, puis une hors-classe et une classe exceptionnelle. La différence venait du logement et de la nourriture : les premières classes logeaient dans les pensionnats, la quatrième dans les sections générales.

Le principe de l'indépendance des quartiers, avec pour chacun son réfectoire et son lieu de réunion, s'appliquait naturellement aux pavillons. Dans ces bâtiments à deux étages, le rez-de-chaussée était réservé aux salons, aux salles à manger et à une cuisine centrale ; une ségrégation existait à l'encontre de la troisième classe. Aux étages se trouvaient les appartements des deux premières classes, les chambres particulières et les dortoirs de la troisième, les uns comme les autres non chauffés, le règlement l'interdisant (2).

La discrimination, déjà sensible pour le logement, était étendu à la nourriture. Aux premières classes seules, qui déjeunaient de café au lait ou de chocolat, on servait de la viande aux deux autres repas. La troisième classe se contentait d'une soupe maigre au déjeuner ; d'une soupe, de 150 grammes de viande et de légumes au dîner ; de légumes, d'une salade ou d'un fromage, et d'un plat de dessert au souper. La viande n'était au menu des quatrièmes classes que quatre fois par semaine ; un déjeuner plus substantiel, un dessert pour le repas de midi faisaient l'objet de suppléments *Sous forme d'abonnements* (3). La direction du service médical avait longtemps appartenu à un médecin-chef qu'assistaient deux adjoints ; mais, après 1922, l'hôpital sera divisé en *trois services autonomes, chacun sous la direction d'un médecin-chef assisté d'un interne.* Le docteur Izac dirige le service des hommes ; à partir de 1917, le docteur Clément celui des femmes. Depuis la fondation de l'établissement, des religieuses hospitalières de la Congrégation de Charles de Lyon assurent la surveillance des femmes ; avant la seconde guerre mondiale, la crise des vocations réduira leur nombre, ouvrant du même coup la voie à la laïcisation qui sera totale à partir de 1938 (4).

La condition de l'aliéné comporte inévitablement sa part de mystère ; mais il faut essayer de connaître la réalité qui, seule, peut garder des extrapolations outrancières ou d'une inutile dramatisation. On ne peut lire sans irritation ces lignes d'un véritable ami de Camille, malheureusement mal informé : *On l'enferme dans un asile d'aliénés. La voici, jetée sans visage, sans âme, sans nom, dans la fosse aux gens indésirables. Elle est morte déjà à l'intelligence, à l'art, à la foi, à l'espérance. Elle ne souffre plus sans doute, puisqu'elle ne pense plus. Mais elle vit. Elle durera ainsi — elle dont l'esprit et les mains avaient créé de la beauté — pendant trente années encore, jusqu'en 1943 ! Trente années de cette réalité innommable, monstrueuse, raison morte, génie éteint, cœur sec, souvenirs perdus, lèvres murmurantes...* (5) la vérité, pour être plus banale, n'en est pas moins terrifiante.

Les rares lettres de Camille parvenues jusqu'à nous ne sont qu'un cri de souffrance ; et mots de séquestration, d'incarcération, d'exil, c'est bien sous sa plume que nous les lisons. A aucun moment, ces lettres ne sont d'une inconsciente. Donc pas de raison morte, pas de cœur sec, ni de souvenirs perdus : même en proie à ses obsessions, Camille conserve la notion du temps, se souvient des visages, est consciente de l'injustice qui lui est faite.

Comment s'étonner que, dans l'univers clos de Montdevergues, les préoccupations matérielles aient pris la première place ? Dans ses lettres, Camille se plaint de la nourriture, du froid, de l'inconfort, de la promiscuité.

En 1927, Paul Claudel a décidé de la faire passer en première classe alors que, depuis son arrivée, elle appartenait à la troisième. A peine en est-elle informée qu'elle écrit à sa mère, d'abord pour s'indigner qu'on dispose d'elle sans demander son avis, puis pour faire des premières classes, sur le ton de la raillerie et du sarcasme qui lui est propre, un tableau poussé au noir : *Les premières classes (sont) les plus malheureuses. D'abord leur salle à manger est dans le courant d'air, elles sont à une toute petite table, serrées les unes contre les autres. Elles ont toujours la dissenterie [sic] d'un bout de l'année à l'autre, ce qui n'est pas un signe que la nourriture est bonne. Le fond de la nourriture est celui-ci : de la soupe (c'est-à-dire de l'eau de légumes mal cuits sans jamais de viande), un vieux ragout de bœuf en sauce, noir, huileux, amer, d'un bout de l'année à l'autre, un vieux plat de macaronis qui nagent dans le cambuis [sic] ou un vieux plat de riz du même genre, en un mot le graillon jusqu'au bout, comme hors d'œuvre quelque minuscle tranche de jambon cru, comme dessert de vieilles dattes chauvreuses (?) ou trois vieilles figues racornies ou trois vieux biscottins ou un vieux morceau de fromage de bique : voilà pour vos vingt francs par jour ; le vin, c'est du vinaigre, le café c'est de l'eau de pois chiches* (6). A vrai dire, Camille n'accepte plus la nourriture des troisièmes classes. Par crainte de l'empoisonnement, plus vraisemblablement par refus d'une cuisine qui lui déplaît, elle a pris l'habitude de cuire elle-même sa nourriture. Elle n'utilise que les produits que sa mère ou sa sœur lui font expédier par la Maison Potin.

Le froid est une autre de ses souffrances : *Il fait tellement froid*, écrit-elle à sa mère, *que je ne pouvais plus me tenir debout... Je suis forcée de me mettre dans ma chambre au second où il fait tellement glacial que j'ai l'onglée, mes doigts tremblent et ne peuvent tenir la plume. Je ne me suis pas réchauffée tout l'hiver [sic], je suis glacée jusqu'aux os, coupée en deux par le froid... Rien ne peut donner l'idée des froids de Montdevergues. Et çà dure sept mois au grand complet* (7).

Si elle se réfugie dans sa chambre, c'est pour éviter

le salon où règne *un vacarme de tous les diables* et fuir la compagnie de *toutes ces créatures énervées, violentes, criardes, menaçantes... que leurs parents ne peuvent pas supporter tellement elles sont désagréables et nuisibles... Cela me tourne le cœur* (8).

Parler à son propos de souvenirs perdus relève de l'ignorance. Bien au contraire, Camille conserve intacte la mémoire du passé. L'anniversaire de son internement à Ville-Évrard n'est jamais oublié, encore qu'elle le date — erreur révélatrice — du 3 mars (date de la mort de son père) et non du 10. *Il y a aujourd'hui quatorze ans,* écrit-elle à son frère, *que j'eus la désagréable surprise de voir arriver dans mon atelier deux sbires armés de toutes pièces, casqués, menaçants en tous points* (9). Le nom de Rodin, dès qu'il est écrit, déclenche en elle la même réaction de haine et d'effroi : vivant, il fut, avec ses complices supposés (Berthelot, les marchands d'objets d'art), l'artisan de son malheur ; mort, il continue de la *tenir dans ses griffes* (10).

Peut-être le travail ou la participation à une vie communautaire auraient-ils distrait Camille de ses obsessions ? La principale originalité de Montdevergues ne résidait-elle pas dans les activités ergothérapiques proposées aux malades ? Les hommes s'y adonnaient aux travaux des champs, se répartissaient entre les ateliers de menuiserie, de cordonnerie, de serrurerie, pratiquaient la maçonnerie ou encore la taille et la réparation des vêtements ; aux femmes, on réservait l'ouvroir, la buanderie, la lingerie. Mais qu'offrir à une artiste quand elle se refuse à pratiquer son art, sinon des passe-temps dérisoires ?

En réalité, Camille vit à Montdevergues dans une solitude quasi totale, n'y a que peu d'amies, fuit ses compagnes d'infortune, n'entretient des relations qu'avec les médecins et les religieuses. Seules les visites viennent rompre, de loin en loin, et pour un bref instant, la monotonie des jours.

Au hasard de ses congés diplomatiques, Paul Claudel

vient la voir et consigne ses impressions, parfois brièvement, dans son *Journal* : fin mai 1915, au cours de sa première visite, il la trouve *beaucoup maigrie, jaune l'œil brouillé mais mieux moralement*. (J. I, 329) ; cinq ans plus tard (octobre 1920) elle est *maigre, toute grise, sans dents*. (J. I, 494) ; il ne la revoit qu'en mars 1925, *édentée, délabrée, l'air d'une très vieille femme sous ses cheveux gris* (J. I, 667) ; nouvelle visite en 1927 avant de partir pour les États-Unis : il conservera *l'image de (sa) vieille sœur Camille... avec son triste chapeau de paille perché sur son crâne et sa robe de toile jaune* (J. I, 780-781) ; l'année suivante, entre le 20 et 23 août, il ne fait que noter : *Avignon. Camille* (J. I, 826) ; 18 juin 1930 (J. I, 918) : *Camille vieille, vieille, vieille !* puis, en septembre 1933 — Paul Claudel est alors presque au terme de sa carrière de diplomate —, il a la vision d'une femme *terriblement vieille et pitoyable, avec sa bouche meublée de q(uel)q(ues) affreux chicots*. (J. II, 38).

Parfois les enfants de Paul, Pierre et Henri, l'accompagnent ; d'autres fois, ils vont la voir seuls. Après une visite de Pierre, Chouchette et son mari Roger : *Je les ais reçus*, écrit Camille à son frère, *clopin-clopant, avec mon rhumatisme dans le genou, un vieux manteau râpé, un vieux chapeau de la Samaritaine qui me descendait jusqu'au nez. Enfin c'était moi... Voilà comment j'apparaîtrai dans leurs souvenirs dans les siècles à venir* (11).

Elle s'enquiert aussi des autres membres de la famille : *Ta femme n'a pas voulu me voir ni les autres*, se plaint-elle à Paul, *je n'espère pas les revoir* (12)... *Tu n'oublieras pas de me donner des nouvelles de Marion. Dis-moi aussi comment va Cécile. Arrive-t-elle à surmonter son chagrin* (13) ?

En revanche, une visite qu'elle souhaitait par-dessus tout ne lui sera jamais faite : elle demande à son frère de *décider maman à faire le voyage, je serais bien heureuse*

271

de la revoir encore une fois. En prenant le rapide, ce n'est pas si fatigant qu'on le dit ; elle pourrait faire cela pour moi malgré son grand âge (14). Le vœu ne sera pas exaucé.

II. — UN ASILE A VILLENEUVE

L'attitude de Louise Claudel à l'égard de sa fille amène à poser la question du maintien de Camille à Montdevergues. Était-il justifié ? L'examen du dossier médical apporterait une réponse. Faute de pouvoir le consulter, on en est réduit à des hypothèses (15).

Que Camille soit restée hantée par ses obsessions, cela est certain : sur ce plan, il est difficile de parler de guérison. Nous pensons, en revanche, avoir prouvé qu'à aucun moment elle ne fut inconsciente ; et il ne paraît pas qu'elle fût jamais dangereuse. Alors pourquoi cette interminable séquestration ?

Dès 1917, dans sa lettre au docteur Michaux, elle revendique une liberté qu'on lui refuse pour des motifs dont elle conteste le bien-fondé. Que lui reproche-t-on ? *On me reproche (ô crime épouvantable) d'avoir vécu toute seule, de passer ma vie avec des chats, d'avoir la manie de la persécution !* Elle supplie qu'on la retire de Montdevergues, et, si liberté ne peut lui être rendue, qu'au moins on la transfère dans un hôpital où son médecin pourra la visiter, fût-ce la Salpêtrière ou Ste-Anne. Elle n'est pas dupe des promesses dont on la berne : *Je dois vous mettre en garde contre les balivernes dont on se sert pour prolonger ma séquestration. On prétend qu'on va me laisser enfermée jusqu'à la fin de la guerre : c'est une blague et un moyen de m'abuser par de fausses promesses, car cette guerre-là n'est pas pour finir et d'ici-là je serai finie moi-même.*

La même revendication de liberté est formulée dans ses lettres à sa mère ou à Paul Claudel. Elle l'assortit de la demande instante de quitter Montdevergues pour

Villeneuve. A sa mère (2-2-1927) : *Tu es bien dure de me refuser un asile à Villeneuve. Je ne ferai pas de scandale comme tu le crois. Je serais trop heureuse de reprendre la vie ordinaire pour faire quoi que ce soit. Je n'oserai plus bouger tellement j'ai souffert...* A Paul Claudel, la même année : *Ce n'est pas ma place au milieu de tout cela, il faut me retirer de ce milieu ; après quatorze ans aujourd'hui d'une vie pareille, je réclame la liberté à grand cris. Mon rêve serait de regagner tout de suite Villeneuve et de ne plus bouger. J'aimerais mieux une grange à Villeneuve qu'une place de 1re pensionnaire ici... Quel bonne heure* [sic] *si je pouvais me retrouver à Villeneuve ! Ce joli Villeneuve qui n'a rien de pareil sur la terre !* (3-3-1927).

Mais les années passent, elle perdra l'espoir que ce rêve se réalise : *Je voudrais bien être au coin de la cheminée de Villeneuve, mais hélas ! je crois que je ne sortirai jamais de Montdevergues au train où çà va ! Çà ne prend pas bonne tournure !* (4-4-1932).

Paul Claudel ne fut pas insensible à la détresse de sa sœur ; il avait songé pour elle à un transfert à Prémontré, à l'asile d'aliénés de l'Aisne. Sa mère, avertie du projet, lui fit savoir son opposition :

14 octobre,

Mon cher Paul,

Je me suis informée pour Prémontré comme tu le désirais, mais depuis la guerre on n'y reçoit plus que des hommes, ainsi il n'y faut pas penser. Du reste, tous les médecins que j'ai consultés, tous sans exception, m'ont déclaré qu'elle n'était pas guérie et que sûrement elle reviendrait de suite comme elle était à son entrée à Ville-Évrard. Les sœurs même qui la soignent m'ont dit et redit qu'elle était tout pareil à ce qu'elle était. Je le vois bien par ses lettres qui sont toujours remplies de menaces pour ceux qui lui ont volé son atelier rempli de si belles choses ! et surtout contre M. Berthelot qu'elle (2 mots) et faire rendre tout ce qu'il lui a volé. J'ai autant de peine qu'on peut en avoir de la voir si malheureuse (quoiqu'elle doive exagérer beaucoup) mais je ne puis rien autre chose que ce que je fais pour elle et si on la relâchait, ce serait toute la famille qui aurait à souffrir au lieu d'une seule. Pour le moment, on ne peut que confirmer notre manière d'agir envers elle, crois-moi. C'est aussi l'avis d'Ernest (14), de Jacques et de l'abbé Martin. Ma santé est meilleure, mais je ne sors pas encore, le temps [sic] est trop mauvais et mes forces trop faibles...

Adieu, mon cher Paul, je t'embrasse de tout mon cœur ; ce n'est pas encore adieu je l'espère.

L.C. (non datée)

D'un retour à Ville-Évrard, il ne sera jamais question. Villeneuve, il n'y fallait plus penser depuis que la mère, dans l'été de 1926, avait vendu sa maison à son petit-fils, Jacques de Massary ; Brangues était tout aussi impensable. Quant à l'installer à Paris, à lui monter une maison, un atelier, alors que tous les médecins consultés et même les religieuses de Montdevergues affirmaient qu'elle n'était pas guérie, c'était un risque gros de conséquences : qui l'empêcherait, une fois relâchée, de reprendre ses accusations mensongères ? Le scandale de son aventure avec Rodin n'était pas oublié : agirait-elle différemment si on lui rendait la liberté. Mieux valait la laisser et qu'une seule souffrît plutôt que toute une famille ;

Que faire pour elle, demandait Louise Claudel à son fils. *On ne peut que lui adoucir la vie comme nous faisons...*

Je suis lasse de me creuser la tête pour savoir ce que nous pourrions faire pour elle sans arriver à une solution autre que celle que nous suivons. Il faut attendre (16).

Attendre, c'était accepter de prendre Camille en charge aussi longtemps qu'il le faudrait.

NOTES

1. Jean-Louis Souleiran : Histoire de l'Hôpital psychiâtrique de Montdevergues. Thèse de médecine, Université de Montpellier, juin 1968.
2. Idem p. 52.
3. Idem p. 45-37.
4. Idem p. 49.
5. H. Asselin
6. Lettre de Camille à sa mère du 2-2-1927 (APC).
7. Idem.
8. Lettre de Camille à sa mère du 18-2-1927 (APC).
9. Lettre de Camille à Paul Claudel du 3-3-1927 (APC).
10. Lettre de Camille à Paul du 3-3-1930 (APC).
11. Lettre de Camille à Paul, dimanche 4-4-1932 (APC).
12. Lettre du 3-3-1930.
13. Marion, épouse de Pierre Claudel ; Cécile de Massary : après la mort en novembre, de son mari, le Dr. Jacques de Massary. Lettre de Camille à Paul, fin 1938 ou début 1939 (J. II, p. 1006).
14. Lettre de Camille à Paul du 3-3-1927 (APC).
15. Le dossier médical a été publié après la mort de Jacques Cassar dans le livre de R.-M. Paris : *Camille Claudel* (Gallimard 1984).
16. Lettre de Louise Claudel à son fils Paul, non datée (APC).

VENTE DE LA MAISON DE VILLENEUVE

Une longue parenthèse s'impose ici, qui n'est en rien une digression. Les dix années qui suivent la fin de la Grande Guerre sont marquées, pour Paul Claudel, par la vente de la propriété familiale de Villeneuve à laquelle tant de souvenirs l'attachaient, et par la mort de sa mère, Mme Louise Claudel. Les deux événements vont avoir de graves répercussions sur les relations qui existent entre les membres de la famille et, par voie de conséquence sur le sort de Camille Claudel.

En novembre 1918, quelques jours après l'armistice, Claudel quitte le Brésil et, après un voyage tourmenté, il est enfin de retour en France le 20 janvier 1919 (CPC 159).

En mai, il se rend à Villeneuve : Arrivée à notre maison où loge le vieux ménage Leblond. Elle est en somme moins abîmée que je ne craignais. Il y a un grand trou dans le toit au-dessus de la chambre de Madame Régnier. Beaucoup d'ardoises sont tombées et les charpentes et plâtres ont été détrempés par les pluies ; il y a eu de plus un incendie dans 2 des chambres du haut... Je vais prier sur la tombe de mes parents. Dans le grand silence et le soleil de 11 heures, un pied sur la tombe de mon père, j'éprouve une grande émotion. Le lierre sur la tombe de mon oncle l'Abbé s'est beaucoup développé. Sur la tombe de mes arrière-grands-parents Cerveau [sic] et Cent, je lis cette inscription qui me frappe particulièrement : « Goudelancourt en Picardie fut le lieu de leur naissance. Tous deux sont morts pleins de foi et d'espérance entre les bras de leurs enfants ». Magnificence incomparable et solennelle de la nature sous le grand soleil de mai, verdoyante et fleurie. Jamais je n'avais eu à Villeneuve une telle impression de beauté mêlée à ce grand spectacle tragique, quelque chose de sacré (J. I, 440).

Et le 10 juillet *voyage à Laon où je vais voir le Préfet de l'Aisne pour lui parler de la situation de maman* (J. I, 447).

Le 3 juin, on lui propose la légation de Copenhague ; il accepte, mais ne rejoindra son nouveau poste que dans le courant du mois de juillet ; on l'a envoyé au Danemark pour y représenter la France à la Commission internationale de Slesvig (CPC, 100).

L'année suivante, le 3 juin 1920, il effectue un voyage en auto à Villeneuve *avec Jacques, Chouchette et Gigette, Splendeur de la terre couverte de moissons surabondantes, inondées de larges tâches jaunes. La vallée de la Marne, rainure profonde où l'invasion est venue s'arrêter. Villeneuve réparé. Seule notre maison reste en ruine...* (J. I, 479). Il voit, à Laon, le Préfet, M. Saint, *qui (lui) promet de faire tout le possible pour Villeneuve* (J. I, 480).

En janvier 1921, nommé ambassadeur au Japon, il quitte la France le 2 septembre. Durant l'été, il est *allé passer 2 jours à Villeneuve. Tristesse de ce pays où l'on n'entend plus ni chants d'oiseaux ni cris d'enfants.* (J. I, 508). Il n'aura pas revu Camille.

De Tokyo, il apprend le mariage, le 24 juin 1922, de Jacques de Massary, fils de sa sœur Louise, avec Cécile Moreau-Nelaton. Le 20 octobre 1923, il répond à une lettre de Mrs. Elborn, née Lipscomb, qui s'était liée d'amitié avec Camille à l'époque où celle-ci avait un atelier rue N.D.-des-Champs :

Ambassade de France, Tokyo le 20 octobre,

Madame,

Je retrouve avec confusion parmi des lettres égarées la vôtre si aimable du 6 septembre 1923

*à laquelle je crois bien que je n'ai pas répondu.
Veuillez m'excuser. Je vous remercie infiniment
de n'avoir pas perdu après tant d'années le
souvenir d'une grand [sic] et infortunée artiste.*

*Veuillez agréer, Madame mes respectueux
hommages.*

P. Claudel.

Une autre lettre, datée du 29 novembre 1924, lui est
envoyée par sa mère :

Mon cher Paul,

*Je viens de recevoir ta lettre et le chèque
de 1 200 F, qu'elle contenait. Merci mille fois.*

*J'ai appris avec tristesse que Reine avait dû
subir une très grave opération. Elle a bien réussi,
paraît-il, et aujourd'hui ta femme va aussi bien
que possible. Henri a été à son tour très souffrant ;
il a besoin de grands soins. Il va mieux mais ne
sort pas encore. Louise se remet petit à petit ;
elle a repris son train de vie ordinaire. Cependant
il faut qu'elle suive un régime spécial, ne pas
marcher beaucoup et prendre une nourriture
spéciale. Elle ne guérira jamais complètement ;
moi, je me maintiens avec mes infirmités ; je ne
sors presque plus ; bien entendu, je n'y crois plus
guère, mais je me console en en voyant d'autres
bien plus amochés que moi. On ne peut pas
toujours être jeune.*

*J'ai reçu la gentille lettre de Gigette qui
m'a fait grand plaisir. Qu'elle m'excuse de ne
pas lui avoir répondu ; j'ai la vue et la main si
mauvaises ! Je suis bien heureuse de la savoir
près de toi et que vous vous plaisiez ensemble*

*autant que tu le dis. Quelle différence pour toi,
au lieu d'être tout seul et si loin de la famille !
D'ici au mois de mars où tu dois revenir en
France, il se pourrait que tu sois nommé ailleurs
et alors tu quitterais Tokyo beaucoup plus tôt.
On parle toujours de toi pour Berlin, ...pas pour
Washington mais pour Berlin : nous verrons cela
bientôt...*

L.C.

En travers de la première page :
    *Cécile me charge de te dire qu'elle recevra
la petite robe avec le plus grand plaisir ; elle
t'en remercie d'avance (APC).*

1925, Claudel est de retour en France. Il débarque à
Marseille et, avant de rentrer à Paris, il passe à
Montdevergues voir sa sœur *sa pauvre sœur Camille,
édentée, délabrée, l'air d'une très vieille femme sous ses
cheveux gris... qui se jette sur sa poitrine en sanglotant*
(16 mars J. I, 667).
    Le dimanche 14 juin, il se rend à Villeneuve dans sa
nouvelle auto. *Erré toute la matinée autour de Paris sur
la rive gauche de la Marne... les immenses horizons entre
la Marne et l'Ourcq... Villeneuve à 4 heures sans aucune
émotion. Sentiment que tout cela est complètement fini.
Maman très vieille, la figure presque ossifiée. La maison
rebâtie. Prière sur la tombe des miens. (J. I, 676).*
    *Il y retourne en septembre (11-4). Cette nuit de pluie,
présence des morts presque palpable. Papa, grand-papa,
Victoire. Ce pays qu'en auto on traverse sans même le voir,
pour moi il avait ses quatre points cardinaux, chacun avec
son versant et son horizon particulier : l'Est, le plateau,
âpre, triste, désert, le Sud, la forêt ténébreuse, le Nord,
l'immense plaine ouverte vers la mer, l'Ouest, la route vers*

Paris, vers l'avenir, la tristesse ensoleillée des sables, des bruyères et des bouleaux. Chaque coin est plein de rêves, de pensées, de figures, de mystères, d'histoires et de légendes. Il y avait même un accent spécial, une langue spéciale, ce tournant jaune de la route comme une gravure familière au milieu d'un texte que jadis on ne se lassait pas de relire. Tout cela est à peu près fini et épuisé. Je les regarde du dehors. Jacques et Cécile (J. I, 689).

Le vrai, comme l'écrit Jacques Petit, *est que Villeneuve lui tient profondément à cœur, il y cherche des souvenirs.*

De nouveau, c'est le départ. Il quitte Paris le 14 janvier 1926, arrive à Marseille *par un froid et un vent terrible, Marseille et toute la région couverte de neige.* (J. I, 703). Le bateau pour le Japon.

Mais, pendant son absence, sa mère vend sa maison de Villeneuve à son petit-fils Jacques de Massary, ce qu'elle annonce à Paul dans une lettre du lundi 29 novembre :

Mon cher Paul,

Ne sachant où t'adresser ma lettre, j'ai attendu jusqu'ici pour te répondre...

Il faut maintenant que je te parle d'une affaire que j'ai faite cet été. J'ai vendu ma maison de Villeneuve à Jacques 60 000 F... J'ai cru devoir faire cela pour éviter que la justice n'intervienne dans ma succession ce qui serait très très onéreux pour vous. C'est un bon prix, ni trop cher ni trop peu... Il reste encore une bonne part pour Camille. Je pense que tu ne me blâmeras pas.

Mes habits et mon linge seront pour Camille. Que faire pour elle ? On ne peut que lui adoucir la vie comme nous faisons. Outre la pension, je lui envoie des habits et des douceurs, n'importe où elle sera, ce sera la même chose, elle ne s'y plaira pas. Je suis lasse de me creuser la tête pour savoir ce que nous pourrions faire sans arriver à une solution autre que celle que nous suivons. Il faut attendre ; on ne peut pas la mettre chez elle, à lui monter une maison, un atelier, elle ferait ce qu'elle a toujours fait, des accusations mensongères sur nous et nos amis et tout ce que tu sais bien. N'en parlons plus.

C'est jeudi prochain le baptême de Philippe (il aura lieu le 2 décembre)...

Adieu, mon cher Paul, je vous embrasse tous deux de tout mon cœur.

L.C.

A la même époque, Paul Claudel reçoit un télégramme annonçant sa nomination à Washington (J. I, 742). Il quitte le Japon avec sa fille, le 17 février 1927, pour se rendre directement à Washington où il arrive le 14 mars (J. I, 760-765).

Paul Claudel n'a pas admis que la maison de Villeneuve soit vendue à son insu ; il a dû l'écrire à sa mère : celle-ci lui envoie, le 28 janvier 1927, une lettre assez acerbe dont voici la fin :

Je vais assez bien, peut-être passerai-je encore cet été à Villeneuve, je le désire. Je serais bien heureuse si avant de mourir je vous voyais tous bien d'accord et pleins d'affection les uns pour les autres.

Je t'embrasse.

L.C.

Rentré à Paris le 30 avril, il se rend à Brangues début mai pour acheter *le beau château de Brangues, appartenant à M. de Virieu, style Louis XIII, près du Rhône, dans l'Isère...* L'acte de vente ne sera signé qu'en juin (J. I, 769-775).

Le 28 mai. Voyage en auto... à Villeneuve... La pergola à la place de la vieille grange. Je sens combien radicalement aujourd'hui je suis séparé de ce pays (J. I, 772).

Le moindre changement le gêne et, en septembre, alors qu'il a déjà regagné son poste à Washington, il note : *J'ai vu la pauvre vieille maison de Villeneuve transformée par Jacques avec un salon et une pergola. C'est quelque chose de complètement fini. Il n'y a plus qu'une chose à moi, c'est ce coin de l'église où sont enterrés mon père et mes grands-parents. Sous la pluie dans l'herbe mouillée je cause avec Marie Moitié, amie de Camille. Il y a un moment où le passé cesse d'être continu avec nous. Le lien s'est cassé. — Dans le salon, un enfant nouveau et inconnu, le jeune Philippe. — Louise fiévreuse, nerveuse, malade. L'excitation et l'agitation des Claudel, leur grain de folie.* (J. I, 785).

Une page est près de se tourner : en mai, il avait noté *la face de maman (88 ans) déjà pareille à une tête de mort* (J. I, 773) ; et, étant retourné à Villeneuve le samedi 25 juin : *Maman et Louise très vieilles. Celle-ci continue à cultiver le jardin. Elle se tue.* (J. I, 776). *14 juillet. Installation au château de Brangues. Pour la première fois, je me trouve entouré de ma femme et de mes cinq enfants sous un toit qui m'appartient...* (J. I, 779).

Dans la deuxième quinzaine du mois d'août, Paul ira voir sa sœur Camille avec ses fils, Henri et Pierre, avant de repartir, le 24, pour l'Amérique (J. I, 780-781).

LETTRES DE L'ASILE

De l'année 1927, quelques lettres autographes de Camille ont été retrouvées (APC). Elle donnent une idée des préoccupations, des obsessions et des souffrances de l'internée.

Montdevergues, 2 février 1927,

Ma chère maman,

J'ai beaucoup tardé à t'écrire car il fait tellement froid que je ne pouvais plus me tenir debout.

Pour écrire, je ne puis me mettre dans la salle où se trouve tout le monde, où brûlotte un méchant petit feu, c'est un vacarme de tous les diables. Je suis forcée de me mettre dans ma chambre au second où il fait tellement glacial que j'ai l'onglée, mes doigts tremblent et ne peuvent tenir la plume. Je ne me suis pas réchauffée de tout l'hiver, je suis glacée jusqu'aux os, coupée en deux par le froid. J'ai été très enrhumée. Une de mes amies, une pauvre professeur du Lycée Fénelon qui est venue s'échouer ici, a été trouvée morte de froid dans son lit. C'est épouvantable. Rien ne peut donner l'idée des froids de Montdevergues. Et çà dure 7 mois au grand complet. Jamais tu ne peux te figurer ce que je souffre dans ces maisons. Aussi *ce n'est pas sans une surprise d'épouvante que j'ai appris que Paul me faisait mettre en 1re classe. C'est curieux que vous disposez [sic] de moi comme il vous plaît sans me demander mon avis, sans savoir ce qui se passe ; vous n'êtes jamais venus ici et vous savez mieux que moi ce qu'il me faut. Vous en dépensez de l'argent à tort et à travers : qui est-ce qui sait tout ce que vous donnez ?*

Je vous ai déjà dit que les premières classes étaient les plus malheureuses. D'abord leur salle à manger est dans le courant d'air, elles sont à une toute petite table serrées les unes contre les autres. Elles ont toujours la dissenterie [sic] d'un bout de l'année à l'autre, ce qui n'est pas un signe que la nourriture est bonne. Le fond de la nourriture est celui-ci — de la soupe (c'est-à-dire de l'eau de légumes mal cuits sans jamais de viande) un vieux ragout de bœuf en sauce noire, huileux, amère, d'un bout de l'année à l'autre, un vieux plat de macaronis qui nagent dans le cambuis [sic], ou un vieux plat de riz du même genre en un mot le graillon jusqu'au bout, comme hors-d'œuvre quelques minuscules tranches de jambon cru, comme dessert de vieilles dattes chauvreuses (?) ou trois vieilles figues racornies ou trois biscottins ou un vieux morceau de fromage de bique : voilà pour vos 20 F par jour ; le vin c'est du vinaigre, le café c'est de l'eau de pois chiches.

C'est réellement faire preuve de folie que de dépenser un argent pareil. Quant à la chambre c'est la même chose ; il n'y a rien du tout, ni un édredon, ni un seau hygiénique, rien, un méchant pot de chambre les trois quarts du temps ébréché, un méchant lit de fer où on grelotte toute la nuit (moi qui déteste les lits de fer il faut voir si je (peux) de me trouver là-dedans, qu'en conséquence, je te prie de suivre mon goût et non pas le tien.

Je ne veux à aucun prix rester de 1re classe et je te prie à la réception de cette lettre de me faire remettre de troisième comme j'étais avant.

Puisque tu t'obstines malgré mes objurgations à me laisser dans les maisons de santé où je suis horriblement malheureuse, au mépris de toute espèce de justice, au moins économise ton argent et si c'est Paul communique-lui mes appréciations.

En as-tu des nouvelles ? Sais-tu de quel côté il est actuellement. Quelles sont ses intentions à mon égard ? A-t-il l'intention de me laisser mourir dans les asiles d'alinés ?

Tu es bien dure de me refuser un asile à Villeneuve. Je ne ferais pas de scandale comme tu le crois. Je serais trop heureuse de reprendre la vie ordinaire pour faire quoi que ce soit. Je n'oserais plus bouger tellement j'ai souffert. Tu dis qu'il faudrait quelqu'un pour me servir ? Comment cela ? Je n'ai jamais eu de bonne de ma vie ; c'est vous qui en avez toujours besoin.

Quand tu ne me donnerais que la chambre de la mère Régnier et la cuisine, tu pourrais fermer le reste de la maison. Je ne ferais absolument rien de répréhensible. J'ai trop souffert pour jamais m'en remettre.

Tu ne vois pas qu'on nous divise exprès pour nous tirer toujours de l'argent. J'ai reçu le chapeau, il va bien ; le manteau, il fait bien l'affaire, les bas, ils sont admirables et le reste de ce que tu m'as envoyé.

Je t'embrasse.

Camille.

Donne-moi de tes nouvelles de suite et dis-moi si tu n'as pas souffert de la grippe.

Je reçois ta lettre ce qui m'a rassurée car en voyant qu'on me changeait de classe je me suis figurée que tu étais morte. Je n'ai pas dormi de la nuit, je me suis glacée.

Surtout à la suite de la lettre que je viens de t'écrire, ne va pas t'imaginer d'envoyer de l'argent soit pour me payer du feu ou autre chose en plus, ton argent il va au bureau, un point c'est tout et moi il me faut souffrir le martyre. Ne fais rien sans m'avoir consultée. Les maisons de fous ce sont des maisons... Exprès pour faire souffrir on n'y peut rien surtout quand on ne voit jamais personne.

Tu me demandes ce qu'il me faut dans mon prochain colis. Ne mets pas de chocalat car j'en ai encore beaucoup.

Mets 1 kg de café du Brésil
1 kg de beurre
1 kg de sucre
1 kg de farine
1/2 livre de thé toujours le même
2 bouteilles de vin (blanc)
1/2 bouteille d'huile ordinaire
1 petit paquet de sel
1 morceau de savon
2 boîtes de cubes (Kub?)

Quelques mandarines, si tu peux mettre un tout petit bocal de cerises à l'eau-de-vie, mais si çà coûte trop cher ne m'en mets pas.

Cela suffira comme çà.
Je t'embrasse.

Camille.

CAMILLE CLAUDEL

Montdevergues, 18 février 1927

Chère maman,

J'ai reçu aujourd'hui ton superbe colis. Il est arrivé en bon état ; tous les articles sont excellents je suis toujours très bien servie malgré que je sois au loin. La maison Potin est très consciencieuse tu peux leur faire des compliments ; le vin est délicieux et me fait un bien extraordinaire, le café est délicieux, le beurre aussi ; quelle différence avec toutes les saletés des maisons d'aliénés.

Je revis quand ton colis arrive, je ne vis d'ailleurs que de ce qu'il contient car pour la nourriture d'ici elle me rend horriblement malade. Je ne puis du tout la supporter, ce n'est plus la peine de payer 30 F, par jour de 1ʳᵉ.

Je te prie de me garder cette image. Je perds tout. C'est d'une jeune fille qui a été ici quatre ans pour des crises de nerfs. Elle vient de mourir peut-être de quelque grippe. J'ai été amie avec elle ; elle avait été en pension à Épinal avec Marie Merklen, fille de Marie (a). Elle voulait venir me voir à Villeneuve et à Paris, elle avait une très grande fortune mais elle avait beaucoup de difficultés à se marier, elle avait perdu toute sa famille, excepté son père le Comte de B. mais comme vous n'avez pas voulu me faire sortir d'ici nous nous sommes [sic] perdues de vue, j'ai appris sa mort à 37 ans. Surtout raconte-moi des détails du mariage.

Surtout dépêche-toi d'écrire à Paul de me remettre comme j'étais avant car je pouvais encore manger tandis que de 1ʳᵉ classe je ne pourrai plus manger du tout. Je ne veux pas toucher à tous ces graillons qui me rendent horriblement malade, je me suis fait donner des pommes de terre en robe de chambre à midi et le soir, c'est de cela que je vais vivre. Cela vaut-il la peine de payer 20 F par jour pour cela ? C'est le cas de dire qu'il faut que vous soyez fous.

Quand à [sic] moi je suis tellement désolée de continuer à vivre ici que je ne (suis ?) plus une créature humaine. Je ne puis plus supporter les cris de toutes ces créatures, cela me tourne sur le cœur. Dieu ! que je voudrais être à Villeneuve !

Je n'ai pas fait tout ce que j'ai fait pour finir ma vie gros numéro d'une maison de santé. J'ai mérité autre chose que cela, n'en déplaise à Berthelot.

Je t'embrasse en te remerciant vivement de ton superbe cadeau.

Bien des amitiés à Louise et à Jacques.

Camille.

(a) Mort de ma cousine et marraine Marie Merklen, âgée de 75 ans, tuée... dans un accident d'auto, 10 septembre 1935. » (J. II, 108).

3 mars 1927

Mon cher Paul,

J'ai eu de tes nouvelles dernièrement indirectement. J'ai appris que tu avais envoyé une certaine somme d'argent à Monsieur le Directeur pour améliorer mon sort dans la mesure du possible. Tu as bien fait d'avoir confiance en

M. le Directeur, car c'est un homme qui a une grande réputation d'honnêteté et, en même temps, il a une grande bienveillance à mon égard. Tu peux être sûr que dans tous les cas il fera tout ce qu'il pourra pour moi et toi-même je suis sûre que ton intention est de me soulager tu fais de bien gros sacrifices pour moi ce qui est d'autant plus méritoire de ta part que tu as des charges extraordinaires de tous les côtés. Cinq enfants et que de frais que de voyages que d'hôtels à payer.

Je me suis demandé souvent comment tu peux en venir à bout. Il faut que tu aies la tête solide pour gouverner les choses avec tant d'intelligence et d'en venir à bout de triompher de toutes les difficultés. Ce n'est pas moi qui serais capable d'une chose pareille !

Ton intention est bonne et aussi celle de M. le Directeur mais dans une maison de fous ces choses sont bien difficiles à obtenir les changements sont bien difficiles à faire même si on le veut il est bien difficile de créer un état de choses supportable. Il y a des règlements établis, il y a une manière de vivre adaptée pour aller contre les usages c'est extrêmement difficile. Il s'agit de tenir en respect toutes sortes de créatures énervées, violentes, criardes, menaçantes. Il faut pour cela un ordre très sévère même dur à l'occasion, autrement on n'en viendrait pas à bout. Tout cela crie, chante, gueule à tue-tête du matin jusqu'au soir et du soir au matin. Ce sont des créatures que leurs parents ne peuvent pas supporter tellement elles sont désagréables et nuisibles. Et comment se fait-il que moi je sois forcée de les supporter ? Sans compter les ennuis qui résultent d'une telle promiscuité. Ça rit, ça pleurniche, ça raconte des histoires à n'en plus finir avec des détails qui se perdent les uns dans les autres.

Que c'est ennuyeux d'être au milieu de tout cela, je donnerais 100 000 F si je les avais pour sortir tout de suite. Ce n'est pas ma place au milieu de tout cela, il faut me retirer de ce milieu, après 14 ans aujourd'hui d'une vie pareille, je réclame la liberté à grands cris. Mon rêve serait de regagner tout de suite Villeneuve et de ne plus bouger, j'aimerais mieux une grange à Villeneuve qu'une place de première pensionnaire ici...

Les premières ne sont pas mieux que les troisièmes. C'est exactement la même chose surtout pour moi qui ne vis que de mon régime ; il est donc inutile d'augmenter les frais à ce point. L'argent que tu m'as envoyé pourrait servir à payer la troisième classe.

Ce n'est pas sans regret que je te vois dépenser ton argent dans une maison d'aliénés. De l'argent qui pourrait m'être utile pour faire de belles œuvres et vivre agréablement ! Quel malheur ! J'en pleurerais. Arrange-toi avec M. le Directeur pour me remettre en troisième classe ou alors retire-moi tout de suite d'ici ce qui serait beaucoup mieux.

Quel bonne heure [sic] si je pouvais me retrouver à Villeneuve ! Ce joli Villeneuve qui n'a rien de pareil sur la terre ! Il y a aujourd'hui 14 ans (a) que j'eus la désagréable surprise de voir entrer dans mon atelier deux sbires armés de toutes pièces, casqués, bottés, menaçants en tous points. Triste surprise pour une artiste : au lieu d'une récompense, voilà ce qui m'est arrivé ! C'est à moi qu'il arrive des choses pareilles car j'ai toujours été en but à la méchanceté. Dieu !

ce que j'ai supporté depuis ce jour-là. Et pas d'espoir que cela finisse. Chaque fois que j'écris à maman de me reprendre à Villeneuve, elle me répond que sa maison est en train de fondre, c'est curieux à tous les points de vue. Cependant, j'ai hâte de quitter cet endroit. Plus ça va et plus c'est dur ! Il arrive tout le temps de nouvelles pensionnaires on est les uns sur les autres, comme on dit à Villeneuve c'est à croire que tout le monde devient fou.

Je ne sais si tu as l'intention de me laisser là mais c'est bien cruel pour moi ! On me dit que tu vas venir pour le mariage de ta fille le 20 avril. Il est fort probable que tu n'auras pas le temps de t'occuper de moi, on s'arrangera pour t'envoyer encore à l'étranger faire des conférences. On saura t'éloigner de Paris et de moi surtout j'ai bien peu de chance de vous toucher. Le départ d'ici est la seule chose que je souhaite aucune modification ne peut me rendre heureuse ici, il n'y a rien de bien possible. Nous avons eu un hiver terrible ici, du mistral sans arrêter pendant six mois, l'océan glacial arctique n'est rien à côté de ça ! Dire qu'on est si bien à Paris et qu'il faut y renoncer pour des lubies que vous avez dans la tête.

J'ai entendu dire que Reine avait été très malade et qu'elle avait subi une opération douloureuse. Espérons qu'elle va mieux à présent. Il paraît que Louise aussi a été bien malade, tout cela m'a fait trembler. Surtout s'il arrive quelque malheur, ne m'abandonne pas ici toute seule et ne fais rien sans me consulter. Étant donné que je connais les mœurs de l'établissement c'est moi qui sais ce qu'il me faut. Heureusement que j'ai la protection du docteur Charpenel et *celle de Monsieur le Directeur. Je te remercie de t'adresser à eux.*

Ne prends pas ma lettre en mauvaise part. Si tu n'as pas l'intention de venir me voir, tu devrais décider maman à faire le voyage, je serais bien heureuse de la voir encore une fois. En prenant le rapide, ce n'est pas si fatigant qu'on le dit ; elle pourrait bien faire cela pour moi malgré son grand âge (b).

Là-dessus je te quitte en t'embrassant ainsi que ta fille Gigette (c) qui je crois est encore avec toi.

Ta femme n'a pas voulu me voir, ni les autres. Je n'espère plus les revoir.

Ta sœur Camille.

(a) non, c'est le 10 mars.
(b) sa mère avait eu 87 ans le 8 janvier 1927.
(c) Reine Claudel.

Une autre lettre, datée du 3 mars 1930, témoigne de la continuté des préoccupations.

Cher Paul,

Aujourd'hui 3 mars, c'est l'anniversaire de mon enlèvement à Ville-Évrard ; cela fait 17 ans que Rodin et les marchands d'objets d'art m'ont envoyé faire pénitence dans les asiles d'alinés.

Après s'être emparés de l'œuvre de toute ma vie, en se servant de B.* pour exécuter leur sinistre projet, ils me font faire les années de

* Berthelot.

prison qu'ils auraient si bien méritées eux-mêmes.
B. n'était qu'un agent dont on se servait pour te
tenir en respect et t'employer à exécuter ce coup
d'audace qui a réussi à leur gré grâce à ta
crédulité et à celle de maman et de Louise.
N'oublie pas que la femme de B. est un ancien
modèle de Rodin : tu vois maintenant la combinaison dont j'étais l'objet. C'est beau ! Tous ces
millionnaires qui se jettent sur une artiste sans
défense ! car les messieurs qui ont collaboré à
cette belle action sont tous plus de 40 fois
millionnaires. Il paraît que mon pauvre atelier :
quelques pauvres meubles, quelques outils forgés
par moi-même, mon pauvre petit ménage excitait
encore leur convoitise ! L'imagination, le sentiment,
le nouveau, l'imprévu qui sort d'un esprit développé
étant chose fermée pour eux, têtes bouchées,
cerveaux obtus, éternellement fermés à la lumière,
il leur faut quelqu'un pour la leur fournir. Ils le
disaient « nous nous servons d'une hallucinée pour
trouver nos sujets ». Il y en a au moins qui
auraient la reconnaissance du ventre et qui
sauraient donner quelques compensations à la
pauvre femme qu'ils ont dépouillée de son génie.
Non une maison d'aliénés ! pas même le droit
d'avoir un chez moi !... Parce qu'il faut que je
reste à leur discrétion ! C'est l'exploitation de la
femme, l'écrasement de l'artiste à qui l'on veut
faire suer jusqu'au sang.

Il paraît que le principal bénéficiaire de mon
atelier est le sieur Hébrard éditeur d'art rue
Royale. C'est là que sont engouffrées toutes mes
esquisses (plus de 300). Il paraît déjà quelques
années avant mon départ de Paris, les esquisses
que je faisais à Villeneuve filaient chez lui à
mesure (par quel miracle ? Dieu seul le sait).

J'en ai retrouvé chez lui éditées en bronze et signées d'autres artistes ; c'est réellement trop fort !... Et me condamner à la prison perpétuelle pour que je ne réclame pas !

Tout cela au fond sort du cerveau diabolique de Rodin. Il n'avait qu'une idée c'est que lui étant mort, je prenne mon essor comme artiste et que je devienne plus que lui ; il fallait qu'il arrive à me tenir dans ses griffes après sa mort comme pendant sa vie. Il fallait que je sois malheureuse lui mort comme vivant. Il a réussi en tous points car pour être malheureuse je le suis ! Cela ne peut pas te déranger beaucoup mais je le suis !

On fait semblant de temps en temps d'adoucir mon sort, mais cela ne dure pas, c'est de la frime ! Dernièrement on a construit une grande cuisine, au loin à plus de 1 km du pensionnat ; cela me faisait une sortie et une promenade. Cela n'a pas duré... J'ai reçu l'ordre de ne plus y aller, sans motif aucun, je suis de nouveau séquestrée.

Je m'ennuie bien de cette [sic] esclavage. Je voudrais bien être chez moi et bien fermer ma porte. Je ne sais pas si je pourrais réaliser ce rêve, être chez moi !

J'ai reçu dernièrement une lettre de Jessie Elborne. Elle m'annonce qu'elle viendra avec son mari vers la fin avril ! Ils sont bien aimables, mais que peuvent-ils pour moi !

Je crois qu'ils ont bien assez de tous leurs soucis !

Dans tous mes parents, il n'y en a pas un seul qui en fasse autant.

Je n'ai pas de nouvelles de tes enfants.

Bien des amitiés à toi et à ta famille.

Camille.

MORT DE LA MÈRE

Malade et très fatiguée, Madame Louise Claudel veut préparer sa succession : elle a vendu sa maison, le seul bien immobilier qui lui restait, elle a distribué ses affaires personnelles. A présent, elle fait ses dernières recommandations à son fils Paul :
(fin de la lettre du 14 décembre 1927).

> *...J'ai une recommandation à te faire au cas où je viendrais à mourir et que tu sois auprès de nous.*
>
> *Je ne veux pas que vous annonciez ma mort dans les journaux ailleurs qu'à Villeneuve. Je veux pas [sic] de grande cérémonie, rien que le curé de Villeneuve, pas de sonnerie, ni cloches pendant trois jours, mais seulement le jour de l'enterrement. On me mettra au-dessus de ton père dans la 1re tombe. Je voudrais aussi que vous donniez un petit souvenir à l'église où je suis tant allée avec les parents.*
>
> *Adieu mon cher Paul, je t'embrasse de tout mon cœur. Ce n'est pas encore adieu, je l'espère.*
>
> *L.C.*

Dès le mois de janvier 1928, elle a la première alerte sérieuse. En février, Paul note dans son *Journal : Ma vieille maman est malade d'un fibrome.* Il s'inquiète de l'état de santé de sa mère ; c'est son neveu, le docteur Jacques de Massary, qui le renseigne :

CAMILLE CLAUDEL

Mon cher oncle,

Ma mère m'a communiqué la lettre que tu m'adressais par son intermédiaire, me demandant de te donner des nouvelles de ma grand'mère ; et je ne veux pas tarder à te satisfaire d'autant plus que l'alerte sérieuse que nous venons d'avoir à son sujet est passée, pour le moment du moins.

Ma grand'mère est atteinte non pas d'un fibrome mais d'un kyste de l'ovaire volumineux... Ce kyste, bien entendu, ne date pas d'hier mais sans nul doute de plusieurs années...

Étant donné l'âge de ma grand'mère, il est impossible de songer à une intervention chirurgicale, le bistouri étant généralement fatal au-delà de 70 ans et (nom illisible), consulté, s'est refusé, pour cette raison, à toute opération.

Du reste, l'horizon s'est éclairci ces dernières semaines... l'état général s'est amélioré mais il ne faut pas se dissimuler que l'avenir reste inquiétant. Ma grand'mère reste très faible, le kyste est toujours là...

J'ai été très heureux d'apprendre par ta lettre que tu ne nourrissais à notre égard aucun sentiment de rancune ou aucune animosité que ta conduite vis-à-vis de nous, et même tes paroles nous avaient semblé traduire. Leur injustice et leur manque absolu de fondement nous avaient profondément blessés et peinés. Cela m'avait obligé à un certain éloignement de ma part, qui m'était du reste très pénible en raison de l'admiration et de l'affection que j'ai pour toi. Sentiments qui n'ont été du reste nullement altérés par ces divergences de vue d'ordre mondain et reposant surtout sur des malentendus et des

*fausses interprétations réciproques. Cécile se joint
à moi pour te prier de croire à mes sentiments
de profonde affection.*

> *J. de Massary.*

Rentré en congé en juillet, Paul se rend aussitôt
auprès de sa mère : *Dimanche Villeneuve... Ma pauvre
maman comme un squelette, la figure à moitié paralysée*
(J. I, 822). Puis il rejoint les siens à Brangues, où aura
lieu, le 7 août, le mariage de sa fille aînée Marie avec
Roger Méquillet ; Paul notera : *A l'église, Jacques de
Massary et le colonel Méquillet,* puis *20-23 août. Avignon
Camille.*

Le 20 septembre, il reçoit un télégramme lui prescrivant
de partir pour la Guadeloupe afin de porter aux sinistrés
les condoléances et les secours du Gouvernement français.
Avant de partir le 30, il passe par le Tardenois. *Le
23 septembre, dimanche, Villeneuve... J'embrasse ma vieille
maman probablement pour la dernière fois. Ses pauvres bras
sont comme ceux d'un squelette. Elle a communié et reçu
l'Extrême-Onction* (J. I, 830).

Dans une lettre du 2 novembre, Jacques de Massary
lui annonce la visite prochaine d'un cousin de sa femme
Cécile, en voyage en Amérique avec sa fille ; et il poursuit :

> *...Nous sommes tous en ce moment à
> Villeneuve, pour une période de trois semaines,
> complément tardif de mes courtes vacances en
> juillet, ayant dû passer août et septembre à Paris.
> Ma grand'mère va aussi bien que possible, elle
> mange, dort, marche très bien et toutes ses
> fonctions intestinales, urinaires se font très
> normalement.*
>
> *Son kyste même diminue de volume et est*

surtout beaucoup moins tendu, il y a là certai-
nement une ébauche de régression ou du moins
d'arrêt très marqué dans l'évolution de cette
tumeur.

Pierre et Renée sont arrivés hier pour passer
avec nous les vacances de la Toussaint et ma
grand'mère a été très contente de les revoir. Il
nous ont donné de vos nouvelles à tous deux et
de votre voyage à la Guadeloupe puis au Canada.

Cécile se joint à moi pour vous prier de
croire, ainsi que Gigette, à nos sentiments de
sincère et profonde affection.

J. de Massary.

1840

Le 19 juin 1929, décès de Louise-Athanaïse Cerveaux,
née en 1810, veuve de Louis-Prosper Claudel.

Paul est seul quand il apprend la triste nouvelle, sa
fille Reine a quitté les États-Unis le 18 juin. *20 juin, à*
10 h et 1/2 du matin, je reçois un télégramme de ma femme
m'annonçant la mort de ma vieille mère.

Requiescat in pace.

Mon Dieu, ayez pitié de l'âme de Louise-Athanaïse
Cerveaux.

Elle fut pauvre, simple, profondément humble, pure de
cœur, résignée, dévouée à son devoir quotidien, travaillant
de ses mains du matin au soir. Sa vie fut pleine de chagrins
et connut peu de joie. Comment cette femme dont le
caractère fut avant tout la modestie et la simplicité, eut-
elle deux enfants comme ma sœur Camille et comme moi ?
Je ne la verrai plus. Au moment où j'écris de l'autre côté
de l'Océan, dans la vieille maison de Villeneuve dont le
jardin est rempli de fleurs (l'acacia surchargé de grappes
blanches), elle est étendue raide et glacée sur son lit de
mort. Je ne sentirai pas le froid de son front sur mes lèvres

comme celui de mon père. On l'enterrera avec lui à côté de l'église. Enfin j'ai fait ce que j'ai pu. C'est grâce à moi qu'elle a rempli tous ses devoirs religieux. Mère de Jésus-Christ, ayez pitié de ma mère.

Elle a retrouvé mon grand-père et mon grand-oncle le curé de Villeneuve, son frère Paul, sa mère, mon petit frère Henri mort à 15 jours, les Thierry, les Du Jay et derrière eux les De Vertus.

22 juin. Récité l'office des morts pour l'âme de maman...

J'étais totalement différent d'elle par l'essentiel. Mais je lui ressemblais par une multitude de petits traits et tours caractéristiques. Même physiquement de plus en plus en vieillissant.

On descend le cercueil par l'escalier. Elle sort de la maison pour ne plus y rentrer (J. I, 863, 864).

Jacques de Massary écrit à son oncle pour lui relater en détail les circonstances de la mort de sa grand'mère :

Paris 25 juin

Mon cher oncle,

Maintenant que tout est fini et que ma pauvre grand'mère n'est plus, je viens te donner des détails sur ses derniers moments.

Étant allé à Villeneuve le 2 juin, je ne l'ai pas trouvé aussi bien qu'à mes voyages précédents... Malgré cela, elle était tout à fait lucide et fut enchantée du tour du clos que je lui fis faire dans sa petite voiture, par un temps splendide. Elle trouvait la propriété, les fleurs magnifiques devant : que c'est beau, que c'est triste de quitter tout cela, de mourir en cette saison, j'aimerais mieux mourir en hiver, mais je suis contente de savoir que Villeneuve restera

*entre tes mains et gardera son aspect actuel...
Rentré à Paris, je téléphonais, à ma tante Reine
et à tes enfants qui n'étaient pas encore allés à
Villeneuve, la gravité de la situation. J'y retournais
le 15 juin et ta famille vint le 16... Toujours très
lucide, elle reconnut parfaitement tes enfants,
demanda des nouvelles de Chouchette, si c'était
exact que tu ne viendrais pas cette année et
remercie les tiens de leur visite. Le lundi elle
refuse toute alimentation... Le mercredi,... à
3 heures de l'après midi, elle est rentrée dans le
coma ; et à 8 heures elle rendit le dernier soupir...
Suivant son désir formel, les obsèques furent très
simples, en dehors de ta famille, de ma mère, il
ne vint que ma tante de Massary, Madame
Merklen et mon beau-frère. Le doyen de Fère
donna l'absoute et l'inhumation se fit à côté de
mon grand'père contre l'église...*

*Voici, mon cher oncle, le récit de ces pénibles
semaines ; mais ce que l'on ne peut traduire est
la profonde tristesse de voir peu à peu s'éteindre,
sans pouvoir rien y faire, une personne aussi
chère que ma grand'mère l'était pour nous. Il est
vrai que nous nous y attendions d'un moment à
l'autre, depuis janvier 1928, mais comme elle ne
se plaignait jamais, parlait de sa mort avec une
sérénité, un calme admirable, on finissait par
oublier la gravité de son état, son grand âge et
à espérer qu'elle pourrait encore vivre plusieurs
années. C'était un espoir illusoire et la réalité
nous a cruellement détrompés.*

*Je t'embrasse bien affectueusement et bien
tristement.*

J. de Massary.

C'est un mois après le décès de leur mère que Louise de Massary écrit à son frère Paul :

Villeneuve 15 juillet

Mon cher Paul,

Je reçois ta lettre ce matin, je te demande bien pardon de ne pas t'avoir encore écrit depuis la mort de maman, j'ai été un peu fatiguée et fiévreuse pendant une dizaine de jours, suite des horribles (jours) que j'ai traversés et peu apte à me remettre à une vie active. Je commence à m'habituer maintenant, la présence de Cécile et de ses enfants étant un grand dérivatif. Je pense cependant à maman sans cesse comme si elle était toujours présente. Sa maladie s'est aggravée subitement vers le 4 juin... Elle se rendait très bien compte de son état et savait que la mort était imminente. Quand elle me voyait près d'elle, désolée, elle me consolait en me disant de ne pas me faire tant de chagrin, qu'il fallait bien que la mort arrive, que c'était inévitable, que c'était son tour, etc...

Bien entendu, j'ai tenu Camille au courant de tous ces événements ; elle a paru très touchée mais reste persuadée que maman a été empoisonnée.

Nous n'avons pas encore parlé d'affaires. J'espère comme toi que tout s'arrangera au mieux, la vente de la maison à Jacques supprimant la grosse difficulté. Je continuerai à envoyer à Camille des colis d'épicerie comme par le passé ; elle paraît en avoir grand besoin.

Mon cher Paul, je regrette ton éloignement dans ces moments si durs ; j'aurais aimé te

*sentir près de moi ; je suis sûre du moins que
ta pensée s'envole souvent jusqu'ici.*
Je t'embrasse de toute mon affection. ·

Louise.

De retour en France le 9 mai 1930, Paul se rend le
19 à Villeneuve.

*Voyage à Villeneuve où j'arrive le jour de la Fête des
Morts du village (...). J'arrive en pleine messe des morts.
Puis le curé sort en chape et le goupillon à la main et
bénit toutes les tombes du cimetière et finalement me conduit
devant celle de ma mère où je m'agenouille et prie pendant
que les trois cloches sonnent. Infini sentiment de confiance
et de consolation. Louise malade des reins. La vieille maison
transformée ; surtout elle n'est plus habitée dans le même
esprit humble* (J. I, 912).

Fin juin, c'est Camille qui receva sa visite. Il la trouve
*vieille, vieille, vieille ! la tête remplie de ses obsessions, elle
ne pense plus à autre chose, me sifflant à l'oreille tout bas
des choses que je n'entends pas. Elle me donne un chapelet
gris qu'une sœur a fait pour elle, fabriqué avec cette graine
grise qu'on appelle des « larmes de Job »* (J. I, 918-929).

Il retournera la voir en août.

AUTOUR DE LA PENSION DE CAMILLE

L'entretien de Camille à l'asile fut l'enjeu de conflits familiaux qu'il est intéressant d'analyser en tenant compte de l'évolution de la situation économique de l'époque.

En 1899, le règlement du service intérieur de l'asile avait établi, pour chaque classe de pensionnaires, le montant de la pension. Il varia de 3 400 F. pour la classe exceptionnelle, à 471,50 F., pour la quatrième. La pension de la 3ᵉ classe était alors de 784 F., (1). A la constante majoration de ce prix initial, on mesure l'ampleur de la dégradation de notre franc qui avait si bien résisté aux défaites militaires et aux crises révolutionnaires du XIXᵉ siècle.

En 1917, Camille avait écrit au Dr. Michaux : « *On donne ici pour moi 150 F., par mois.* » Ce qui signifiait une pension annuelle de 1 800 F.

En 1924, elle grimpa à 4 000 F. : à preuve, cette lettre de Louise Claudel à son fils :

> *Paris, 29 novembre*
> *Je viens de recevoir ta lettre et le chèque de 1 200 F., qu'elle contenait. Merci mille fois. C'est arrivé bien à propos car l'augmentation de la pension de Camille ne s'est pas fait attendre, elle est énorme, 1 200 F., en plus ! Je serai obligée de vendre quelques valeurs pour arriver à la payer. Enfin je ferai comme je pourrai, pour le mieux...* » (*APC*)

Cette augmentation brutale était loin d'être la dernière : le 1er juin 1932, arrive une circulaire de l'asile d'aliénés de Montdevergues.

> *J'ai l'honneur de vous faire connaître que le Conseil Général du Vaucluse, dans sa réunion du 18 mai 1932, a décidé en raison de la cherté des vivres de relever le prix des pensions de toutes classes des malades en traitement à l'asile et a adopté les tarifs qui seront en vigueur à partir du 1er janvier 1933.*

Au 1er janvier de l'année suivante, la 3e classe passait de 5 840 F. ; c'était encore peu, comparé à ce que Paul Claudel devra payer pour Camille en 1943 ; le renchérissement continu des prix des denrées alimentaires interdisait toute prévision à longue échéance ; on naviguait au plus juste ; aussi, de trimestre en trimestre, les sommes exigées augmentaient-elles continuellement : 3 780 pour le 1er trimestre, 4 450 pour le second, 4 600 pour le troisième (3). Il n'y avait « *ni fin ni bout* » aurait dit Louis-Prosper Claudel.

L'entretien de Camille incombait tout naturellement à sa famille, c'est-à-dire d'abord à sa mère. Or celle-ci, pour y pourvoir, ne disposait que de petits moyens. Aucune des valeurs mobilières, qui, avec sa maison de Villeneuve, constituait l'essentiel de sa fortune, n'avait résisté à la crise financière de l'après-guerre. Les emprunts russes, les bons ottomans et serbes, les actions de la Banque industrielle de Chine s'étaient effondrés. Pour avoir mieux tenu, les titres français n'en accusaient pas moins des baisses sensibles. Un état de la fortune, dressé à la fin de 1925, au moment de la vente de Villeneuve, se révélait catastrophique. La propriété de Bellefontaine n'y est plus mentionnée déjà depuis 1913. En valeur de

réemploi, l'ensemble des titres représentait moins de 50 %
de la valeur d'achat.

Dès l'internement de Camille à Ville-Evrard, les Beaux-Arts avaient accordé à sa famille une pension annuelle de 500 F.. Elle fut effectivement payée en 1914. Comme elle n'avait pas été renouvelée en 1915, Paul Claudel dut solliciter de Saint-Georges Bouhélier une intervention auprès du Secrétaire d'État Dalimier.

> *37 Quai d'Anjou, 5 juillet 1915*
> *Mon cher Bouhélier,*
> *Vous savez sans doute que ma pauvre sœur Camille, la grande artiste dont vous connaissez les œuvres, a dû être internée, il y a deux ans, dans une maison de santé. Elle est actuellement à Montdevergues (Aveyron) [sic] où se trouve l'ancien personnel de Ville-Evrard ;*
> *Le Sous-Secrétaire d'État des Beaux-Arts avait bien voulu accorder à ma famille, pour les frais nécessités par la santé de ma sœur, une subvention de 500 F. On nous faisait espérer que cette subvention pourrait être maintenue. Elle a été en effet payée l'année dernière, mais cette année ma mère n'a rien reçu. Nous serions tous vivement reconnaissants à M. Dalimier s'il pouvait opérer le versement. Ma mère n'est pas riche et la guerre actuelle rend encore plus lourde pour elle la charge qu'est l'entretien de ma sœur.*
> *Je vous remercie d'avance et vous serre affectueusement la main.*
>
> *Claudel*

La démarche de Bouhélier fut immédiate et déterminante ; et Claudel l'en remercie par une lettre du 21 juillet :

309

37, Quai d'Anjou
Mon cher Bouhélier,

J'ai vraiment honte d'avoir tant tardé à vous écrire et à vous remercier de vos bons procédés à notre égard. Le fait est que j'avais égaré votre lettre et aujourd'hui que je la retrouve, je vois qu'elle ne contient pas votre adresse. Je vous écris donc encore au Sous-Secrétarait d'État des Beaux-Arts. J'espère néanmoins que ceci vous touchera. Ma mère me charge de vous exprimer toute sa reconnaissance, ainsi qu'à M. Dalimier, de ce que vous avez fait pour ma pauvre sœur. Je l'aie vue l'autre jour à Avignon, ç'a été une triste expérience pour moi qui l'avais vue rayonnante de jeunesse, de beauté et de génie.

Je vous serre affectueusement la main.

Claudel
(Collection Alphandéry) (4)

A partir de ce moment, la pension des Beaux-Arts sera maintenue, régulièrement payée et même, au lendemain de la guerre, portée à 1 500 F.

Restaient les biens propres de Camille dont, juridiquement incapable au regard de la loi, elle ne pouvait elle-même assurer la gestion. Aussi le conseil de famille du 16 avril 1913, homologué par le jugement du tribunal civil de la Seine du 2 mai, en avait-il confié l'administration provisoire à M. Ferté, avoué, lequel fut régulièrement confirmé dans ses fonctions de 1916 à 1930. Un administrateur civil au tribunal de la Seine, A. Moulin le remplaçait de 1932 à 1941 ; un autre administrateur était alors désigné, Me Harel qui ne resta en fonction qu'une année. C'est en effet à Paul Claudel qu'un jugement du tribunal civil de la Seine, du 13 février 1942 (annexe n° 10) confia finalement l'administration des biens de sa sœur.

Leur utilisation pour l'entretien de l'aliénée allait être la source d'un désaccord entre Paul Claudel et sa sœur Louise de Massary, véritable règlement de compte familial, épisode pénible dans l'histoire des Claudel. Les relations s'aigrirent quand il devint patent que les revenus des biens de Camille ne suffisaient plus à son entretien. Du vivant de Louise Claudel, le problème se posait déjà : Claudel n'avait pas accepté la vente, faite à son insu, de la maison de Villeneuve et reprochait à sa mère une opération dont il s'estimait la victime :

> *20 janvier 1928*
> *Cher fils,*
> *Tu m'accables de reproches pour des questions d'argent, lui répond sa mère, et tu n'hésites pas à te brouiller avec nous pour ces seules raisons. C'est (...) la vente de ma maison que j'ai faite à Jacques pour 60 000 F. au lieu de 80, que tu aurez [sic] voulu alors qu'il a simplement agi selon ma volonté. La maison de Villeneuve ne valait pas davantage (...).*
> *A propos de Camille, tu n'es pas meilleur : ma vie est une torture à cause d'elle, j'y pense sans cesse et tu m'as cependant écrit l'année dernière : « Je prends ma sœur à charge, jamais tu n'entendras plus parler de ta fille aînée,*
> *... Je vais assez bien, peut-être passerai-je encore cet été à Villeneuve, je le désire. Je serais bien heureuse si avant de mourir je vous voyais tous bien d'accord et pleins d'affections les uns pour les autres.*
> *Je t'embrasse.*
>
> L.C. (APC)

Il est de fait que Paul Claudel assumait désormais la charge de l'entretien de Camille.

Plusieurs lettres le confirment expressément :

Le 26 novembre 1926, sa mère lui réclame son chèque : « *P.S. Tu as oublié de m'envoyer le chèque. J'ai reçu d'elle ces jours-ci une lettre abominable et pleine de folies.* » (APC).

Sa sœur lui envoie la note de Montdevergues.

> *Paris, 37, Quai d'Anjou*
>
> *Mon cher Paul,*
> *Je t'envoie cette note de Montdevergues qu'on a envoyée à maman par erreur probablement puisque tu ne nous as pas prévenues. Tu pourras ajouter à ton envoi 20 F., par mois pour argent de poche qu'on a toujours donné à Camille.*
> *La santé de maman se maintient à peu près stationnaire ; il y a plutôt un peu de mieux, elle se lève dans l'après-midi et ne souffre pas ou du moins, elle n'en dit rien. Elle est pleine de courage et de résignation. Quant à moi, ça ne va pas fort : l'idée de la disparition de maman me bouleverse. Heureusement que je la suivrai de près. Nous t'embrassons bien affectueusement.*
>
> *Louise (APC)*

Enfin, dans une correspondance du 15 septembre 1930, sa sœur dresse le bilan des sommes versées par son frère :

> *Après consultation du livret de recettes et dépenses que je tiens depuis son internement et que je dois soumettre à M. Ferté, j'ai relevé ce qui suit :*
>
> *De 1913 à 1922, tu n'as rien versé.*

En 1922	*1 100*
1923	*4 200*
1924	*5 400*
1925	*4 400*
1926	*4 600*
1ᵉʳ trimestre 1927	*1 250*

A partir de cette époque, tu as tout payé : 6 000 F. par an, as-tu dit.

3 trimestres 1927	*4 750*
1928	*6 000*
1929	*6 000*
3 trimestres 1930	*4 750*
En tout	*42 450*

Ce compte te sera facile à vérifier. Tu as dû écrire ce que tu versais...

A mon avis, tu devrais tâcher de voir M. Ferté ou de lui écrire... (APC).

La sécheresse du ton témoigne déjà de la tension des rapports entre frère et sœur. La mort de leur mère, en juin 1929, mit Paul et Louise face à face... Et ils se déchirèrent.

Très vite, la question financière détériora les relations. En 1931, Louise écrivait à son frère (lettre autographe, 1 page recto-verso) :

> *Villeneuve, 20 septembre*
> *Mon cher Paul,*
> *Si M. Ferté ne veut pas payer de rente viagère, il faudrait savoir comment il compte payer la pension de C. puisqu'il n'a pas le droit de toucher au capital, 50 000 F., ne font jamais au mieux que 2 500 F., de rente !*
> *Ernest (beau-frère de Louise), à qui j'en parlais hier, connaît plusieurs exemples de personnes ayant obtenu facilement l'autorisation du*

tribunal de la Seine dans les mêmes conditions. Au lieu de s'adresser à une assurance, il m'a parlé d'une caisse de compensation qui donne de 20 à 25 %. Il vient de placer la fortune de sa vieille bonne Pauline dans ces conditions. Camille aurait ainsi 10 000 F., à toucher par an, ce qui assurerait entièrement son avenir même si nous disparaissions avant elle...

Quant à penser à une mort prochaine de cette malheureuse, il n'y a rien de sûr : elle peut très bien nous enterrer tous les deux. Réfléchis bien. C'est une question très grave. Je t'embrasse.

Louise. (APC)

Or, le 5 novembre 1931, Louise recevait de M. Ferté cette lettre qui allait déclencher les hostilités :

Paris, 5 novembre 1931
Chère Madame,
J'ai reçu la visite de votre frère avant son départ, il y a un mois environ ; et il m'a demandé de vouloir bien acquitter la pension avec les sommes que j'encaisserai. Il n'a fait aucune distinction — et je n'avais pas à appeler son attention sur ce point, ne connaissant pas vos derniers arrangements, qui ont pu varier — entre les recettes des titres et les sommes que nous encaissons des Beaux-Arts.

Or l'asile de Montdevergues réclame une somme de 1 705,80 F., comprenant :

Pension 4ᵉ trimestre	1 380	F.
Chambre et café	165,80	F.
Avances	158	F.
Quittances et correspondances	2	F.
	1 705,80	F.

Il est indispensable que cette somme soit payée. Je vais donc l'adresser au receveur de l'Asile.

J'ajoute que les revenus des titres n'ont donné que 936,25 F., et j'ai encaissé les trois premiers trimestres des Beaux-Arts soit 375 F. × 3 = 1 025 F.

L'action des tréfileries du Havre, que l'on pouvait considérer comme très bonne, a perdu les 3/4 de sa valeur, ne donne pas de dividende. Il n'y a évidemment qu'à les conserver mais sans grand espoir actuel, d'après les renseignements de Bourse.

Enfin, dans le compte complémentaire, une somme de 15 100,25 F., sera employée en un titre de rente française de 3 %, ce qui améliorera un peu la situation pour l'avenir.

Etant donné que les revenus et les pensions de l'État sont tout à fait insuffisants, il est indispensable que vous vous entendiez avec votre frère. Je pourrai remettre à ce dernier la totalité de ce que j'encaisserai, sauf à lui payer la totalité des frais de l'Asile, car nous ne pouvons pas être deux à payer.

Recevez, chère Madame...

Ferté (APC)

Le fait est clair : c'était Louise qui, jusqu'alors, avait perçu la pension des Beaux-Arts, et voici que Paul tentait de l'en priver ; elle contre-attaque par retour du courrier :

Mon cher Paul,
Je reçois à l'instant cette lettre de Ferté que je t'envoie. Je suppose qu'il y a malentendu et que tu n'as pas l'intention de me retirer la

pension des Beaux-Arts qui se monte à 1 500 F., et qui me sert à payer les frais que je fais pour Camille, en y ajoutant environ la même somme.

Etant donné ta situation, il me semble que tu peux facilement payer 7 000 F., par an sans te gêner. Si vraiment cela t'est impossible, il faudra réfléchir au moyen de sortir de là et réunir le conseil de famille.

Ne me réponds pas des méchancetés comme de coutume (4 mots supprimés), cela ne servirait absolument à rien. Je n'ai aucune fortune personnelle et je suis entièrement à la charge de mes enfants, c'est grandement suffisant.

Je t'embrasse de tout mon cœur.

Louise (APC)

Les deux lettres parviennent à Paul Claudel, à son ambassade de Washington ; la réaction est irritée et c'est l'avoué qui, le premier, en fait les frais :

Washington, 19 novembre 1931
Monsieur,

Ma sœur Louise me transmet votre lettre du 5 novembre dernier. Elle me cause le plus grand étonnement. Avant mon départ, le notaire de Château-Thierry, Me R. Bapst, vous a remis une somme de 15 000 F. d'argent liquide provenant de la succession de ma mère. Cette somme représente les intérêts du capital laissé par la défunte depuis le jour de sa mort survenue le 19 juin 1929. Or pendant ces deux ans, j'ai fait seul l'avance de la pension de ma sœur à Montdevergues, qui aurait dû être imputée sur ses intérêts. Je ne comprends donc pas comment vous pouvez considérer cette somme comme un *capital intangible. En réalité elle m'appartient et constitue l'équivalent de deux années de pension dont j'ai fait l'avance, mais qui doivent m'être remboursées sur l'actif de la succession. Je n'admets donc absolument pas votre réclamation et je vous prie de verser cette somme qui m'appartient, déduction faite de ce qui peut rester dû à Montdevergues, à mon banquier, à la Banque Centrale pour l'étranger, 17, rue du Faubourg Saint-Honoré.*

Permettez-moi aussi de vous exprimer ma surprise de ce que vous vous soyez mis en communication sur cette question avec ma sœur Louise et non avec moi. Vous ne pouvez pas ignorer cependant que sa situation de fortune et celle de son fils, Monsieur le Docteur Jacques de Massary, ne leur ont pas permis d'accepter la succession de ma mère, du moins en ce qui concerne les charges qui m'ont été laissées exclusivement. Je suis donc seul à m'occuper de ma sœur Camille, et je vous prie en conséquence de verser le montant de la pension de l'État, soit 1 500 F., à l'adresse que je viens de vous donner. Je vous prie en outre de m'adresser désormais personnellement toutes les communications que vous aurez à faire concernant ma sœur Camille.

Recevez, Monsieur, l'assurance de ma considération distinguée.

P. Claudel (APC)

Le 7 décembre, l'avoué répondait de la même encre :

Monsieur l'Ambassadeur,
Ma lettre, m'écrivez-vous, vous a causé le

plus grand étonnement et vous n'admettez pas ce que vous appelez ma réclamation ;

Permettez-moi tout d'abord de vous dire, à mon tour, que, depuis de très longues années, j'ai accepté la fonction gratuite d'administrateur aux biens de votre sœur et que, à tout moment j'ai eu à m'en occuper.

J'ajoute que, pendant ces longues années, c'est Madame de Massary seule qui apparaissait. Je suis donc peiné de voir que mon rôle n'a pas été apprécié et que j'en éprouve moi aussi le plus grand étonnement.

J'ajoute que si je devais avoir une discussion quelconque avec l'un de vous, ma situation d'avoué honoraire ne me permettant pas d'être votre contradicteur, et que, sur mon initiative, le tribunal nommerait un administrateur provisoire du tribunal comme administrateur aux biens. Je suis tout prêt, croyez-le, à me démettre, et je n'ai d'ailleurs qu'à faire valoir mon âge — près de 78 ans — pour obtenir une désignation nouvelle qui appartient seule au tribunal. Vous me dites de traiter directement les affaires avec vous : or, je n'accepte qu'une chose, envoyer les revenus des valeurs que j'ai à la maison de Montdevergues, ainsi que la pension touchée de l'État et vous assureriez, vous et votre sœur, comme il conviendra, le paiement de sa pension pour le surplus.

S'il y a des questions à régler entre vous, la solution m'en échappe.

Enfin j'ajoute qu'un administrateur doit tout employer ; c'est une obligation légale et je n'ai fait que me conformer à la loi et la somme de 15 000 F, ainsi que l'écrit Me Roger Baspt, notaire, a été employée en un titre de rente 3 % immatriculé au nom de Mademoiselle Claudel ;

il ajoute que cette somme de 15 000 F est en partie du capital, les revenus de Mademoiselle Claudel étant insignifiants.

Si vous ne croyez pas devoir accepter mes observations, je me dessaisis immédiatement de ma fonction.

Recevez, Monsieur l'Ambassadeur, l'assurance de mon sincère attachement.

P. Ferté

Je reçois à l'instant un titre de 515 F, de rente constituant l'emploi de 15 000 F par Me Bapst, jouissance du 1er octobre, soit intérêt à toucher le 1er janvier ; je m'empresse de vous en aviser. (APC)

Nous ignorons la teneur de la lettre que Paul Claudel écrivit ensuite à sa sœur ; on en devine les arguments à la réponse qu'il en reçut :

37 Quai d'Anjou, le 7 décembre
N'oublie pas que le grand désir de maman était que nous soyons bien ensemble.
Mon cher Paul,

J'ai été profondément surprise et peinée en lisant ta lettre et j'ai essayé de comprendre ce qui avait pu te froisser dans la mienne ; je n'ai pas le souvenir d'avoir parlé impoliment ni surtout d'avoir eu l'intention de te blesser. Tu sais bien qu'il est impossible de toucher aux biens des aliénés et c'est pour cela que j'ai tant insisté sur la nécessité d'une rente viagère. Tu as promis de payer entièrement la pension de ma sœur et je me suis engagée à l'entretenir ; du reste cela allait très bien comme cela ; nous étions très bien ensemble ; elle paraissait satisfaite de mes envois et on aurait pu continuer de cette façon quand tu viens tout casser et cela au moment où tu allais te trouver soulagé de 2 000 à 2 500 F. Je ne m'explique pas quels motifs te font agir. (...) Donc, après réflexion, j'ai compris que tu avais écrit sous la première impression, c'est-à-dire mauvaise, que t'avait produite la lettre de Me Ferté. Je suis comme toi, je trouve surprenant qu'on ne puisse pas se servir de l'argent des aliénés pour les entretenir. Mais c'est comme cela. Maman disait toujours que tu étais très bon garçon, que ton tort était d'être trop impulsif : je crois que c'est vrai et que dans le cas présent tu dois déjà regretter ta lettre. Il n'y a aucune raison de nous brouiller. (...) Nous agirons ainsi selon le désir de maman (...).

Nous n'avons donc qu'à suivre les conseils de Me Ferté ; je continuerai à toucher la pension des Beaux-Arts et il t'enverra tous les trois mois où tous les six mois comme tu le désires les revenus de Camille auxquels tu joindras le nécessaire pour payer sa pension de Montdevergues. Tu voudras bien lui écrire en ce sens et m'en prévenir également. D'ici là je ne changerai rien à ma manière d'agir. Tu retrouveras dans la succession de Camille une partie sinon la totalité de ce que tu débourses pour elle en ce moment. Quant à moi, ma santé de plus en plus mauvaise ne me laisse pas espérer de lui survivre. Je vais déménager en avril et m'installer définitivement à Villeneuve.

Je t'embrasse.

Louise. (APC)

Entre le frère et la sœur, le ton ne tarde pas à monter. Les griefs s'accumulent : Paul rappelle à Louise que, pendant dix ans, elle a reçu de lui, sur ses *maigres appointements*, 1 200 F, pour payer son loyer. *Sans doute,* répond Louise, *mais ne logeais-tu pas au 37 quai d'Anjou quand tu venais à Paris ? A l'hôtel, tu aurais dépensé dix fois plus* (...) Puis, de Paul à Louise, en guise de vœux de Nouvel An :

> *Ma chère Louise,*
> *Avant de répondre à ta dernière lettre, j'ai voulu prendre le temps de la réflexion et aussi consulter un avocat français de New York. Son avis est parfaitement net. Tu as bénéficié de la succession de nos père et mère (...) Tu dois donc en supporter les charges conjointement et également avec moi. Tant que maman vivait, je voulais la ménager. Maintenant qu'elle est morte, il n'y a aucune raison que je ne te demande pas de prendre ta part dans les charges de la succession. C'est ce que je fais par la présente lettre et, au besoin, je provoquerai la réunion du conseil de famille à ce sujet. J'y suis décidé.*
> *Je te souhaite une bonne année ainsi qu'à toute la famille.*

> *P. Claudel*

> *P.S. La somme que tu auras à verser est d'ailleurs insignifiante. La pension de Camille est d'un peu plus de 6 000 F. Tu dépensais, en plus, pour son entretien, me dis-tu, 3 000 F. En tout 9 000 F. Actuellement les fonds de Camille rapportent à peu près, je crois, 3 000 F. L'État en donne 1 500. Restent à partager entre nous 4 500 F, soit 2 225 F, pour chacun de nous. Il*

*me semble que ce n'est pas la mer à boire et que ce n'est pas la peine de se disputer. (*Lettre dactylographiée ; *APC)*

Dès le mois de février, décision fut donc prise de convoquer le conseil de famille. Les revenus de Camille — environ 3 900 F, par an en 1932 — couvraient à peine la moitié du montant de sa pension. Pour la payer, Claudel souhaitait qu'on disposât du capital, ce qui était impossible sans autorisation du tribunal. Louise penchait pour le versement d'une rente viagère :

> *18 septembre* (date non indiquée)
> *Mon cher Paul*
> *... Pour finir, je veux te parler de la rente viagère qui est à mon avis la manière la plus avantageuse d'assurer l'avenir de cette malheureuse Camille. Tu dis qu'elle ne peut pas vivre dix ans, c'est en effet possible, mais es-tu toi-même assuré de vivre si longtemps ? Et même au cas où elle disparaîtrait bientôt, il y aurait des droits importants de succession à payer, il ne resterait pas grand chose (...)*
> *Réponds-moi une fois pour toutes ce que tu veux que je fasse et qu'il n'en soit plus question.*
> *Je t'embrasse de tout cœur.*
>
> *Louise. (APC)*

Les escarmouches se sont multipliées, les positions sont devenues trop rigides pour qu'une réconciliation puisse être espérée. Une lettre de Louise à Paul rend bien compte du climat.

> *Mon cher Paul,*
> *Quelques jours avant sa mort, maman m'avait*

*fait promettre de m'occuper de Camille comme
elle le faisait de son vivant ; de son côté, Camille
me supplie de continuer à s'occuper [sic] d'elle,
disant qu'elle ne connaît pas Chouchette et qu'elle
n'a par conséquent aucune liberté avec elle pour
lui demander ce qu'elle désire. Je ne veux pas
manquer à ma parole. Laisse donc cette pauvre
Chouchette tranquille ; je vais tâcher de m'arranger
pour subvenir sans toi aux besoins de ma sœur.
Jacques m'a proposé de me payer un appartement
à Paris ; j'ai refusé prévoyant ce qui arrive,
j'aurai donc quelques milliers de francs de plus
à ma disposition que je consacrerai à cette
malheureuse. Je ne veux pas accepter de Cécile
un centime de plus. M. Ferté m'avait proposé,
si tu continuais à ne pas vouloir payer mes
dépenses, de reprendre l'idée du viager. J'ai refusé
sachant combien cela te déplaisait. C'est donc
entendu comme cela. Mon mobilier est au garde-
meubles, je vais le faire venir ici et tout sera
dit, je n'en mourrai pas. Tu dis que tu es excédé
de cette question, et moi donc ! Quant à espérer
être bien avec toi, je ne vais pas jusque là... Si
maman nous voyait, elle aurait bien du chagrin...
Je t'embrasse.*

Louise. (APC)

En 1931, Paul Claudel ne revint en France que
pendant le mois de septembre ; et il ne semble pas avoir
rendu visite à Camille. L'année suivante, en congé depuis
le 15 août, il inscrit dans son journal cette notion très
brève : *Vu Camille, 12-13 septembre*, qui indiquerait une
visite à sa sœur.

Le 3 avril 1932, Pierre, Marie et son mari Roger
Méquillet sont allés voir leur tante. D'après le règlement

intérieur, le portier conduisait au parloir les personnes qui désiraient visiter les aliénés, lorsque la visite était autorisée. Il devait avertir immédiatement le Directeur et le Médecin en chef, et Madame la Supérieure lorsqu'il s'agissait d'une femme. Etaient consignés, sur un registre visé par le Médecin en chef, le nom, la demeure, le degré de parenté de la personne qui demandait à voir l'aliéné.

Dès le lendemain, Camille écrit à Paul pour lui relater cette visite :

> *Dimanche 4 avril 1932*
> *Mon cher Paul,*
> *Hier samedi, j'ai eu une surprise agréable, on m'a appelé au salon où se trouvaient Chouchette, Roger et Pierre. On ne pouvait me surprendre plus agréablement. Chouchette était très jolie, très bien habillée. Pierre a grandi beaucoup, il te ressemble tout à fait, Roger a été bien aimable pour moi il s'est tout de suite dévoué pour le ravitail [sic] il est allé à Montfavet et m'a rapporté des oranges, des bananes, du beurre, des croissants, des pommes puis il m'a laissé un petit billet. Il a fait cette commission en un tour de main il m'a paru bien débrouillard. Je les ai reçus clopin-clopan [sic] avec un rhumatisme dans le genou, un vieux manteau râpé, un vieux chapeau de la Samaritaine qui me descendait jusqu'au nez. Enfin c'était moi, Pierre se souvenait de sa vieille tante aliénée. Voilà comment j'apparaîtrai dans leur souvenir dans le siècle à venir.*
> *Il m'a dit que tu viendras bientôt. Je t'attends. Je traverse en ce moment une période désagréable. On a commencé l'installation du chauffage central. Il y a des ouvriers plein la maison, des échafaudages plein la cour. O Dieu,*

que c'est ennuyeux, je voudrais bien être au coin de la cheminée à Villeneuve, mais hélas je crois que je ne sortirai jamais de Montdevergues au train où ça va ! Ça ne prend pas bonne tournure !

Je suis bien inquiète de ce qui se passe en Extrême-Orient. Entre le Japon et la Chine, qui sait ce qui 'arrivera par la suite ? J'ai bien peur que tu te trouves mêlé à tout ça je suis bien inquiète. Je ne suis pas retournée à Avignon à cause de mon rhumatisme je ne peux pas bouger.

Je t'embrasse de tout mon cœur et bien merci, je vois que tu ne m'abandonnes pas tout à fait, Pierre a un air de bonté sur la figure.

,   Bien des choses à Reine, Henri, Gigette et Renée.

Camille

NOTES

1. Thèse de médecine de Soubeiran 1968, p.44-45

2. *PENSIONS*

Hors classe	35	*F par jour soit*	*12 775 F par an*
Classe exceptionnelle	30	*F*	*10 960 F*
1re classe	24	*F*	*8 760 F*
2e classe	19	*F*	*6 935 F*
3me classe	16	*F*	*5 840 F*
4me classe	14	*F*	*5 110 F*

   ABONNEMENTS

Domestique particulier		*10 000 F*
Petit déjeuner	*0,75 F par jour*	
Un dessert	*0,75 F par jour*	

   TROUSSEAU

Classe exceptionnelle	
1re et 2me classe	*2 000 F*
3me et 4me classe	*1 500 F*

3. Pension de Camille réclamée par l'Hôpital psychiatrique de Montdevergues, adressée à Paul Claudel, château de Brangues par Morestel (Isère)

Le 10 février 1943	
1er trimestre	3 780
Avances (menus plaisirs et correspondance)	399,70
Quittance et correspondance	5,40
	4 185,10

Inscription manuscrite de Paul Claudel : « envoyé le 24.02.43. P. Claudel... »

Le 25 juin 1942

2me trimestre ... 4 450
Avances (menus plaisirs) ... 299,20
Quittance et correspondance ... 6

Total à verser à la caisse du receveur ... 4 855 F
Inscription manuscrite de Paul Claudel « envoyé le 3 juillet 43. P.C. »

Le 2 septembre 1943
3me trimestre ... 4 600
Avances ... 296,90
Quittance et correspondance ... 6

Total ... 4 902,90

(APC)

4. Lettre de Claudel à Bouhelier, non datée

Cher Bouhelier,
Je vous remercie infiniement de votre lettre. Ma mère me charge également de vous exprimer sa reconnaissance. Espérons que cette fois les bonnes dispositions du Ministre, grâce à vous, ne seront plus entravées.

Je vous serre bien affectueusement la main.

Claudel

(collection G. Alphandéry)

LE CONSEIL DE FAMILLE

Pendant les années 1932-1933, une correspondance suivie sera échangée entre d'une part, M. Moulin, administrateur judiciaire du Tribunal civil de la Seine et, d'autre part, Paul Claudel, sa sœur Louise et le fils de celle-ci, le docteur Jacques de Massary. C'est qu'il s'agit de bien mettre au point les modalités au terme desquelles sera assuré le sort de Camille. Ces lettres, de caractère juridique ou financier, sont souvent arides, mais leur lecture est indispensable pour qui veut comprendre l'atmosphère qui régnait alors entre les membres de la famille Claudel. A cette époque, ce drame familial est le drame de toute famille ayant la charge d'un aliéné. Les avantages sociaux n'existaient pas encore.

M. Moulin, administrateur judiciaire du Tribunal civil de la Seine, a été nommé, le 5 février 1932, administrateur provisoire *des biens et affaires de la demoiselle Claudel aliénée non interdite*. Il a la charge de faire les démarches nécessaires pour provoquer la convocation du Conseil de famille.

Le 6 février, en même temps qu'il envoie à Paul Claudel, en réponse à sa lettre du 25 novembre, une quittance régulière du chèque qu'elle contenait, il l'informe de la nouvelle composition du Conseil de Famille et lui transmet les requêtes formulées par Madame Louise de Massary, son fils et son beau-frère. Il attend la réponse définitive pour demander au greffier de justice de convoquer le Conseil de famille.

Deux mois plus tard, le 22 avril, M. Moulin ayant

reçu de Me Ferté les comptes des biens de Camille, il écrit à Paul Claudel pour lui communiquer la situation financière :

> *Monsieur l'Ambassadeur,*
>
> *Comme suite à ma lettre du 13 courant, je porte à votre connaissance que Me Jules Ferté, avoué, m'a remis le reliquat de son compte s'élevant à 339,05 F. J'ai encore à recevoir le 1er trimestre 1932 de l'allocation versée par le ministère des Beaux-Arts soit 375 F.*
>
> *J'ai reçu du comptoir d'Escompte le montant du compte « capitaux » comprenant le remboursement de divers titres : 6 275 F (cette somme devra être employée en achat de titres à immatriculer au nom de Melle Claudel). J'ai reçu également du Comptoir National le montant d'un compte « revenus » s'élevant à 500,70 F. Enfin j'ai retiré de la même banque les valeurs suivantes, toutes immatriculées au nom de Melle Claudel :*
> *— 515 F de rente française 3 %*
> *— 1 350 F de rente française 6 % 1927 amortissable*
> *— 1 600 F de capital en 3 obligations sexennales de la Défense Nationale 1827-1933.*
> *— 1 bon en Tréfileries et Laminoirs du Havre.*
> *— 10 bons du Crédit National 6 % 1921.*
> *(D'après les cours actuels, le capital appartenant à Melle Claudel peut être évalué à 50 000 F, environ et ses revenus annuels, y compris l'allocation du ministère des Beaux-Arts peuvent s'élever à 3 900 F environ.*
>
> *Des renseignements qui m'ont été donnés par Me Jules Ferté, il résulte que la pension due*

pour Melle Claudel à la maison de santé de Montdevergues (Vaucluse) s'élève à 6 900 F environ. Le trimestre de pension et accessoires du 4ᵉ trimestre 1931 a été réglé entièrement par Me Jules Ferté.

Sur le trimestre de pension du 1ᵉʳ janvier au 31 mars 1932, il n'a été versé qu'un acompte de 603,65 F. Ce versement a été fait par Me Jules Ferté.

Il y a lieu de compléter le règlement du 1ᵉʳ trimestre 1932 et de régler le 2ᵉ trimestre 1932. Les revenus que je détiens et ceux que j'aurai à encaisser seront insuffisants pour faire face à la pension due pour Melle Claudel.

Je vous prie de bien vouloir me dire par un prochain courrier si vous me ferez le versement des sommes nécessaires pour permettre le règlement régulier de ladite pension. Par votre lettre du 29 mars, vous me demandiez de vous dire si les valeurs étaient inaliénables. Ma qualité d'administrateur des biens ne me permet pas de disposer des capitaux de Melle Claudel à moins d'y être autorisé par une décision spéciale. Dans le cas où vous voudriez obtenir la disposition du capital que j'ai reçu du Comptoir National d'Escompte et la vente des titres nominatifs, il faudrait demander au Tribunal une autorisation spéciale indiquant d'une façon précise la destination des fonds...

Le 23 mai, en lui envoyant le reçu d'une somme que P. Claudel lui a réglée par chèque pour payer la pension de Camille, M. Moulin précise que la vente des valeurs n'est pas possible sans l'avis du Conseil de famille de Melle Claudel, avis qui devra être homologué par un jugement du Tribunal civil.

La lettre suivante est adressée à Mme Paul Claudel : suite à une conversation, M. Moulin remet 2 pouvoirs pour le Conseil de famille de Melle Camille Claudel, l'une à remplir et à signer par M. Paul Claudel, l'autre à régulariser par M. Pierre Claudel. Il demande de confirmer l'acceptation de M. Petit et de M. le docteur Millon. Il fait remarquer que Madame de Massary, sœur de Mademoiselle Camille Claudel, devrait, de préférence à des amis, faire partie du Conseil de famille et demande qu'on lui donne son adresse.

Le même jour, il informe Paul Claudel qu'il a réglé le 3ᵉ trimestre de la pension de Camille. Comme, dans une lettre du 18 juillet, celui-ci lui demandait d'employer les capitaux en obligations d'État, M. Moulin, pour donner des ordres en conséquence, souhaite une précision : s'agit-il de Bons du Trésor 4,50 % 1932-1947 ?

Paul Claudel lui ayant répondu le 27 août, M. Moulin le prévient le 29 qu'il a donné ordre d'acheter, en réemploi de la somme de 6 000 F environ, montant des capitaux disponibles, des Bons du Trésor 4,50 % 1932-1947.

Puis, le 30 septembre, il lui rappelle la composition du Conseil de famille, après la délibération, le 16 avril 1913, devant M. le Juge de Paix du 4ᵉ arrondissement :

1. Dans la ligne paternelle :

M. Paul Claudel

M. Alexandre-Albert Bedon, propriétaire à Muxeuil-les-Bains

M. Louis Claudel, industriel à Ville-sur-Saulx (Meuse)

2. Dans la ligne maternelle

M. Félix-Pierre-Joseph Leydet, Président de Section au Tribunal civil de la Seine, 2, rue d'Ulm, Paris.

M. Henry Lerolle, artiste-peintre, 20, avenue Duquesne, Paris.

M. Philippe Berthelot, Chef de Cabinet du Ministre des Affaires étrangères, Ministre plénipotentiaire, 125 boulevard Montparnasse, Paris.

Il lui demande si ces personnes sont toujours vivantes et le prie, dans le cas de remplacements, de donner des noms et des adresses.

Le 25 octobre, il écrit à Madame Paul Claudel, Hôtel de Crillon, Place de la Concorde, et l'informe qu'il a écrit à Madame de Massary pour lui demander si elle veut faire partie du Conseil de famille, et pour la prier de lui adresser une lettre par laquelle elle préciserait si, à son avis, il y a lieu de vendre les titres pour régler la pension de Melle Camille Claudel, Paul Claudel devra lui envoyer la même lettre. Il a écrit à M. Bedon mais n'a pas reçu de réponse.

Le 27, M. Moulin annonce à Mme Paul Claudel que M. Bedon, décédé en 1925, sera remplacé au Conseil de Famille par Madame de Massary qui accepte de se présenter à la réunion quand la date sera fixée. Il la prie de lui faire parvenir au plus tôt la procuration de Paul Claudel.

L'asile de Montdevergues réclamant une somme de 1 626 F pour le 4e trimestre de pension et les dépenses diverses de Melle Claudel, M. Moulin demande, le 7 novembre, à Paul Claudel, de lui envoyer, par chèque barré, une somme de 2 500 F pour lui permettre de régler la pension du 4e trimestre et celle du 1er trimestre 1933 ; en même temps, il lui réclame sa procuration pour sa représentation au Conseil de famille.

Mais une situation nouvelle est apparue, dont M. Moulin tient au courant Paul Claudel par lettre du 1er décembre :

Monsieur l'Ambassadeur,

Je vous ai écrit le 7 novembre pour vous demander de bien vouloir me faire parvenir une somme de 2 500 F destinée à régler la pension de Melle Camille Claudel.

Vous savez que je me suis occupé de la réunion du Conseil de famille, et j'avais indiqué au Greffier de la Justice de Paix les noms et adresse des personnes qui devaient en faire partie.

Or, depuis, j'ai reçu la visite de M. le Docteur Jacques de Massary, votre neveu, qui m'a manifesté sa surprise de n'avoir pas été dans la liste.

D'autre part, j'ai reçu une lettre de M. Philippe Berthelot me disant qu'il ne désirait plus faire partie du Conseil de famille.

Enfin, M. Jacques de Massary, au nom de Madame de Massary, sa mère, m'a déclaré qu'il n'y avait pas lieu de prendre des étrangers pour composer le Conseil de famille puisqu'il était facile de trouver des personnes alliées à la famille.

Comme Madame Claudel avait désigné son beau-frère, le Docteur Millon, Madame de Massary et son fils désirent que le Docteur Ernest de Massary fasse partie du Conseil de famille aux lieu et place de Monsieur Petit.

Dans ces conditions, le Conseil de famille se trouve composé actuellement de la façon suivante :

Ligne parternelle :
M. Paul Claudel, frère
M. le Docteur Millon, ami
M. Pierre Claudel, neveu.

Ligne maternelle :
Madame de Massary, sœur
M. le Docteur Ernest de Massary, ami
M. le Docteur Jacques de Massary, neveu.

Cependant, ayant reçu la visite de Madame de Massary et de M. Ernest de Massary, une question très importante a été posée.

Toute la famille de Massary désire que les

titres appartenant à Melle Claudel soient vendus et que le produit soit employé en la souscription d'une rente viagère à la Caisse Nationale des Retraites sur la vieillesse, naturellement à capital aliéné, de façon à fournir une rente qui pourrait correspondre à peu près, en comptant les 1 500 F versés à titre de secours par l'Administration des Beaux-Arts, aux frais de pension dus à l'asile de Montdevergues.

La famille de Massary estime que Mademoiselle Claudel est dans un très bon état de santé physique, et que si on prélève chaque année une portion de capital, il est à craindre que d'ici 5 ou 6 ans il ne reste absolument rien et qu'à cette époque on se trouve dans l'obligation de placer Mademoiselle Claudel dans la catégorie des indigents, tandis qu'avec la rente viagère la pension actuelle pourrait être à peu près assurée pendant toute la vie de Mademoiselle Claudel.

J'avais convoqué votre fils Louis (non : Pierre-Louis) Claudel pour lui faire part de toutes ces observations. Il m'a promis de vous écrire pour vous rendre compte de notre conversation, mais je vous serais obligé de bien vouloir me dire par lettre ce que vous entendez faire.

Vous m'avez fait parvenir votre procuration ; mais, en raison des divergences de vue ci-dessus rapportées, vous voudrez bien me dire à qui la procuration devra être donnée : M. Louis Claudel m'a parlé de M. Petit qui pourrait alors agir comme votre mandataire.

Il faut en effet s'attendre à une discussion très serrée à la Justice de Paix lors de la réunion du Conseil de famille, et vous savez que le Juge de Paix ayant voix prépondérante, il est fort probable que c'est son avis personnel qui emportera la décision relative aux biens de Mademoiselle Claudel.

Veuillez agréer, ...

M.A. Moulin.

Mme et MM. de Massary confirment à M. Moulin leurs intentions par une lettre datée du 24 décembre :

Comme suite à nos conversations, nous désirons préciser les points suivants :

Melle Camille Claudel, internée à l'asile de Montdevergues (Vaucluse), 3e classe, n'a pas les revenus nécessaires pour être maintenue dans cette classe.

Son fère, M. Paul Claudel, refuse de continuer à verser le nécessaire pour compléter la pension.

Sa sœur, Mme Ferdinand de Massary, est dans l'impossibilité de le faire.

On propose d'entamer le capital de la fortune de Melle Camille Claudel pour parfaire chaque année le solde de sa pension.

Nous nous refusons à accepter ce procédé car le capital serait épuisé en quelques années et Melle Camille Claudel, serait par suite rétrogradée dans la classe des indigents, ce que nous ne voulons pas.

Nous nous proposons de mettre dès maintenant en viager le capital appartenant à Melle Claudel, ce qui, à 13,60 %, lui permettrait d'avoir sa pension assurée presque en totalité jusqu'à sa mort.

Cette mise en viager est possible et pour l'obtenir, nous pouvons fournir :

1° un certificat de chronicité non susceptible

d'amélioration concernant Melle Claudel que nous avons en notre possession ;

2° des lettres prouvant que M. Paul Claudel se refuse à compléter la pension nécessaire au maintien, dans sa classe actuelle, de Melle Camille Claudel, sa sœur,

3° des preuves que Madame Ferdinand de Massary est dans l'impossibilité matérielle de le faire.

Nous vous prions de joindre ces déclarations signées de nous trois au dossier de Melle Claudel en vue de la convocation prochaine, et que nous jugeons indispensable, du Conseil de Famille;

Le 27 décembre, M. Moulin envoie copie de cette lettre à Paul Claudel et lui demande de faire connaître ses intentions sans tarder : est-il toujours décidé à faire réunir le Conseil de famille pour arriver à la vente des valeurs au fur et à mesure des besoins, ou consent-il à ce que la vente ait lieu en vue de la constitution d'une rente viagère ?

Paul Claudel ayant répondu le 18 décembre à la lettre du 1er de M. Moulin, celui-ci lui précise, le 30, qu'il n'a jamais été question de le faire représenter au Conseil de famille par Ernest de Massary lequel fera partie du Conseil pour son compte personnel, mais qu'il pourrait l'être par M. Paul Petit. Il attend les instructions très précises avant de demander au Greffier de réunir le Conseil de famille. Le 15 janvier, Paul Claudel les lui envoie :

Ambassade de France, Washington

Monsieur,

J'ai bien reçu votre lettre du 27 décembre et la lettre de Mme et MM. de Massary en date du 24 décembre qui lui était jointe.

Je ne comprends pas très bien le droit que les personnes en question s'attribuent de discuter la situation de ma sœur et la manière dont je propose de la régler. Mme de Massary déclare qu'elle n'est pas en position de payer sa pension. Son fils, M. Jacques de Massary, n'a cessé de déclarer en toute occasion qu'il refusait d'y contribuer, et la loi, à ce que je comprends, le met à l'abri de cette éventualité.

D'autre part, je suis seul depuis plus de dix ans à subvenir à la pension de ma sœur et ma conduite, à ce que je suppose, est la meilleure garantie de celle que je suivrai à l'avenir et que continueront à suivre mes ayants-droit.

Je ne vois donc pas de quel droit Madame et M. de Massary s'immiscent dans une question dont ils se sont désintéressés et qui ne les concerne en rien. Ayant seul les charges ; il est naturel que mon opinion sur la manière de disposer de l'actif en capital de ma sœur ait un poids prédominant.

Ma sœur Camille a actuellement 68 ans ; comme je la visite chaque année, ce que les Massary n'ont jamais fait, ne lui ayant rendu en 20 ans qu'une seule visite, je suis mieux à même que quiconque de me rendre compte de son état de santé, et il me semble malheureusement improbable qu'elle ait encore devant elle un avenir de 10 à 12 ans ; c'est-à-dire qu'elle parvienne à l'âge exceptionnel de 80 ans.

C'est dans ce sens que j'envoie mes instructions à mes représentants au Conseil de famille. M. Paul Petit ayant dû quitter Paris, je vous demanderai de le remplacer par M. Charles Laurent, Square La Fontaine.

*Agréez, je vous prie, l'assurance de mes
sentiments les plus distingués.*

P. *Claudel.*

Dans une lettre du 25 janvier 1933, M. Moulin demande
à Paul Claudel s'il a l'intention de donner suite à la
réunion du Conseil de famille ou s'il désire continuer à
compléter les sommes nécessaires pour le règlement de la
pension. Le 28, il accuse réception de la lettre de Paul
Claudel en date du 15 et prend en considération son désir
d'être représenté au Conseil de famille par Charles Laurent,
1 Square La Fontaine Paris ; il informe qu'il a demandé
au Greffier de Justice de Paix du 4e arrondissement de
convoquer les membres du Conseil de famille ; il pense
que Mme de Massary, son fils et son beau-frère seront
d'un avis contraire au sien ; la question sera donc tranchée
dans un sens ou dans un autre par le Juge de Paix et la
délibération du Conseil de famille soumise à l'homologation
du Tribunal.

Il aura fallu un an de transactions pour que le Conseil
de famille se réunisse le 21 février 1933. Et ce sera la
thèse de la famille de Massary qui l'emportera ; la
proposition de Paul Claudel n'a pas été adoptée, le Juge
de Paix s'étant prononcé en faveur de la rente viagère
(annexe 10).

Le 17 mars, M. Moulin écrit à Pierre Claudel, Hôtel
du Pont-Royal, 37, rue du Bac, Paris. Le Greffier a dû
lui transmettre une expédition régulière de la délibération
du Conseil de famille ; la même expédition a été faite à
Me Paul Ferté, avoué, 36, rue des Petits Champs, Paris ;
celui-ci a été prié de se mettre en rapport avec Pierre
Claudel et son père pour des instructions précises.

Le 13 juin, Paul Claudel ayant entre temps été nommé
à Bruxelles le 8 mars et occupant son poste depuis le
8 mai (J. II, 12-18, 19), c'est dans la capitale belge qu'il

reçoit, par M. Moulin, copie de la lettre adressée à celui-ci par Me Sureau, avoué de la famille de Massary :

> *Quand j'ai reçu votre lettre du 2 juin, j'avais déjà déposé mon dossier entre les mains du Tribunal. Néanmoins j'ai convoqué le Docteur Jacques de Massary pour lui faire part du désir de son oncle.*
>
> *Il m'a indiqué que l'opération à laquelle fait allusion M. Claudel a simplement consisté dans une hernie épiploïque qui a été opérée aisément et dont Melle Claudel n'a souffert que quelques jours.*
>
> *Quant à l'état psychique de l'internée, il est constaté par un certificat médical et il échappe par sa nature même au contrôle de M. Claudel.*
>
> *Je pense donc qu'il y lieu de laisser l'affaire suivre son cours mais vous savez comme moi qu'une décison n'interviendra pas avant quelques semaines.*

Le 6 juillet, nouvelle lettre à Paul Claudel :

> *Monsieur l'Ambassadeur,*
>
> *Je n'ai pas entendu reparler de l'homologation de la délibération du Conseil de famille et je vais me trouver dans l'obligation de payer la pension due à l'asile de Montdevergues. Ainsi que je vous l'ai déjà écrit, il y aura lieu de me faire verser les sommes nécessaires pour le paiement de cette pension puisque vous savez que les encaissements des revenus sont insuffisants. Voulez-vous avoir l'obligeance de me dire si vous continuerez à me faire les versements nécessaires ;*
> *Veuillez agréer,...*

Pendant ses congés de 1933, Paul Claudel passe voir Camille (11-12 septembre) : *Terriblement vieille et pitoyable...* (J. II, 38).

En rentrant à Bruxelles, il s'arrête à Villeneuve, le 20 septembre. *Louise malade, triste et vieille. La maison complètement changée. Je n'y ai plus d'attache* (J. II, 39). Fin août, début septembre 1934, Cécile de Massary avertit Paul Claudel, lequel se trouve à Brangues, que *Louise est grièvement malade d'une crise cardiaque* (J. II, 68).

Après être allé, le 7 septembre, *à Avignon voir Camille avec Henri* (J. II, 68), et avant de regagner Bruxelles, Paul s'arrête, le 12, à Villeneuve. *Louise malade du cœur. Terriblement changée.* (J. II, 69).

Il y retournera le 13-14 octobre : *Je vais à Villeneuve en auto avec ma femme, Renée et Henri voir ma sœur. Je la trouve très bas, elle a eu 2 attaques, mais contente de s'être confessée, pénétrée de reconnaissance pour le curé de Villeneuve qui est un saint homme. Elle part jeudi pour Paris* (J. II, 71).

Le 3 mai 1935, décède Louise-Jeanne Claudel, veuve de Monsieur Ferdinand de Massary.

4 mai. Je suis avisé par Jacques de la mort de ma sœur Louise de Massary.

5 mai, dimanche. L'après-midi, départ pour Villeneuve. Arrivée à 6 h. Le cercueil exposé dans la petite chambre du bas où est mort grand-papa. Elle est morte le 3 à minuit 2. La sœur me dit dans les meilleurs sentiments. Elle a fait ses pâques et reçu tous les sacrements. Elle demandait elle-même à faire ses prières du matin et du soir. Le missionnaire qui l'a confessée était très satisfait. La Providence l'a maintenue vivante contre toute attente pour lui permettre de faire ses pâques. Quelle joie ! Quelle action de grâces !...

Villeneuve. Le cercueil porté par les femmes du village. Toutes défilent. Quels corps, quelles figures abîmées, déformées par le travail ! et les âmes sans doute de même.

Le corps dans son étroit esquif au-dessus de la tombe, qu'on descend pour la suprême navigation. Embarqué pour la profondeur. Contre le mur de l'église... (J. II, 90).

31 mai. FIN de la Belgique et de toute ma carrière diplomatique. Elle a duré 46 ans (J. II, 94).

Et puis en 1938 survient la mort de Jacques de Massary.

Lundi 14 novembre (1938). hier mon neveu jacques de Massary frappé d'appolexie pendant que sa femme était à la messe. Ce matin je vais le voir dans son lit, immobile et muet. Il me serre faiblement la main. On le considère comme perdu. Un vicaire de St-Philippe du Roule l'a réconcilié. Il a 46 ans. Je me vois encore, enfant au Quai d'Anjou, le faisant danser sur le bord de mon pied. J'ai beaucoup prié pour lui. (J. II, 250).

Le mardi 15 novembre meurt à 9 heures du matin Jacques de Massary, fils de Louise Claudel, époux de Cécile Moreau-Nelaton. (J. II, 250).

UN ÉCHO LOINTAIN DU MONDE

La solitaire de Montdevergues est restée dans l'ignorance de ces querelles de famille.

D'ailleurs qui se souvenait encore d'elle ? Beaucoup la croyaient morte depuis 1920 (1)

Mais en 1934, une manifestation ramène le nom de Camille Claudel à la lumière : *le Salon des femmes artistes modernes* fait d'elle son invitée d'honneur et présente une petite rétrospective de ses œuvres. Un article de Louis Vauxelles, dans le *Monde illustré* du 12 mai 1934, annonçait l'exposition sous le titre : *Rétrospective Camille Claudel* (illustration : *Persée, l'Abandon, Paul Claudel à 18 ans*) :

Avec Berthe Morizot, Camille Claudel est le plus beau nom de l'art féminin à la fin du XIXe siècle. Eugène Blot, qui fut le fondeur — et le défenseur — de Camille Claudel, a écrit avec justesse qu'elle était à Rodin ce que Morizot fut à Manet. Chacune, aux côtés d'un maître écrasant, conserve sa personnalité. Claudel, elle aussi, doit au maître de Meudon ; il l'a marquée de sa griffe, pétrie comme il modelait la glaise. mais cette Lorraine agreste, dure, volontaire, indomptable, est demeurée elle-même. Regardez ses bustes pris de son frère Paul Claudel et de M. de Massary ; s'il n'ont pas le fiévreux emportement des portraits rodiniens, peut-être enclosent-ils plus de noblesse, d'élévation, de magesté ; et les groupes que Camille Claudel a composés sont de durables chefs-d'œuvre : la Vague, les Trois Ages de la vie, l'Abandon, le Persée *pur et mâle comme un* Jean de Bologne, la Valse *dont Paul Claudel écrivit qu'elle* est « *comme ivre, toute roulée et perdue dans la tempête du tourbillon de la danse* ».

Camille Claudel, qui fut malheureuse et disparut, tel un météore, du monde des ateliers, méritait l'honneur que lui impartit la Société des femmes artistes modernes. Elles ont droit de s'enorgueillir de cette femme dont le génie authentique, certain, n'est encore reconnu que d'une élite.

Ce texte de Vauxelles s'achève par une citation de P. Claudel extraite de son article paru dans l'Occident en 1905.

Camille reçoit à Montdevergues cet écho lointain du monde. Elle en fera part à Eugène Blot, son éditeur.

Paul Claudel, au cours de ses déplacements entre Bruxelles et Paris, s'arrête, le 14 mai, à Villeneuve (J. II, p. 58).

En 1934 Camille n'est pas complètement tombée dans l'oubli. Judith Cladel rassemble les éléments de son futur livre : « Rodin, sa vie glorieuse et méconnue », elle ne veut pas *passer sous silence une phase de la vie de Rodin qui (avait) provoqué tant d'outrageantes critiques.* Elle avait, jadis, recueilli les confidences du maître. Avant de conter l'histoire de ce qui a été la « grande passion » de Rodin, elle sollicite les témoignages de deux des amis les plus fidèles de Camille : Mathias Morhardt et Eugène Blot.

Dans le même temps, Judith Cladel fait à Paris une surprenante découverte : le marbre de la Clotho a disparu !

Elle en fait part à Mathias Morhardt :
6, rue de Furstenberg VIᵉ
20 juin

Monsieur et cher confrère,

Vous avez peut-être appris qu'au récent Salon des Femmes artistes a été présentée une petite rétrospective de l'œuvre de Camille Claudel.

CAMILLE CLAUDEL

A cette occasion Louis Vauxelles a écrit dans le Monde illustré un article qui a causé un grand plaisir à la pauvre et belle artiste, à la suite de quoi son éditeur, M. Eugène Blot a reçu d'elle une lettre très touchante et mélancolique — mystérieuse aussi car elle n'y donne pas son adresse. Je tiens à vous faire part de ces faits à vous qui l'avez tant aimée et défendue. Il y a quelques années, vous m'avez appris qu'une figure d'elle, la Parque avait été offerte, grâce à votre initiative au Musée du Luxembourg par un groupe de souscripteurs. J'ai désiré savoir quel a été le sort de ce marbre. On n'en a pas trouvé trace au Musée qui a connu des années de désordre. Le nouveau conservateur, Monsieur Louis Hautecœur a fait des recherches restées infructueuses. Je me suis adressée à la Direction des Beaux-Arts qui me demande par lettre de lui préciser l'époque à laquelle ce don a été fait. Je m'adresse donc à vous, cher Monsieur, pour obtenir ce renseignement. Vous serez très bon de m'écrire à ce sujet une lettre qu'au besoin je pourrai montrer à l'administration. Il est inconcevable qu'une œuvre de cette valeur offerte dans ces conditions ait été exclue du Musée. Les donateurs avaient-ils stipulé qu'elle devait y prendre place ? J'espère publier la saison prochaine le livre de souvenirs sur Rodin qui m'occupe depuis si longtemps et que tant de circonstances ont retardé. Le souvenir de Camille Claudel y sera longuement évoqué.

Veuillez, Monsieur et cher Confrère, recevoir l'assurance de mes sentiments de sympathie et tous mes remerciements.

Judith Cladel (APC).

CAMILLE CLAUDEL

6 rue de Fustenberg VIᵉ
17, août 1934

Cher Monsieur,

Dès réception de votre lettre du 21 juin, je suis allée la communiquer à la Direction des Beaux-Arts. M. Maurice Moullé en a fait prendre copie, ainsi que de la lettre de Rodin qui l'accompagnait et m'a promis de procéder à de nouvelles recherches. Jusqu'ici je n'ai rien reçu et je crains bien qu'on ne trouve pas la Klotho [sic] dont je me souviens jadis d'avoir vu une épreuve sans pouvoir préciser en quel lieu.

En consultant à l'administration le dossier Camille Claudel j'ai constaté que l'État lui a acheté différentes œuvres. Si on ne découvre pas la Parque, il faudra qu'à la rentrée, vous et moi, nous organisions une petite pétition d'artistes et d'amateurs pour que l'on ramène une de ces œuvres au Luxembourg, par exemple le beau groupe en bronze de l'Abandon mais saura-t-on où celui-là est passé. C'est incroyable, il n'y a donc pas une nomenclature et un répertoire... stratégique des acquisitions de l'État et des dons qu'il a reçus? Et comment Paul Claudel ne veille-t-il pas sur la renommée de sa sœur puisqu'elle est si touchée du souvenir que l'on conserve de son talent et d'une manifestation telle que l'Exposition des Femmes artistes?

Mon livre sur Rodin est très avancé. Je suis précisément arrivée à l'Affaire du Balzac et j'aurais désiré avec ardeur tenir compte de votre article ; quand pensez-vous le publier? J'ai le texte de votre appel aux Souscripteurs (20 mai 1898) je le mentionnerai mais je ne voudrais pas

346

publier mon livre sans connaître votre travail qui sera d'un intérêt capital. Je vais prendre une quinzaine de jours de vacances avant de me remettre à l'ouvrage. Est-ce que d'ici là votre étude sera publiée ? Pourriez-vous me donner la date de celle que vous avez écrite sur Camille Claudel dans le Mercure *? Et me dire si elle avait fait de la sculpture avant de connaître Rodin, ou simplement de la peinture ? Les pages que je lui réserve sont très délicates à écrire et cependant je ne puis passer sous silence une phase de la vie de Rodin qui a provoqué tant d'outrageantes critiques.*

Veuillez, cher Monsieur, croire à mes sentiments de cordiale confraternité.

Judith Cladel (APC).

24 août 1934

Cher Monsieur,

Je vous suis reconnaissante des deux lettres successives et chargées d'intérêt que vous m'avez adressées au sujet de Camille Claudel. Que de détails émouvants qui concordent parfaitement avec ce que Rodin m'avait dit lui-même ! Je ne suis pas encore allée au Mercure *à la recherche de votre article sur la grande artiste mais grâce à l'indication que vous me donnez je le trouverai certainement.*

.....

A la rentrée je pourrai voir M. Léon Deshairs s'il en est besoin, son appui sera précieux pour retrouver la Klotho*. Monsieur Eugène Blot a longuement causé avec moi de Camille Claudel ;*

c'est lui qui a reçu d'elle la dernière lettre si touchante dont je vous ai parlé....

Et croyez, je vous prie, cher Monsieur, à mes sentiments de haute sympathie.

Judith Cladel (APC)

Toujours adressée à Mathias Morhardt.

19 octobre 1934

Cher Monsieur,

Combien vous êtes aimable de me communiquer votre article sur la klotho. Que pourrais-je en dire sinon qu'il est parfait et que sans doute il hâtera les recherches de l'Administration plus que deux années de démarches et de lettres ?

Peut-être serait-il bon pour montrer que ce n'est point par faveur spéciale et en vertu d'un patronage illustre qu'une œuvre de Camille Claudel doit entrer au Luxembourg de signaler que les Musées de Lille, de Toulon, d'Avignon, de Châteauroux, possèdent d'elle des marbres ou des bronzes.

Puisque vous me nommez confraternellement, je vous serais obligée d'ajouter : J. Cladel etc... admiratrice du talent de Camille Claudel....

Ne faudrait-il pas indiquer que M. Bénédite (avec un seul t) est mort depuis près de 10 ans (1925 ou 26) ?

.....

(APC)

Toutes les démarches pour retrouver le marbre de la *Clotho* de Camille Claudel sont demeurées vaines. Mathias

Morhardt a rédigé alors un article qu'il a communiqué à Judith Cladel en 1934. Sa parution dans le journal *Le Temps* en septembre 1935 ne permit pas davantage de dissiper le mystère. Le Musée Rodin possède aujourd'hui le plâtre original de cette œuvre très belle, le marbre, quant à lui, n'a pas été retrouvé.

Eugène Blot qui a pris connaissance de cet article, écrit à Mathias Morhardt :

> *Galerie Eugène Blot*
> *48, rue de Penthièvre*
> *21 septembre 1935*
>
> *Monsieur,*
>
> *Revenu de vacances il y a trois jours, votre article paru dans « Le temps » sur le marbre disparu de Camille, m'a beaucoup intéressé ; bien que je l'ai suivie, comme éditeur et ami depuis le jour, vers 1900 où mon excellent ami Gustave Geffroy me conduisit Quai Bourbon dans son atelier. Ce jour-là je lui achetai sa « Fortune » la très spirituelle œuvre que Geffroy admirait beaucoup et aussi la figure (à genou) (femme agenouillée dite « L'Imploration » de son grand groupe de trois personnages, la Jeunesse et l'Âge mûrs ou « Les chemins de la vie », dont M. Philippe Berthelot possède l'original en plâtre. Et depuis je lui en ai repris beaucoup d'autres, bien peu n'en ayant paru [sic] ni vendu un seul exemplaire pendant plusieurs années.*
>
> *J'ai acheté le groupe entier des trois figures en le tirant à six exemplaires seulement, l'un à mon ami le Dr. Viau et j'en ai deux encore à tirer, tous numérotés ; puis une merveille : « L'Abandon » dont j'ai deux tailles, son « Per-*

sée », ses « *Bavardes* » tirés seulement à 10 exemplaires et (exportés ?), sa *Sirène*, qu'elle aimait, elle particulièrement, des bustes, son « *Aurore* » dont j'ai acheté le marbre aussi à la vente du peintre *Thaulow* qui admirait beaucoup Claudel.

(J'étais fier) de l'éditer et heureux de lui rendre service, car elle vendait si peu et si bon marché des œuvres superbes... bien que je n'aie jamais pu rentrer dans la moitié de mes fonds... mais je pouvais compter sur son amitié et Geffroy le savait, lui qui m'envoyait vers elle pour lui faire accepter ses obligeantes offres, comme celle du (monument) de Blanqui !

Plus tard, je repris même à mon confrère Sian-Decouville, sa « *Valse* » qu'il avait éditée sur le conseil de (notre ami commun) Armand Dayot, et qu'il n'avait jamais vendu(es).

Je l'édite aujourd'hui en deux dimensions, mais depuis cinq ans que sera le (   ). Je n'en ai pas vendu une seule pièce et cependant... quels prix bas je faisais pour elle ! Son *Imploration* 160 (avant la hausse) et ses deux cheminées à 225 F.

J'ai confié dernièrement à Melle Cladel les photos de toutes les œuvres que j'édite et qui m'ont valu les félicitations de M. H. Marcel qui me les fit exposer à l'*Exposition de Rome* il y a environ (25 ans ?) et qui m'offrit la croix d'officier de la Légion d'Honneur pour avoir conservé ces œuvres ! J'ai répondu : ce n'est pas à moi qu'en revenait l'honneur.

J'ai confié aussi à Melle Cladel plusieurs lettres étonnantes qu'elle m'adressait (elle m'écrivait encore il y a un an à peine) et si vous êtes curieux d'anecdotes sur cette grande intelligence,

*je suis à votre disposition, mais serais heureux,
par contre, de savoir de vous ce qu'est devenue
la Klotho recherchée et (   ) devoir être la
Parque que j'édite. En vous remerciant, j'ai le
grand plaisir de vous saluer.*

Eugène Blot.

*P.S. Excusez mon écriture, je vois très mal et
viens de subir plusieurs opérations.*

(APC)

En 1936, paraît « Rodin, sa vie glorieuse et inconnue »
de Judith Cladel aux éditions Grasset, Paris.

Paul Claudel note dans son journal : *Livre de Judith
Cladel sur Rodin. Cette lente dégradation. Cette fin sinistre.
Influence de Camille.* (J. II, p. 152).

Le 5 août, il va la voir : *Avignon, Camille avec Roger.*

A la fin de l'année ou au début de 1939, il reçoit de
l'asile de Montdevergues une lettre de Camille :

Dimanche.

Mon cher Paul,

*Hier, samedi, j'ai bien reçu les cinquante
francs que tu as bien voulu m'envoyer et qui me
seront bien utiles, je te l'assure l'économe ne
m'ayant pas encore payé les cinquante francs
qu'il me (redoit) malgré qu'on ait fait un bon
il y a plus d'un mois. Tu vois combien il y a
de difficultés dans cet asile et qui sait si ce ne
sera pas encore pis dans quelque temps.*

Je suis bien fâché de savoir que tu es

351

toujours souffrant, espérons que cela se remettra peu à peu. J'attends la visite que tu me promets pour l'été prochain mais je ne l'espère pas ; c'est loin Paris et Dieu sait ce qui arrivera d'ici là ?

En réalité, on voudrait me forcer à faire de la sculpture ici ; voyant qu'on n'y arrive pas on m'impose toutes sortes d'ennuis. Cela ne me décidera pas, au contraire.

A ce moment des fêtes, je pense toujours à notre chère maman. Je ne l'ai jamais revue depuis le jour où vous avez pris la funeste résolution de m'envoyer dans les asiles d'aliénés ! Je pense à ce beau portrait que j'avais fait d'elle dans l'ombre de notre beau jardin. Les grands yeux où se lisait une douleur secrète, l'esprit de résignation qui régnait sur toute sa figure, ses mains croisées sur ses genoux dans l'abnégation complète : tout indiquait la modestie, le sentiment du devoir poussé à l'excès, c'était bien là notre pauvre mère. Je n'ai jamais revu le portrait (pas plus qu'elle !). Si jamais tu en entends parler, tu me le diras.

Je ne pense pas que l'odieux personnage dont je te parle souvent ait l'audace de se l'attribuer, comme mes autres œuvres, ce serait trop fort, le portrait de ma mère !

Tu n'oublieras pas de me donner des nouvelles de Marion ?

Dis-moi aussi comment va Cécile ? Arrive-t-elle à surmonter son chagrin ? Je n'ose t'en dire davantage de peur de rabâcher toujours la même chose !

Bien des souhaits à toi et à toute la famille.

Ta sœur en exil C.

NOTES

1. « Morte en 1920 » c'est ainsi qu'elle est présentée dans les dictionnaires et encyclopédies de l'époque.
Dictionnaire de biographie française. Tome VIII, Paris 1959, p. 1382.
Art. de M. L. Blessner.
Claudel Camille, statuaire ... elle naquit en 1856 ... elle cessa de travailler et mourut vers 1920.
2. « Découverte de la sculpture moderne » Lausanne, Les fancomières et guilde du livre, 1963, p. 256. Claudel Camille ... née à Fère-en-Tardenois en 1856 morte en 1920.
● Grand Larousse encyclopédique, 1960.
Claudel Camille, sculpteur français (Fère-en-Tardenois, Aisne 1856 - Paris 1920).
● Dictionnaire des peintres, sculpteurs, dessinateurs et graveurs, nouvelle édition entièrement refondée, revue et corrigée, Tome 2, Gründ, Paris 1955.
Claudel Camille ... née à ... en 1856, morte vers 1920.

UN MOMENT INDICIBLE : « MON PETIT PAUL ! »

Le 5 août 1936, à la veille de son 68ᵉ anniversaire, Claudel, accompagné de son gendre Roger Méquillet, avait rendu visile à Camille. Se doutait-il qu'ensuite sept longues années s'écouleraient avant qu'il la revît.

Dès le mois de septembre, une crise d'anémie le condamnait au repos. L'année qui suivit fut incertaine, rémissions et rechutes se succédant.

Arriva 1938, où le drame de l'Europe allait se confondre avec le sien propre. En janvier, un télégramme de Jammes lui apprenait la mort de Gabriel Frizeau, leur correspondant et vieil ami bordelais. Février — *le cruel février* (J. II, 475) — fut assombri par la mort, à Berne, de son petit-fils, Charles-Henri Paris. Puis, en novembre, ce furent celles de Jammes et de Jacques de Massary son neveu.

Que va-t-elle apporter, se demande-t-il, cette année 1939 qui s'ouvre sous de si sombres auspices ? (J. II, 257). Dans les premiers jours, il reçoit de Camille une lettre pleine de nostalgie et de tristesse ; elle a signé *ta sœur en exil* ! (J. II, 1006). Il glisse la lettre entre les pages de son journal. Le même mois lui apporte la nouvelle de la mort de Pie XI ; il se rendra à Rome pour l'intronisation de son successeur, le cardinal Pacelli qui prend le nom de Pie XII ; la guerre d'Espagne se termine. En juin, le petit Charles-Henri, est inhumé à Brangues, dans le parc du château, près de l'endroit — *sous un haut et mince peuplier pareil à un cierge* (J. II, 274) — où, depuis longtemps le poète a marqué sa place. Et puis septembre, la guerre, les années noires... Longs mois d'incertitude et d'angoisse jusqu'à la lueur du débarquement en Afrique du Nord.

A Montdevergues, la situation est catastrophique. A l'encombrement, se sont ajoutées les difficultés du ravitaillement. Parmi les malades, jamais la mortalité n'aura été aussi forte ; et leur sécurité n'est même pas assurée quand, après l'occupation de la zone libre, des batteries anti-aériennes viennent s'installer sur le territoire de l'hôpital, à l'abri de la Croix-Rouge.

La France, à cette époque, est coupée en deux. M. Harel qui s'occupait des biens de Camille est en zone occupée et, de ce fait, empêché partiellement de remplir sa mission ; Paul Claudel, en zone libre, peut assumer, depuis le 13 février 1942, la charge d'*administrateur provisoire des biens et affaires de la demoiselle Camille Claudel*. Or, si les biens de Camille ont été vendus pour lui constituer une rente viagère, celle-ci n'est pas payée ; et son frère doit accomplir .les démarches nécessaires à leur paiement : *12 décembre (1942). Retour à pied. Chez le percepteur, je réussis enfin à toucher les arrérages de la pension de Camille... 5 trimestres* (J. II, 427-428).

Dès l'été 1942, la santé de Camille se détériore, comme en témoigne un bulletin médical reçu par Paul Claudel :

> *Monsieur,*
>
> *L'état mental de votre sœur s'est en effet légèrement aggravé par suite de l'installation progressive d'un syndrome d'affaiblissement intellectuel qui prédomine actuellement, les idées délirantes anciennes s'étant bien désagrégées et étant devenues secondaires bien que peu modifiées dans leur thème. Physiquement, l'état général a marqué un fléchissement net depuis les restrictions qui touchent durement les psychopathes. Votre*

sœur a maigri et a fait, au début de l'année, de l'entérite. En juillet dernier, elle a dû être alitée pour (?) malléolaire en rapport avec la carence et le déséquilibre alimentaires. Elle a bien reçu les vêtements. Je l'ai invitée à vous écrire, mais elle est bien indifférente.

Veuillez agréer, Monsieur, l'assurance de ma considération distinguée.

Le médecin-chef,
Dr. L. Izac (APC)

En écho, dans le Journal de Paul Claudel (J. II, 409) : *14 août. mauvaises nouvelles de ma sœur Camille tombée dans le gâtisme et qui souffre des restrictions.*
A la fin de l'année, des complications apparaissent.

Montfavet, le 7 décembre 1942

à Monsieur Paul Claudel
Château de Brangues
par Moretel

Monsieur,

Votre malade s'affaiblit physiquement. Elle présente un léger œdème des membres et s'alimente assez difficilement. De plus, elle souffre d'un prolapsus rectal qui, malgré les réductions fréquentes, récidive. Son état est susceptible d'aggravation.

Veuillez agréer,...

Pour le médecin-chef,
Delamare (APC)

8 (décembre). Une lettre de Montdevergues m'avertit

q(ue) ma pauvre sœur Camille va de plus en plus mal, et me fait prévoir sa mort qui sera une délivrance. 30 ans de prison chez les fous, de 48 à 78 ans. Je me rappelle cette jeune fille splendide, pleine de génie, mais de caractère violent, indomptable !

Qu'est devenu le Persée, une des dernières œuvres de ma sœur ? Persée du bras droit élevant verticalement au-dessus de lui la tête de Méduse, qu'il regarde reflétée dans ce miroir qu'il tient de sa main gauche (J. II, 427).

Un bulletin plus alarmant arrive à Brangues le 8 mai :

> *Monsieur,*
>
> *L'état de votre malade est très médiocre. Elle s'affaiblit progressivement. Au point de vue intellectuel, elle s'est affaiblie également : perte de mémoire, gâtisme. Son état est sérieux et, étant donné son âge avancé, le pronostic est réservé, une complication cardiaque étant à redouter.*
>
> *Veuillez agréer... (APC)*

10 mai. Lettre du médecin de Montdevergues me disant que ma pauvre sœur Camille est tombée dans le gâtisme et que l'on craint des complications cardiaques (J. II, 452).

L'impression pessimiste est confirmée en août par une lettre de Nelly Méquillet, la belle-mère de Marie Claudel, qui, séjournant à Montfavet, était allée, à la demande de Paul, voir Camille à Montdevergues.

> *15 août 1943 Montfavet,*
>
> *Mon cher Paul,*
>
> *Je suis pour quelques jours à Montfavet, près de Montdevergues, et rentrerai le 21 août à Nancy (14 place Carnot).*

CAMILLE CLAUDEL

Je suis allée voir votre sœur Camille, comme je vous l'avais promis. Elle est, en effet, en bien pitoyable état physique et sa vie ne paraît pas devoir se prolonger plus de quelques mois ou une année. Néanmoins elle reste aimable, grâcieuse, et sa doctoresse et ses infirmières lui sont très attachées. Elle n'a plus d'angoisses mentales ni de manies de la persécution. Elle paraît en repos. Quand je lui ai dit venir de votre part, elle m'a pris les deux mains, me remerciant avec une effusion touchante, vous êtes la seule notion vivante qui lui reste de son passé. Si vous pouviez affronter ce voyage (je sais que c'est dur : j'ai fait 24 heures de route, restant en gare à 3 heures du matin jusqu'à l'ouverture (6 heures) des portes ! Mais pour vous, ce serait moins long), si vous pouviez, après les grosses chaleurs, donner à votre sœur la joie de votre présence, sa fin s'en trouverait adoucie. Elle a de l'œdème provenant de carence alimentaire... Sa doctoresse dit qu'un petit paquet (par poste, c'est plus sûr) tous les 15 jours seulement avec beurre, œufs, sucre ou confiture ou gâteau-cake par exemple fait chez vous, de bonne qualité, de marchandise loyale, lui serait bien nécessaire. C'est difficile, mais on arrive à faire des tours de force pour les pauvres malades — seulement 1/4 de beurre par quinzaine, ou moins — ce serait suffisant. A Brangues, vous avez plus de facilités. Je vais voir votre sœur tous les jours, elle « dévore » ce que je lui apporte : un peu de lait de mon déjeuner, des raisins, mais pas de beurre ici ! Les œufs seraient très bien aussi.

J'ai été heureuse de voir ce visage si reconnaissant, si épanoui pour une petite visite. Je l'ai embrassée pour vous, mon cher ami, et lui ai donné tout de suite toute ma sympathie. Affection autour de vous. Je sais que Serge (2) va heureusement mieux. Croyez à ma fidèle amitié.

Nelly Méquillet.
(J. II, 456-457)

Au reçu de ce courrier, décision fut prise d'un déplacement à Montdevergues, à quoi fait allusion Paul Claudel dans sa réponse du 31 août à une longue lettre que lui avait envoyée le Général Tissier : celui-ci informait le frère de Camille des circonstances dans lesquelles, en 1902, il avait réussi à sauver de la destruction un exemplaire de l'*Âge mûr.*

« *... Camille a maintenant près de 80 ans. Dans quelques jours, j'irai la voir dans la maison de santé où elle est depuis 30 ans (près d'Avignon) et où elle consomme sa triste destinée... »*

Pour se rendre auprès de Camille, Paul Claudel se voit offrir les services d'un M. Majeczki ; mais, fortement enrhumé, il doit remettre son voyage et ne part de Brangues que le 20 septembre.

Voyage en auto à Avignon p(our) voir ma sœur C(amille). Arrivé à 7 h. Couché au prieuré de Villeneuve-les-Avignon. Lever du soleil dans ce beau ciel du Midi. Le matin, pendant 2 h, tourné autour de l'église hermétiq(uement)t fermée. 3 notes mélancoliq(ues) de la cloche. Chapelle de l'hospice avec ces 2 grandes statues dorées dans le soleil. Vers 10 h, Montdevergues. Le directeur me dit q(ue) ses fous meurent littéralement de faim : 800 sur 2 000 ! La doctoresse sage et frêle. Camille dans son lit ! une f(emme) de 80 ans et q(ui) paraît bien davantage ! L'extrême décrépitude, moi q(ui) l'ai connue enfant et j(eune) fille dans tout l'éclat de la beauté et du génie ! Elle me reconnaît, profondément touchée de me voir, et me répète sans cesse : Mon petit Paul, mon petit Paul ! L'infirmière me dit qu'elle est en enfance. Sur cette grande figure où le front est resté superbe, génial, on voit une expression d'innocence et de bonheur. Elle est très affectueuse. Tout le monde l'aime, me dit-on. Amer, amer regret de l'avoir ainsi longtemps abandonnée ! — Retour dans l'après-midi, sans déjeuner. Arrivée à Brangues à 4 heures (J. II, 460-461).

« *Mon petit Paul, mon petit Paul !* ». *Moment privilégié ! Mon petit Paul !*

Le son de ma voix seul est parvenu jusqu'à elle. Parvenu de plus loin que le moment présent. Et une fois encore — dirai-je qu'elle répond ou que c'est elle maintenant qui m'appelle ? — je l'entendrai à travers la distance interposée : mon petit Paul ! — c'est fini.

Sur l'oreiller de ce lit d'hôpital, il n'y a plus sous le vague bonnet que ce crâne, comme un monument désaffecté, dont se révèle à moi la magnifique architecture. Le dieu à la fin solennellement se dégageant des injures du malheur et de la vieillesse. (Ma sœur Camille).

Et, après le 25 septembre :
*Réflexion sur la sculpture de ma sœur, q(ui) est une confession toute imprégnée de sentiment, de passion, du drame intime. — La 1*re *œuvre, « l'Abandon », cette femme q(ui) s'abandonne à l'amour, au génie. — 2. « La Valse », dans un mouvement spiral et une espèce d'envol elle est emportée dans le tourbillon de la musique et de la passion. — 3. La « Vague », les trois baigneuses q(ui) se tiennent par la main et q(ui) attendent l'écroulement de l'énorme vague au-dessus d'elles. — 4. L'« Âge mûr », l'œuvre la plus déchirante. L'homme, lâche, emporté par l'habitude et la fatalité mauvaise, cette jeune femme à genoux derrière lui et séparée qui lui tend les bras. — 5. « La Cheminée ».*

L'abandonnée q(ui) regarde le feu. — 6. La dernière œuvre, « Persée ». le héraut regarde, dans un miroir qu'il tient de la main gauche, la tête de Méduse (la folie !) q(ue) (le) bras droit lève verticalement derrière lui. — Dans mon dernier voyage, j'ai été frappé de ce large visage, de cet énorme front dégagé et sculpté par l'âge. Avons-n(ous) fait, les parents et moi tout ce q(ue) n(ous) pouvions ? Quel malheur q(ue) mon éloignement continuel de Paris ! (J. II, 462).

Mais c'est dans le *Cantique des Cantiques,* dont l'interrogation a commencé précisément dans les premiers mois de 1943, que Claudel a traduit le mieux l'émotion de l'ultime rencontre :

Ici ma plume reste en suspens et ma pensée ne peut se détacher de la visite suprême que je viens de faire à ma pauvre sœur Camille dans la cité de douleurs où depuis trente ans elle consume une existence informée. Maintenant elle a près de 80 ans et, dans un dernier éclair de raison, elle s'est souvenue de moi ; elle va mourir, elle m'appelle ! Je baise cette figure terrible et cependant, comment dirais-je, illuminée ! Ce front puissant dont l'âge a dégagé la majesté, et où le malheur ni la maladie n'ont pu effacer la marque auguste du génie. Elle est contente de me voir et cependant je la dérange, elle a hâte de revenir à ces choses importantes où elle est engagée. Et revenant chez moi à travers les montagnes, et toute cette fructification de vignes et de noyers, par cette longue route pareille au ruban d'or qui se rétracte, je remâche douloureusement tout le passé. Je revois, émergeant de l'enfance, cette jeune figure triomphante, ces beaux yeux bleu foncé, les plus beaux que j'aie jamais vus, qui se fixent avec moquerie sur ce frère maladroit. Je contemple l'une après l'autre toutes ces œuvres dont chacune marque une étape de l'affreux Calvaire et dont la glaise a été pétrie avec de l'âme et du sang : l'Abandon au destin, la Valse, la Vague, le groupe à trois personnages de l'Âge mûr, la Cheminée et la dernière œuvre, la plus tragique de toutes, celle qui a précédé immédiatement la catastrophe : Persée. Persée est debout, sa main gauche tient un miroir, et, de la droite, fléchissant de surprise et d'horreur, il élève derrière lui la tête de la Gorgone, où il n'est pas sans apercevoir ses propres traits. Car le destin ne marche pas devant nous, il nous suit pas à pas, comme le monstre derrière le Cavalier de Dürer, et il nous presse.

Moins d'un mois plus tard, le 19 octobre, à deux heures de l'après-midi, le destin avait rejoint Camille Claudel (1).

19 oct(obre) — Aujourd'hui à 11 1/2, je reçois le t(é)l(é)gr(amme) suivant de Montedevergues : Sœur très fatiguée. Jours en danger. Médecin-chef.

Le même jour au soir — 5 h — Nouveau télégramme : Votre sœur décédée. Inhumation jeudi 21 octobre.

Ce jour-là, après qu'un service religieux eut été célébré dans la chapelle de Montdevergues par l'aumônier Félix Boutin, assisté d'un « confrère, prêtre alsacien », le convoi se mettait en route vers le cimetière de Montfavet, distant de l'hôpital d'à peine un kilomètre. « Quelques religieuses de la maison » le suivirent. « Le prêtre célébrant portait la chape et le confrère était en surplis ». Avant d'atteindre le village, le petit cortège, obliquant sur la gauche, s'engagea dans l'étroit chemin en impasse qui conduisait au cimetière. Au milieu de l'allée centrale, se dressait une croix au sommet d'une colonne. Tout autour, les tombes blanches, à l'ombre des ifs et des pins. Dans la partie du cimetière réservée à l'hôpital de Montdevergues, une tombe était creusée. On y descendit le cercueil et on combla la fosse. L'inhumation ne devant être que provisoire, une simple croix, qui portait les numéros 1943-392, surmontait le tertre (3).

23 octobre. Ma sœur ! Quelle existence tragique ! A

30 ans, quand elle s'est aperçue q(ue) R(odin) ne voulait pas l'épouser, tout s'est écroulé autour d'elle et sa raison n'y a pas résisté. C'est le drame de l'Âge mûr.

« Mon petit Paul ». Elle m'embrasse mais elle a hâte de revenir à ce sommeil plein de douceur. (J. II, 463).

NOTES

1. Mention manuscrite sur le registre de l'État-civil de Fère-en-Tardenois :
   « Claudel Camille, née à Fère le 8 décembre 1864, décédée à Avignon (section de Montfavet) le 19 octobre 1943 à quatorze heures. »
2. Serge, petit-fils de Paul Claudel et Nelly Mequillet.
3. Lettre du Directeur de l'Hôpital psychiatrique de Montdevergues à Paul Claudel (1 feuille recto-verso) du 27 octobre 1943. Le recto de la lettre n'ayant pas été retrouvé, ce document n'a pas été classé. En voici le verso :
   ... tombe et surmontée d'une croix portant les numéros 1943-392. Mademoiselle Claudel ne possédait plus d'effets personnels au moment de son décès et aucun papier de valeur, même à titre de souvenir, n'a été retrouvé au dossier administratif.
   « Veuillez agréer, Monsieur l'Ambassadeur... » (APC)

APRÈS LA MORT DE CAMILLE

On aimerait pouvoir écrire : maintenant, tout est rentré dans l'ordre. Camille a quitté Montfavet. Elle repose à Villeneuve dans le tombeau de marbre gris des Claudel, aux côtés de ses parents et de Louise.

Et voici ce que nous devons écrire : Camille n'a pas quitté Montfavet ; mais il n'y a pas de tombe. Par un invraisemblable concours de circonstances, ses restes mortels s'y mêlent pour toujours à la terre commune. Négligence de Paul Claudel ? Décision intempestive d'une administration ? La vérité n'est pas facile à établir.

Après le décès, des lettres de sympathie parviennent à Paul Claudel.

D'abord de l'Aumônier de Montdevergues :

Montdevergues, le 20 octobre 1943,

Monsieur l'Ambassadeur,

C'est l'aumônier de Montdevergues qui vient vous présenter ses condoléances tout d'abord et ensuite vous dire que Melle Claudel a été bien soignée. Bonne nature, bien élevée, elle était très aimée dans son quartier et les infirmières avaient pour elle beaucoup d'attention. L'aumônier qui vous écrit allait la visiter souvent et il était toujours reçu d'une façon charmante. Son agonie n'a pas été bien longue : elle s'est éteinte tout doucement après avoir reçu les sacrements.

D'ailleurs, elle communiait de temps en temps et toujours avec grande piété. Ses funérailles ont été bien convenables. Tout en étant un peu gêné pour organiser un service religieux dans un établissement comme Montdevergues, j'ai eu avec moi un confrère, prêtre alsacien, qui l'a accompagnée au cimetière de Montfavet et quelques religieuses de la maison. Le prêtre célébrant portait la chape et le confrère était en surplis. Monsieur l'Ambassadeur, je conserve de Melle Claudel un excellent souvenir et je la recommande au bon Dieu dans mes prières.

Veuillez agréer...

Félix Boutin,
Aumônier de Montdevergues-Montfavet
(J. II, p. 464-465)

Puis, le 2 novembre :

Monsieur l'Ambassadeur,

J'ai reçu votre lettre datée du 29 octobre, le 1ᵉʳ novembre. Bien entendu, j'ai pris note de tous vos désirs et votre chère défunte aura une douzaine de messes qui seront célébrées au plus tôt possible à son intention.

Sur la somme de 500 F, j'ai prélevé 200 F, pour les funérailles, somme que vous approuverez certainement, étant donné la latitude que vous m'avez accordée dans votre télégramme.

Ce n'est pas sans émotion que j'ai lu votre bonne lettre ; j'en ai senti toute la tristesse qui se dégage de votre cœur de frère à l'égard d'une sœur malheureuse.

Si mon témoignage peut vous être agréable,

CAMILLE CLAUDEL

Monsieur l'Ambassadeur, je vous répéterai que Melle Camille a été bien soignée et que, au cours de sa maladie, elle a répondu à nos attentions par des mercis toujours bien exprimés et bien sentis.

Votre sœur, Monsieur l'Ambassadeur, avait conservé une grande partie de sa culture et de sa bonne éducation ;

En vous renouvelant mes condoléances, je vous prie d'agréer, Monsieur l'Ambassadeur, mes hommages respectueux.

Félix Boutin, Aumônier de Montdevergues
(APC)

Nelly Méquillet, qui est allée voir Camille durant l'été, vient d'apprendre la triste nouvelle :

Nancy 14 Place Carnot 27 octobre 1943

Mon cher Paul,

Je reviens de Paris où j'ai appris la mort de votre sœur. Je ne sais si vous aurez pu lui donner la joie de vous revoir. Je retourne à Montdevergues demain et je prierai pour cette grande âme qui a tant souffert, sur sa tombe et dans la chapelle autour de laquelle se groupent tous les pavillons comme autour de leur centre attractif. Dieu est immense dans sa Bonté et l'espérance « ne confond point ». Je vous dis toute ma sympathie. Bons souvenirs à Reine.

Nelly Méquillet. (APC)

A Ernest de Massary qui lui a témoigné son affection, Paul répond :

Mon cher Ernest,

Je viens de recevoir ta lettre affectueuse qui m'a vivement touché. Oui, la pauvre Camille a terminé doucement sa longue vie de déceptions et de souffrances. Le poids du génie est lourd à porter pour une femme ! Prévenu à temps, j'ai pu l'embrasser une dernière fois sur son lit d'agonie. Elle m'a reconnu et nous avons eu ensemble un moment indicible de tendresse et d'amertume.

Ma consolation est que ces 30 ans de souffrance lui ont certainement valu l'accès d'un séjour meilleur.

L'aumônier m'a dit qu'elle communiait souvent dans des sentiments de grande piété. Pauvre, pauvre fille ! Toi qui l'as connue rayonnante de beauté, de jeunesse et de génie, qu'aurais-tu dit de ce visage de vieillard qu'elle tournait vers moi, mais où ne se peignait plus aucune souffrance, plutôt une espèce de bonheur et d'innocence enfantine... »

Dans une autre lettre adressée à Ernest, le 17 avril 1946, cette phrase : *Que de mains absentes se tendent vers nous pour nous réunir !* (APC).

A Montdevergues, est retrouvé le seul objet ayant appartenu à Camille : un album de photographies. Le Directeur en informe Paul Claudel :

CAMILLE CLAUDEL

Montfavet, le 11 décembre 1943

Monsieur l'Ambassadeur,

J'ai l'honneur de vous faire connaître que les infirmières du service ont retrouvé dans un petit meuble désaffecté de la section où se trouvait Mademoiselle Claudel, quelques photographies dont la propriétaire a pu être identifiée grâce à une enveloppe avec adresse qui se trouvait à l'intérieur de l'album.
Il s'agit d'un album de photographies.
d'une enveloppe contenant 4 photographies (6 × 9)
4 photographies format moyen
2 photographies grand format
Je m'empresse de vous faire parvenir sous pli recommandé ces quelques souvenirs qu'il vous sera certainement agréable de posséder.
Veuillez agréer... (APC)

Réflexion de Paul Claudel consignée dans son Journal (juin 1944) :
Cette figure de Jeanne d'Arc ressemble beaucoup à ma sœur Camille jeune, telle q(ue) l'a représentée Rodin dans le marbre dit « la Pensée » (avec une coiffe de mariée berrichonne).

C'est à la fin de 1947 que Claudel semble avoir envisagé, pour la première fois, l'exhumation de Camille. Il a, en effet, écrit au curé de Montfavet qui lui précise :

Montfavet, le 30 décembre 1947

Monsieur,

Vous voudrez bien trouver ci-inclus les renseignements que vous m'avez demandés pour l'exhumation de Mademoiselle Claudel.

371

*Ces tarifs m'ont été communiqués par
l'Administration municipale d'Avignon avec laquelle vous devez traiter pour l'achat de la
concession, Montfavet n'étant qu'une section de
la commune d'Avignon.*

*A ces tarifs s'ajouteront : les prix d'un
nouveau cercueil si vous le jugez nécessaire et de
la construction d'un tombeau en pierre ou en
tout autre matériau.*

*Les cercueils sont confectionnés par la Maison
Roblot, Place Carnot, Avignon, seule concession-
naire de ce monopole.*

*Vous trouverez à Montfavet un entrepreneur
pour la construction du tombeau ou d'une simple
dalle.*

*Je reste à votre disposition pour tous autres
renseignements que vous pourriez désirer et je
vous prie, Monsieur, de croire à mon profond
respect.*

(Signature du curé)

Au bas de la lettre, en dessous de la signature, Paul
Claudel ajoute de sa main : *Je lui envoie une somme de
10 000 F pour des messes pour ma sœur Camille 8-1-48
P. Cl.*

Il est probable que Claudel a dû joindre un mot
pour Monsieur le Curé de Montfavet lors de l'envoi de
la somme d'argent. Quant à la question de l'exhumation,
après 1948, aucune preuve ne permet d'affirmer qu'elle ait
à nouveau été posée.

Le Docteur Morhardt, le 13 mai 1949, évoquait l'image
de Camille dans une lettre à Paul Claudel :

*...Je voyais toujours arriver votre sœur chez mon frère
avec un très grand plaisir. Sa conversation devait être assez
pittoresque et elle constituait un « fleuron » des dimanches*

de mon frère. J'étais, à ce moment-là, en train, je crois, de conquérir mon bachot... (APC).

En novembre-décembre 1951, le musée Rodin organise une exposition *Camille Claudel*. Le Catalogue, en plus de la préface de Marcel Aubert, Conservateur du Musée Rodin, comporte un texte de Paul Claudel intitulé *Camille Claudel*. Le catalogue sommaire des 40 oeuvres présentées est établi par Cécile Goldscheider, assistante au Musée, On y joint 12 reproductions photographiques (annexe 11).

En 1956, sont diffusées deux émissions de la Radio-diffusion-Télévision française sur *La vie douloureuse de Camille Claudel*. Le texte en est d'Henry Asselin qui l'a déjà fait paraître : *Camille Claudel sculpteur* (Extinfor, Pages de France 1951 n° 8239) et *Camille Claudel (BSPC n° 21 1966)* qui reprend en partie le texte de 1956 et *Camille Claudel* (Club français de la médaille n° 24-25 1969) (annexe 12).

Sept ans après la mort du poète qui s'était éteint aux premières heures d'un Mercredi des Cendres le 23 février 1955, la question de l'exhumation de Camille Claudel est à nouveau posée par son fils Pierre, mandataire de la succession. Une lettre à en-tête de la Société Paul Claudel est envoyée du château de Brangues au maire de Montfavet :

Monsieur le Maire,

La succession Paul Claudel a retrouvé dans les papiers du poète la lettre dont vous trouverez ci-joint la copie. Les membres de la famille de Paul Claudel seraient désireux de donner à Càmille Claudel, la sœur de Paul Claudel, une sépulture plus digne de la grande artiste qu'elle était et souhaiteraient que la dépouille fût ramenée à son village natal pour y être inhumée à nouveau dans le caveau familial.

Nous vous serions très obligés, Monsieur le

Maire, de nous faire savoir ce que nous devons faire à cette fin et quelles sont les démarches à entreprendre.

En vous remerciant à l'avance des renseignements que vous voudrez bien nous donner, veuillez agréer, Monsieur le Maire, l'assurance de mes sentiments les meilleurs.

Pierre-Paul Claudel (APC).

Le Bureau des Cimetières de la Mairie d'Avignon répondait le 6 septembre 1962 :

Monsieur,
En réponse à votre lettre par laquelle vous exprimez le désir de transférer les restes mortels de Madame Camille Claudel, inhumée le 21 octobre 1943 au cimetière de Montfavet dans la partie réservée à l'hôpital de Montdevergues, j'ai le regret de vous faire connaître que le terrain en cause a été repris pour les besoins du service, les renseignements concernant la famille de la défunte n'ayant pas été fournis au service du cimetière.

Je vous prie d'agréer, Monsieur, l'assurance de ma considération distinguée.

Pour le Maire, l'adjoint-délégué (APC).

Un geste de réparation s'imposait : le 28 septembre 1968, une plaque commémorative est inaugurée au cimetière de Villeneuve-sur-Fère.

Elle porte la simple inscription :

« Camille Claudel, 1864-1943 ».

◀ LOUIS-PROSPER AVEC SES EN-
FANTS. DE GAUCHE A DROITE :
CAMILLE, PAUL ET LOUISE.

LE ROCHER DU GEYN, LIEU DES
RÊVES DE CAMILLE ET PAUL
DANS LA FORÊT DE VILLENEUVE.
▼

LOUIS-PROSPER CLAUDEL, LE PÈRE.

LOUISE-ATHANAÏSE CLAUDEL, LA MÈRE.

BUSTE DE JEUNE FILLE (LOUISE). TERRE CUITE, 1886.

MON FRÈRE. PLÂTRE TEINTÉ, 1884-1886.

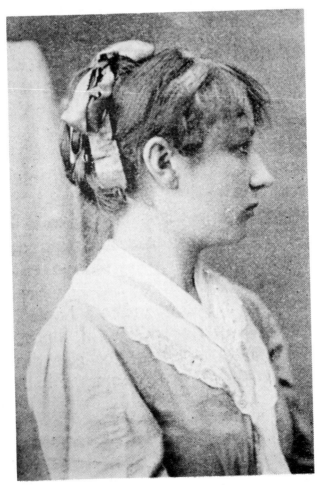

CAMILLE PAR CÉSAR (INÉDIT).

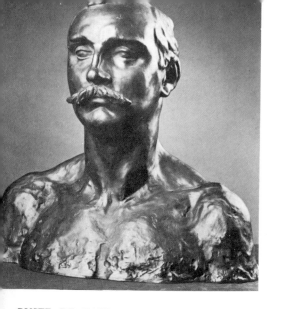

BUSTE DE PAUL CLAUDEL A 37 ANS.
BRONZE, 1905.

« JEUNE ROMAIN » (PAUL A 13 ANS).
BRONZE, 1881.

MAISON NATALE
DE CAMILLE CLAUDEL.

AUTOPORTRAIT AVEC COIFFURE DE
FEUILLES ET DE FRUITS. PLÂTRE.

CAMILLE CLAUDEL PAR AUGUSTE RODIN.
PÂTE DE VERRE, 1911.

« LE CLOS PAYEN » LOUÉ PAR RODIN POUR ABRITER SES AMOURS AVEC CAMILLE EN 1888.

◄ « BUSTE DE RODIN ». PLÂTRE, 1888 (PHOTO : B. JARRET).

LA PETITE CHÂTELAINE OU LA PETITE DE L'ISLETTE. MARBRE, 1895 (PHOTO B. JARRET).

LE CHÂTEAU D'ISLETTE EN TOURAINE OU CAMILLE ET RODIN FIRENT PLUSIEURS SÉJOURS.

ÉTAT DE SAKOUNTALA EN 1976, TEL QUE L'A RETROUVÉ JACQUES CASSAR AU
MUSÉE DE CHÂTEAUROUX. PLÂTRE, 1888 (PHOTO : J. CASSAR).

SAKOUNTALA OU L'ABANDON DU VERTUMNE ET POMONE. MARBRE, 1905 ▶
(PHOTO : B. JARRET).

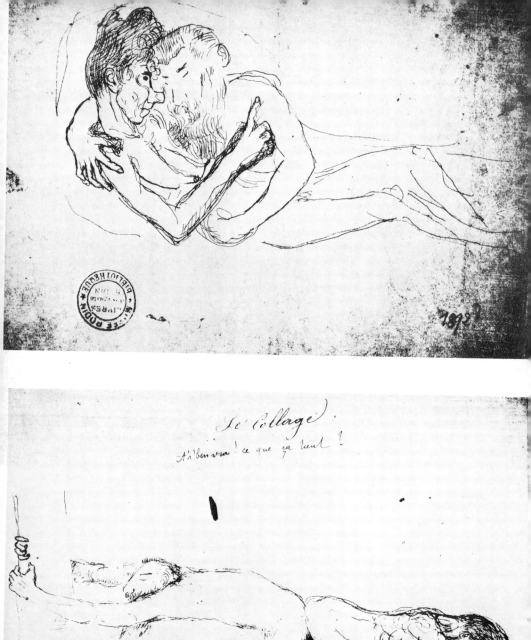

Le Collage

Ah! ben vrai! ce que ça tient!

1892

1892

L'ÂGE MÛR OU LA DESTINÉE OU LE CHEMIN DE LA VIE. PLÂTRE I, 1894-1895
(PHOTO : B. JARRET).

« DOUCE REMONTRANCE PAR BEURET ». DESSIN-CHARGE PAR CAMILLE
◄ CLAUDEL, 1892.

« LE COLLAGE ». DESSIN-CHARGE PAR CAMILLE CLAUDEL, 1892.

PAGES PRÉCÉDENTES :

A GAUCHE : LA VALSE. BRONZE, 1891-1905 (PHOTO : B. JARRET).

A DROITE : CLOTHO OU LA PARQUE. PLÂTRE, 1893 (PHOTO : B. JARRET).

CAMILLE SCULPTANT (INÉDIT).

PERSÉE ET LA GORGONE. MARBRE, 1898-1905. ▶

Persée et la Gorgone
Camille Claudel

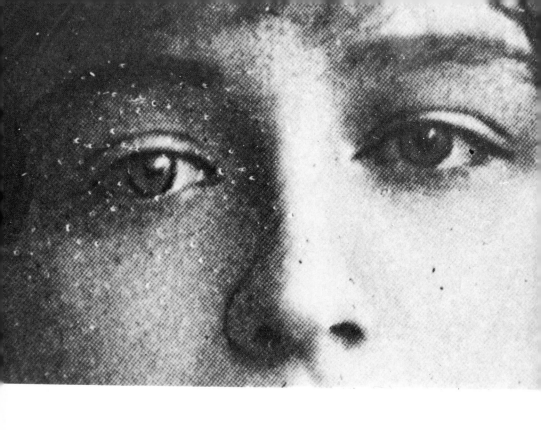

Camille Claudel

ANNEXES

ANNEXES

1. Les origines de la famille Claudel.
2. Mariage de Louis-Prosper Claudel et de Louise-Athanaïse Cerveaux.
3. Correspondance entre Jessie Lipscomb et Auguste Rodin.
4. Lettre de Claude Debussy à deux amis.
4 *bis*. A propos de *La Valse*.
5. Article d'Octave Mirbeau.
6. Article d'Henry de Braisne « Camille Claudel ».
7. Correspondance entre Camille Claudel et l'éditeur Eugène Blot.
8. Article de Paul Claudel en 1905 : « Camille Claudel, statuaire ».
9. Article de Paul Claudel en 1905 : « Rodin ou l'homme de génie ».
10. Tribunal Civil de la Seine : l'administration des biens de Camille Claudel.
11. Préface du catalogue de l'exposition de 1951 par Paul Claudel.
12. Deux émissions radiophoniques par Henry Asselin en 1956 : « La vie douloureuse de Camille Claudel, sculpteur ».
13. Article de Mathias Morhardt paru en 1898 « Mademoiselle Camille Claudel ». (Mercure de France).
14. Catalogue des œuvres de Camille Claudel.
15. Arbre généalogique.

ANNEXE 1

LES ORIGINES DE LA FAMILLE CLAUDEL

Le 27 novembre 1971, Jacques Cassar sollicitait de M. René Rémond, Président de l'Université de Paris-X, son inscription en vue de la préparation d'une thèse de Doctorat d'État sur le sujet suivant : « Paul Claudel, ses ancêtres, le milieu de son enfance et de son adolescence ».

La mort l'empêcha de mener à bien cette entreprise. Le chapitre qui suit devait faire partie de cette thèse.

Il a été reproduit sans modification. Le lecteur comprendra sans peine que le caractère, parfois austère, de la présentation tient à sa destination première.

Il est on ne peut plus naturel d'appliquer à Camille ce que Paul Claudel révèle de son ascendance.

« *N.D. de Liesse. Visite à Goudelancourt origine de la famille de mon grand-père.*

Les Cent et les Cerveaux y sont autochtones. On en trouve encore dans le pays. Avec la Bresse du côté de mon père, c'est une des deux sources fixes de ma famille (JI, septembre 1909, p. 106).

A Goudelancourt-les-Pierrepont, petit village du Laonnois, l'intelligente initiative d'un maire a, durant la dernière guerre, sauvé d'une destruction certaine, la totalité des registres paroissiaux, source capitale des généalogies villageoises.

Les Cerveaux s'y trouvent dans l'ascendance de Louise-Athanaïse, la mère de Paul et de Camille Claudel. Des gens du peuple, depuis Jean Cerveaux, laboureur, jusqu'à Jean-Jacques Louis, couvreur en ardoises qui, né à Goudelancourt en 1772, meurt à Villeneuve-sur-Fère en 1833. Les Cent, qui leur furent apparentés par le mariage, en l'an X, de Jean-Jacques Louis et Jeanne-Antoinette Cent, relèvent de la même origine populaire. A l'exclusion d'un clerc laïc, Jean-Charles (1725-1775), ils sont écaïllons (couvreurs en ardoises)', de père en fils.

L'accession tardive des deux branches à la bourgeoisie ne fut que le fruit du hasard, en même temps que le résultat d'une promesse sans doute formulée sous la Terreur. Jean-Charles Cerveaux et sa femme Marie-Louise Debordeau avaient caché et aidé à s'enfuir des prêtres insermentés. Ils firent le serment d'offrir un des leurs à l'Église si les victimes échappaient à leurs persécuteurs. En réalité, la promesse ne fut tenue que parce que le ménage de Jean-Jacques Louis et de Jeanne-Antoinette n'eut que deux enfants : Nicolas, né le 17 Germinal An X, Athanase Théodore le 23 Messidor An XII. L'un et l'autre devinrent séminaristes à N.D. de Liesse d'abord, puis à Soissons.

Mais seul l'aîné resta dans l'Église. Ordonné prêtre en 1827, Nicolas Cerveaux obtenait en 1829 la cure de Villeneuve-sur-Fère qu'il occupa jusqu'à sa mort. Son frère quitta, pour des raisons encore mystérieuses, le grand séminaire de Soissons, en 1829. Après des études faites à Paris, de 1829 à 1832, il s'établit comme docteur en médecine à Fère-en-Tardenois. En 1836, il épousait Louise Rosalie Thierry, de Villeneuve-sur-Fère.

Comme les Cerveaux et les Cent de Goudelancourt, les Thierry connurent des débuts modestes. L'enregistrement, le 27 novembre 1780, d'un contrat de mariage entre Joseph Thierry et Françoise Colard, nous apprend que le père du marié, Sébastien Thierry, est simple clerc laïc (maître d'école) à Saint-Rémy-Blanzy (Aisne).

Le fils, lui, exerce le métier de manœuvrier, de journalier agricole, mais c'est en qualité de maître d'école qu'en 1781, il s'installe à Villeneuve-sur-Fère-en-Tardenois. Travailleur, habile, rusé, Joseph Thierry améliore vite sa position. Dès 1787, il devient marchand' de bois. La Révolution fait sa fortune. On le retrouve, sous la Restauration, principal propriétaire et maire de sa commune.

Ses fils, Joseph Barthélémy et Hubert Marie, épouseront

des filles richement dotées. Marie-Louise Rosalie Fournier, femme de Joseph Barthélémy, possède des terres dans les régions de Cramaille et de Coincy. Par sa mère, née Marie-Charlotte de Vertus, peut-être comptait-elle, parmi ses lointains ancêtres, le Comte de Vertus, Louis d'Orléans et son frère, le poète Charles d'Orléans ?

Dans Hubert-Marie, le cadet, Paul Claudel a trouvé l'un des modèles du Turelure de « L'Otage ». Ce pittoresque personnage, né à Villeneuve en 1783, participe, dans le régiment des hussards de Chamborant, aux campagnes du Consulat et de l'Empire. Réformé pour blessures sur le champ de bataille, il revient en 1810 dans son pays natal pour y épouser Louise Vendeuil, la fille d'un notaire de Jaulgonne. Établi à Fère et à Villeneuve, le ménage mène une vie de luxe qui conduira Hubert-Marie à la ruine.

La même démesure atteint Joseph-Charles, fils de Joseph-Barthélémy, qui renouvelle, à quelques années de distance, l'aventure du Chamborant. Marié à une riche héritière, propriétaire des châteaux de Villeneuve et de Chacrisse, Joseph-Charles est pris d'une véritable fureur de possession. Mais comme il dépense avec autant de frénésie qu'il amasse, tout finira, dit Claudel « *dans le désordre et la dissipation* ».

La sœur de Joseph-Charles, Louise-Rosalie, née à Villeneuve le 14 janvier 1816, épousa donc, le 28 juin 1836, le docteur Athanase-Théodore Cerveaux. Elle mourut prématurément en 1843, après avoir donné le jour à deux enfants. L'aînée, Louise-Athanaïse, devait épouser, en 1862, Louis-Prosper Claudel. La faiblesse de caractère de Paul, son frère cadet, l'amena — au grand dam de son père — à subir l'influence malfaisante de Hubert-Marie et de Joseph-Charles Thierry. Engagé dans l'armée après des études médiocres, on le retrouve au camp de Châlons. Dans des circonstances encore obscures, il meurt noyé, à Châlons-sur-Marne en 1866.

Dans l'ascendance de Camille Claudel, l'apport picard, que représentent conjointement les Cerveaux et les Thierry, relève un peu de l'art d'associer les contraires. Aux premiers, la rigueur morale, le sens du devoir, de l'effort désintéressé, le respect de l'argent parfois poussé aux limites de l'avarice. A quoi répond, chez les seconds, un goût immodéré de la propriété et une propension à la prodigalité qui n'exclut par une certaine générosité. Ni les uns ni les autres ne répugnent à la procédure.

La Bresse, pays natal des Claudel, donne toujours, malgré des communications améliorées, une impression de « bout du monde ». Le bourg, que domine le Honeck, s'étire au cœur de la montagne vosgienne, à la jonction des vallées de la Vologne et du Chajoux. L'hiver y est rude et, dès la fin de l'automne, le paysage forestier disparaît sous la neige qui persiste jusqu'en mars. La population de quelques milliers d'habitants — éleveurs, bûcherons, artisans, commerçants — est fortement attachée à son sol.

Jusqu'au siècle dernier, les Bressauds émigrent peu et leurs patronymes ne varient guère. Il n'est que de lire sur les tombes la litanie de noms simples, faciles à retenir ; Mougel, Perrin, Georgel, Paulot... Claudel, aussi. Sans suivre Paul Claudel qui fait remonter l'origine de sa famille à Jacques-Elophe Claudel « décédé vers 1530 », le peu qui subsiste de documents d'état-civil aux Archives départementales des Vosges, en atteste l'ancienneté.

Parmi les ascendants paternels de Camille Claudel, la trace a été retrouvée d'un Antoine Claudel qui vit à la Bresse à la fin du XVIe siècle. Au milieu du XVIIIe, un Dominique Claudel, né vers 1608, décédé en 1698, est maire de la Bresse. Son petit fils, Dominique Nicolas (1693-1783) occupe la même fonction en 1734. Il figure sur les actes en qualité de marchand et de propriétaire. Ses descendants, Blaise-Nicolas (1732-1784) et Jacques (1737-1816) sont aussi marchands. Le fils de Jacques, Dominique-Jacques (1764-An XI), qui épousa Marie-Anne Mengin fille d'un grainetier, en eut trois enfants : Dominique-Jacques, Nicolas et Catherine.

Au siècle dernier, Dominique-Jacques (1792-1857) jouait dans l'industrie papetière vosgienne un rôle éminent. Il devint par son mariage, en 1842, avec Marie-Agathe Maldame, propriétaire de la papeterie Vraichamp à Docelles. Le mariage de son fils Félix avec Julie Krantz, réalisa l'alliance de deux familles papetières. Sa fille Pauline-Charlotte épousa son cousin

Charles, fils de Nicolas, le grand-père paternel de Camille Claudel.

Né à la Bresse le 15 mars, Nicolas Claudel y demeura toute sa vie. Il avait épousé, le 22 novembre 1814, Elisabeth Chalon, sa cousine, fille de commerçants. D'abord cultivateur, il tint, après son mariage, un commerce de « vin, fromage et tabac » connu des Bressauds friands de sobriquets sous le nom de « Chez Dédé Minique » ou encore « Chez Péline ». Le ménage eut 7 enfants. L'avant-dernier, Charles épousa sa cousine Pauline-Charlotte, propriétaire de Vraichamp. Leurs deux fils, Georges et Louis demeurèrent dans l'industrie papetière ; l'aîné conserva Vraichamp tandis que le cadet créait une papeterie à Ville-sur-Saulx, près de Bar-le-Duc. La fille de Charles et de Pauline-Charlotte, Marie-Elisabeth, devait épouser Stanilas Merklen, notaire et maire d'Épinal. Elle fut, à l'âge de huit ans, la marraine de baptême de Paul Claudel qui la reconnaissait comme *une Claudel des pieds à la tête, du moins dans le bon sens du mot.*

Le dernier enfant du ménage de Nicolas et d'Elisabeth Chalon, Louis-Prosper (surnommé Billette), né le 26 octobre 1826, ne connut pratiquement pas son père. Lui-même raconte que : « ... *revenant à pied de Vagney en visite chez son cousin le notaire, par le froid terrible de l'année 1829* » (en réalité, Nicolas Claudel est mort le 18 février 1830), son père *tombait frappé de congestion à 500 mètres de chez lui.* On ne le trouva que le lendemain et il mourut dans les bras de sa femme, « *entouré de ses sept enfants* ». Dès l'âge de onze ans, Louis-Prosper fut, avec son frère Charles, élève au collège de Remiremont. Il termina ses études secondaires au collège royal de Strasbourg, obtint son baccalauréat ès-lettres le 21 août 1845 puis entra dans l'administration des Finances. Il est receveur de l'Enregistrement à Fère-en-Tardenois quand il épouse Athanaïse Cerveaux.

ANNEXE 2

1. Mariage à Arcy Sainte — Restitue de Louis Prosper Claudel, né à la Bresse le 2 octobre 1826, receveur de l'enregistrement, domicilié à Fère-en-Tardenois, fils de feu Nicolas Claudel et de Louise Athanaïse Cécile Cerveaux, née à Fère-en-Tardenois, le 8 janvier 1844, fille de Théodore Athanase Cerveaux, Docteur en médecine, maire, et de défunte Louise Rosalie Thierry.

Le contrat a été établi par Maître Alphonse de Massary, notaire à Fère-en-Tardenois.

Témoins au mariage : pour l'époux, Charles Claudel, fabriquant de papiers, frère, Félix Claudel, fabriquant de papiers, cousin germain, l'un et l'autre de Docelles (Vosges) pour l'épouse, Louis Nicolas Cerveaux, oncle paternel de l'épouse Joseph, Charles Thierry, propriétaire, domicilié à Chacrisse, oncle maternel de l'épouse. « Registre de l'état-civil d'Arcy Sainte Restitue, Archives municipales).

Mariage religieux : Registre des actes de baptêmes et mariages de la Paroisse d'Arcy Sainte-Restitue — Doyenné de Oulchy-le Château — L'an mil huit cent soixante deux, le troisième jour du mois de Février, après la publication d'un banc du futur mariage entre Louis Prosper Claudel, fils majeur du défunt Nicolas Claudel et de Elisabeth Chalon, de droit et de fait de la Commune de Fère-en-Tardenois d'une part ; et Louise Athanaïse Cerveaux, fille majeure de Théodore Athanase Cerveaux et de défunte Louise Rosalie Thierry, de droit et de fait de cette commune d'autre part ; la dite publication faite au prône de la messe paroissiale le dimanche dix neuf janvier, en cette église, et le dimanche vingt six janvier en l'église de Fère, comme il résulte du certificat de M. Tévenart curé doyen de Fère en date du trente et un janvier dernier, sans qu'il se soit trouvé aucun empêchement ou opposition ; vu la dispense des deux derniers bans accordée par nous ; Nous soussignés Jean-Joseph Christophe évêque de Soissons et de Laon, après nous être assuré de l'union civile des susdites parties avons reçu en cette église leur mutuel consentement de mariage avec les cérémonies prescrites par la Sainte-Église en présence de 1° Charles Claudel, de la Commune de Docelles (Vosges) ; 2° Félix Claudel, de la Commune de Docelles (Vosges) ; 3° Nicolas Louis Cerveaux, curé de Villeneuve-sur-Fère ; 4° Joseph Charles Thierry, Maire de la Commune de Chacrisse, lesquels ainsi que les parties ont signé avec nous.

ANNEXE 3

Rodin est en Angleterre.

70, Ennismore Gardens S.W.

Cher Monsieur Lispcombe [sic] (1)

Vous avez bien voulu me rendre le service de faire de la monnaie. Soyez assez aimable encore, si cela est agréé, de le remettre à Mademoiselle Camille à qui Monsieur Gauchez (2) doit à peu près la même somme ; moi je la demanderai à Paris à ce Monsieur. Cela empêchera les frais.
Croyez ainsi que Madame Lipscombe [sic] l'expression de mes reconnaissantes amitiés.

Rodin

70 Ennismore Gardens S.W.

Ma chère Élève

Vous avez eu la bonté de tenir votre parole, et de m'envoyer une carte me disant votre arrivée à Londres, elle a dû s'égarer, car je ne l'ai eu [sic] que le vendredi matin. Vous avez été assez bonne pour y joindre vos amitiés et celles de Mademoiselle Camille, peut-être avez-vous fait œuvre de charité, en tout cas, merci.
J'ai vu votre buste qui est bien placé et qui le mérite... Je vous demande quelques détails de vos belles promenades.
Si votre temps n'est pas trop (illisible) et si votre petit professeur vous le permet, vous pouvez m'en dire beaucoup.
Il fait froid à Londres, tâchez que votre petite parisienne

385

n'en souffre pas et continuez de lui être précieuse par votre véritable amitié et votre bonté d'ange.

Agréez, Chère Demoiselle l'expression de reconnaissance et de ma vive sympathie.

Mes respects à Monsieur et à Madame Lipscomb.

Rodin

70 Ennismore Gardens S.W.

Monsieur et Madame Lipscomb

J'ai été très flatté et honoré de l'accueil que vous avez bien voulu me faire. J'ai été deux jours très heureux et qui compteront toujours dans mes souvenirs.

Merci pour moi, de votre cordialité, de la délicate prévenance que vous et votre très charmante Jessie avez pour vos invités.

Merci aussi, je me permets de le dire, pour l'amitié que vous marquez si pleinement à Mademoiselle Camille qui est [sic] si simple et néanmoins pleine de talent.

Je ne pourrai malheureusement pas rester à Peterborough, des lettres de Paris me forcent à partir immédiatement je me promettais cependant de participer à la fête de dimanche prochain et de porter un toast au bonheur de votre chère fille...

Je vous prie d'agréer l'expression de mes regrets.

Votre dévoué A. Rodin

70 Ennismore Gardens S.W.

Ma chère Élève

Je ne viens que de recevoir votre lettre du 27 qui me vient de Paris et dans laquelle vous me dites vos fatigues et votre repos, les ennuis que (Yasmina) fait à Mademoiselle Camille. Vendredi (nous arriverons et) (rayé) nous terminerons l'affaire (si Mademoiselle Camille le veut) (rayé)

Monsieur Gauchez qui m'écrit demande que l'on puisse faire un dessin du buste de bronze (3) qui est dans l'atelier de

Mademoiselle Camille (son frère) pour le mettre dans l'Art et lui faire une petite note. Que l'on mette une clef à la disposition du dessinateur. Il a demandé aussi que la tête yeux fermés (4) ait de la draperie, mais de cela nous en parlerons ces jours-ci.

Ma chère demoiselle je suis bien heureux que mon petit groupe ait plu à Madame votre mère, bien heureux de l'amabilité que Monsieur Lipscomb me témoigne en m'invitant...

Je rouvre ma lettre car je reçois les 2 vôtres. Je suis furieux et au désespoir de ne pas me trouver jeudi à 1 1/2 à l'exposition colonniale [sic]. Mr. Natorp (5) a tellement organisé mes illisible *et mes journées, que je ne suis le maître de rien jusqu'à vendredi matin. Quel ennui et combien je crains de vous déplaire, de déplaire à votre famille et à Mademoiselle Camille. Je ne m'attendais pas à cette chance inespérée,...*

Lettre de Rodin à Miss Lipscomb adressée de Wooton house, Peterborough (enveloppe datée du 31-5-86).

Ma chère amie

Je ne sais comment vous témoigner la reconnaissance que j'ai pour votre gentillesse, vous ne savez pas combien vous me faites du bien et ma pauvre âme toute fatiguée a besoin qu'on l'encourage. Ah je traverse des paysages bien laids en ce moment, et cependant je ne suis bien que seul, et avec mes chimères l'adorable nature l'adorable réalité des pays baignés du soleil si pur en ce moment, cette belle France, ma chère Anglaise, ne me dit rien, du reste toute ma force refugiée dans un coin, elle est là anéantie, vacillante, existera-telle encore que sais-je ?

Envoyez-moi vos photographies. C'est entendu. C'est à votre exquise bonté que je le demande, que Melle Camille et vous, soyez près l'une de l'autre et cependant que vos deux gracieuses personnes soient entières.

Vous ne m'avez rien donné de ce que je demandais !

Je regarde souvent à ma boîte, quelquefois, je reviens brusquement de loin de la campagne, de partout pensant à une lettre d'Angleterre.

Ne me laissez pas m'assommer ainsi en illisible *de trop et faites que votre amie ne soit pas si paresseuse.*

J'ai peur d'avoir été pédant en vous envoyant des journeaux [sic] mais ce n'est pas par gloriole, j'ai pensé que peut-être j'acquererais [sic] encore un plus d'estime et de votre amitié. Peut-être ce sera le contraire, et ce que j'avais pensé bien, tournera en risée. Je sais qu'avec certain rire les jeunes filles atténuent singulièrement le succès, et le rende ridicule du reste elles ont raison.

La pièce de vers la passante me plaît beaucoup. (ajouter) : dans la revue.

De vous ma chère ange, de votre gentillesse, j'espère tout, qu'en lisant ma piteuse lettre, vos rires soient réprimés et que je ne le sache pas.

Envoyez moi un des croquis que vous faites si vous croyez que je le mérite.

Rodin

70 Ennismore Gardens S.W.

Ma chère Mademoiselle Lipscomb

Merci, vous savez combien j'ai de sincère amitié pour vous. J'ai écrit à Mademoiselle Camille et plaidez ma cause toujours quoique pour cela elle est désespérée si vous obtenez oui télégraphiez-moi.

A vous votre très reconnaissant et respectueux ami.

Rodin

Lettre du 23-8-1886 de Rodin à Miss Lipscomb (envoyée d'Angleterre)

Ma chère Élève

Votre lettre m'a fait plus de plaisir que jamais, je suis reconnaissant des 3 photographies qui étaient, et remercie vos aimables parents et Mr. Elborne d'avoir pensé à moi et de m'envoyer leurs amitiés.

Je suis un peu mieux, mais je n'ose penser que cela durera.

S'il était possible que vers le 25 du mois j'aille vous prendre à Calais, vous pourriez voir et faire avant d'aller à Villeneuve une petite tournée, pour voir soit des villes de France où [sic] de Belgique.

Je sais que tout cela dépend un peu de vos arrangements et du caprice de Melle Camille. Je dis le 25 parce que je crois que c'est vers ce moment que vous revenez.

Melle (Amy) viendra-t-elle jusque-là aussi?

En tous les cas mes chères amies faites pour le mieux, malheureusement en Angleterre je ne suis bon à grand chose, ni à vous sortir d'embarras ne sachant pas la langue embarrassé pour payer avec la monnaie anglaise.

Vos photographies sont très belles, les paysages sont beaux, et les figures sont bien venues, excepté celle du petit Pierrot qui est derrière, qui a bougé, car ses traits sont méconnaissables, seule sa pose gentille est restée.

Vous êtes très bien venue et Mr. Elborne aussi.

Le groupe des trois est bien, mais j'aurai voulu vous voir en toilette de visite. Tachez ma chère artiste de faire que je vous montre les belles villes du nord de la France tâchez ce que vous pourrez et je vous devrai toujours comme d'habitude, de nouvelles gratitudes. Oui faites cela et je serai heureux d'autant plus que votre professeur vous sera utile, même à notre chère et grande artiste. Je vous envoie ce petit papier content de savoir que c'est lui qui demain aura l'hospitalité chez vous.

Présentez mes respectueuses amitiés à vos parents et à Monsieur Elborne.

Rodin

Carte de visite de Paul Claudel
(enveloppe datée du 28-12-1886)
31, Boulevard Port-Royal à Miss Lipscomb adressée à Peterborough.
« *Paul Claudel*
with all his thanks to Miss Lipscomb for her lovely present. »

Lettre non datée de Rodin envoyée de France à Miss Lipscomb.

CAMILLE CLAUDEL

Ma chère élève,

Merci de la bonté que vous avez eue de m'écrire, et je m'étais résigné à l'indifférence de mes élèves qui avaient pour excuse de s'amuser beaucoup. Je vois par votre lettre que la maladie de Mr. Lipscomb en était la cause... Présentez aussi mes respects à Monsieur Lipscomb félicitez le pour moi de son rétablissement à Mme Lipscomb à illisible *d'amitié*

Rodin

Je suis fier que Mademoiselle Camille et vous Mademoiselle ayez du succès à Nottingham.

Lettre non datée de Rodin à Miss Lipscomb envoyée d'Angleterre.

J'espère tout de votre bonté, pour arranger tout ce qui pourrait arriver de fâcheux et je suis si content que j'ai peur de tout. En tous les cas si je ne suis pas avec vous jeudi après-midi, pensez que j'irai vendredi matin saluer vos parents avec empressement.

Dites moi seulement si vous serez à Londres vendredi ou si jeudi à quel hôtel vous descendrez.

Ah je vous assure que Londres n'a plus de brouillards pour moi. Mademoiselle Claudel peut être tranquille et elle (recevra) l'argent de Yasmina vendredi. Mr. Gauchez est enthousiasmé d'elle et j'ai de l'argent pour elle chez mon ami Natorp.

Vendredi toute votre famille sera à déjeuner. Monsieur Alborne à qui j'ai plusieurs choses à demander. Allons tout est fête et tout est illuminé dans mes esprits.

Pardonnez-moi ces griffonnages mais j'ai hâte que ma lettre parte.

Agréez ma chère artiste l'expression de mes respectueuses amitiés.

A. Rodin

Ma chère Élève

Je n'aurais pas l'honneur de déjeuner avec vous, un télégramme de ce matin est la cause de ce manque de parole, excusez moi et croyez combien je suis peiné de ne pas me trouver avec vous et Mademoiselle Camille. Agréer mes respectueuses amitiés.

Rodin

Lette envoyée de France par Rodin à Miss Lipscomb (dans l'île de Wight)

Ma chère élève

Une lettre venant de votre pays me bouleverse, et je suis long à reprendre mon courage.

Votre lettre est vivante pour moi, et à travers votre retenue, je vous sens très compatissante, vous l'aviez été quand dans les deux soirées inoubliables, vous m'avez chanté la romance écossaise entre autres. Ces quelques notes [sic] sont pourtant disparues [sic] et je ne les fredonne plus.

Notre chère Camille n'avait pas voulu être avec nous.

Malgré que je m'en croye par moment je ne suis pas mieux mais je vous prie de m'écrire de l'île de Wight. Tâchez d'arranger que je vienne quelques jours.

Vous savez que j'ai confiance dans le plaisir de ces charmantes promenades, qui donnent la gaîté et la force pour travailler à l'atelier après dans l'hiver. Mais moi qui reste à Paris, j'aurai certainement moins d'énergie pour le travail. Cependant il m'en faudra beaucoup.

Agréez ma chère Demoiselle l'expression de mes sentiments de respectueux amitiés et présentez aussi mes respects à Monsieur et à Madame Lipscomb [sic] qui sont si gentils.

Rodin

Surtout ne m'oubliez pas écrivez moi.

J'ai eu à Paris un véritable et éclatant succès ces jours ci, je me désespère ne sachant comment que je ferai, [sic] je suis fatigué pour travailler. Je perds tant de temps. A bientôt une lettre. Votre reconnaissant ami.

A.R.

Camille est sans doute chez les Lipscomb.
   Ma chère élève,

   vous êtes toujours si bonne pour moi. Mais ma malchance stérilise tout. J'ai besoin d'un peu de temps et je vous écrirai pour vos bustes. Je ne suis au courant de rien et d'autre part M. Gauchez me réclame un buste. Si mademoiselle Camille voulait m'expliquer dans un mot.
   Je déjeune avec le poète Stephenson nous sommes très sympathiques l'un à l'autre et il écrit l'adresse du journal de l'art que je vous envoie [sic] à Melle Camille en le signant... A vos parents à Mr Elborne à Melle Claudel mes respectueuses salutations.
   Votre bien reconnaissant.

A. Rodin

Envoyez moi photographies.

   Toutes ces lettres proviennent des Archives du Musée Rodin.

NOTES

1. M. et Mme Lipscomb semblent être à Paris.
2. M. Gauchez est un client de Camille.
3. Buste de Paul Claudel à 13 ans (exposé en 1887) ou Paul Claudel à 18 ans (1886) qui sera offert par M. Gauchez au Musée de Tours ?
4. Cette œuvre pourrait être « Psaume » du Musée d'Abbeville.
5. Jeune sculpteur américain.

ANNEXE 4

Claude Debussy : Lettres à deux amis, 78 lettres inédites à Robert Godet et G. Jean Aubry, Paris Corti.

R. Godet évoque la rencontre entre Debussy et Camille, cette *artiste de grande race*. — la dernière que l'on pût s'attendre à rencontrer en ce lieu, car elle était de *celles qui dérobent le moins de minutes possible au travail.*

Le Debussy d'abord marquait pour l'art de Rodin une « vive incompréhension », traduisons : une franche antipathie dont vous savez qu'il se cachera de moins en moins. Cette idiosyncrasie que je m'expliquais mal — le grief de « romantisme même faisandé » me paraissait absurde — m'avait dissuadé de chercher à établir entre eux un contact personnel. Il y en eut un pourtant — hasard aussi, je crois que ce fut le seul — où le musicien put s'instruire, par l'admirable simplicité du sculpteur au repos, de la grandeur de l'homme. Désirant mettre fin aux exercices d'un écrivain qui maniait l'encensoir sans retenue, suggérait des titres prétentieux pour chacune des ébauches que nous examinions et assenait ainsi coup sur coup de véritables pavés d'ours métaphysique sur la tête de l'auteur gêné, sinon meurtri, Rodin dit simplement : « Quand on travaille beaucoup des pouces, on arrive à se faire, sans le faire exprès, quelques idées générales. Il vaut mieux qu'elles viennent après qu'avant. Y chercher le sens de l'œuvre serait prendre l'effet pour la cause. Tout son effort tend à pouvoir se passer de commentaire ». Or Rodin avait une élève dont il disait (le dit-il dans cet entretien ? il le dit maintes fois sous une forme ou sous une autre, pour prévenir le malentendu qui pouvait s'attacher dans ce cas au mot d'« élève ») « Je lui ai peut-être indiqué où l'on trouve de l'or, mais l'or qu'elle en rapporte est bien à elle. »

395

G. Jean Aubry :

Camille Claudel ? Cette élève, bientôt devenue son propre maître, dont Rodin a figuré, dit-on, les traits dans sa figure de la *Pensée* ?

R. G. — Camille Claudel. Et c'est elle, en personne, que délégua ce hasard providentiel à répétitions ou cette diligente providence qui valut au jeune Debussy de premières rencontres avec la géniale artiste, préludes aux réunions qu'ils auraient plus tard à mon foyer où elle était déjà et fut toujours davantage, la très respectueusement bienvenue.

G. J. A. — Mais toujours est-il, à propos de musique, que Camille Claudel...

R. G. — ... redoutait comme vous et moi l'ennui qu'inflige aux auditeurs, à tort ou à raison, une musique qui ne les intéresse pas. Cet ennui, plus fréquent chez elle que chez nous, comparé au nombre des épreuves subies, l'attestait-il inapte à concevoir qu'un langage formé avec des sons eût sa fin en lui-même, ou simplement trop ignorante de son vocabulaire pour y chercher des clefs ? Eh bien ! la musique du jeune Debussy ruina l'hypothèse de l'inaptitude. Non seulement Camille Claudel l'aborda sans méfiance et lui prêta une curiosité de plus en plus éveillée, mais elle finit par l'écouter avec un recueillement qui n'avait rien d'une résignation. Et le temps vint où on l'entendit, quand le pianiste quittait son piano les mains glacées, lui dire en le conduisant vers la cheminée « Sans commentaire, Monsieur Debussy ». Elle avait été à bonne école, et n'aurait pu, sculptrice, offrir au musicien plus précieux hommage.

G. D. A. — Mais, lui, que dut-il à elle ?

R. G. — D'abord une évidence qui lui sauta aux yeux, alors qu'elle n'était encore qu'un pressentiment. Dans l'œuvre sculptée de Camille Claudel se fixait un type de beauté qu'esquissaient déjà ses gestes. Ils étaient presque tous générateurs de cette œuvre par le labeur de l'ouvrière vaquant au métier de son art : elle taillait, par exemple ses marbres elle-même. Or un petit défaut physique (léger déhanchement, légère claudication) ne faisait que rendre plus sensible l'effort en elle, l'effort par elle, de la nature progressant vers cette beauté dont le caractère était, une fois parfaite, d'avoir atteint au style sans passer par l'académie.

Première leçon, si vous voulez.

G. J. A. — Voyons la seconde.

R. G. — Ce type de beauté réalisé par une femme — qui fut, sauf erreur, le seul génie féminin dans l'art où elle créa — devait exercer un spécial et salutaire attrait sur Debussy, parce qu'à une éloquence plastique d'un pouvoir extraordinaire s'y mêlait un accent profond d'intimité, comme un écho d'émotions secrètes ou familières monté du fort intérieur où elles chantaient à mi-voix, et tel que jamais sculpteur ne perçut rien de pareil dans le souffle de l'ange penché sur son épaule à l'heure de l'inspiration. Cela posé et pesé, comment le jeune Debussy n'en eût-il pas saisi musicalement la portée, lui qui, tout à fait ignorant encore de Moussorgsky, en recélait une part congénitale par anticipation, comme Moussorgsky recéla, par anticipation, une part congénitale de « debussysme », et qui partagea, lui seul avec lui seul, dans leur musique à tous autres égards radicalement différents, le privilège de n'y porter jamais, quelles que soient leurs réactions personnelles aux menaces de la passion ou du sexe, ni joug sexuel, ni joug passionnel ? Témoin en soit la grâce accordée à ces grands affranchis par leur déesse tutélaire à la juste balance : avec une véhémence la plus mâle qui soit, et, tour à tour, une délicatesse la plus tendrement féminine, ils demeurent sans rivaux dans leurs interprétations de l'enfance et de la mort. Si donc le jeune Debussy a, de tout son cœur, cédé à l'attrait de la sculpture claudélienne, tenez qu'il y reconnut la marque de cette « bipolarité » mystérieuse, mystérieusement réunies, les conditions de son propre équilibre.

G. J. A. — En dehors de cette confirmation, pensez-vous qu'il ait dû à Camille Claudel une part de son développement visuel dans un sens plus général ?

R. G. — Il y avait, me semble-t-il, un accord préétabli sur quelques points et ce sont les seuls que j'ai retenus. Indifférence, par exemple, aux conquêtes de la technique impressionniste, ce qui n'impliquait pas un parti pris hostile contre cette expérience, mais un doute raisonné, qui devint agacement quand les « conquêtes » se firent en série ; dévotion inébranlable à « Monsieur Degas », y compris, pour la probité, ses tenants dans le passé (l'œuvre peinte de Camille nous réfère entre autres à Clouet), sinon ses aboutissements où les eussent-ils pris ? mais aussi pour la grâce unique de ses rythmes dans les mouvements de la danse ou leur intense justesse dans ceux du travail, et pour le sens, dans ses figures, des fatalités ataviquement inscrites dans le destin qu'apportent avec eux ses modèles ; enfin une attention constante aux exemplaires de la virtuosité japonaise qui passaient par leurs mains et où ils admiraient, en l'absence fréquente de valeurs humaines intelligibles sans traduction, les miracles des mises en place ou les paradoxes des perspectives. La Mangwa d'Hokusaï leur fut une petite Bible d'Amiens exotique... Je vous laisse à imaginer ce que le musicien put apprendre de la sculptrice, au pied d'une cathédrale, sur les grands âges de l'opus francigenum...

G. J. A. — N'est-ce pas « *La Valse* » de Camille Claudel que j'aie vue sur la cheminée de Claude Debussy ?

R. G. — Elle ne quitta son cabinet de travail qu'avec lui. Cette langueur et cet élan confondus en un seul rythme qui ne défaille que pour s'envoler plus inépuisablement, notre Claude n'en avait épuisé, quand il disparut, ni la séduction ni le réconfort. Il adorait « *la petite Châtelaine* » une des plus gracieuses évocations qu'aient inspirées à un poète du marbre l'appel interrogateur d'un visage d'enfant devant l'inconnu. Il révérait, avec une nuance d'effroi, l'âpre « *Clotho* » qui va cheminant d'un pas inéluctable et forme à elle seule tout un groupe avec l'immense toison artistement fouillée qui la coiffe, l'aveugle et l'enserre. Nul doute, ici, qu'il ne vous demandât, avec une autorité manquant à son interprète : « Où est-elle passée notre cheminante Clotho, que ses admirateurs virent entrer au musée du Luxembourg en 1895 par la vertu de l'offrande qu'ils lui en firent sous les auspices de Puvis de Chavannes et qui, depuis un quart de siècle, a si étrangement disparu de la place où cette *Parque* devait ériger l'image d'un destin moins cruel à elle-même ? Et enfin, et surtout, attendra-t-on le millénium pour organiser une exposition des œuvres de Camille Claudel, choisies parmi celles qui contribueraient le mieux à restaurer le goût et le sens des trésors ensevelis ? On y verrait en face de l'âpre Clotho un « *Persée* » impavide ; avec « la *petite Châtelaine* », une « *Aurore* » ; autour de « *la Valse* » le groupe des « *Vagues* » et ceux des « *Causeuses* » ; la « *femme à genoux devant une cheminée* » ; une magnifique série de *bustes*, comme ceux du frère de leur auteur, datant de 1884, 1886 et 1905, et les *peintures, croquis* et *pastels* dont les modèles sont pris dans sa famille ou son entourage : le père, une amie, deux domestiques auxquelles on pourrait croire que voulut marquer sa gratitude un Rembrandt rajeuni, après des vacances passées avec Hendrikie dans le Tardenois... Encore un porto, nous n'en reprendrons pas chez Austin. »

ANNEXE 5

L'article important d'Octave Mirbeau de 1893 (retrouvé dans les Archives Paul Claudel, dactylographié, sans signature, ni date).

« Mademoiselle Claudel est l'élève de Rodin et la sœur de Monsieur Paul Claudel. Tout le monde sait ce qu'est Rodin ; Tout le monde aussi ignore ce qu'est Paul Claudel. Paul Claudel a écrit deux livres, deux drames, l'un « Tête d'Or », l'autre, « La Ville » et qui sont, je supplie les critiques de ne pas sourire, des œuvres de génie ; génie encore confus parfois, mais qu'illuminent des clartés foudroyantes. J'ai dit obscur et confus, et c'est, je crois bien pour rassurer mon amour-propre, car si je ne comprends pas toujours M. Paul Claudel, si des voiles quelquefois s'interposent, pour un instant, entre les éclats de cette vive lumière et mes yeux, il ne s'ensuit pas qu'il faille accuser l'auteur d'une faute qui n'est peut-être que dans la faiblesse de mes regards. Mais fût-il mille fois plus obscur, plus confus pour tout le monde, en quelques parties de son œuvre extraordinaire, que cela serait bien permis à un très jeune homme, qui n'a pas le temps de s'arrêter à des poteaux indicateurs, en qui les idées bouillent et se précipitent comme des torrents et dont le cerveau est en état de création permanente ; mais j'ai écrit « génie » et c'est la seule qualité qu'on puisse accoler à son nom.

Instruite par un tel maître, vivant dans l'intellectuelle intimité d'un tel frère, il n'est point étonnant que Mademoiselle Camille Claudel, qui est bien de sa famille, nous apporte des œuvres qui dépassent par l'invention et la puissance d'exécution tout ce qu'on peut attendre d'une femme. L'année dernière, elle exposait le buste de Rodin : une merveille d'interprétation puissante, de libre verve, de grande allure. Cette année, elle montre deux compositions étranges, passionnantes, si neuves d'invention, si émouvantes dans leur arrangement décoratif, d'une poésie si profonde et d'une pensée si mâle, que l'on s'arrête surpris par cette beauté d'art qui nous vient d'une femme. J'arrive à me répéter à moi-même cet étonnement.

La Valse et *Clotho,* ainsi se nomment ces œuvres, sont, avec celles de Constantin Meunier, ce qu'il y a de vraiment supérieur dans cette exposition.

Mademoiselle Camille Claudel s'est hardiment attaquée à ce qui est peut-être le plus difficile à rendre par la statuaire : un mouvement de danse. Pour que cela ne devienne pas grossier, pour que cela ne reste pas figé dans la pierre, il faut un art infini. Mademoiselle Claudel a possédé cet art.

Enlacés l'un à l'autre, la tête de la femme adorablement penchée sur l'épaule de l'homme, voluptueux et chastes, ils s'en vont, ils tournoient lentement, presque soulevés au-dessus du sol, presque aériens, soutenus par cette force mystérieuse qui maintient en équilibre les corps penchés, les corps envolés, comme s'ils étaient conduits par des ailes. Mais où vont-ils, éperdus dans l'ivresse de leur âme et de leur chair si étroitement jointes ? Est-ce à l'amour, est-ce à la mort ? Les chairs sont jeunes, elles palpitent de vie, mais la draperie qui les entoure, qui les suit, qui tournoie avec eux, bat comme un suaire. Je ne sais pas où ils vont, si c'est à l'amour, si c'est à la mort, mais ce que je sais, c'est que se lève de ce groupe une tristesse poignante, si poignante qu'elle ne peut venir que de la mort, ou peut-être de l'amour plus triste encore que la mort.

Je ne ferais qu'un petit reproche à Mademoiselle Claudel : il me semble que n'est pas assez féminisé le bras de la femme, dont la main pose si délicieusement, en une inflexion si caressante, sur la main de l'homme. Je lui aurais voulu plus d'abandon, de mollesse, moins de muscles accusés.

Maintenant, voici *la Parque,* l'effrayante *Parque.* Vieille, décharnée, hideuse, les chairs battant comme des loques le long de ses flancs, les seins flétris tombant ainsi que des paupières mortes, le ventre couturé, les jambes longues et faites pour les marches terribles qui jamais ne finissent, des jambes agiles et nerveuses et dont les enjambées fauchent les vies humaines, elle rit dans son masque de mort. Autour d'elle, la vie, figurée par

d'étranges banderolles, par d'interminables lisières coupées, roule,
se déroule, s'enroule. D'un geste ironique qu'accompagne son
épouvantable rictus, elle les agite dans l'air, les fait flotter,
tournoyer comme des écharpes. La grâce de ces arabesques est
d'une recherche curieuse, l'effet décoratif saisissant. Cette figurette,
ainsi que parle le catalogue, est admirable d'imagination et de
réalisation. Le corps de la *Parque* garde, au milieu de ses
flétrissures, une ligne superbe : la beauté plastique survit à
l'écroulement de ces chairs. C'est d'un art très haut, très mâle
et qui fait de Mademoiselle Claudel une des plus intéressantes
artistes de ce temps. Auguste Rodin peut être fier de son élève ;
l'auteur de *Tête d'Or,* de sa sœur. Mademoiselle Claudel est
bien de la race de l'un et de la famille de l'autre. »

ANNEXE 4 BIS

LA VALSE

Camille qui désire exécuter *La Valse* en marbre, écrit au Ministre pour lui demander la commande du « petit groupe demi-nature les valseurs qui a été trouvé bien par plusieurs artistes et notamment M. Rodin. »

Le directeur des Beaux-Arts demande un rapport à Armand Dayot qui, le 20 mars 1892, décrit l'œuvre et poursuit « pour deux motifs, cette œuvre ne peut être acceptée telle qu'elle m'a été présentée. D'abord le violent accent de réalité qui s'en dégage lui interdit, malgré son incontestable valeur, une place dans une galerie ouverte au public. Le rapprochement des sexes est rendu avec une surprenante sensualité d'expression qui exagère considérablement la nudité absolue de tous les détails humains... D'un autre côté... je sais que jadis Jupiter épouvanté par les formes des androgynes sépara les sexes et que Vénus compatissante leur enseigna la volte, danse tournoyante qui réunissait de nouveau les deux êtres... Mais c'est bien la valse et non la volte dont il serait peut-être difficile de retrouver aujourd'hui le rythme, que Melle Claudel a voulu peindre... ce qui convient à la légèreté de *La Valse,* c'est l'enroulement rythmique des draperies qui donnent comme des ailes aux danseuses... J'ai donc cru bien faire en demandant à Melle Claudel d'habiller ses personnages. ».

Camille écrit le 21 décembre au Directeur des Beaux-Arts : « Pour me conformer aux avis de M. Dayot, j'ai fait pendant tout l'été des études de draperies sur ce même groupe qui sont maintenant terminées. Je suis prête à les soumettre de nouveau à l'examen de M. l'Inspecteur ».

D'où le second rapport de M. Dayot du 9 janvier 1893 « Pendant les six mois Melle Claudel, avec une persistance vraiment héroïque a cherché à mieux faire, ou plutôt à relever la remarquable plastique de son sujet par une couleur plus franchement symbolique et je dois reconnaître que ses efforts consciencieux et ses difficiles recherches ont été couronnées de succès. » L'œuvre se présente comme « un gracieux enlacement de formes superbes balancées dans un rythme harmonieux au milieu de l'enveloppement tournoyant des draperies. Ah ! ces draperies sont bien frêles. Melle Claudel a voulu sacrifier le moins de nu possible et elle a eu raison. Mais elles suffisent à voiler les détails trop visiblement réalistes et à indiquer en même temps le caractère du sujet... Ce groupe déjà si beau, d'une originalité si saisissante, d'une si puissante exécution, gagnerait beaucoup à être transcrit en marbre. »

Melle Camille Claudel est « chargée d'exécuter en marbre La Valse » par arrêté.

Mais, le 4 mars 1893, le Directeur des Beaux-Arts, demande par une note d'attendre. La Valse ne fut jamais réalisée en marbre.

ANNEXE 6

1er octobre 1897
Article d'Henry de Braisne dans la *Revue idéaliste*.

Camille Claudel,

Maintenant que les artistes de tous styles, de toute école, après s'être suffisament recueillis, durant les mois d'été, se préparent aux luttes prochaines, il convient, dans le silence propice des villégiatures annuelles, d'examiner si l'année qui s'achève nous apporte la révélation de quelque personnalité précieuse. En parfaite sincérité une seule émergea de l'ensemble des noyés dans les catalogues. Mais aussitôt, à propos d'elle, des discussions surgissent.

« Alors que dans nos Associations de Gens de Lettres ou de journalistes, l'admission des femmes — je parle de celles qui ont du talent — rencontre toujours tant de farouches opposants, il parut étrange au public non informé que la Société d'artistes du Champ-de-Mars se montrât si courtoise pour l'une de ses adhérentes. Adhérente, Melle Claudel l'était hier, aujourd'hui elle est sociétaire et même membre du jury, ce qui stupéfie les snobs ignorants de l'ordinaire fonctionnement de la Société.

Membre du jury ?... Mais George Sand n'eût pas été membre du Comité à la cité Rougemment. C'est que les sculpteurs du Champ-de-Mars ont sans doute plus de vraie compréhension de leurs intérêts que les romanciers de la cité Rougement. Ils ne se sont pas effrayés du mot génie prononcé jadis par des écrivains considérables au sujet d'une femme dont personne encore n'a fixé la physionomie énergique et obsédante.

« Une femme, une jeune fille plutôt. Les salons parisiens ne l'ont jamais vue, mais nous sommes quelques-uns à la connaître, et chacun de nous ratifier des deux mains le jugement

porté sur elle. Obsédante elle l'est, en effet, Melle Claudel, Oh !
pas excentrique, ni dans sa tenue, ni dans son langage ; très
jeune fille au contraire, mais extrêmement supérieure, point
curieuse, point coquette, d'une simplicité qui confine à l'absolue
modestie. Brune, de taille moyenne, mince, nerveuse, de beaux
traits où la pensée laisse surtout son empreinte, des yeux tantôt
rêveurs, tantôt d'une indomptable fierté, au coin des lèvres un
pli d'amer désenchantement, Melle Claudel est sans rivale par
la puissance de sa volonté et son labeur, par son incroyable
conscience, par sa foi si rare dans la vérité qui pour elle est
le Beau.

Sa demeure n'est pas plus connue que sa personne. Et
comment voulez-vous qu'elle le soit ? Perdue au milieu de la
Glacière — oui, cette jeune fille que je surpris tel jour à méditer
sur Plaute, tel autre jour à juger les Morticoles, cette jeune fille
habite derrière les grands arbres du boulevard d'Italie, au fond
d'une humble cour que garde un concierge cordonnier — perdu
loin de Paris, son atelier sévère n'offre aux regards aucune de
ces amusettes luxueuses si nécessaires pour aguicher les
commandes.

Etroit, encombré de selles, resserré entre une armoire pleine
d'études choisies et une soupente d'où tombe un voile grisâtre,
qui cache les esquisses plus poussées, il semble davantage un
couloir qu'une salle de travail. Mais tout étroit qu'il est, vous
y saluez, après l'effigie de Lhermitte, le plâtre de la Parque et
du Dieu envolé, le bronze de la Valse — ô cette valse, où
s'enchevêtrent les difficultés vaincues — et de cette inimitable
Tête d'enfant, que les plus orgueilleux critiques acclamèrent
sans réserve, enfin le buste superbe, criant de vie latente,
d'Auguste Rodin.

De suite, l'envie dresse le front, quand on vante ces œuvres.
Elles sont distinguées, parbleu ! c'est évident, cela crève les
yeux : mais c'est du Rodin ! Melle Claudel ne fera jamais que
du Rodin !... Pour flatteuse que soit la constatation à l'endroit
du grand statuaire, dont l'influence croissante se fait partout
sentir aux Expositions, elle est inexacte. Demandez à Rodin
lui-même tant fier de son élève. Si vous parvenez à gagner la
confiance de Melle Claudel — ce n'est pas chose aisée : cette
artiste, très en dedans, armée de réserve avec les importuns,

n'est loquace qu'avec ses amis — elle vous apprendra que des sculpteurs renommés, Paul Dubois entre autres, observaient qu'elle était elle-même bien avant son entrée rue de l'Université, qu'à l'âge de douze ans, elle modelait déjà des glaises d'un audacieux dessin, que sa composition irritait les premiers maîtres qu'on lui donna.

Non, Melle Claudel a bien sa note, son style, sa signature ; qu'elle se promène à Azay-le-Rideau en Touraine, ou qu'elle se cloître à Villeneuve-sur-Fère, son pays, elle saura toujours trouver un sujet original qu'elle traitera d'originale manière et en poète profond. La vérité est qu'elle possède une énorme science d'anatomie et d'expression, qu'en sculpture elle est affolée de mouvement, et que, comme Rodin, elle travaille sa terre par profils.

Fille d'un conservateur des Hypothèques originaire des Vosges, petite-fille d'un médecin tardenois d'intelligence aiguë, auteur dramatique illustre chez Stéphane Mallarmé, elle céda cette année, aux sollicitations de ses enthousiastes amis, qui la priaient d'envoyer au Salon mieux encore que son adorable *Petite châtelaine,* et voici que, durant des semaines, elle provoque l'étonnement de ses émules. Que dire de ce Portrait de Mme D..., taillé en plein marbre, oui répétons-le, en plein marbre, si puissant, si gracieux, si fort, de ces Causeuses, sculptées à même l'onyx, si souples, si viriles, si vivantes, de ces Femmes qui dansent sous la vague, coulées dans un plâtre merveilleux de finesse et d'invention ? Il faut admirer et encore admirer.

Sans citer le formidable Moïse et l'Atlas angoissant qu'elle rêve à la campagne où ses modèles médusent les bons villageois, elle nous réserve bien d'autres surprises. Non, non quoique le bruit en ait couru certain soir, Mademoiselle Claudel ne « lâchera pas la sculpture ». La question d'argent demeura secondaire en cette existence tout intellectuelle. Lorsqu'on est à ce degré taraudé par le démon de produire, on succombe fièrement attaché à sa passion, quelque douloureux qu'en soit le culte. On peut avoir des heures d'âpre découragement, des désespoirs fous, on reste ce qu'on est, une artiste hors de pair.

Et si peu cabotin, j'y reviens, si peu mondaine ! Ne raconte-t-on pas que le jour où elle fut présentée à Edmond de Goncourt, Mademoiselle Claudel ne trouve rien de mieux à formuler que cet éloge au maréchal des Lettres françaises : « Je suis vraiment heureuse de vous serrer la main, Monsieur de Goncourt : j'ai lu de vous Manette Salomon, ce livre-là m'a beaucoup impressionnée. »

Par ce temps de flagorneries tarabiscotées, de flatteries outrancières, cette simple phrase n'est-elle pas exquise ?

Henry de Braisne

ANNEXE 7

Correspondance entre Camille Claudel et Eugène Blot.

(Source : A.M.R. : dossier Camille Claudel)
Copies dactylographiées de 9 lettres à Eugène Blot.
Aucune de ces lettres n'est datée. Elles sont sans doute antérieures à 1905.

1 — Monsieur Blot,

« Je vous envoie un nouveau morceau de littérature pour rien et gratis à la condition que vous paierez 30 ct pour lé recevoir.

Envoyez-moi cent francs sur nos opérations futures, sans cela je vais disparaître dans un cataclysme. Stanilas Margotin me réclame une note qui menace de m'engloutir tout entière ; la marchande de beurre hurle qu'elle m'a déposé plusieurs œufs qui ne sont pas payés ; Adonis recommence à me saisir (on ne dira pas cette fois que c'est Vénus qui court après lui).

Exécutez-vous, c'est ce que vous avez de mieux à faire en cette grave circonstance. (si vous aviez voulu me protéger, je ne serais pas (en) c't' état-là, ma foi non, ma foi non !

En supposant que vous ayez la délicate attention de souscrire à mes vœux, allez-y avec modération. Envoyez moi un agent prudent et discret qui passe sournoisement devant la loge de la concierge sans s'y arrêter (c'est un poisson qui happe tout ce qui passe à sa portée). Surtout prenez toutes les précautions nécessaires.

Votre dévouée fournisseuse de sculpture.

C. Claudel

P.S. Si vous n'êtes pas en fonds, dites à M. Peytel de faire face à la situation. Mon groupe en marbre devient merveilleux, on dirait de la nacre.

2 — Monsieur Blot,

Pourriez-vous me donner les cinquante francs que vous disiez me donner pour la petite figure à genoux, ou une avance du même prix ou plutôt soixante francs sur le groupe.

J'ai soixante francs de contributions à payer, ou sans cela je serai saisie après-demain.

Je suis en retard depuis si longtemps que j'ai tout à payer. Excuses et r.s.v.p.

C. Claudel

3 — Monsieur Blot,

Je voudrais savoir si c'est exprès ou si c'est sans le vouloir que vous négligez de m'envoyer les derniers cinquante francs qui nous restent sur notre pauvre petit compte. Oh la la ! N'oubliez pas que le facteur, le vidangeur et le balayeur du Quai Bourbon vont venir m'embrasser le jour de l'An ! ça sera de votre faute si je me trouve en-dessous de la situation. Si vous éprouvez le besoin de me serrer la vis, tâchez que ça soit dans une circonstance moins grave. A moins que vous ne préfériez m'exposer aux plus dures alternatives.

Votre toujours la même.

C. Claudel

4 — Monsieur Blot,

Je m'aperçois avec horreur que vous restez sourd à mes objurgations : n'oubliez pas que je me pâme en attendant l'arrivée de ma réduction. Donnez-moi donc de vos nouvelles !

Puis j'ai une petite faunesse qui joue de la flûte qui vous intéresserait peut-être. Vraiment, si vous ne pouvez m'acheter quelque chose, tâchez de m'amener un client, j'ai grand besoin d'argent pour payer mon loyer d'octobre, sans cela je vais encore être réveillée un de ces matins par l'aimable Adonis Pruneaux, mon huissier ordinaire qui viendra me saisir avec sa délicatesse ordinaire. Inutile de vous dire qu'il ne pourra saisir que l'artiste elle-même, opération qui, pour moi, n'aurait rien de séduisant, malgré les gants blancs et le chapeau haut-de-forme que cet aimable fonctionnaire ne manque d'arborer pour cette circonstance difficile. Excusez ces plaisanteries de corbillard et recevez mes sincères amitiés.

C. Claudel

5 — Monsieur Blot,

Vous vous faites illusion si vous vous figurez que vous n'entendrez plus parler de moi : ce n'est pas une raison parce que vous m'avez acheté ma Sirène pour que je vous laisse complètement tranquille : il s'agit de vous montrer sublime !

J'ai besoin de 59,95 F pour samedi matin sans faute, sinon la personne qui passe sa vie à fabriquer des objets aussi curieux qu'inutiles sera forcée d'user de procédés détestables. Respectez votre administrée et veillez à ce qu'elle représente toujours dignement la maison Blot.

Une petite cheminée de plus ou de moins ne vous engagera à rien (jamais deux sans trois) vous aurez ma petite frileuse couchée en travers du feu pour la modique somme de cent francs et je vous la finirai à mon goût, ce sera la plus belle pour *une veilleuse*. Surtout ne vous faîtes pas prier !

Le méchant groupe dure toujours, mais cette fois j'en aperçois la fin ; il sera sûrement terminé pour le milieu de la semaine prochaine. Je vous envoie mes excuses et mes sincères amitiés.

C. Claudel

6 — Monsieur Blot

Ne vous affligez pas de la quantité d'autographes curieux qui vous tombent non pas du ciel, mais des obscures retraites de l'Ile Saint-Louis.

J'ai trouvé une autre idée : si vous faisiez commander par l'État ma grande statue de Persée en bronze, je demanderais seulement 1 500 francs pour moi et pour vous la commande du bronze. C'était le premier souhait de Geffroy de voir cette statue en bronze, mais depuis, il a été travaillé par RODIN qui fait une guerre acharnée à cette statue. Si vous pouviez faire cela pour le Salon, ce serait admirable.

C. Claudel

7 — Infortuné éditeur en objets d'arts, tremblez à la vue de cette écriture néfaste qui vous rappelle tant d'affreux souvenirs : vous vous figurez peut-être que celle qui vous écrit est morte : non, il n'est rien (malgré les probabilités) et qui pis est, son envie d'avoir de l'argent n'est pas morte non plus.

La vue de la Sirène exposée à votre étalage réveille son appétit féroce, pour une figure si bien patinée et si réussie, si flatteuse pour votre amour-propre artistique : vous devriez au moins sentir se réveiller chez vous vos instincts bienveillants envers vos administrés : ils ne sont qu'endormis, vous pouvez en être sûre, c'est moi qui vous l'affirme.

N'oubliez pas que, découragée par mes insuccès vis-à-vis de l'argent, je m'en vais toute seule circuler à travers le globe, chercher plus loin une position plus productive, en Espagne chez un de mes cousins banquier à Madrid qui m'offre asile contre les vicissitudes de la vie artistique (ceci n'est pas pour vous faire mes adieux, au contraire). Salutations.

C. Claudel

8 — Monsieur Blot,

La Sirène est prête, vous pouvez l'envoyer chercher. Que cela est long et que c'est long d'attendre ! Il y a une chose qui ressort clairement de tout cela : c'est que les billets de mille francs sont excessivement rares sur la place de Paris et qu'ils passent souvent près du Quai Bourbon sans s'y arrêter.

En fait d'anecdotes, je vous raconterai que l'aimable Adonis a de nouveau exercé contre moi des poursuites inconsidérées : nous sommes allés en référés avec des faces patibulaires auxquelles je n'étais pas habituée, depuis la dernière fois où je suis allée aux prud'hommes pour la modique somme de 18 sous que je ne voulais pas payer à un honnête ouvrier. Conclusion : considérée comme capitaliste exploiteur du pauvre monde, j'ai été condamnée à payer 200 francs au pauv' malheureux que j'avais odieusement torturé. A la suite de quoi je les ai empruntés à un de mes amis qui a trouvé la plaisanterie excessivement louche et m'a conseillé à l'avenir d'avoir recours à des moyens plus conciliants.

Depuis ce moment, chaque fois qu'il me voit arriver avec mes plâtres, il me tourne le dos sans façon. Il est en effet avéré pour moi que je suis la plaie, le choléra des hommes bienveillants et généreux qui s'occupent de la question d'art et que, lorsqu'on me voit arriver avec mes plâtres, je ferai fuir l'Empereur du Sahara lui-même.

A vrai dire, j'aimerais mieux avoir un métier plus séduisant et qui attire le monde au lieu de le faire sauver.

S'il était encore temps de changer de corporation je préférerais cela. J'aurais mieux fait de m'acheter de belles robes et de beaux chapeaux qui fassent ressortir mes qualités naturelles que de me livrer à ma passion pour les édifices douteux et les groupes plus ou moins rébarbatifs.

Cet art malheureux est plutôt fait pour les grandes barbes et les vilaines poires que pour une femme relativement bien partagée par la nature. Pardonnez ces amères et tardives réflexions : cela n'adoucira pas les vilains monstres qui m'ont lancée dans cette voie dangeureuse.

J'ai vu Madame Julien et sa sœur ; elles ont vu mon groupe chez vous et le trouvent admirable. Si elles vont vous voir, vous saurez que la deuxième va être la femme d'un gros soyeux de Lyon et qu'elle pourrait vous loger beaucoup de ces choses qui nous embarrassent ; vous me donnerez la remise.

Excusez cette littérature exhubérante, j'ai besoin de déverser ma rage sur le premier qui se trouve à ma portée : c'est tant pis pour vous. Vous pourrez, si le cœur vous en dit, faire faire une de vos Sirènes avec un rocher en onyx vert (rappelant la mer) ; la flûte en métal brillant. Sincères amitiés.

C. Claudel

La coupe de la Sirène n'a pas été bien faite ; il aurait mieux valu couper davantage le rocher et moins sur les fesses, elles sont rognées trop ras.

9 — Monsieur Blot,

Rentrant chez moi, je trouve votre dépêche : il faut vous dire que depuis quelques jours, je vais sans cesse à l'Hôpital Saint-Louis où un petit cousin de 11 ans est soigné sur ma recommandation (il s'est suicidé en s'ouvrant le ventre de deux coups de couteau). On ne sait encore s'il guérira. M. Pinard, un de mes amis, l'a fait opérer par un de ses élèves ; enfin c'est affreux, cela m'a fait une émotion dont je ne puis me remettre.

A part cela, je n'aurais peut-être pas répondu à votre invitation d'aller au Salon d'Automne : je n'aime pas me mêler de choses d'administration, n'y connaissant rien, et je ne puis me présenter au public avec les toilettes que je possède à l'heure qu'il est. Je suis comme Peau d'Ane ou Cendrillon condamnée à garder la cendre au foyer, n'espérant pas de voir arriver la Fée ou le Prince charmant qui doit changer mon vêtement de poil ou de cendre en des robes couleur du temps.

Excusez ce manquement à votre appel éploré, il est évident que vous vous souciez énormément de l'avenir du Salon d'Automne, vous êtes trop ardent pour la cause artistique, on en aura peu de reconnaissance.

J'ai vu M. Henri Asselin venu de votre part ; il m'a dit vouloir faire un article sur moi ; je vous devrais une autre petite « tête » que je vous destine pour tout le souci que vous vous donnez, je vous la remettrai un matin. Votre dévouée.

C. Claudel

Article de Paul Claudel : « Camille Claudel statuaire ».

La statue, ce qui, dégagé du terme et de l'obélisque, se tint debout sur l'agora de la Grèce antique, ce furent des corps vrais de femme et d'hommes, exemplaires durables de l'être canonique. De la pierre même dont la cité est construite, on fit ces habitants immortels. Dieux, héros, vainqueurs aux jeux, ils mêlent, immobiles, à la foule passante l'image de cette personne parfaite qu'elle anime, déforme et multiplie. Nus, ils se maintiennent sur leurs pieds. Ils sont la belle pousse ronde de la libre créature dans son intégrité colonnaire. Ils possèdent leur harmonie complète en eux-mêmes ; de tous côtés visibles, ils tournent avec l'œil et la lumière qui se déplacent. Leur fût, au plein de toute l'heure de la journée, repère l'espace aérien et le monument du site. De quelque côté que la lumière les prenne, elle trouve en eux l'homme tout entier vivant.

Mais quand la parole chrétienne vint détruire avec le silence l'attente éparse des dieux par l'homme chargés de le garder à sa place, des rues et des carrefours le peuple fictif avec l'autre fut convoqué à l'assemblée sacramentelle ; ils entrent et s'incorporent à l'église. Le corps individuel ne se suffit plus à lui-même ; il ne vaut plus que par la place qu'il occupe et par le geste ou signe qu'il fait, et non par ce qu'il est, mais par ce qu'il dit. Il n'épouse plus le soleil que certains rayons. A son poste dans l'Évangile, comme le prêtre et l'ouaille, comme le cierge et la cloche, le saint ou le démon de pierre s'acquittent, suivant l'Heure, de l'Office.

Puis, après les longs siècles de discipline et de hiérarchie, où la statue aux murailles du moûtier ou de l'hôtel de ville, au pignon de la Maison des Orfèvres ou des Corroyeurs, signe insigne, enseigne ou enseignement, monte sa faction officielle, la Société, jusque-là réservée aux remparts du donjon et aux ruelles de la Commune, ouvre au jour ses fenêtres et ses portes. L'étroite meurtrière devient la haute croisée, et le besoin naît d'arranger le coin de terre vassale qui s'offre à l'œil, pour lui. L'art donc de trois siècles s'emploie au déploiement des façades et des jardins, ce qui regarde et ce qui est regardé. La statue du Moyen Age était faite pour son rôle dans la pierre totale, celle-ci pour sa position dans le décor. Mais, comme aux âges précédents, elle parfait toujours, elle fixe l'attitude maîtresse. Parmi l'architecture des palais et des fontaines, elle triomphe paisiblement du spectacle autour d'elle ordonné avec magnificence ; et, du haut des mausolées encore, elle mesure les avenues de la vie. Des bois et des brouillards, les hôtes de la Fable et du Passé se sont dégagés pour faire leur cour au seigneur du lieu ; il les retrouve sous ses yeux comme dans sa mémoire, il en est agréablement accompagné. Ils historient le site. Tel bocage devient en effet celui de Mercure ou d'Apollon. Et toujours le rempart de mur, l'écran des galeries et des quinconces, le jeu d'une draperie ne laisse voir au promeneur que le geste pour accueil que lui ménage l'espion aposté de ses pas.

Au XIXe siècle, la vie, avec ses cadres, perd sa fixité et ses plans ; tout repère devient impossible, et le besoin s'éteint d'en orner, d'en accomoder le champ à chaque instant renouvelé. Avec le seigneur du château, le dieu disparaît de ses jardins. La foule du milieu d'elle-même juche à la hâte comme de précaires tribunes de vagues idoles : la Justice, l'Électricité, Raspail. Partout de tristes hommes habillés souillent d'un jus vert le liais à bon marché de leur socle. Et quant aux femmes nues, d'autre part, la pénible équipe des sculpteurs continue à les équarrir pour la sépulture des cimetières et des musées. Nos jours voient le paroxysme et l'agonie de cet art.

Faut-il donc penser que, à force de fréquenter les sépulcres, la sculpture soit aujourd'hui un art si mort qu'il ait perdu jusqu'à sa raison d'être ? Non pas.

La sculpture est le besoin de toucher. Avant même qu'il sache voir, l'enfant brandit ses petites mains grouillantes. La joie presque maternelle de posséder de la terre plastique entre ses mains, l'art de modeler, de posséder, désormais durables entre ses dix doigts, ces formes rondes, ces belles machines vivantes qu'il voit se mouvoir alentour, c'est de quoi le désir apparaît chez lui le premier, satisfait de la première arche et de la première poupée. Mais, désormais proscrite de la place publique et du plein air, la sculpture, comme les autres arts, se retire dans cette chambre solitaire où le poète abrite ses rêves interdits.

Camille Claudel est le premier ouvrier de cette sculpture intérieure.

Toute chambre est comme un vaste secret où le jour qu'elle admet par son côté subit une occulte décantation. Le rayon même et le jeu du soleil n'y pénètrent qu'obliquement, peu d'heures, si encore le ciel voilé de notre climat le permet. Elle ne prend du jour qu'une lumière soutirée ; elle se remplit d'air clair entre ses parois tapissées, ainsi qu'un verre est plein d'eau. Toutes les heures, tous les accidents du ciel se décèlent par une atteinte exquise à la substance de cette atmosphère intérieure et habitée. Alvéole modelée comme par l'emploi de notre propre corps. Les mille objets qui la garnissent, meubles, suspensions, miroirs, s'approprient la clarté ambiante et, du jeu de leurs ombres et de leurs reflets, sensibles aux détentes les plus fines de l'heure enfermée qui chante, en décomposent le concert. Chacun d'eux n'ayant de valeur que par l'usage que nous en faisons devient de nous-mêmes une expression persistante : de là le caractère pathétique que prennent dans cette pièce, où la personne chère n'est plus, cette lueur de la glace, ce chapeau sur le piano ouvert, ce bouquet de fleurs et de feuilles dans le mystère du soir orange.

Des critiques irréfléchis ont souvent comparé l'art de Camille Claudel à celui d'un autre dont je tais le nom. En fait, on ne saurait imaginer opposition plus complète et plus flagrante. L'art de ce sculpteur est le plus lourd et le plus matériel qui soit. Certaines mêmes de ses figures ne peuvent réussir à se dégager du pain de glaise où elles sont empêtrées. Quand elles ne rampent pas, accolant la boue avec une espèce de fureur érotique, on dirait que chacune étreignant un autre corps essaie de refaire le bloc primitif. De toutes parts, impénétrable et compact, le groupe renvoie la lumière comme une borne. En somme, ouvrage de manant, servi par un esprit retors et desservi par une imagination naturellement morne et pauvre.

L'art de Camille Claudel, dès le principe, éclate par les

caractères qui lui sont propres. On voit se donner magnifiquement carrière l'imagination la plus forte et la plus naïve, celle qui est proprement le don d'inventer. Son génie est celui des choses qu'elle est chargée de représenter. L'objet sculptural, pour elle, est ce qui est devenu susceptible d'être détaché, cela qui peut être cueilli, actuellement possédé entre des mains intelligentes. Toutes les choses dont l'ensemble sans discontinuité constitue le spectacle offert à nos regards sont animées de mouvements divers dont la composition à certains moments solennels de la durée, en une sorte d'éjaculation lyrique, invente une façon de figure commune, un être précaire et multiple. C'est cet être nouveau et composé, cette clef d'un assemblage de mouvements que nous appelons le *motif*. Ainsi, comme un soupir s'achève en un cri, la joie en juin du pré, n'importe comment, éclate en une fleur enthousiaste ! Un arbre qu'on abat, l'insurgé sur sa barricade, un cheval emporté qu'on maîtrise, l'assassin qui lève une bêche sur sa femme, autant de nœuds et de réductions, autant de clefs, soudain intelligibles, d'une multitude de mouvements et de comparaisons, derrière et alentour, dans le monde et dans notre esprit. Ce sont ces trouvailles qui jaillissent, ainsi que du fond même de la nature, d'un cœur de poète : on les voit surgir de franc jet dans l'œuvre de Camille Claudel avec une espèce d'allégresse ingénue, formant, dans tous les sens de ses adjectifs, l'art du monde le plus « animé » et le plus « spirituel ».

Tandis qu'une figure de celui-là que j'ai dit demeure compacte et morte sous le rayon qui la colore, un groupe de Camille Claudel est toujours creux et rempli du souffle qui l'a « inspiré ». L'une repousse la lumière ; l'autre, dans le milieu de la pièce clair obscur, l'accueille comme un beau bouquet. Tantôt avec la fantaisie la plus amusante, la figure ajourée la découpe et la divise comme un vitrail. Tantôt, concave, par le concert profond des jours et des ombres encloses, elle acquiert une espèce de résonance et de chant. Je ne rappellerai pas maints morceaux célèbres : *La Fortune* et le marbre de ce Salon de 1905, si joyeux, comme la peau même, qu'il égaye les mains avec l'œil que l'on appelle l'*Abandon ;* la *Cotho,* comme une horrible quenouille, comme une graine dans le duvet, cachée dans la laine de ses cheveux fatidiques ; cette *Valse* ivre, toute roulée et perdue dans l'étoffe de la musique, dans la tempête et le tourbillon de la danse ; les *Causeuses*, les *Baigneuses*, qui se font bien petites sous l'énorme vague croulante, *l'Age mûr*, enfin, où le mouvement est donné par les vêtements, par le sol même, par une sorte de directrice fatale qui impose leur place aux acteurs, par l'obligation partout de l'oblique génératrice, qui, arrachant l'homme aux mains de la jeunesse, l'entraîne vers son destin, collé au maigre ventre de la vieillesse ricanante et lubrique. La draperie, chez Camille Claudel, remplit un peu le rôle de la mélopée wagnérienne qui, reprenant, enveloppant, développant le thème, lui donne l'unité dans le total éclat.

De même qu'un homme assis dans la campagne se sert, pour accompagner sa méditation, de tel arbre ou de tel rocher à qui son œil s'attache, une œuvre de Camille Claudel dans le milieu de l'appartement est, par sa seule forme, de même que ces roches curieuses que collectionnent les Chinois, une espèce de monument de la pensée intérieure, la touffe d'un thème proposé à tous les rêves. Tandis qu'un livre, par exemple, nous sommes obligés d'aller le quérir aux rayons de notre armoire, une musique, de la jouer, la pièce ouvragée de métal ou de pierre dégage d'elle-même son incantation, et la demeure en est pénétrée.

Août 1905

ANNEXE 9

RODIN OU L'HOMME DE GÉNIE

Il y aura toujours des idoles, et aujourd'hui ce sont ce que les gens appellent leurs idées. Avec la chèvre et le palan on n'érige plus Memnon dans le désert ; mais d'un pauvre mot dépouillé et retiré à sa fonction naturelle et précise, quiconque, par le simple redressement de la majuscule, fait un Fétiche et une Médecine. Comme les Chananéens du psaume, ils rendent un son et ils ne veulent rien dire. De là, la nécessité de donner à ces puissants dieux qui sont la Science, et l'Art, et la Beauté, et le Progrès, des interprètes humains à qui l'on puisse s'adresser pour leur demander des remèdes et la bonne Aventure. Il faut en un mot « des bouches d'ombre ». De là le culte moderne des « Grands Hommes », que l'on continue d'ailleurs le plus souvent à nourrir économiquement à la manière des vieux Lares de simulacres et de fumées. A quel signe reconnaître des Bodhisats ? Nous sommes devenus un peuple de fabricants et le signe auquel nous sommes naturellement sensibles, c'est l'habileté pratique ; que quelqu'un excelle dans son métier ou art, — l'Art tout court — le peuple s'écrie aussitôt qu'il est possédé d'un génie. Le voici donc « homme de génie » prêt à rendre sur tout des réponses et des oracles.

Nous avons gardé le souvenir attristé des derniers jours de Wagner et de Hugo. — Zola aussi, égaré par un article malicieux de Lemaître, se crut prophète en son temps et produisit une espèce de chose ou d'évangile que la foi de ce pauvre d'esprit rend infiniment touchant. Cependant, il semblait soucieux depuis qu'il était dans la poésie et son long front plat ridé de bas en haut montrait cette expression convulsive du champion cycliste que le photographe attrape au moment où il remporte le Bol d'or. — Aujourd'hui c'est un sculpteur,

M. Auguste Rodin, qui est, de par sa barbe, notre homme de génie, comparable à ces dames du monde qui n'ont d'une jolie femme que le sexe.

Cette barbe fut rouge. Quant au talent de l'homme qui lui est annexé, essayons de le distinguer sous l'enseigne. On sait que le castor, captif et muni d'un logis tout fait, continue néanmoins son métier de charpentier et de maçon. De même Rodin fut de tout temps destiné par la nature à remplir le rôle utile d'auxiliaire et, comme on disait jadis, de « Goujat ». Plein de gloire et de fortune, il continue à faire le morceau pour le patron absent et un entrepreneur chimérique. Il ne sort de son atelier que des membres sans corps débarrassés, j'allais dire châtrés, de la tête. Indépendant et n'ayant plus d'instructions à recevoir d'un maître, il se rend au Louvre et copie avec humiliation les œuvres de Carpeaux, de Houdon ou de Stouf. C'est un de ces braves ouvriers qui jadis dans les ateliers tout en gâchant le plâtre vous trochaient comme un autre votre Danaïde ou votre Echo. On les envoyait en ville pour faire les petits ouvrages, pour raccorder une moulure, un (mot illisible) de concert avec le plombier et le fumiste, mais au besoin ils auraient été heureux de donner un coup de main au portier pour mettre le vin en bouteilles. Le soir venu, après une journée de bon travail, on les voyait chez le traiteur qui faisaient un honnête domino en échangeant des propos sentencieux avec le charcutier et le marchand de papiers peints.

Cet ouvrier avait le tempérament de son état. Les membres qu'il rejoignait, palpitaient d'une vie grossière et vineuse. Des œuvres comme l'*Age d'airain* ou le *Saint-Jean* sont vraiment végétantes et fortes. A une époque où l'art officiel n'exposait sur ses chantiers que de froids navets et de livides salsifis, le mérite de l'homme à barbe parut inouï. A trouver un être vivant dans ces cimetières, des critiques enthousiastes et charmants jetèrent de joie les hauts cris. On recueillit l'étrange couche-tout-nu jeté dans ces parages infertiles et on lui prêta des pantalons et des idées. Ses propos incohérents parurent les révélations d'un Dieu. Ses coqs-à-l'âne et ses cuirs, les grâces d'un fils de la nature.

En un mot, il devint un « homme de génie » et les « reporters » recueillirent les propos du Caliban oraculaire et poilu. L'effet de ce sourire de la fortune fut double.

CAMILLE CLAUDEL

D'une part, ce fils de la terre se révéla un exploiteur admirable de son lopin. Il se retrancha sur son pain de glaise et y peina plus âprement que ne fit jamais Caïn, le premier agriculteur. Il eut cette force qui n'appartient qu'aux grands réalistes de prendre l'exacte mesure, infiniment humble, de ses contemporains. Il se rendit compte que sa force résidait dans ses intentions, prêtant à une littérature intarissable. Il fut l'homme qui n'achève pas ses phrases, remplaçant les mots par des « n'est-ce-pas » et par des coups d'œil éloquents. Il fut le prophète secret et la sibylle entrecoupée.

D'autre part, il se rendit compte que la confection de membres divers ne suffisait plus à sa nouvelle gloire et qu'il convenait, à la ressemblance des grands trusts américains, de « mouiller son capital ». Les essais de grandes compositions, les *Bourgeois de Calais,* le *Claude Lorrain* de Nancy échouèrent. J'ai vu dernièrement cette dernière œuvre. Qu'on imagine deux petits chevaux, gros comme des épagneuls perdus dans une tempête de mastic d'où émergent des paturons imprévus et surmontés par un vague petit bon dieu plat et flou comme un timbre-poste : au-dessus et plus gros que les deux chevaux ensemble une sorte d'écuyer de cirque fiché dans des bottes à entonnoir et attendant avec un sourire Clorinde qui va lui sauter dans les bras. C'est donc à la sculpture philosophique et polissonne que notre homme de génie consacra des efforts récompensés.

Je n'ai rien à dire de cet art. Il paraît que c'est sérieux comme tout. Pour moi dans ce carnaval de croupions, je ne trouve que l'œuvre d'un myope qui ne voit de la nature que ce qu'elle a de plus gros. Toutes les figures de Rodin ont la tête en bas comme si elles arrachaient des betteraves avec les dents et la croupe braquée vers les astres sublimes. Il y a là évidemment un symbole que tous les esprits préoccupés de grands problèmes modernes, féminisme, art démocratique, etc..., ne sauraient méconnaître : celui d'un pauvre diable de derrière tout bête avec ses deux grosses joues pathétiques qui essaye de s'arracher du limon, et se travaille, et se trémousse et demande des ailes !

(septembre-octobre 1905)
Paul Claudel

CAMILLE CLAUDEL

Il faudra attendre 1928 pour que Paul Claudel reconnaisse le génie de Rodin.

ANNEXE 10

Me Paul Ferté est nommé administrateur provisoire des biens et affaires de Camille Claudel, aliénée non interdite... par le Tribunal civil de la Seine à la date du *2 mai 1913*.

Il est confirmé dans ses fonctions par le même Tribunal les *19 mai 1916, 11 juillet 1919, 20 octobre 1922, 11 décembre 1925* et *le 28 mars 1930*.

Par jugement du tribunal civil de la Seine en date du 5 février mil neuf cent trente deux, M. A. Moulin est nommé administrateur provisoire des biens et affaires de la demoiselle Claudel, aliénée non interdite, internée à l'asile de Montdevergues (Vaucluse).

Il est renouvelé pour trois ans dans ses fonctions le 22 février 1935.

Par ordonnance sur requête en date du trente juin mil neuf cent quarante et un, Monsieur Harel est nommé en lieu et place de M. Moulin comme administrateur provisoire des biens et affaires de Camille Claudel...
(Jugement de la Chambre du Conseil du Tribunal civil de la Seine).

On note dans le guide des Archives de l'Aisne : « Les documents judiciaires de moins de cent ans ne sont communicables qu'avec l'autorisation du Procureur de la République. On ne peut d'ailleurs les consulter que pour des études d'histoire politique, économique et sociale rigoureusement Anonymes.

Tribunal civil de la Seine : l'administration des biens de Camille Claudel est confiée à Paul Claudel

13 février 1942
Expédition d'un jugement du Tribunal civil de 1re instance du département de la Seine. 12 pages manuscrites et couverture, format 22 × 21.

... « Qu'elle est actuellement âgée de soixante dix sept ans comme étant née le huit décembre mil huit cent soixante quatre et que son état de santé n'est pas susceptible de s'améliorer.

Que les pouvoirs de Monsieur Moulin et de Monsieur Harel étant expirés, il y a lieu de nommer un administrateur provisoire à la personne et aux biens de Mademoiselle Camille Claudel.

Que celle-ci se trouvant en zone non occupée, les dites fonctions pourraient être utilement confiées à Monsieur Paul Claudel, exposant, Ambassadeur de France, qui est le frère de la malade et qui, résidant actuellement à proximité de l'asile de Montdevergues, est susceptible de remplir plus utilement les fonctions d'administrateur qu'une personne résidant en zone occupée.

Pourquoi l'exposant conclut qu'il nous plaise sur les conclusions de Monsieur le Procureur de la République et sur le rapport de Messieurs les juges qui sera commis à cet effet nommer tel administrateur qu'il lui plaira désigner à la personne et aux biens de Mademoiselle Camille Claudel, en remplacement de Monsieur Harel.

Sous toutes réserves et vous ferez justice.

signé : Sureau

Deuxièmement. L'ordonnance de Monsieur le Président du Tribunal, seul communiqué à Monsieur le Procureur de la République pour, après ses conclusions et le rapport qui en sera fait par Monsieur Duchet juge à ce siège que nous commettons être par le Tribunal statué ce qu'il appartiendra.

Fait à Paris le deux février mil neuf cent quarante deux.

signé : Barjon, Targe

Troisièmement. Les conclusions du Ministère public lesquelles sont ainsi conçues.

Vu ne s'oppose
du Parquet le dix février mil neuf cent quarante deux,
le Substitut délégué,

signé : Lecredé

Quatrièmement. Et les deux pièces pendantes ouï Monsieur Duchet juge en son rapport, le Ministère public en ses conclusions et en avoir délibéré conformément à la loi, jugeant en dernier ressort.

Attendu que par jugement de cette date du cinq février mil neuf cent trente deux, Moulin a été nommé administrateur provisoire des biens et affaires de la demoiselle Camille Claudel aliénée non interdite, internée à l'Asile de Montdevergues (Vaucluse)

que les pouvoirs de Moulin ont été renouvelés pour trois ans ans par un autre jugement de cette chambre en date du vingt deux février mil neuf cent trente cinq

que par ordonnance sur requête en date du trente juin mil neuf cent quarante et un, Harel a été nommé à ses lieu et place.

Attendu que la demoiselle Claudel se trouve actuellement en zone libre, que Harel se trouve partiellement empêché de remplir sa mission, que ses pouvoirs sont d'ailleurs expirés, qu'il échut de nommer un nouvel administrateur, l'état de santé de la demoiselle Claudel ne s'étant pas amélioré et ne pouvant lui permettre de s'occuper de l'administration de ses biens et affaires en connaissance de cause.

Par ces motifs, nomme Paul Claudel administrateur provisoire des biens et affaires de la demoiselle Camille Claudel, à l'effet de les gérer et administrer tant de (ac)tivement que passivement et ce dans les termes de la loi du trente juin mil huit cent trente huit à charge de rendre compte de sa mission quand et à qui il appartiendra.

Dit que conformément aux dispositions de l'article trente sept de la dite loi, les pouvoirs de l'administrateur cessent de leur plein droit dès que la demoiselle Claudel ne sera plus retenue dans un établissement d'aliénés ou à l'expiration d'un délai de trois ans et qu'ils pourront être renouvelés par le Tribunal.

Dit qu'en cas d'empêchement pendant ce délai de trois mois (sic) l'administrateur provisoire sus nommé sera remplacé par ordonnance de Monsieur le Procureur du Tribunal rendu sur simple requête.

signé : Furley, Duchet et Pascal

Fait et jugé en la chambre du conseil du Tribunal civil de la Seine séant au Palais de Justice à Paris par Monsieur Furley, vice-Président, Monsieur Lelure juge.

En présence de Monsieur Lecredé, substitut de Monsieur le Procureur de la République assistés de Pascal greffier. Le treize février mil neuf cent quarante deux.

En conséquence, le Maréchal de France, chef de l'État français mande et ordonne à tous huissiers sur ce requis de mettre le présent jugement à exécution.

Aux Procureurs généraux et aux Procureurs de la République près les Tribunaux de Première instance d'y tenir la main.

A tous commandants et officiers de la force publique de prêter main forte lorsqu'ils en sont légalement requis.

En foi de quoi la minute du présent jugement a été signée par Monsieur le Président, Monsieur le Juge rapporteur et le greffier.

En marge de la minute se trouve la mention suivante : « Enregistré à Paris le 4 mars mil neuf cent quarante deux ».

ANNEXE 11

Novembre — décembre 1951

Exposition Camille Claudel, organisée au Musée Rodin
Préface du catalogue signé Paul Claudel

« MA SŒUR CAMILLE »

Mon petit Paul !

Le son de ma voix seul est parvenu jusqu'à elle. Parvenu
de plus loin que le moment présent. Et une fois encore —
dirai-je qu'elle répond ou que c'est elle maintenant qui m'appelle ?
— je l'entendrai à travers la distance interposée : *Mon petit*
Paul !
C'est fini.
Sur l'oreiller de ce lit d'hôpital, il n'y a plus sous le vague
bonnet que ce crâne, comme un monument désaffecté, dont se
révèle à moi la magnifique architecture. Le dieu à la fin
solennellement se dégageant des injures du malheur et de la
vieillesse.

Camille Claudel.

Je la revois, cette superbe jeune fille, dans l'éclat triomphal
de la beauté et du génie, et dans l'ascendant, souvent cruel,
qu'elle exerça sur mes jeunes années : telle que la photo de
César au frontispice du numéro fameux de l'*Art décoratif* (juillet
1913) nous la montre, elle venait alors d'arriver de Wassy-sur-
Blaise à Paris et suivait les cours de l'atelier Colarossi. Plus
tard, il y aura les deux beaux bustes d'Auguste Rodin qui font
partie de cette exposition. Un front superbe, surplombant des

yeux magnifiques, de ce bleu foncé si rare à rencontrer ailleurs que dans les romans, ce nez où elle se plaisait plus tard à retrouver l'héritage des Vertus, cette grande bouche plus fière encore que sensuelle, cette puissante touffe de cheveux châtains, le vrai châtain que les Anglais nomment *auburn*, qui lui tombaient jusqu'aux reins. Un air impressionnant de courage, de franchise, de supériorité, de gaieté. Quelqu'un qui a reçu beaucoup.

Et puis — juillet 1913 — il a fallu intervenir, les locataires de cette vieille maison du Quai Bourbon se plaignaient. Qu'est-ce que c'était que cet appartement du rez-de-chaussée aux volets toujours fermés? Qu'est-ce que c'était ce personnage hagard et prudent, que l'on voyait sortir le matin seulement pour receuillir les éléments de sa misérable nourriture? Un beau jour, les employés de l'hôpital pénétrèrent par le fond de la pièce et mirent la main sur l'habitante terrifiée qui depuis longtemps les attendait au milieu de plâtres et de glaises desséchées. Le désordre et la saleté étaient comme on dit indescriptibles. Au mur, accrochées par des épingles, les quatorze stations du Chemin de la Croix, empruntées à coups de ciseaux au frontispice du journal de la rue Bayard. Dehors, l'ambulance attendait. Et voilà pour trente ans.

Dans l'intervalle, il y avait eu Auguste Rodin.

Je ne raconterai pas cette lamentable histoire qui fait partie de cette sourde tradition non écrite que l'on peut appeler la légende parisienne. Qu'elle fasse trembler les familles chez qui se déclare cet affreux malheur, le pire qu'elles puissent appréhender, qui est une vocation artistique. De tous les arts, au delà de la musique elle-même, la sculpture est celui qui promet le moins de succès temporels, et toutes les probabilités sont que l'avenir verra tomber en désuétude, comme déjà beaucoup d'autres emplois des comdamnables grâces de l'imagination humaine, cette vocation ingrate. Les amateurs, comme l'État lui-même, se sont appauvris, et le goût des commémorations allégoriques, quand il n'a pas disparu, se satisfait aujourd'hui à bon marché, comme l'a montré la guerre de 1914. Du temps de Rodin, les dégourdis de l'Art académique s'en tiraient par un large recours aux commodités du moulage sur nature, qui économisait à la fois les frais et le talent.

Camille, elle, prenait sa vocation au sérieux, tout autant qu'on pouvait le faire du temps de Donatello et de Jacopo Quercia. L'enseignement précieux de Rodin ne fit que l'éveiller à ce qu'elle savait et lui révéler sa propre originalité. Mais la différence entre les deux tempéraments se manifeste dès le début et la présente Exposition aura pour résultat de la mettre en évidence. La science du modelé est égale chez l'un et chez l'autre, ma sœur l'a acquise non seulement par un labeur acharné d'après nature, mais par des mois d'études anatomiques et de dissection. Elle s'amuse à copier en terre tous les os du corps humain. Elle se passionna pour le geste animal, comme le montre l'étonnant *Chien rongeant un os,* qui figure à cette exposition et dont les héritiers de Mme Moreno ont bien voulu me faire don. Pendant longtemps, elle ne se sépara pas d'un crâne de rhinocéros qu'elle étudiait et qu'elle emportait avec elle comme une valise. Mais c'est par — comment dire ?... — les deux pôles de la conception artistique qu'elle se distingue essentiellement de son maître.

Le premier est *le sentiment* en étreinte passionnée avec l'imagination. (Et j'évoquerai ici pour symbole le groupe de *la Valse,* la danseuse, celle qui entend la musique, c'est elle ! — par-dessous le danseur qui l'a empoignée et qui l'entraîna dans un tourbillon enivré !) Que l'on compare le *Baiser* de Rodin avec la première œuvre de ma sœur que l'on peut appeler *l'Abandon.* Dans le premier, l'homme s'est pour ainsi dire attablé à la femme. Il s'est assis pour mieux en profiter. Il s'y est mis des deux mains, et elle, s'applique de son mieux, comme on dit en américain, à *deliver the goods.* Dans le groupe de ma sœur, l'esprit est tout, l'homme à genoux, il n'est que désir, le visage levé, aspire, étreint avant qu'il n'ose le saisir, cet être merveilleux, cette chair sacrée qui d'un niveau supérieur, lui est échue. Elle, cède, aveugle, muette, lourde, elle cède à ce poids qui est l'amour, l'un des bras pend, détaché comme une branche terminée par le fruit, l'autre couvre ses seins et protège son cœur, suprême asile de la virginité. Il est impossible de voir rien à la fois de plus ardent et de plus chaste. Et comme tout cela, jusqu'aux frissons les plus secrets de l'âme et de la peau, frémit d'une vie indicible ! La seconde avant le contact.

La deuxième fondation organique de l'artiste, je l'appellerai le goût, ou, pour employer le langage des couturières, la *façon*. Il y a dans la réalisation extérieure un certain tour, un certain arrangement, un certain choix et emploi des moyens qui trahit l'ouvrier, cet Adam qu'il est. C'est ainsi que tel musicien comme Wagner se reconnaît aussitôt à tel timbre affectionné, à tel coloris orchestral, à tel acheminement vers l'accord. Ou ce peintre dont l'oeil ne vit que d'un certain jaune à qui ne suffisent pas toutes les ressources du bleu. Rodin, lui était myope : ce gros œil proéminent des luxurieux. Il faisait « le morceau ». Il avait le nez sur le modèle et le « morceau ». Le nez ? Disons plutôt une trompette de sanglier, derrière lequel s'abritait une prunelle glaciale et bleue. Toute sa sculpture, c'est le nez qui l'a créée en collaboration avec la main, on surprend parfois la figure en train d'issir du milieu même des quatre doigts et du pouce. Il s'en prend au bloc. Chez lui, tout est compact, massif. Tout trouve son unité dans le *pain*. Les membres gênent plutôt.

Quelle différence avec la main légère, aérienne, de ma sœur, avec ce goût toujours un peu enivré, cette présence perpétuelle de l'esprit, ces complexes ou buissons madréporiques, profondément pénétrés par l'air et tous les jeux de la lumière intérieure ! Les bustes eux-mêmes, ennuyée de ces caboches, elle les surmonte d'un fantastique édifice de cheveux, elle accroche à leur nuque, en tant sans doute que la pensée, l'arrière-pensée, une riche torsade de fleurs. Le couple valseur dont je parlais tout à l'heure, il s'enfonce à corps perdu dans le son invisible, je veux dire ce haillon troué d'étoffe qui claque glorieusement dans le soleil de la tempête ! Il y a aussi cette *Clotho,* cette destinée fileuse de son propre écheveau, cette vieillarde gothique telle qu'une araignée emmêlée avec sa propre toile. A un moment ce goût de l'exfoliation se traduit par toutes sortes d'idées de groupes dans une réciprocité d'attitudes dont celui des *Causeuses,* ce récit rabattu par un paravent sur l'avidité de trois paires d'oreilles concentriques, demeure un échantillon. Mais que d'autres rêveries, fruits d'une prodigieuse imagination dont maints registres, soustraits aux archives paternelles, n'ont pas su préserver le témoignage !

La séparation était inévitable et le moment, hâté de la part de ma sœur par une violence effroyable de caractère et par un don féroce de raillerie, ne tarda pas à arriver. Camille ne pouvait assurer au grand homme la parfaite sécurité d'habitudes et d'amour-propre qu'il trouvait auprès d'une vieille maîtresse. Et d'autre part, deux génies d'égale puissance et de différent idéal n'auraient su longtemps partager le même atelier et la même clientèle. Le divorce était pour l'homme une nécessité, il fut pour ma sœur la catastrophe totale, profonde, définitive. Le métier de sculpteur est pour un homme une espèce de défi perpétuel au bon sens, il est pour une femme isolée et pour une femme avec le tempérament de ma sœur une pure impossibilité. Elle avait tout misé sur Rodin, elle perdit tout avec lui. Le beau vaisseau quelque temps balloté sur d'amères vagues, s'engloutit corps et biens.

Deux monuments terribles, nous allons en parler, subsistent de cette destinée manquée et de cette espérance trahie.

Ils s'appellent l'*Age mûr*. Tous les deux d'une telle force, d'une telle sincérité presque terrifiante, à la fois d'amour, de désespoir et de haine, qu'ils outrepassent les limites de l'art où ils ont été réalisés. L'esprit dans un suprême flamboiement qui les a conçus n'avait plus qu'à s'éteindre.

Le premier, je veux dire le second de ces groupes, fondu par les soins de Philippe Berthelot, se trouve dans son hôtel de Paris. L'autre, confié aux mêmes soins après l'internement de ma sœur, et dont il ne restait plus, croyait-on que la photo de l'*Art décoratif,* a été retrouvé par Mme Goldscheider dans le garage du même hôtel. C'est de lui que je parlerai d'abord. En réalité, il ne s'agit pas de deux versions d'un même événement, il s'agit de deux chapitres d'un seul drame. Comme le dit l'annotation de l'*Art décoratif* « tandis que dans le deuxième projet l'Homme vaincu se laisse conduire, dans le premier, il résiste encore. »

Il résiste, c'est vrai, de son pilier central, mais la jambe droite s'est engagée et tâte la libération, tandis que le long membre qui part de l'épaule gauche et qui a l'air de s'abandonner à l'implorante, en réalité c'est l'instrument de la libération, il la repousse ! C'est lui qui crée ce qu'on appellerait en musique le *mouvement*. Il déchire, la déchirure est là, béante.

Œuvre étonnante, inouïe, sans parenté dans l'art des

volumes ! Le sculpteur jusque-là s'en était pris à une masse, quelque chose d'assis et de contrepesé sur soi-même. Ceci naît d'un déchirement ! Ce qui nous saute aux yeux en tant que principe de l'œuvre entière, c'est du vide, créé, c'est cette espèce d'ogive tragique, cet espace, cette distance que crée un bras en fonction déjà de son arrachement à la main. Et, se détachant sur ce vide, une griffe, une serre, qui va se refermer sur sa proie. (Toujours la même idée que nous avons évoquée à propos de l'Abandon : le moment suprême du geste est celui où suspendu encore, il va se réaliser.) L'idée de poids, de *pose*, inhérente jusqu'ici aux compétences de la matière élaborée, a disparu, il n'y a plus que l'action, le drame, la passion. Les personnages se soustraient l'un à l'autre leur droit à l'immobilité.

Quel regard jamais, pareil à l'éclair du magnésium (il y a à côté cette esquisse du *Chien rongeant un os*) avait su ainsi pétrifier le mouvement ? Pas seulement un mouvement unique mais au centre du groupe, lisez là, cette architecture humaine en proie à des violences contradictoires. Ce torse incliné, qui, c'est vrai, cède à ce bras encore pour un moment consenti, mais qui déjà demande à l'autre bras de toute sa longueur recourbé sur l'auxiliaire qui lui arrive de par derrière et de par dessous la force de se reprendre.

L'*Age mûr* ! cette forme capitalisée du destin ! Cette revendication de l'habitude au profit de la suite ! Voici que, de par derrière et de par dessous, soulevant l'échine-arceau de ce bras vérificateur de son antique possession — qu'est-ce qui se passe ? — surgit vigilant, menaçant et le poing fermé, ce passé à qui le vacillant héros demande le moyen de se redresser vers l'avenir. On en a assez de la jeunesse ! on en a assez de la grâce ! on en a assez de l'inconnu ! on en a assez de cette inconnue trop connue à genoux qui a la prétention de nous garder pour elle, comme si c'était tolérable d'appartenir ! tout ce que le génie exigeait et nous faisait payer cher, voici par devant surgissant et par derrière la commodité qui nous le propose. La commodité avec ses jambes maigres, son ventre flétri et ses mamelles avalées. Tous les avantages de la facilité du procédé, et de la formule. A nous le durci et le voulu ! Il y a un temps pour la trouvaille, dit l'Ecclésiaste, et un temps pour l'exploitation.

Un moment pétrifié ! un regard pétrifié ! une situation pétrifiée ! ce qu'il aurait fallu des pages à une partition, des scènes à un drame, des chapitres à un roman, pour nous l'entrer dans le miroir, le miracle de la simultanéité d'un seul coup en plein visage nous le fulgure ! Le corps après tout en sait autant que l'âme, le détail de l'anatomie vaut celui de la psychanalyse, une texture à l'infini, par derrière celle des formes et des mouvements, de passions et d'idées alimente le choc instantané.

En avant maintenant, dur compagnon, le vent souffle, il faut en profiter, le vent souffle, et le grappin est largué ! Obéis à ce poids qui t'entraîne ! arrache à cette boue qui est l'élément de ton art ces pieds énormes et ces mains de boulanger ! Par-dessus les enchantements du Venusberg l'avenir t'attend, cet avenir que le livre de Judith Cladel nous dépeint, et dans le tourbillon des admiratrices et des hommes de lettres, dans le claquement et la fanfare des drapeaux et des oripeaux de toutes les nations et de toutes les couleurs, les deux bras ouverts de la duchesse de Trafalgar ! Jamais les sauvages dieux de *l'Iliade* n'ont adhéré d'une telle conviction à leur monture ! Les sens-tu ces cinq doigts qui s'enfoncent dans ta substance ; la couleuvre à ton épaule amalgamée de ce long bras nu qui t'aspire, cependant que l'autre main avec autorité s'empare de ton outil ? Le sens-tu, Ô dévoré, ce visage qui essaie de ne faire plus qu'un avec le tien ? Tout à l'heure *la Valse*... et maintenant c'est la même composition en porte à faux, le même arrachement à l'aplomb, le même lambeau panique. Mais tandis qu'une spirale flamboyante s'en prenait pour l'arracher jusqu'au ciel au couple déraciné, ici c'est l'homme d'une fourche écrasante, maintenu, chevauché, entraîné la tête basse, vers son destin.

Et la femme cependant, la jeune fille plutôt, cette âme nue, cette jeune fille à genoux, l'ai-je oubliée dans mon commentaire ? Ah ! laissez-moi, par un retour sur moi-même, n'y voir qu'Anima dans cette composition dont le lien est fait d'une rupture, laissez-moi n'y voir qu'Anima cruellement déchirée de son encombrant Animus qu'engloutit la vocation ultra-marine ! Mais non, cette jeune fille nue, c'est ma sœur ! Ma sœur Camille. Implorante, humiliée, à genoux et nue ! Tout est fini ! C'est ça pour toujours qu'elle nous a laissé à regarder ! Et savez-vous ? ce qui s'arrache à elle, en ce moment même, sous vos yeux, c'est son âme ! C'est tout à la fois l'âme, le génie, la raison, la beauté, la vie, le nom lui-même.

« Camille Claudel, une jeune fille assez douée, élève de Rodin. Je connais un vieux praticien qui m'a parlé d'elle. »

L'œuvre de ma sœur, ce qui lui donne son intérêt unique, c'est que toute entière, elle est l'histoire de sa vie. Son vestige ce ne sont pas des proposition idolâtriques, des solidifications imaginaires dédiées au souvenir d'un homme ou d'un événement, un repère de statues, un certain peuplement de l'espace par des formes décoratives ! C'est une âme passionnée qui s'exprime. Elle sait interroger aussi, comme le montre l'admirable série des bustes, dont celui, monumental, de Rodin qui les domine tous. Il ne s'agit pas de vague tapoto-tripotage, il s'agit d'une réalisation architecturale, il s'agit de l'animal humain, il s'agit de l'os qui a fonctionné sa chair, qui s'est éveillé à un visage. Le voici avec son propre regard. Mais ce n'est pas le visage seulement qui pour elle avait un sens. Du registre disparu dont je parlais tout à l'heure j'ai gardé le souvenir d'un répertoire de gestes.

J'ai parlé de cette jeunesse héroïque, et puis l'essai à vivre de grandes ailes déjouées par le malheur, et enfin c'est la catastrophe finale de cette force triomphale et déchirée. L'effort suprême fourni, il me reste à parler de ces épreuves l'une derrière l'autre qui jalonnent une route déclive.

Ce poème de la *Vague,* je vois dans son atelier du Quai Bourbon sous l'ombre agitée des grands peupliers la solitaire en blouse blanche grain à grain qui l'use. Patiemment depuis le matin jusqu'au soir. Moins dur, le dur bloc d'onyx vert que le pavé définitif au juvénile enthousiasme répondu par le destin. La voûte peu à peu se creuse, elle surplombe, elle s'arme de toutes ses griffes de la ménagerie japonaise. Elle va s'abattre... Non ! dit le petite figure nue au-dessous déjà repliée sur les jarrets, qui appelle, qui attend, attendez que je sois complète, laissez-moi le temps d'avoir mes sœurs avec moi que nous y soyons toutes, ces deux sœurs toutes pareilles que j'ai déjà saisies de la main droite et de la main gauche et qui ne sont autres que moi-même !

Plus tard, c'est *cette femme à genoux devant une cheminée* qu'elle vendra à l'éditeur Bloch, il faut vivre ! Une lampe rouge dans la cheminée et la femme se découpe en noir. L'effet est amusant.

Je serais empêché de préciser la date exacte des pièces dont je parle. La chose a-t-elle grande importance ? L'artiste est le contemporain de toute sa vie. Les événements dont il n'a pas le souvenir, il en a le pressentiment.

Ce *torse de femme accroupie* par exemple (un admirable morceau digne de la Renaissance), j'y vois cet instinct de l'animal qui se replie et se recourbe sur soi-même pour échapper à la prise, aveugle à défaut d'invisible, quelqu'un qui cherche en soi-même un refuge contre le danger, et pas seulement contre le passé, mais contre le présent.

Et j'en arrive à cette figure sinistre en qui se dresse comme la conclusion d'une carrière douloureuse, avant que s'ouvrent les ténèbres définitives *Persée* (celui qui tue sans regarder). Quelle est cette tête à la chevelure sanglante qu'il élève derrière lui, sinon celle de la folie ? Mais pourquoi n'y verrai-je pas plutôt une image du remords ? Ce visage au bout de ce bras levé, oui, il me semble bien en reconnaître les traits décomposés.

Le reste est silence.

Brangues, juin 1951.

ANNEXE 12

1956

Deux émissions de la Radiodiffusion Télévision Française
LA VIE DOULOUREUSE DE CAMILLE CLAUDEL,
SCULPTEUR

1. — La femme.
2. — L'artiste.

par Henry ASSELIN

... L'histoire de Camille Claudel offrait de quoi méditer sur la vulnérabilité de ce monde des artistes pour qui la vie et la mort tiennent à des fils invisibles, prennent l'aspect du mât de cocagne au centre de la Foire-aux-Plaisirs et dépendent, en tout cas, du hasard, de la chance, de la vogue, du calcul, de la fantaisie des uns, de l'indifférence des autres, mais rarement du mérite personnel.

Elle habitait alors en 1904, un rez-de-chaussée surélevé, Quai de Bourbon. C'était le printemps et par les fenêtres ouvertes entraient les douces senteurs du renouveau, le bruissement des premières feuilles dans les hauts peupliers et le chant des oiseaux. Une femme, dont la chevelure disparaissait sous un foulard noué sous le menton, secouait à une fenêtre un chiffon à poussière, encore qu'il fût trois heures de l'après-midi. Aux voix de la nature répondait sa voix, un peu rauque : elle chantait : joyeusement, un « Frou-Frou » de l'époque. C'était Camille Claudel. Elle me fit entrer, non sans hésitation. Elle me dévisagea longuement, d'un air soupçonneux. Le nom d'Eugène Blot fut le Sésame qui triompha de son inquiétude

441

et me permit de gagner sa confiance. Que quelqu'un voulut bien s'intéresser à elle l'étonnait ; qu'il pût être question d'elle et de son œuvre dans un grand journal la dépassait. Elle s'attendait à tout mais pas à cela. Elle me parut nerveuse, agitée, d'une fébrilité extraordinaire, sans cesse en mouvement, avec une singulière brusquerie dans les gestes. Elle enleva son voile et dégagea une chevelure encore très noire, épaisse, mal retenue par les peignes et les épingles. Elle avait alors quarante ans, étant née en 1864, à Wassy-sur-Blaise, (1) en Haute-Marne (sic), de bonne et vieille souche paysanne, de quatre années l'aînée de son frère Paul. Mais elle en paraissait cinquante.

La vie l'avait marquée, flétrie sans merci. L'extrême négligence de son vêtement et son maintien, l'absence totale de coquetterie, un teint mat, fané, des rides précoces, soulignaient une sorte de déchéance physique qu'on pouvait, à loisir, attribuer à la fatigue, au chagrin, à la déception, au désabusement, au détachement total des choses de ce monde. Et cependant, il n'y avait pas trace d'abattement dans cette femme active et charmante, d'une charpente massive et solide et d'une si étonnante spontanéité. Au reste, ses grands yeux bleu foncé, ombrés, auréolés de noir, n'avaient rien perdu de leur beauté, ni son regard d'un éclat troublant, presque gênant parfois. Car il était l'expression d'une franchise entière, absolue, qui ne s'embarrassait jamais ni de formes, ni de nuances.

Elle avait été très belle, très digne, avec quelque chose de noble, d'altier, un rien de superbe, qui témoignait de la grandeur de ceux de sa race. Quand cette magnifique jeune fille, arrivée de sa petite province, véritable force de la nature, pure comme le diamant sorti de sa gangue, ignorante de tous les artifices, de toutes les compromissions, de tous les pièges de la ville, se montre à l'Atelier Colarossi, la curiosité s'attacha tout de suite à ses pas. Elle ne tarda pas à rencontrer Rodin, et ce fut pour son malheur.

Et pourtant, quoi de plus beau ; quoi de plus grand, que ce mot de vocation, que ce don du ciel, que cette étoile qui éclaire les chemins de l'homme et le conduit inéluctablement vers son destin ? Comment oublier que si elle a fait des martyrs, la vocation a fait aussi des héros et des saints, et tous ces créateurs dont l'œuvre inspirée constitue le plus riche, le plus merveilleux ornement de la vie humaine ?

C'était bien la vocation qui avait mis entre les doigts de Camille et Rodin enfant les premières boulettes de terre glaise, qui l'avait poussée de son village natal vers la grand'ville tentaculaire, fertile en promesses et en occasions...

Et comment condamner la grande jeune fille toute simple et sa vocation si, un jour, en logique et le plus naturellement du monde, elles se sont laissées entraîner dans le sillage du maître de l'heure, Rodin ? Que le grand seigneur de la sculpture consentit à faire, dans ses ateliers une place à la débutante, était, en vérité inespéré, et l'on imagine aisément la joie d'abord puis l'espérance que cette décision fit naître au cœur de la jeune fille. Elle fut donc l'élève du maître ; puis elle devint son inspiratrice. Si l'on en juge par les bustes qu'elle fit de lui et par les compositions pour lesquelles elle posa, il semble bien que l'inspiration ait été beaucoup plus de son côté, à elle, que son côté, à lui : en effet, *La Pensée* et *La France,* qui reproduisent les traits de Camille, ne sont que des œuvres assez convention-nelles, assez pâles, nullement révélatrices du génie de leur auteur, — deux grands mots sans sève et sans vigueur. Des années passèrent ainsi, où se lassa l'inclinaison du maître, où s'acheva la formation de l'élève, où se fit jour, peu à peu, une sourde et pitoyable appréhension du maître devant la révélation d'un talent capable de le concurrencer, où se manifesta et explosa chez la jeune femme l'impérieux besoin de se libérer, à la fois sur le plan sentimental et sur le plan professionnel. Car un jour vint où Camille Claudel, foncièrement éprise, et par dessus tout, d'indépendance, comprit qu'elle risquait de n'être qu'un reflet de Rodin, et décida de reconquérir ses deux libertés favorites : celle de son cœur et celle de son âme d'artiste. Elle fut libre, mais alors commença cette vie lamentable au cours de laquelle elle allait connaître la solitude, la misère, le doute, la hantise de l'absence, les persécutions, réelles ou imaginaires, sous le poids desquelles elle devait succomber.

CAMILLE CLAUDEL

Ma première visite Quai de Bourbon fut suivie de beaucoup d'autres : d'abord parce que je désirais observer jusqu'à son aboutissement l'exécution d'une grande sculpture particulièrement attachante ; ensuite, parce que Camille me demanda un jour de poser pour elle. Cette proposition me surprit ; mais elle l'expliqua avec sa rondeur habituelle. Elle n'avait pas de quoi se payer des modèles : elle allait commencer un buste de son frère (2) elle ferait le mien en même temps. Cela l'amuserait et ne lui coûterait rien. C'est ainsi que je fis la connaissance de Paul Claudel, que je devais retrouver souvent, par la suite, chez Philippe Berthelot, son meilleur ami et grand amateur des œuvres de Camille. Celle-ci, bonne enfant, me confia qu'un modèle comme Paul était « une affaire »... Elle ne parlait que d'argent, parce que c'était là sa préoccupation quotidienne et constante, hélas ! Son éditeur lui achetait ses maquettes au plus juste prix, car le bronze lui coûtait cher. Les commandes étaient rares : il y avait bien, de loin en loin, une commande de l'État, mais alors les frais se multipliaient ; il fallait payer la pierre ou le bronze, exécuter ou faire exécuter par des praticiens, et on arrivait à dépenser plus qu'on encaissait. Un jour, elle me dit : « Si vous venez demain, tachez d'arriver à midi, avec de quoi déjeuner : autrement, nous nous passerons de manger... »

Et elle éclatait de rire, d'un rire sonore, presque violent : car elle opposait à l'adversité une bonne humeur qui était l'un des aspects de son tempérament ardent et toujours jeune. Mais ses excès ne laissaient pas d'inquiéter. On ne lui connaissait ni amis, ni relations ; et puis, un beau soir, au lendemain d'un gain imprévu, le rez-de-chaussée du Quai de Bourbon se remplissait tout à coup d'une foule d'anonymes avec lesquels on sablait le champagne toute la nuit. Pour ces réceptions ahurissantes, parmi les marbres, les pierres, les terres cuites, les maquettes enveloppées de linges humides, dans un appartement d'une incroyable nudité, dont deux pièces au moins étaient transformées en ateliers, où un divan servait de lit, où des coins de tables, libérés par miracle, recevaient les assiettes et les verres, où il n'y avait ni meubles ni décor d'aucune sorte, Camille, qui avait fait toilette, arborait les robes les plus extravagantes et surtout des coiffures faites de rubans et de plumes où se mariaient les couleurs les plus criardes et les moins harmonieuses. Car il y avait dans cette artiste géniale quelque chose d'éternellement enfantin, une démesure, des contrastes, et une absence de goût, que seule la beauté de ses œuvres et la gentillesse de ses intentions pouvaient faire pardonner.

Ceux qui vraiment la connaissaient, l'admiraient et l'aimaient, ne pouvaient malheureusement pas rire de ses extravagances. On la savait en proie à de terribles hantises que de tels débordements ne calmaient que momentanément. Un matin, comme j'arrivais pour prendre la pose, la porte ne me fut ouverte qu'après de longs conciliabules : je fus enfin en présence d'une Camille sombre, défaite, tremblante de peur et armée d'un manche à balai hérissé de clous. Elle me dit : « Cette nuit, deux individus ont tenté de forcer mes persiennes. Je les ai reconnus : ce sont deux modèles italiens de Rodin. il leur a donné l'ordre de me tuer. Je le gêne : il veut me faire disparaître ». La folie de la persécution, qui faisait en elle son lent et cruel travail de sape et de mine, avait, cette nuit-là, accompli d'inquiétants progrès.

A partir de ce moment-là (3) chaque été, Camille se mit à détruire systématiquement, à coup de marteau, toutes ses œuvres de l'année. Ses deux ateliers offraient alors un spectacle lamentable, de ruines et de dévastation. Puis elle faisait venir un charretier auquel elle confiait le soin d'aller enterrer, quelque part dans les fortifications, ces débris informes et misérables. Après quoi, elle mettait ses clefs sous le paillason et disparaissait pendant de longs mois, sans laisser d'adresse. Paul Claudel avait regagné la Chine. J'étais moi-même à Tcheng-tou, capitale du du Sse-Tchouan, quand je reçus de Camille une lettre qui commençait par ces mots : « Votre buste n'est plus ; il a vécu ce que vivent les roses... »

1913. Dans le vieil immeuble du Quai de Bourbon, on commence à s'inquiéter, à s'agiter. Trop de mystère entourent ce rez-de-chaussée qui n'ouvre pas ses fenêtres et n'entr'ouvre plus sa porte que pour les sorties rares et furtives d'une sorte de fantôme. Encore est-ce assez pour que les curieux aperçoivent l'incroyable désordre, et l'invraisemblable saleté qui y règnent. Ce lieu pestilentiel dégage des odeurs insupportables. Il faut intervenir. Camille, inconsciente, se laisse emmener, sans mot dire. On l'enferme dans un asile d'aliénés. La voici jetée, sans visage, sans âme, sans nom, dans la fosse aux gens déraisonnables. Elle est morte, déjà, à l'intelligence, à l'art, à la foi, à l'espérance : mais elle respire encore, elle mange, elle boit, elle dort, elle n'est plus, sans doute, puisqu'elle ne pense plus. Mais elle vit. Elle durera — elle dont l'esprit et les mains avaient créé de la vie et de la beauté — pendant trente années encore, jusqu'en 1943 ! Trente années de cette réalité innomable, monstrueuse, raison morte, génie éteint, cœur sec, souvenirs perdus, lèvres murmurantes ! Pauvre Camille ! Chère et grande Camille Claudel !...

Cette fureur dévastatrice, qui s'est emparée de Camille Claudel, entre 1906 et 1910, et qui a fait de ses deux ateliers, chaque été, une nécropole de chefs-d'œuvres réduite à l'état de débris informes et de poussières insaisissables, on ne saura jamais par quel instinct elle fut commandée ni à quelle intention elle devait correspondre. Était-ce renoncement, reniement du passé, paroxysme de rage et de désespoir, ou simplement doute et insatisfaction ? Peut-être beaucoup de tout cela. Car Camille était essentiellement une passionnée, qui se donne à l'art avec passion, s'attacha à Rodin passionnément, et sombra, en fin de compte, dans les débordements et transfigurations mêmes de sa passion. Toujours est-il que cette fureur a privé la France d'une parcelle de son patrimoine artistique. Si cette élève de Rodin, qui parfois a égalé son maître et parfois l'a surpassé, n'a laissé que peu de traces dans le souvenir des hommes d'hier et ne s'impose en aucune façon à l'admiration des hommes d'aujourd'hui, c'est tout simplement parce que la grande artiste qu'elle a été est morte deux fois, dans son être pitoyable, et dans son œuvre où son âme eût survécu. L'exposition de 1951, à laquelle on a voulu, comme une réparation, donner pour cadre l'Hôtel Biron, n'a pu réunir, et difficilement, qu'une quarantaine d'œuvres, arrachées au bras séculier de la furie, toutes d'ailleurs, provenant de sa meilleure époque et réparties entre deux musées seulement (Avignon et Lille) et moins de dix collectionneurs : Paul Claudel, Mme Philippe Berthelot, Mme de Massary, apparentée aux Claudel, la famille Lhermitte, la famille Peytel, M. Courty, M. Blot, la maison Leblanc-Barbe-dienne. Si limitée qu'elle ait été, cette exposition a néanmoins permis, par la diversité et la qualité des œuvres exposées, de restituer au nom de Camille Claudel, l'éclat qui lui revenait, de démontrer l'originalité de l'élève hors des atteintes, emprises ou influences du maître, et mesurer ce qu'aurait été l'ensemble de la création si l'artiste ne l'avait, dans sa mejeure partie, vouée à l'anéantissement.

Camille Claudel avait du génie. Je prenais un plaisir intense à la regarder travailler : la masse de terre humide qu'elle plaçait sur une selle, à hauteur de ses yeux, ne révélait absolument rien, les premiers jours, des promesses qui étaient en elle ; elle la palpait, la maniait, la violentait, pourrait-on dire, tant ses gestes étaient brusques et durs ; elle la triturait, la tassait, l'étirait longuement avant de se décider à la modeler, à la façonner. Il y avait, semblait-il, un long travail préparatoire des mains qui ne commandait encore qu'un travail incertain, hésitant et pénible, de la pensée. Très sûre de son métier, ayant poussé aussi loin que possible l'étude du corps humain, elle devait pas se sentir embarrasée au moment d'aborder la forme dans laquelle s'insèrerait son idée : mais cette insertion devait être une libération ; il fallait dans le même temps, insérer et dégager, enfermer et libérer, et son exigence portait, précisément sur le choix d'une forme assez légère, assez souple, assez aérée, pour que le sujet — quel qu'il fût — conservât, toute sa force émotive et sensible, toute sa respiration, toute sa palpitation audible, visible et communicative.

Elle préparait ce moment pendant des jours et des jours, en pleine conscience, certainement, de l'effort à accomplir — mais sans que rien, dans son travail ni dans son attitude, ne témoignât un instant du mystère, du trouble, de la souffrance de sa gestation. C'est dans le travail, et plus particulièrement dans ce travail préparatoire, qu'elle se montrait le plus enjouée, la plus gaie. Sans cesse en mouvement, elle allait et venait, tournait autour de la selle, attaquait à grands coups de pouce, jetait un coup d'œil par la fenêtre, ouvrait sa porte comme si elle eût entendu une voix, un appel, bavardait à en perdre haleine, à propos de rien et de tout, riait aux éclats, d'un rire émouvant tant il était frais et jeune, revenait se placer en face de sa motte de terre, prenait du recul, visait, mesurait, et, soudain, fonçant sur cette matière soumise à ses volontés, évidait, remplissait, creusait, ajoutait, décidait enfin de ce que serait la forme. Et alors, en quelques instants, le fruit étant mûr, le miracle se produisait : ce qui auparavant, n'était que matière inerte et morte, prenait corps et vie, la naissance s'accomplissait et l'envol s'annonçait.

Il est tout naturel qu'il y ait, entre la sculpture de Rodin et celle de Camille Claudel, les marques qui séparent la puissance de l'homme et la grâce de la femme, le réalisme et la solidité du tailleur de pierre et la finesse, la sensibilité d'un cœur féminin. A tout prendre, les différences ici apparaissent bien plus sûrement, et plus nombreuses, que les comparaisons possibles.

Tout au plus peut-on dire qu'en exécutant ses bustes de Rodin, précisément, Camille Claudel a fait du Rodin : car alors, il ne s'agit plus de grâce et de sensibilité, mais de force et de caractère. Ces bustes sont construits comme des architectures, soumises d'ailleurs aux jeux de la lumière ; le trait est ample et précis, le front est modelé de telle manière que les ondes de l'intelligence le gonflent et le remplissent, les yeux sont voilés et cruels, le nez est lourd et sensuel, la bouche est singulièrement présente dans le mystère épais et touffu de la barbe ; les méplats, les creux et les reliefs du crâne et des joues, les oreilles massives, tout concourt à l'expression d'une puissance ordonnée, autoritaire et impitoyable. Rodin lui-même ne se fut pas mieux traduit. Mais se connaît-on soi-même ? Qu'une main de femme ait pu exécuter des bustes magnifiques témoigne, à la fois, de la pénétration d'observation, de la profondeur de sentiment et de la vigueur d'expression réunies en Camille Claudel. Les deux bustes qu'elle a fait de son frère, à des âges différents, sont de la même veine, en ce sens qu'on y retrouve une même largeur de vues, une même puissance et une même vérité. Une tête de vieille femme, dite « La Vieille Hélène », offre un masque travaillé par des rides, par les sillons profonds qui vont de la base du nez aux commissures des lèvres, par l'arc détendu de la bouche, par les cavités de l'œil dont le regard s'ingénie vers le haut, et devient poignante à force de naturel et d'intensité.

CAMILLE CLAUDEL

Une des ses œuvres maîtresse est un « Persée », en marbre, dont on n'a pu voir, en 1951, que quelques ébauches ou réductions. Elle était destinée à orner, au pied d'un escalier monumental l'entrée de l'hôtel de la famille de Maigret à Paris. C'est la plus classique des sculptures de Camille Claudel : le mythe antique a été scrupuleusement suivi et l'exécution s'apparente à celle du « Persée » de Benvenuto Cellini. Le héros grec est debout sur le corps de sa victime, en équilibre prodigieux qui se cherche et se trouve dans l'instable. Dans un mouvement d'une suprême élégance, le haut du corps ondoie sur les hanches ; le bras gauche, armé du bouclier, se tend en avant, de telle manière que la tête de la Méduse, brandie par le bras droit rejeté en arrière, puisse s'y réfléchir comme dans un miroir, spectacle contemplé par conséquent de façon indirecte et dans lequel Persée savoure sa victoire. Il se peut que le classicisme même de cette œuvre lui enlève une part de son originalité et réduise dans la même mesure l'impression de robustesse et de grandeur qui s'en dégage. Elle n'en révèle pas moins les plus belles qualités de l'artiste, réunies dans l'art de la composition et dans l'harmonieuse puissance de l'interprétation.

Si l'on était tenté de rapprocher l'œuvre du maître et celle de l'élève, d'y rechercher analogies, similitudes ou différences, la démonstration ne saurait être mieux faite qu'à travers le « Baiser » de Rodin et « L'abandon » de Camille Caudel. Tout le monde connaît ce chef-d'œuvre, « Le Baiser » : personne ne saurait demeurer indifférent devant cette image de l'amour et l'aspect humain de la vérité et de l'éternité qu'elle proclame. Il n'en reste pas moins que son réalisme, hors d'une imagination, d'une poésie, d'un idéal également absents, la ramène à n'être qu'une prise de possession courte et brutale. L'homme ici domine sa proie. Traitant un sujet analogue, Camille Claudel va d'instinct vers d'autres voies et d'autres moyens. Son « Abandon » est infiniment plus sensible, infiniment plus pur dans sa douceur, son humilité, son chant, qui est celui de la défaite et non celui du triomphe. On voit tout de suite par là ce qui la différencie du « Baiser », et comment, autour d'un même thème, le tempérament du maître et celui de l'élève peuvent s'éloigner l'un de l'autre. Autrement dit, il y a dans « Le Baiser » de Rodin deux corps admirables, râblés et bien vivants, et, dans « L'Abandon » de Camille Claudel, une âme inspiratrice, un chant, un poème, l'esprit qui souffle et anime. C'est en cela même que bien souvent l'élève s'est montrée supérieure au maître : elle avait, dans sa tendresse humaine, dans les émotions de son cœur, dans le rayonnement de sa pensée féminine, des ressources qui échappaient au génial ouvrier de la pierre et du marbre. Lui-même d'ailleurs, n'a-t-il pas dit : *« Je lui ai montré où elle trouverait de l'or, mais l'or qu'elle trouve est à elle. »*

Cet « Abandon », c'est donc également l'homme et la femme confrontés dans l'Amour. C'est également le Couple. Mais l'emprise ici n'apparaît pas. L'homme est à genoux devant la femme. Il monte vers elle de ses bras enveloppants et de sa face ardemment tendue. Elle, mi-debout, mi-assise, se laisse aller vers lui, dans un abandon, précisément, qui est celui du corps et celui du sentiment, dans un abandon où se lisent le don, la confiance et la joie. Les deux visages se sont rejoints chastement. De sa main droite, la femme cache un sein que l'émoi trouble et agite, tandis que son bras gauche pend de toute sa faiblesse, de tout son consentement, par-dessus l'épaule de l'homme. Que de pudeur, que de délicatesse, que de poésie, dans ce morceau, dans cette scène ! Que de beauté plastique et de noblesse sentimentale ! Il fallait une femme ; et son génie, pour penser un tel couple et lui donner, à la fois, la prodondeur et l'immensité de la vie !

Du même ordre de grandeur morale et matérielle, est « L'Age mûr », dont il existe d'ailleurs deux versions. « O temps, suspends ton vol !... » a dit le Poète. « O homme, jusqu'à ce jour livré à tes propres forces et satisfait d'elles, désormais en quête d'un appui et d'un guide, suspends ta marche !... » semble dire Camille Claudel. Dans cet autre groupe pathétique, d'un mouvement irrésistible et merveilleusement ordonné, l'artiste nous montre cette fois, l'homme usé, fatigué, affaibli, allant encore de l'avant, des bras et des jambes, les genoux flexibles, le corps ravagé, les mains pantelantes. A son côté, associé à son effort, le menant, le soutenant, vols, en quelque sorte, dans ses voiles, une forme féminine qui l'enlace sans passion, le dirige délicatement de ses deux mains attachées aux bras pendants, l'entoure et le protège — une forme qui est peut-être encore l'Amour, mais plus sûrement la Destinée. Ce corps d'homme, balancé dans le vide pourrait être de Rodin : mais l'accompagnatrice, l'âme, l'esprit, le rythme, ne pouvaient être que de Camille Claudel.

Ces deux œuvres, « L'Abandon » et « l'Age mûr » nous introduisent mieux que d'autres dans le double domaine de la pensée et du sentiment de notre artiste et nous permettent, plus que d'autres, d'en apprécier, la hauteur et l'étendue. Tout comme les autres, d'ailleurs, elles sont révélatrices de la qualité exceptionnelle d'un « métier » auquel Camille avait de tout temps été préparée, dont elle avait tous les secrets et toutes les possibilités et auquel elle attachait tant d'importance que jamais, à aucun prix, elle ne l'aurait sacrifié à l'idée. Le merveilleux est qu'elle ait pu mettre le métier au service de l'idée et rendre celle-ci par celui-là avec un égal respect de l'un et de l'autre. L'artiste complet n'est-il pas celui qui parvient à ce rapport, à cet équilibre, à cette harmonie, du fond et de la forme ?

Enfin, considérant la vie et l'œuvre de Camille Claudel, connaissant ses souffrances, ses déceptions, sa fin tragique, on pourrait être tenté de mettre l'accent plus particulièrement sur la tristesse ou l'amertume de la femme et sur l'austérité de l'œuvre. Ce serait faire fausse route. J'ai dit que Camille était d'un caractère primesautier, enjoué et gai. Jusqu'au jour où elle a sombré dans l'abîme de la folie, ni ses malheurs, ni l'âge, ne l'ont à aucun moment détournée des chemins enchantés où l'entraînait une nature qui ajoutait aux dons du Ciel un optimisme inné, irréductible, une grande générosité de sentiment et une absolue impuissance à imaginer le mal. Pour moi, la vraie Camille Claudel demeurera toujours celle qui m'accueillit par une chanson, celle qui riait en donnant la vie à un visage d'homme, celle qui offrait du champagne à ses hôtes sans penser aux difficultés du lendemain, celle qui sut aborder les plus hautes sphères de l'esprit mais aussi s'exprimer avec grâce et humour.

Deux exemples nous suffiront à donner, à travers l'œuvre — celle qui a survécu — la mesure de cette grâce et de cet humour. Les « Bavardes » et la « Vague » sont deux compositions en onyx et bronze qui tiennent à la fois de l'art plastique et de l'art décoratif. Trois petites femmes nues, d'une grâce exquise, chapeautées d'une crinière abondante, se tenant par la main comme pour une ronde, et fléchissant déjà des genoux, par avance, sous le poids, offrent leurs corps à l'immense vague qui s'enfle et monte en volute et s'apprête à redescendre en trombe, pluie d'émeraude et mousse d'argent.

Quant aux petites bavardes, nues, elles aussi, elles sont quatre qui se font vis-à-vis, assises sur deux bancs, corps inclinés ou dressés — car dans le bavardage il y a nécessairement celles qui écoutent — et le geste ajoute à la parole, et les visages en disent plus long encore que les mots qui sortent des lèvres pointues. Aimables petites bavardes, qu'importe la valeur des mots que vous dites, voire leur signification : en si simple appareil, on ne parle pas de robes, sans doute, mais on peut toujours médire, et vos ancêtres, les joyeuses commères de Windsor, pour habillées qu'elles étaient, savaient déjà comment on s'y prend pour mettre son cœur à nu.

Henry ASSELIN

NOTES

1. Non, à Fère-en-Tardenois (Aisne).
2. Paul Claudel à 37 ans exposé en 1905.
3. 1906.

ANNEXE 13

Melle CAMILLE CLAUDEL

« Je lui ai montré où elle trouverait
de l'or ; mais l'or qu'elle trouve est à elle ».

RODIN.

Je n'ai pas, je crois, à me défendre ici contre le reproche qui pourrait m'être fait de parler indiscrètement de ce qui ne concerne que Mademoiselle Camille Claudel. Mademoiselle Camille Claudel est moins, en effet, une femme qu'une artiste — une grande artiste — et son œuvre, si peu nombreux encore qu'il soit, lui confère une dignité supérieure. Elle est parmi les créateurs dont toute l'existence et toute la pensée appartiennent à quiconque les vient interroger.

Je trahirais mon devoir, si je n'apportais
les trop rares éléments que j'ai recueillis
sur l'histoire de l'admirable sculpteur et de
ses idées pour servir à ceux qui, plus tard,
lui élèveront le monument définitif — digne
d'elle.

I

Mademoiselle Camille Claudel est née dans un petit village du département de l'Aisne. Elle est, par sa mère, de race picarde. Par son père, ancien fonctionnaire du ministère des finances, elle est d'origine vosgienne. Son grand-père maternel, médecin dans la localité où elle est née, a laissé à ceux qui l'ont connu le souvenir d'un homme remarquable, doué d'une puissance de volonté, et dont l'irrésistible *influence* s'est exercée avec force sur les siens.

Dès son enfance, qu'elle passe en partie dans les Vosges, puis dans l'Aube, et, ensuite, à Rambouillet et à Compiègne, Mademoiselle Camille Claudel se montre extraordinairement volontaire et tenace.

C'est peut-être le signe caractéristique de son âme, que l'indéfectible fidélité avec laquelle elle s'attache, d'abord, à affirmer son dessein d'être sculpteur, et, plus tard, à tout sacrifier ce qui en ralentirait la complète et nécessaire réalisation. Elle ne ménage, d'ailleurs, ni ses soins, ni ses peines. La sculpture est une passion véhémente, qui la possède toute entière, et qu'elle impose despotiquement autour d'elle, aux siens, aux voisins et aux domestiques eux-mêmes. Ignorante de tout procédé, de tout préjugé, de toute la technique absurde et guindée dont on abuse l'esprit trop crédule des néophytes de la sculpture, ignorante également de la nature qu'elle ne voit encore qu'à travers un « écorché », elle sculpte, et la maison paternelle que son art envahit rapidement n'est bientôt plus que la dépendance d'un atelier, où se perpètrent, en terre, en pierre, en bois, mille figures tragiques ou grimaçantes qui sont les héros de tous les temps et de tous les peuples. Entre deux leçons de grammaire, d'arithmétique ou d'histoire, cet atelier est le centre de l'activité générale. Aidée par sa sœur cadette et par son jeune frère, Paul Claudel — l'auteur futur de ces merveilleux poèmes *Tête d'Or* et *La Ville,* — Mademoiselle Camille Claudel y gouverne en souveraine. C'est sous sa direction, et tandis qu'elle tord fièvreusement des boulettes, que l'un bat la terre à modeler, que l'autre gâche le plâtre, cependant qu'un troisième pose comme modèle ou, improvisé « metteur au point », taille dans un bloc de marbre. Elle, elle est « l'artiste ». Mais chacun collabore de son mieux à l'œuvre commune. Celui qui pose, cherche de lui-même les mouvements les plus beaux, les plus éloquents, les plus significatifs. Celui qui taille dans la pierre s'efforce de respecter les indications du statuaire. Il n'est pas jusqu'à ceux qui battent la terre à modeler ou qui gâchent le plâtre qui ne mettent quelque soin à s'acquitter le plus consciencieusement possible de leur tâche subalterne.

Sans doute, des défections ne tarderont pas à se produire.

Fatigué de poser, fatigué de rester des heures debout, les bras tendus, et de garder indéfiniment des positions incommodes ou même intenables, le modèle s'échappera à travers la campagne. Le gâcheur de plâtre fera de longs détours pour éviter la maison redoutable où la jeune artiste s'adonne à la sculpture. Quelque temps, elle les poursuivra. Elle ira les guetter sur le chemin et les ramènera de force à l'atelier. Pourtant elle se lassera à son tour, non de la sculpture, certes ! mais de poursuivre d'insaisissables collaborateurs.

Du reste, elle saura, grâce à la toute puissante passion qui la détermine, faire des prosélytes qui, successivement, viendront remplacer les absents. Et lorsque les derniers prosélytes seront partis à leur tour, il lui restera fidèle, admirative et dévouée, une jeune domestique nommée Eugénie, dont elle fera le meilleur et le plus clairvoyant des praticiens.

Il serait infiniment intéressant de connaître les premiers balbutiements du talent de Mademoiselle Camille Claudel. Il serait infiniment précieux pour celui qui se propose d'étudier, d'après des documents certains, le caractère et l'œuvre de la jeune artiste, de voir les essais en terre qu'elle modelait étant toute petite fille et qui représentaient les personnages illustres ou cruels dont ses rêves d'enfant étaient pleins, Napoléon Ier par exemple, ou Bismarck. Le Bismarck surtout dont elle avait inventé, selon la logique de son âme enfantine, la terrifiante physionomie était une figure extraordinairement tragique et fatale.

Quiconque la voyait — Mademoiselle Camille Claudel elle-même n'était pas à l'abri de cette superstition — frissonnait d'épouvante.

Malheureusement, ni le Bismarck ni le Napoléon de la jeune artiste n'existent plus. Ces témoignages initiaux de sa prodigieuse puissance d'imagination sont tombés en poussière. Je ne connais, quant à moi, qu'un seul débris de ce passé si récent encore, une esquisse qu'elle a modelée dans sa douzième ou dans sa treizième année et qui représente *David et Goliath*.

A cette époque, elle n'a pris encore aucune leçon, soit de dessin, soit de modelage.

Elle n'a d'autre idée sur le nu que celle que lui fournissait son écorché et quelques gravures et livres anciens. N'importe ! Avec un miracleux esprit d'entreprise, elle le constitue tel qu'il lui semble qu'il doit être. Et non seulement elle modèle son *David et Goliath,* mais encore cent autre groupes de figurines sortent de ses doigts magiques. Tout ce qu'elle lit lui inspire des motifs de sculpture. Elle a évoqué ici *Œdipe et Antigone.* Plus loin, lectrice passionnée des poèmes d'*Ossian,* elle fait, pour eux, une sorte de naïve illustration sculpturale.

Bien que la terre glaise ait subi les atteintes du temps, bien que Goliath, — sauf la jambe droite qui est repliée et dont le mouvement et le modelé sont indiqués avec une surprenante énergie, — soit devenu une masse incertaine, le petit groupe biblique a une incontestable noblesse d'allure. Le jeune David, surtout, est splendide. Debout sur le corps renversé du géant, qui, de son bras gauche, cherche à protéger encore dans un effort suprême sa tête que le jeune héros a coupée, il triomphe dans un superbe élan d'enthousiasme et de victoire. D'ailleurs, ses muscles, indiqués avec plus de logique peut-être que d'exactitude, sont noueux et robustes. Il y a, en effet, ceci de particulier à noter : que ces premiers essais attestent, aussi bien au point de vue du mouvement qu'au point de vue du modèle, une fougue indomptable. Le dos du petit David est montueux et raviné comme un fragment d'Alpe. C'est tout un drame romantique !

Pourtant, à Nogent-sur-Seine, où M. Claudel est devenu fonctionnaire, le sculpteur Alfred Boucher vient quelquefois visiter l'atelier de la jeune artiste. Intéressé par les essais que pétrit si intrépidement la fervente petite fille, il lui donne les premiers conseils qu'elle ait reçus.

Plus tard, à Paris, il en parle à M. Paul Dubois, le directeur de l'Ecole nationale des Beaux-Arts, et M. Paul Dubois consent à voir la jeune artiste. Elle lui apporte quelques-uns de ses petits groupes et, entre autres, ce véhément *David et Goliath,* qui a été partiellement conservé.

Certes, ce n'est point banal : le directeur de l'Ecole nationale des Beaux-Arts le constate sans peine. Mais comme il cherche la raison de cette originalité, il se trompe tout de suite :

— Vous avez pris des leçons avec Monsieur Rodin ! lui dit-il.

Non ! Mademoiselle Camille Claudel n'a pas pris de leçons avec Rodin. Jamais encore — Rodin, il y a douze ou quinze ans, était-il célèbre en dehors du petit groupe de ses admirateurs enthousiastes ? — elle n'avait entendu le nom du grand sculpteur.

Du reste, il était facile de voir aux erreurs d'observation de la jeune artiste qu'elle ne pouvait avoir reçu de conseils d'un sculpteur qui observe si scrupuleusement la nature. Enfin, il était infiniment aisé de remarquer qu'autant le sculpteur de l'*Age d'Airain* se plait aux belles harmonies pleines, douces et blondes, autant il fuit les contrastes trop violents d'ombre et de lumière, autant les premiers essais de Mademoiselle Camille Claudel étaient noueux, creusés de noirs profonds, et dramatiques. Cela ne ressemblait pas plus à l'art de Rodin que l'art de Michel-Ange ne ressemble à celui de Donatello. Néanmoins l'observation de M. Paul Dubois était plus que vraie : elle était prophétique.

II

Mademoiselle Camille Claudel est enfin à Paris avec ses parents. Elle a réussi à dissiper toutes les objections, à vaincre toutes les résistances. Elle sera sculpteur selon le vœu qu'elle a formé, selon l'irrésistible loi de sa vie.

Paris, c'est le rêve enfin réalisé ! C'est la liberté de travailler ! C'est la possibilité d'apprendre le métier, d'avoir un modèle, de le faire poser, d'être l'artiste qu'il faut qu'on soit, sans se préoccuper des voisins qui regardent par-dessus le mur du jardin !... La famille de la jeune artiste s'est installée dans l'île Saint Louis. Paul Claudel est au Lycée Louis-le-Grand avec Léon Daudet, Maurice Pottecher, Georges Hugo, Charcot, etc... Mademoiselle Camille Claudel a un atelier rue Notre-Dame-des-Champs. Elle s'est associée avec quelques amies, des Anglaises pour la plupart.

C'est une petite colonie d'étudiantes libres des Beaux-Arts. Parfois le sculpteur Boucher vient donner quelques conseils. Mais elle est, naturellement, l'âme du groupe. Elle choisit les modèles. Elle indique la pose. Elle distribue la besogne. Elle assigne à chacune sa place.

Et ce sont naturellement aussi, de premières tristesses. Des complications imprévues surgissent à chaque instant. Les modèles surtout, constatant qu'ils n'ont devant eux que quelques jeunes filles, sont plus indisciplinés que de coutume et, sûrs de l'impunité, plus effrontés. A chaque instant, ils menacent de s'en aller, de laisser là les jeunes filles avec leur travail commencé, inutile désormais, si on augmente pas leurs appointements. Inflexible, un peu despotique, et d'ailleurs, incapable d'admettre la moindre malhonnêteté, la jeune artiste ne cède jamais. Elle s'est fait de ses droits et de ses devoirs, comme des devoirs et des droits d'autrui, une idée simple et nette, sur laquelle elle ne transige pas. Au péril même de sa vie elle ne s'en départirait pas. En revanche elle est toujours et presque nécessairement volée, volée de son argent, ce qui n'est rien, mais volée aussi de son temps et de son travail, — ce qui est tout. Elle fait de la sorte un premier, un rapide, un pénible apprentissage, — qui ne finira plus. C'est la guerre qui commence, la guerre éternelle qui est déclarée aux artistes trop probes et trop consciencieux par tous ceux qui ne le sont pas assez et qu'unit une tacite et sûre complicité. Hier, c'étaient les modèles. Demain, ce seront les praticiens. De quelque côté qu'elle se tourne, l'hostilité n'est-elle pas partout ? Et n'est-elle pas d'autant plus âpre que la jeune artiste est plus inflexible et plus juste ? Du reste, cette guerre, qui donc la soutiendrait sinon elle ? Il importe peu au sculpteur médiocre que son modèle l'abandonne au milieu du travail, il prend un autre modèle — s'il n'a pas fait plus simplement un moulage sur nature — et soude, comme il peut, hélas ! et comme il sait, les bras du nouveau venu sur les épaules du disparu ! Et les infidélités du metteur au point ou du praticien ne lui importent pas davantage : que celui-ci ou que celui-là grattent le marbre jusqu'à ce que le modelé ait entièrement disparu. Il ne s'en apercevra point. Peut-être même souffrirait-il si le praticien trop adroit laissait quelques traces de beauté après son passage ? Mais il n'en est pas ainsi pour Mademoiselle Camille Claudel. Si son modèle l'abandonne avant que son travail soit fini, l'œuvre commencée est perdue : il faut la refaire entièrement. Et si le praticien maladroit use le marbre, il détruit le modelé, il anéantit le résultat de longues semaines, de longs mois de labeur : et il faut de même recommencer l'œuvre toute entière. Ai-je besoin d'ajouter que les modèles sont souvent peu scrupuleux et que les praticiens ne sont pas toujours attentifs ?

C'est de cette époque, c'est à dire de 1882, que datent les débuts de la jeune artiste. Sans doute, elle a antérieurement déjà, grâce à son incessante activité, accompli beaucoup de besogne. Mais tout témoignage en a disparu. Les plâtres sont brisés. Les esquisses sont réduites en poussière. Les dessins sont brûlés.

La première œuvre qu'elle ait signée de son nom et qui en ait été conservée est un buste de *Vieille femme* (1). C'est une domestique alsacienne de Madame Claudel qui a posé patiemment. L'œuvre est sérieuse et réfléchie. On sent qu'elle a été faite avec fidélité — une fidélité trop absolue peut-être même ! Pourtant, il n'y a ni maigreur ni sècheresse. La vieille femme au front ridé, au menton proéminent, aux pommettes des joues accentuées, regarde franchement devant elle. Ses yeux sont doux et bons. Toute la physionomie a, du reste, de la finesse et de la distinction.

Mais, dès 1883, apparaît une œuvre bien supérieure et où s'annonce le grand sculpteur : c'est le buste de Paul Claudel (2).

Paul Claudel est âgé d'environ treize ans. Sa sœur nous le montre le col nu, les épaules recouvertes d'une sorte de tunique antique, la tête droite. Le profil est rigide et net comme celui d'un empereur romain. Les narines du nez aquilin sont doucement gonflées. Elles semblent s'ouvrir pour aspirer l'air. Les cheveux sont coupés ras. Le front volontaire et bombé repose d'aplomb sur les arcades sourcilières. La coquille des oreilles très fine et, chose rare dans les bustes modernes, — très adroitement posée donne un angle facial d'une ouverture presque anormale. Enfin, les paupières bien fendues s'ouvrent sur des yeux dont le regard est extraordinairement impérieux.

Ici, déjà, s'affirment noblement les belles qualités de la jeune artiste. Rien, dans ce buste n'est laissé au hasard. Il est possible que son expérience ne soit pas complète. N'importe ! Avec sa vaillance habituelle, avec ce don de persévérance qu'elle possède à un si haut degré, c'est au travail continu, c'est à une application incessante qu'elle demande de suppléer l'habileté qui peut-être lui manque encore. Aussi le modelé est-il d'une belle fermeté. On n'y trouvera ni défaillance, ni boursouflure. C'est solide et net. Et c'est aussi une œuvre enthousiaste, où elle a heureusement insisté sur les caractéristiques du visage de son frère afin de lui donner cette physionomie impérieuse qui est, en effet, la sienne. On peut dire que, dès ce moment, Mademoiselle Camille Claudel a le grand souci de la forme et qu'elle la traduit, et qu'elle l'interprète, et qu'elle la pénètre avec autant d'intelligence que de sens aristocratique. Il est évident que jamais la réalité ne sortira trahie ou diminuée de ses mains fidèles. C'est la beauté ou tragique ou lyrique de la nature que dorénavant elle expliquera clairement à nos yeux.

A cette période qui précède le moment où la jeune artiste va entrer comme élève dans l'atelier de Rodin, appartiennent plusieurs œuvres. Ce sont notamment un buste de M. Claudel père et divers portraits à l'huile au nombre desquels il faut signaler celui de Mme Claudel.

III

Le sculpteur Alfred Boucher a obtenu le prix du Salon. Il va partir pour l'Italie. Il ne pourra plus désormais donner les indications et les conseils qu'il donnait, de temps en temps, aux jeunes étudiantes de l'atelier de la rue Notre-Dame-des-Champs. Il est allé demander à Rodin de bien vouloir le suppléer. Et désormais, c'est le grand statuaire qui reverra et qui corrigera les essais de ces jeunes filles.

Tout de suite, il a reconnu les dons prodigieux de Mademoiselle Camille Claudel. Tout de suite, il a constaté qu'elle tenait de sa nature même un admirable, un incomparable tempérament d'artiste. Tout de suite, il devient, non le professeur, mais le frère plutôt de la jeune artiste comme celle-ci deviendra plus tard sa fidèle et son intelligente et jeune collaboratrice. Du reste, n'a-t-elle pas, elle-même, lorsqu'elle entend Rodin donner ses rapides, ses lumineuses indications, le sentiment que celui-là est un artiste et un sculpteur ? N'est-ce-pas en quelque sorte un monde nouveau qui se révèle à ses yeux ? Les horizons ne s'amplifient-ils pas miraculeusement ? Et ne lui semble-il pas qu'après n'avoir longtemps vu, dans les ateliers et dans les expositions, que des cadavres inertes rangés contre les murs, c'est enfin le spectacle de la vie, de la vie vivante et passionnée, qui se manifeste inoubliablement ?

Elle n'avait dans tous les cas pas une minute d'hésitation. Là, où tant d'autres, trop prudents, et peut-être insuffisamment héroïques, se seraient demandés, s'ils n'allaient point sacrifier ce qu'ils appellent, hélas ! leur « originalité », elle n'avait ni doute, ni regret. Comment, aussi cette pusillanimité d'indigent eût-elle pénétré dans cette âme fastueuse ? Et comment, eût-elle songé, elle qui ne pense qu'à la sculpture, qui n'aime que son art, qui s'y est vouée toute entière, qui n'a d'autre souci que celui de la vérité et de la beauté, comment eût-elle songé, dis-je, à sa propre « originalité », à sa propre « personnalité » ? N'est-ce pas là le modeste jardin réservé aux médiocres et aux nigauds qui ne s'aperçoivent même pas que partout, aussi loin qu'ils la pourraient voir, — s'ils ouvraient les yeux, — la splendeur de la vie rit de la petite palissade qu'ils élèvent autour d'eux ? Mademoiselle Camille Claudel deviendra donc l'élève de Rodin, car la seule chose qui soit essentielle, c'est de faire de belle et noble sculpture. Le temps efface toutes les signatures. Mais il garde les œuvres qui sont dignes de lui. Mais non seulement, elle y gagnera, selon l'orgueilleux mot de Rodin, d'apprendre où git l'or pur ; elle y verra, en outre, dans des dimensions peu ordinaires, le drame terrible et féroce qui se joue chaque jour dans l'atelier d'un maître dont l'âme est vraiment fière. Toutes les difficultés, tous les obstacles qui pendant les premières années lui ont rendu presque impraticable le métier sincèrement conçu et honnêtement accompli du sculpteur ne l'atteindront plus directement. C'est Rodin lui-même qui en est la victime. Pas mieux qu'elle, il est vrai, le glorieux artiste ne saura réduire les résistances des uns et suppléer les insuffisances des autres.

L'entrée de la jeune artiste dans l'atelier de Rodin est un événement.

Je pense que, bien qu'on ait parlé souvent déjà, on n'en a ni donné le sens, ni établi les conséquences. Il en sera de lui comme d'un grand nombre de ces problèmes de l'histoire de l'Art que les capricieuses légendes populaires déforment si souvent pour n'en tirer, du reste, que des conclusions obscures et contradictoires. Ici, pourtant, tout est lumière. Mademoiselle Camille Claudel va frapper à la porte de l'atelier de Rodin parce qu'elle est artiste et parce qu'il est vraiment le seul sculpteur qui fasse de l'art, les autres s'étant résignés depuis longtemps à ne plus s'occuper que de moulages sur nature ou de choses qui ressemblent à des moulages sur nature. Elle va frapper à la porte de l'atelier de Rodin parce qu'elle ne redoute point de soumettre ce qu'elle sait ou du moins ce qu'elle croit savoir, au contrôle d'une volonté qui n'est pas la sienne, mais qui est pareille à la sienne, puisqu'elle a le même but : la recherche d'un même idéal de vérité et de beauté. Il importe peu, par conséquent, que quelques-uns veuillent y voir une abdication ou un renoncement. C'est exactement le contraire. C'est une étape sur la bonne voie.

Tous ceux qui ont fréquenté l'atelier de la rue de l'Université se la rappellent. Silencieuse et diligente, elle reste assise sur sa petite chaise. C'est à peine si elle écoute les longs bavardages des oisifs. Uniquement occupée à sa besogne, elle pétrit de la terre glaise et modèle le pied ou la main d'une figurine placée devant elle. Parfois, elle lève la tête. Elle regarde le visiteur de ses grands yeux clairs dont la lumière est si interrogative, et, dirai-je, si persistante. Puis elle reprend aussitôt sa besogne interrompue.

De même que dans l'atelier de la maison paternelle, de même que dans l'atelier de la rue Notre-Dame-des-Champs, la jeune artiste répand dans l'atelier de Rodin les bienfaits de son intelligence nette, de sa volonté rapide, de son souci de l'ordre, de son honnête et profonde sincérité. J'ai dit que Mademoiselle Camille Claudel était l'élève de Rodin ; il serait plus conforme

n'importe ! La statuaire est de tous les arts, celui où nul n'improvise. Une statue coûte le temps qu'il faut qu'elle coûte.

Les minutes, quel que soit leur nombre, lui seront restituées un siècle plus tard — si elles ont été judicieusement employées.

Après cette *Etude de nu* se place, chronologiquement, le buste de la sœur de Mademoiselle Camille Claudel (4). Et, par ce buste, elle prouve l'infinie mobilité de ses conceptions, la constante variété de ses idées. En effet, Mademoiselle Louise Claudel est une jeune fille au visage élégant et fin, aux yeux un peu rieurs, au nez légèrement relevé, au sourire à moitié étonné et charmé, aux cheveux indisciplinés qui bouclent autour du front. Tout de suite, l'artiste note et précise tous ces caractères. Elle insiste sur la grâce un peu malicieuse de ce visage. Et cela devient quelque chose comme une de ces délicieuses estampes du siècle dernier.

Est-il nécessaire de dire d'ailleurs, que son premier soin est, en toute circonsance, de rechercher le caractère de la physionomie. C'est aussi, paraît-il, la préoccupation de presque tous les artistes. Il est vrai qu'on ne s'en douterait guère. Chez elle, ce soin se manifeste clairement, et chose peu banale ce sont, en effet, des caractères plus encore que des physionomies qu'elle nous présente. Voici, par exemple, quelques portraits à l'huile ou au pastel qu'elle a peints, si je ne me trompe, vers 1887 : *le Portrait d'Eugénie, le Portrait de Victoire, le Portrait de Rodin,* et le *Portrait de sa sœur. Le Portrait de sa sœur* est dans l'atelier de Rodin. C'est un pastel où Mademoiselle Louise Claudel est représentée assise de face, dans une élégante toilette, sur un fond orné de grandes fleurs décoratives.

Ce portrait a fait, depuis dix ans, l'admiration de tous les visiteurs de Rodin. Il n'est personne qui ne l'ait attribué à l'un des maîtres contemporains les plus justement illustres.

Il ferait surtout par la douceur, l'ampleur et l'énergie du modelé, songer à quelques-unes des œuvres de la meilleure période de Manet, si Mademoiselle Camille Claudel n'avait donné à la physionomie de sa jeune sœur une attitude un peu plus hiératique que l'admirable peintre n'en avait la coutume.

Le portrait à l'huile où Rodin (5) est représenté de profil, lisant un livre est très significatif également. Mais c'est surtout du *Portrait d'Eugénie* et du *Portrait de Victoire* qu'il semble utile de dire quelques mots.

Eugénie est cette jeune domestique dont j'ai parlé, déjà et qui, intelligente et robuste, très dévouée à la jeune artiste, fut son premier et peut-être, son meilleur praticien. Non seulement, elle savait gâcher le plâtre et battre la terre à modeler, mais encore sa maîtresse lui ayant enseigné, comme son instinct le lui avait enseigné à elle-même, l'art de tailler le marbre et la pierre, elle fut bientôt apte à « mettre au point », c'est-à-dire à dégrossir un bloc, aussi adroitement que n'importe quel ouvrier vieilli dans le métier. C'est une jeune femme de 19 ou 20 ans. Mademoiselle Camille Claudel la représente de trois quarts. Dans un geste de pitié ou d'effroi et de recul, elle joint ses mains à la hauteur de l'épaule. Quelques fleurs sont piquées dans ses cheveux, d'autres à son corsage. Les joues, le menton, le nez, le cou, fortement charpentés, sont des morceaux de modelage, plutôt que des morceaux de peinture. Ils sont, en effet, ce qu'on pourrait appeler de la peinture de sculpteur, tant la forme en est énergiquement accusée, tant les plans en sont solidement établis. D'ailleurs, il y a, dans ce portrait, un délicieux mélange de rudesse et de naïveté. Il est évident que les coups de pinceaux y sont donnés avec la fougue et avec l'élan que Mademoiselle Camille Claudel met dans les coups qu'elle frappe sur le marbre pour en dégager la vie et la vérité. Il n'y a, on le pense bien, nulle préoccupation de faire de ce portrait une chose simplement agréable et jolie. La seule volonté qu'on y voie clairement c'est de faire une étude sincère et conforme au modèle. Aucune hésitation, aucune surcharge dans les tons plats, tous d'une parfaite justesse, tous établis sans retouche et sans repentir, tous nettement enlevés sur le bleu crépusculaire du fond. Mais quelle œuvre enthousiaste et somptueuse !

Quelle œuvre triomphante d'enfant qui ne sait rien encore de toutes ces habiletés, de toutes les ruses, de tous les trompes-l'œil du métier, mais qui a regardé simplement son modèle ! qui s'est efforcé de l'imiter et qui, enfin, a fait un portrait digne des seuls maîtres !...

L'autre portrait, le *Portrait de Victoire* (6), n'est pas moins suggestif. Victoire est une autre domestique, très âgée celle-ci, de Madame Claudel. Elle a posé en plein air. La lumière l'entoure de toutes parts. Elle forme sur le front, sur le nez, sur les pommettes des joues des luisants caractéristiques. La couleur des yeux est, on dirait, mangée par elle. Mais sous les cheveux rares et plats le crâne s'arrondit dur et résistant, ainsi qu'un marbre ! Comme le relief de cette enigmatique physionomie est accusé avec une inconcevable puissance !

C'est en vain que Mademoiselle Camille Claudel ignore presque tout de ce qu'on est convenu d'appeler le métier. Le souvenir de la tête étrange et inflexible de la vieille Victoire ne s'efface plus chez quiconque l'a vue. Sans peine, sans hésitation, sans fatigue, sans recherche laborieuse, la jeune artiste se révèle un grand peintre presque en se jouant.

La première œuvre sculpturale importante que Mademoiselle Camille Claudel ait soumise au public est son groupe monumental intitulé *Sakountala* (7). Sakountala et son époux, qu'un cruel enchantement ont séparés se rencontrent enfin dans le Nirvana. Comme accablée par la joie trop intense qu'elle éprouve, la jeune femme s'est appuyée contre le tronc d'un arbre. Le buste penché en avant, elle laisse sa tête tomber sur l'épaule du roi agenouillé devant elle. Les deux visages se confondent presque. Sakountala a fermé les yeux. Et le roi, ivre d'avoir enfin reconquis sa mémoire perdue et retrouvé la bien-aimée, entoure de ses deux bras sa taille souple « comme un éclair ». C'est un moment, c'est une éternité de tendresse ineffable et d'extase.

Œuvre de début, *Sakountala* est une œuvre de maître. Elle en porte les signes d'élection. Mais son heure n'a pas encore sonné. Un jour, les admirateurs de Mademoiselle Camille Claudel l'iront chercher dans la retraite où il se trouve, ce beau groupe, et le placeront triomphalement parmi les plus purs chefs d'œuvres de ce siècle (8).

Bien placé, en pleine lumière, il y produit un surprenant effet de grandeur. Sakountala surtout est merveilleusement modelée. C'est, un des morceaux les plus heureux que la jeune artiste ait exécutés.

Sans doute, si elle commençait aujourd'hui cette figure, Mademoiselle Camille Claudel donnerait à son mouvement quelque chose de plus indépendant et de plus imprévu qui révèlerait mieux la nature de son génie ! Elle a, en effet, plus complètement qu'il y a dix ans, l'audace qui est nécessaire à la réalisation des fortes conceptions et elle sait — ce qui est la caractéristique des maîtres — pénétrer du premier coup en souveraine jusqu'au cœur de son sujet, le dégager de toute minutie ou de toute mièvrerie, l'évoquer enfin libre et franc de toute incertitude qui dérouterait ou qui fatiguerait l'attention : mais, si elle n'a pas encore entièrement cette glorieuse lucidité au moment où elle modèle *Sakountala,* comme elle est, en revanche, déjà sûre de ses mains vigoureuses et délicates !

Quelle souplesse dans le corps jeune et charmant de la reine ! Comme la vie l'illumine de son invisible rayonnement ! Comme chaque détail, les bras, le ventre, les jambes, sont frais et chastes ! Il y a dans ce groupe, des choses exquises, dont la grâce ne s'affirme que graduellement afin, semble-t-il, de pénétrer plus loin, au fond de l'âme. Tel le bras gauche de Sakountala qui, passant sur l'épaule du roi agenouillé, descend ainsi qu'une guirlande molle et douce d'un effet délicieusement décoratif et qui constitue une de ces jolies trouvailles par lesquelles la femme se révèle dans le robuste et puissant statuaire. Tel aussi l'élan du souverain qui, de toute la force de son être élégant, tend son visage vers le visage de la bien-aimée. Uniquement occupée par la pensée de cette miraculeuse rencontre, par la joie de retrouver la bien-aimée, oubliée si longtemps et perdue, il montre l'émotion dont il est envahi, et son être en est comme frémissant. Toute son attitude est merveilleusement explicite. Le drame s'y lit ainsi que dans un livre ouvert. Et il n'est pas jusqu'aux détails indifférents en apparence, le rapprochement des deux talons, par exemple, la cambrure des pieds, qui ne contribuent en quelque chose à la grâce du sentiment qu'il exprime.

Sakountala était donc une œuvre qui contenait plus que des promesses. Peut-être même, sans atteindre au degré de puissance et, dirai-je, de despotique vérité dont les *Causeuses* et dont la *Vague* sont les témoignages révélateurs, était-elle une œuvre trop parfaite et trop amoureusement étudiée ? Peut-être aussi prouvait-elle un soin, une conscience, un souci de la perfection desquels nous nous désaccoutumons hélas ! chaque jour ? Quoi qu'il en soit, ce juvénile et noble effort de la jeune artiste ne triompha pas tout de suite de *l'indifférence générale.*

Mais les œuvres futures de Mademoiselle Camille Claudel lui rendront un jour la gloire dont l'ordinaire injustice des évènements l'aura frustré quelque temps.

Après *Sakountala,* la jeune artiste exécute deux bustes. L'un est intitulé *La Prière* (9). C'est une étude de femme aux formes pleines et rondes, et qui révèle l'une des caractéristiques essentielles de Mademoiselle Camille Claudel. Jamais, en effet, l'idée qu'elle cherche à exprimer n'y domestique, ou n'y trahit la nature. La nature, la vérité, voilà ce qu'il importe d'abord d'exprimer.

Si, par surcroît, une signification morale ou philosophique, historique ou litéraire s'y ajoute, c'est la vie qui la donne et elle ne constitue que l'un des précieux bénéfices de l'observation.

A quoi bon tenter de détourner les êtres ou les choses vers une destinée qui risque de ne pas leur convenir ? Sait-on quand on commence d'étudier une créature si elle sera une sainte ou une courtisane ?

Mademoiselle Camille Claudel ne regarde que son modèle. Et si, l'œuvre terminée, elle lui suggère un souvenir d'histoire ou de morale, de philosophie ou de littérature, elle peut, parce qu'à ce moment elle en a le droit, souligner par une étiquette d'ailleurs superflue le sens visible de la chose ou de l'être évoqués. C'est ainsi — on le verra tout à l'heure — que lorsqu'en Touraine elle modèlera le buste d'une *petite châtelaine,* elle sera moins par elle-même que par l'évidence d'une analogie morale, conviée à l'intituler Jeanne enfant. Elle n'a pas choisi ce titre. Comment l'eut-elle choisi puisque cette commémoration de Jeanne d'Arc n'était ni dans sa pensée, ni dans son intention et qu'elle eût menti à elle-même et à son dessein en songeant, devant la petite châtelaine qui posait, à l'héroïne d'Orléans ? Mais si elle n'y a pas songé, les yeux ardents et décidés de l'enfant, ses lèvres entrouvertes, son front puéril et puissant suscitaient nécessairement l'idée d'une résurrection miraculeuse. Et *Jeanne enfant* est sans doute le meilleur portrait et le seul authentique de Jeanne d'Arc à Domrémy.

La vie sans se répéter jamais ne se ressemble-t-elle pas toujours ?

Dans le buste *La Prière,* on ne trouvera aucun des éléments par lesquels l'idée moderne de la mysticité s'est exprimée parmi nous. Les yeux ne sont pas creusés en noir. Les traits ne sont ni maigres ni tourmentés. Les joues n'ont pas ces profondes cavités qui témoignent ou qui semblent témoigner de jeûnes prolongés et d'habitudes invétérées de méditation et de mortification. Mais, au contraire, les plans sont harmonieusement et largement établis. La tête aux yeux clos est renversées en arrière. Elle est dans une sorte d'extase qui n'est ni excessive, ni vulgaire. Sa coiffure tourangelle est dominée par un peigne en forme d'éventail ouvert. C'est *La Prière* pourtant, la Prière tendre, humaine, vivante, sincère, la simple et la vraie prière, telle que les maîtres du XVIe siècle nous l'ont montrée et dont nos modernes primitifs ont su faire une si pauvre et si douloureuse caricature.

L'autre buste est celui de Rodin (10).

On le connaît. La grande figure du maître est comme engoncée dans la barbe lourde qui s'étale et qui forme le socle. La moustache qui retombe cache la bouche large et timide. Mais le masque énorme au nez droit, aux arcades sourcilières proéminentes, au front puissant et qui s'élargit au-dessus des tempes, semble l'image de la force et de la volonté. De même, derrière les oreilles, le cou nu qui repose sur les épaules un peu voûtées — les épaules d'Atlas ! — surgit pareil au fût d'une colonne debout sur d'inébranlables assises.

C'est une œuvre sévère. Elle a ceci de particulier que, de quelque côté qu'on la regarde, les profils sont toujours justes, sans défaillance, sans retouche, sans hésitation. Elle a encore ceci de particulier que les masses sont toutes également modelées en relief et que nulle part les muscles et les surfaces osseuses n'ont l'air creux ou soufflé. C'est une œuvre patiente et réfléchie : chaque détail en est en quelque sorte un nouveau témoignage ; l'épiderme tendu et brillant s'anime à travers les contrastes de l'ombre et de la lumière ; les yeux clairs, pénétrants et doux, comme protégés par l'arc profond des sourcils, regardent loin devant eux. C'est une œuvre dramatique enfin ; elle se présente majestueusement comme une construction granitique des vieux âges ; aucune banale précaution ne prépare le spectateur à la soudaine évocation de la grande image ; elle s'affirme, imminente, immédiate, inévitable ; son imposante mélancolie fait songer à quelque figure du Prométhée qui aurait été miraculeusement retrouvée.

V

Cependant Mademoiselle Camille Claudel est impatiente de se consacrer exclusivement à son œuvre personnelle. Les merveilleuses idées qui la hantent veulent être réalisées. Déjà séparée — momentanément — des siens à qui elle n'a pu imposer plus longtemps sa volonté de faire de la sculpture et qui, d'ailleurs, ne la voient pas sans chagrin et sans appréhension engager sa vie dans une voie toute peuplée de périls et de tristesses, elle quitte définitivement l'atelier de Rodin. Retirée dans l'absolue solitude de son atelier du boulevard d'Italie, elle vit là, un an, deux ans, trois ans, sans recevoir personne, sans entendre une voix amie. Le sentiment de solitude qu'elle éprouve est tel qu'elle a, parfois, l'étrange angoisse d'oublier l'usage de la parole. Et elle parle haut, afin de se rassurer. Et comme sa propre voix, qu'elle entend distinctement pourtant, n'est peut-être qu'une illusion de ses oreilles, elle va dans la loge de la concierge, où elle s'efforce de s'intéresser un moment à d'inutiles commérages. Ce n'est qu'un peu rassérénée, enfin, par cette épreuve, qu'elle rentre dans son atelier et qu'il lui est possible de se remettre à son travail interrompu.

Certes, ce sont de tristes années, que ces lentes années de révolte implacable et farouche. Mais, volontaire et despotique comme elle est, elle ne consent à les adoucir par aucun sacrifice, par aucune concession. Et seule, dans ce quartier désert, au fond de la vaste cour — la Cour des Miracles comme on l'appelle au boulevard d'Italie, — où se trouve son atelier, elle passe les heures qu'elle ne consacre pas à son labeur, à regarder les gens qui passent. Assurément ce n'est pas une prison. Elle peut aller et venir. Souvent elle fait au Musée du Louvre ou au Musée Guimet de longues stations d'étude. Souvent elle va droit devant elle, au hasard, regardant, de toute la force de ses grands yeux ouverts, l'incomparable spectacle des rues et des promenades. Et ce sont les rues et les promenades qui l'inspirent surtout. Un passant, un groupe entrevu, un essaim d'ouvriers occupés à leur besogne, lui suggèrent mille idées d'œuvres futures. Rentrée chez elle, elle se met immédiatement à modeler. Avec un enthousiasme que ne déconcertent ni les difficultés matérielles, ni cette pesante et persistante solitude dont elle souffre dans son atelier désert, elle note l'impression reçue, l'attitude des groupes rencontrés, le geste des passants, le mouvement des travailleurs. Pendant des heures, elle est ainsi toute entière à la fièvre de retrouver, de reconstituer la vie qui vient, sous des formes toujours neuves, toujours saisissantes et dramatiques, de se révéler à elle.

D'autres fois — quand le froid ou quand le temps incertain la retiennent chez elle — c'est de la fenêtre de son atelier qu'elle regarde la vie. Pour elle aussi, mais d'une sorte différente, la vaste cour est la Cour des Miracles. Chaque jour, en effet des miracles s'y renouvellent ; chaque jour ils lui semblent plus expressifs et plus beaux. Voici un groupe d'enfants qui jouent. Le vieux musicien aveugle, à la longue barbe blanche et sale, paraît devant la porte cochère. Il entre en hésitant dans la cour où retentissent leurs cris joyeux. Il s'avance avec précaution. Il cherche, de l'extrémité de sa canne, le meilleur chemin sur le sol raboteux. Il s'arrête, enfin, quand il juge, selon de mystérieux indices, qu'il est à peu près au milieu du vaste rectangle. Il prend le violon, pendu le long de son vêtement usé et troué. Et tout à coup, il chante. Il chante, de sa voix fatiguée et tragique, un air piteusement moderne, qu'accompagnent les sons grêles de l'instrument. Alors les enfants se rapprochent. Ils s'enhardissent peu à peu. Et bientôt ils s'assoient en demi-cercle tous les trois, sur le pavé, devant le lamentable vieillard dont la chanson évoque l'idylle du temps des cerises ou l'idylle du temps des blés d'or.

Ou bien, ce sont deux gavroches qui, dans l'espoir de réunir l'argent nécessaire à l'acquisition d'un peu de tabac, ont adopté le métier de « chanteurs des rues ». Ils entrent dans la cour d'un air craintif ; ils se rapprochent l'un de l'autre ; ils regardent avec inquiétude la loge de la concierge, à droite ; puis, après avoir interrogé de tous côtés les fenêtres des modestes logements, ils se décident à faire connaître leur répertoire. Debout, tête nue, ils ont tous deux les mains croisées dans le dos, et dans les mains, leur chapeau ou leur casquette. Ils se sont tournés, le visage levé symétriquement, vers les étages supérieurs, l'un du côté du levant et l'autre du côté de l'occident. Et ils attendent patiemment ainsi, en chantant des refrains populaires d'une voix enrouée et vieillotte, que les croisées s'entr'ouvent et qu'il en tombe quelque menue monnaie sur le pavé sonore.

Ces minimes incidents de la vie, et tant d'autres qu'il serait chimérique de vouloir exposer ici, inspirent à la jeune artiste des groupes d'une inconcevable beauté. Les armoires de son atelier sont peuplées de figurines qui sont l'abondante moisson récoltée durant cette longue retraite. Et non seulement elle a enrichi le domaine de son art d'un trésor d'observations nouvelles, non seulement elle a réalisé cette œuvre avec des éléments qui, jusqu'aujourd'hui, encore qu'ils existassent de tout temps, n'avaient point été utilisés, non seulement elle a, de la sorte, authentiquement *créé,* mais encore elle a su douer chacune de ces figurines du tragique caractère de grandeur qui en fait des œuvres éternelles. Il ne suffit pas toujours, en effet, d'avoir l'idée de la beauté pour la réaliser. Quelque soit la fidélité avec laquelle un artiste s'efforce d'interpréter la nature, il ne sait pas nécessairement la reconstituer. Mademoiselle Camille Claudel a le don souverain : c'est la vie elle-même, la vie exaltée à sa plus haute puissance lyrique ; qui sort toute frissonnante de ses mains.

Mais voici, après une abstention de plusieurs années, au Salon du Champs-de-Mars de 1893, deux œuvres signées de son nom : c'est la *Valse* et c'est *Clotho.*

Dans la *Valse* (11), le sculpteur évoque surtout le sentiment d'entraînement que suggère la danse. Debout, le corps incliné en avant, la jambe gauche un peu projetée en arrière, l'homme entoure de son bras droit la taille de la danseuse. Celle-ci, presque renversée, s'appuie en sécurité, bercée, semble-t-il, par la force qui la soutient et qui l'attire ; sa main droite est posée sur l'épaule du danseur ; sa main gauche — une main longue et fine dont les doigts sont mollement recourbés, et qui, parmi toutes les délicatesses de cette œuvre, est une œuvre exquisement délicate — s'ouvre dans la main entr'ouverte du danseur ; son ample robe, rattachée aux hanches, et d'où le torse surgit nu, flotte déroulée comme un croissant ; les plis abondants enveloppent le dos et les jambes qu'ils laissent deviner.

Ce n'est pas seule l'audacieuse indication du mouvement de ces deux êtres serrés l'un contre l'autre et penchés en dehors de leur centre de gravité, ce n'est pas non plus seule la beauté de l'étude de plis que constitue l'ample robe dont la danseuse est enveloppée, qui méritent à ce groupe une complète admiration. Il contient autre chose qu'il importe de noter et qui est particulièrement humain, touchant et ému. C'est d'abord le gracieux et le confiant abandon de la jeune femme dont la tête se baisse vers la poitrine de l'homme et c'est, ensuite, l'air de force tranquille et sûre de celui-ci, qui, très grand et très bon, regarde tendrement, au-dessous de son propre visage, la tête obstinément baissée, et qui, sans doute, en cherche les yeux afin d'y lire l'aveu de leur ineffable faiblesse. Or ce caractère romanesque, infiniment délicat et précaire, Mademoiselle Camille Claudel l'a fixé avec une inoubliable précision. Elle a su faire de cette idylle, un poème persuasif et charmant où, qui sait? un peu de son âme, un peu de son cœur l'ont miraculeusement inspirée.

La Clotho (12) *est une étude de nu.*

Debout, la Parque raidit ses membres vieillis. Elle s'efforce de débrouiller l'innombrable écheveau qui pèse sur sa tête et sur ses épaules et sur ses bras et d'en répandre les fils autour d'elle. Et la lourde avalanche fuit entre ses mains, glisse sur la peau ridée, et forme un inextricable réseau de torsades où elle est littéralement emprisonnée.

Son souci de la chose finie, ce soin tendre, patient, et, je pense, un peu féminin qu'elle prend de son œuvre et qui la font revenir cent fois sur le même point, et le reprendre, et le recommencer de cent façons diverses jusqu'à ce qu'elle en soit à peu près entièrement satisfaite, ne sont pas sans produire d'extraordinaires résultats. Ils lui permettent de complèter chaque jour sa pensée, de l'enrichir chaque jour de quelque grâce nouvelle, de quelque nouveau rayon de clarté. C'est ainsi que, le petit corps de la *Clotho* est devenu net, riche, brillant comme un bijou. Et *c'est un bijou,* en effet, *un bijou d'un prix infini, dont toutes les surfaces sont amoureusement traitées, dont tous les détails sont patiemment étudiés,* et qui, tout entier enfin, a été revu, frotté et adouci. Cela ne signifie pas, du reste, qu'il y ait, dans *cette œuvre qui fait songer à un bel ivoire ancien,* aucune trace de minutie, ou aucun signe de pauvreté. Si *Mademoiselle Camille Claudel a ce sentiment exquis et rare de* la perfection de même que tous les grands artistes, à toutes les belles époques — les Grecs ou les Chinois, les Egyptiens ou les Japonais — comme eux du moins, elle ne se perd pas dans de vains détails.

Elle sait qu'une œuvre n'est pas une agglomération d'épisodes disparates, mal soudés, inharmoniques, et qui souffrent d'être arbitrairement associés.

Ce n'est pas pour la chimérique satisfaction de modeler un genou ou un pied ou une main, qu'elle taille dans le marbre ; c'est afin d'en faire surgir la vérité. Et, lorsque après avoir indiqué le mouvement qui est, selon elle, la vie elle-même, elle s'attache à préciser l'expression particulière de ce genou, de ce pied ou de cette main, c'est qu'elle ajoute quelque chose à la vérité, c'est qu'elle la réchauffe, c'est qu'elle la passionne, c'est qu'elle donne, enfin, la vie à la vie.

Mais la *Clotho est une œuvre d'art plus complexe. Il ne suffit pas à la jeune artiste de prouver qu'elle est un admirable sculpteur. Elle a des caprices de femme. Elle a des fantaisies de souveraine. Et, pour réaliser son idéal de luxe, de luxe aristocratiquement joli, riche, inutile peut-être mais élégant, et, d'ailleurs, — comme eût dit Paul Verlaine, — tel qu'il faut qu'il soit, elle invente des combinaisons délicieusement compliquées, presque irréalisables, qu'elle s'applique à réaliser avec soin, avec grâce, avec patience, heureuse de susciter des difficultés, heureuse d'en triompher, heureuse surtout d'en tirer quelque nouvel élément de beauté.*

Ainsi la Clotho, entourée de ces longs fils de marbre qui tombent de tous les côtés autour d'elle est comme emprisonnée sous une voûte formée de leurs innombrables stalactiques. C'est sous cette voûte que le ciseau a dû pénétrer, c'est dans les mailles de ce réseau qu'il est allé fouiller le marbre, c'est à travers leur infinie complication qu'il a lentement, laborieusement dégagé le puissant modelé de la Parque.

Or, s'il n'est peut-être pas élégant d'insister sur ce que ces caprices coûtent de temps et d'argent, il est, je pense, nécessaire d'indiquer leur caractère de somptuosité, car, encore que la « difficulté vaincue » toute seule ne constitue pas un mérite suffisant pour douer une œuvre d'art d'éternité cette œuvre d'art étant telle que nous la pouvons considérer avec certitude comme un chef-d'œuvre. Ces caprices l'enrichissent d'une parure superbement orgueilleuse. N'ajouterai-je pas que ce goût noble et somptueux caractérise la plupart des œuvres de Mademoiselle Camille Claudel ? On le constatera, en effet, dans le buste de *Jeanne enfant ;* dans le *Buste de Madame D.,* dans les *Causeuses,* dans la *Vague,* dans la *Jeune fille aux Nénuphars,* dans chacune des œuvres, enfin, par lesquelles la grande artiste va bientôt s'affirmer. Il me semble qu'il est l'une des conditions même de son génie celle qui n'est, à notre époque, ni la moins rare, ni la moins merveilleuse. Dans tous les cas, c'est celle où elle n'a encore ni émule ni imitateur.

Dans le cours de cette année 1803, où elle révéla si nettement sa personnalité par la *Valse* par la *Clotho,* la jeune artiste faisait en Touraine une de ses œuvres les plus captivantes, les plus émouvantes : elle a été exposée en bronze, au Salon du Champ-de-Mars de 1894, sous ce titre : *Portrait d'une petite châtelaine* (13). C'est une fillette aux traits énergiques et frêles, au front volontaire et qui regarde le ciel avec des yeux pleins d'une extraordinaire ferveur. Ce petit visage ambigu, précocement formé et sur lequel on lit outre la passion dont il est pénétré, est étrangement intelligent. Il y a, en outre, dans la disproportion même de cette tête déjà trop puissante, déjà trop vivante, déjà trop ouverte sur les mystères éternels, et les épaules délicatement puériles qu'elle domine, quelque chose d'indéfinissable qui communique une angoisse profonde.

Parmi les œuvres de Mademoiselle Camille Claudel, *Jeanne enfant* est l'une de celles dont le modelé est le plus vigoureux. La jeune artiste y a mis toute son énergie, toute sa bravoure. Dans l'une des variantes en marbre qui appartient à *M. Fontaine* et où elle a si ingénieusement *arrangé les cheveux en diadème ajouré :* les plans sont accusés avec une indomptable puissance : « Ce buste, nous disait Rodin, m'a donné le coup de poing de l'émulation. » Et si on songe à la mélancolie du grand sculpteur, — le dernier d'un siècle qui a compté Houdon, Rude, Barye et Carpeaux — d'être si longtemps resté seul, d'avoir si longtemps seul défendu l'intransigeante intégralité de son art, sans rencontrer un exemplaire, un modèle, un encouragement, sans trouver un concurrent qu'il valût la peine d'égaler, ce mot admirable, ce mot vraiment digne du meilleur et du plus modeste des hommes est vraiment mieux que n'importe quelle récompense. Du reste, si le mot du noble artiste reflète bien la sorte de joie vaillante et forte qu'il éprouve devant les belles œuvres, les œuvres qui donnent la confiance et l'espérance, le buste de *Jeanne enfant* est digne de l'inspirer. *Il prouve, que Mademoiselle Camille Claudel est désormais un maître.* Non seulement le modelé de ce buste a la netteté, la franchise et je dirais presque l'ingénuité des œuvres de premier ordre, mais il est encore tout imprégné de la personnalité de la jeune artiste. Oui ! ce modelé lui est particulier. *Il est plus lucide et plus clair que n'importe quelle signature.* Il est despotique et passionné. Il insiste sur le relief. Il en souligne la rondeur terne et précise. Il cerne les contrastes profonds de l'ombre et de la lumière. Il s'efforce de les faire jouer avec vivacité. Il s'attache enfin et surtout à traduire et à évoquer le sens dramatique des formes. De même, qu'elle a la puissance de transporter le souvenir de l'événement observé, habituel, banal, à sa suprême expression tragique, la jeune artiste a le don de douer les plans, les reliefs, et le chiffre des physionomies du lyrisme qu'elles recèlent. *Elle a l'inestimable privilège de discerner dans le passant même vulgaire, ce qu'il contient de grandeur, de pittoresque et de beauté.* Et cette grandeur, ce pittoresque, et cette beauté, elle les suscite triomphalement avec l'aisance naturelle de l'être qui connaît la vérité et qui sait la répandre autour de lui selon la forme qu'elle a définitivement revêtue à ses yeux. *Elle ne nous fait pas un médiocre récit de la vie : elle en écrit le poème.*

Et c'est en cela que le sculpteur de *Jeanne enfant* ressemble au sculpteur du *Monument de Victor Hugo.* Doués., tous deux, du pur génie dramatique qui est l'essentielle vertu des poètes, ils ont communiqué à leur œuvre ce beau sens vivant et mystérieux qui leur assure l'éternité. Pourtant, et sans chercher à séparer ici deux artistes qui sont également dignes de notre respectueuse admiration, et qui sont d'ailleurs réunis par leur propre solitude au milieu des sculpteurs de ce temps, je crois qu'il est nécessaire de dire que cette ressemblance ne va pas au-delà d'un idéal, qui leur est commun, de sincérité et de vérité. Si nous tentions de caractériser quelques-uns des artistes les plus illustres, par exemple MM. Chapu, Mercié, Falguière, Frémiet, Barrias, Guillaume, Gérôme, etc., par ce qui les différencie, si nous voulions dire où sont les qualités spéciales au talent des uns et où sont les qualités spéciales au talent des autres, nous entreprendrions, incontestablement une tâche où nos lumières seraient insuffisantes. Mais si nous voulons nous rendre compte des vertus propres à Rodin et des vertus personnelles à Mademoiselle Camille Claudel et des vertus personnelles à Mademoiselle Camille Claudel, alors le problème se pose et se résout de lui-même. Il suffit de regarder une œuvre de l'un et une œuvre de l'autre : leur style s'affirme immédiatement avec tant de simplicité, avec tant de lucidité, qu'un enfant n'hésiterait pas une minute à en noter les visibles contrastes. Je ne nie pas que le talent de Rodin soit plus savant. Il est aussi plus calme. Si nous en jugeons par l'*Âge d'Airain* du jardin du Luxembourg, par les figures de la *Porte de l'Enfer,* par le *Monument de Victor Hugo,* nous voyons que, de ses débuts les plus lointains jusqu'aujourd'hui, une idée dominante a inspiré le maître : le goût des beaux ensembles blonds et doux. Son modelé, dont la délicatesse est infinie, évite les heurts, les solutions brusques, les passages sans transition de l'ombre à la lumière ou de la lumière à l'ombre. Carrière, à propos de la *Femme accroupie* (14), a judicieusement constaté que les plans ne s'arrêtent nulle part, mais que, par des passages insensibles, ils conduisent à toutes les extrémités. Effectivement, l'art de Rodin est plein de force, sans doute ; mais sa force même est en quelque sorte voilée de douceur et de suavité. Il a éprouvé certainement ses plus grandes joies dans le spectacle des beaux bas-reliefs harmonieux et tranquilles des frises du Parthénon.

Plus véhémente, Mademoiselle Camille Claudel est éprise surtout des contrastes vigoureux, des passages immédiats, dramatiques, sans transition de l'ombre à la lumière. Ses figures ne sont jamais assez à son gré en ronde bosse. Si elle faisait des bas-reliefs, elle en détacherait les personnages avec énergie. Elle ferait le plus possible de ténèbres entre le fond et les figures afin que celles-ci fussent mieux et plus distinctement découpées. Son modelé est conforme à la nature de son esprit. Il est puissant, accentué, passionné. Loin de passer d'un plan à un autre, comme Rodin, par d'insaisissables dégradations, elle indique avec force les méplats, elle cerne les masses, elle accuse les ombres. En somme il y a entre Rodin et Mademoiselle Camille Claudel la plus constante des parentés : ce sont deux grands artistes. Mais, en fait, leurs œuvres se ressemblent, comme la blonde, savante et rayonnante *Vénus de Milo* ressemble au torse noueux, tourmenté et tragique du *Jupiter* du Belvédère.

Avec le *Portrait de la petite Châtelaine,* le Salon du Champ-de-Mars de 1894 nous montrait une étude en plâtre : *Le Dieux envolé* (15). Une jeune fille agenouillée, la main gauche levée à la hauteur des seins, tend le bras droit au-dessus de sa tête dans un mouvement d'une merveilleuse élégance. Le dieu vient de partir. Psyché est restée seule. mais son geste invincible la rattache à lui. Le bras s'allonge et s'étend. Comme la prière elle-même dont il est le signe visible, il va, semble-t-il, jusqu'au cœur du dieu.

Ici encore, ici surtout, les idées de Mademoiselle Camille Claudel ou, du moins, *les idées que le Dieu envolé suggère, mériteraient d'être clairement exposées.*

Aussi bien chacune de ses œuvres n'est-elle pas une station où les esprits attentifs pourraient faire une abondante récolte d'observations ? Et ne recèlent-elles pas, toutes également, pour quiconque les saura voir et pour quiconque les comprendra, d'inépuisables motifs de réflexions ? Celle-ci n'est ni moins explicite, ni moins révélatrice que les précédente. D'abord, — il faut le constater, — le modelé devient graduellement plus libre et plus souple. A mesure qu'il se sent plus sûr de lui-même, le sculpteur de Jeanne enfant suit moins mot à mot la nature. L'interprétation qu'il en donne s'amplifie, s'exaspère, se purifie. Il s'éloigne en apparence de la nature pour s'en rapprocher davantage par la voie de l'indéfinissable Beauté. Dans le *Dieux envolé,* le nu ferme, sérieusement étudié, passionnément analysé, atteste déjà un sens de l'harmonie générale, une souplesse que n'avaient pas au même degré l'*Étude de nu* par exemple. La rondeur des formes est plus aisée, plus facile, plus pleine aussi. Les transitions qui relient les plans sont moins laborieusement cherchées. Je dirai même que Mademoiselle Camille Claudel en triomphe plus audacieusement. Il est évident qu'elle n'a plus besoin, pour se faire entendre, d'un effort aussi véhément. Mais elle acquiert, avec la sûreté, avec la certitude du résultat, une grâce nouvelle, tout athénienne, dont le charme et la subtilité sont infiniment séduisants, et qui, d'ailleurs, n'ôte rien à l'habituelle vigueur de son art.

Cependant le *Dieu envolé* inspire d'autres réflexions encore. C'est ainsi que le geste du bras droit de la jeune fille agenouillée, geste auquel le corps tout entier est soumis, et dont l'hyperbole élégante inscrit dans l'espace l'idée de l'absent, illustre très heureusement les principes qu'elle a et qu'elle applique sans cesse, de l'importance, et, plus exactement, de la prépotence du mouvement. Ce bras droit levé est, du reste, autre chose qu'un geste. Il est, au-dessus de la tête de la jeune fille, une sorte d'aile, qui la soulève presque et qui l'emmène, semble-t-il, vers le dieu disparu. Il est quelque chose comme le commencement d'une miraculeuse assomption.

Or, selon la pensée de Mademoiselle Camille Claudel que je voudrais pouvoir suivre et plus fidèlement interpréter, le mouvement est, en art, ce qu'il importe surtout de préciser (16). Mais c'est aussi ce qu'il est le plus difficile d'expliquer. Dans tous les cas, il est certain que, depuis la Renaissance, c'est à peu près le moindre souci de tous les maîtres. Ce qu'ils s'efforcent de fixer, ce qui est l'objet de leurs préoccupations les plus constantes, c'est le morceau, c'est la belle main, bien posée, bien analysée, bien étudiée dans ses contrastes d'ombre et de lumière ; c'est la belle tête fortement charpentée, qui se détache immobile sur le clair obscur du fond ; c'est le nu patiemment, et parfois minutieusement observé dans la tranquillité de la pose obligée. Mais qui donc, parmi eux, s'occupe du *mouvement* ? Qui donc s'efforce de suivre les modifications de l'être humain soumis à une action énergique ? Qui donc a évoqué — ce que les Japonais, les Chinois, les Grecs ont fait avec tant de sagacité et tant de génie depuis le commencement des âges — l'idée du mouvement juste dans sa forme adéquate ? Car si une jambe qui est au repos et une jambe qui marche sont deux choses différentes, combien cette dernière est plus vivante et plus vraie ! Sans doute le mouvement déforme. Pour employer une comparaison qui est de Mademoiselle Camille Claudel elle-même, il y a entre la roue qui tourne rapidement et la roue qui est immobile une différence essentielle : la roue immobile est ronde et ses rayons sont également distants les uns des autres ; la route qui tourne rapidement n'est plus ronde et n'a plus de rayons du tout. Le mouvement a, en quelque sorte, mangé l'anatomie, le squelette même de la roue. Et il en est ainsi du corps humain qu'il allonge ou qu'il rétrécit, dont il change les proportions, et dont il bouleverse l'équilibre. Dès lors, considérer l'anatomie d'un corps en marche comme s'il était au repos, est une grossière erreur d'observation. Il y a dans le mouvement, en effet, un état de devenir. L'artiste ne peut s'arrêter entre ce qui a été et ce qui va être. Il doit choisir. Il faut que, dans ce qui a été, il ne conserve que ce qui est nécessaire pour expliquer ce qui va être. Les Grecs, qui ne se gênaient pas pour modifier leurs proportions, savaient les soumettre à cette impérieuse exigence. Les Chinois et les Japonais ont porté à un invraisemblable degré d'habileté l'art d'indiquer la mobilité des êtres et des choses. Du reste tous les peuples qui sont doués d'yeux et qui ont regardé la vie se sont exclusivement préoccupés de l'interpréter sous sa forme vivante, qui est celle de sa fugacité. Les bas-reliefs et les ciselures les plus rudimentaires des peuples primitifs prouvent ce même souci de la vérité, et attestent que, seule, notre civilisation moderne a dédaigné la plus haute, la plus pure expression possible de l'art, c'est-à-dire son expression dramatique. Alors que les sauvages de l'Amérique, et les peuplades innomées de l'Afrique centrale sont aptes à susciter inoubliablement le trot d'un zèbre ou d'une antilope, nous constatons que nos plus experts artistes sont incapables de comprendre même le pas d'un cheval. C'est là, c'est là seulement, — Mademoiselle Camille Claudel en est bien persuadée, — qu'il faut chercher l'explication de notre décadence. Et c'est là qu'il faut chercher surtout la mystérieuse raison qui sépare si nettement, à son propre préjudice, l'art des Rembrandt et des Vélasquez de l'art des Phidias et des Hokousaï.

L'observation même respectueuse, même scrupuleuse de la nature ne suffit donc pas pour réaliser des chefs-d'œuvre. Il y faut une passion particulière. Il y faut un don spécial qui permette de tirer de l'observation même de la vie ce qui constitue le premier élément du chef-d'œuvre et qui est en quelque sorte le témoignage de la vérité : le sens de la Beauté. Les Grecs, comme, du reste, tous les peuples artistes, ont eu ce don. Les statuettes de Tanagra, ces prodigieux « instantanés » qui nous ont à jamais restitué les incidents ordinaires de leur existence, démontrent qu'ils savaient observer, et que leur observation n'était ni banale ni sotte. Car il ne s'agit pas de copier. Il est surtout essentiel que le copiste ait les yeux du poète. Il est surtout essentiel qu'il sache discerner le sens du spectacle qui est devant lui. Quand M. Édouard Pailleron regarde la société contemporaine, il écrit, très sincèrement je le crois, le *Monde où l'on s'ennuie* ou la *Souris*. Shakespeare, qui n'a que les mêmes exemples, les mêmes hommes, les mêmes passions, et qui n'entend que les mêmes drames, écrit *Coriolan* ou la *Tempête, Hamlet* ou Falstaff, Othello ou *Macbeth*. Mademoiselle Camille Claudel est plus près de Shakespeare que de M. Édouard Pailleron. La nature, vue par elle, expliquée par son œuvre, a un immédiat caractère de grandeur, une véritable souveraineté. Les petits groupes qui datent de l'époque où de sa fenêtre ouverte sur la « Cour des Miracles », elle assistait au drame qui s'y joue quotidiennement — les enfants assis en demi-cercle autour du musicien aveugle, les deux petits chanteurs qui, leur chapeau à la main et leur main dans le dos, regardent les fenêtres fermées en haut, devant eux, et tant d'autres que j'ignore encore, — ont les signes sacrés des œuvres éternelles. *Le Peintre*, qu'elle a exécuté en 1894 à Guernesey, d'après des croquis qu'elle prenait tandis que M. Y... faisait des paysages, est de cet ordre (17).

Ce petit bronze qui représente l'artiste debout, le pinceau dans la main droite, la palette passée au pouce de la main gauche, solidement campé sur ses deux jambes et mêlant ses couleurs avec soin avant de brosser la toile ne recèle, assurément, aucun mystère : Mademoiselle Camille Claudel a pris des notes ; elle a copié des profils ; et, bientôt, elle a reconstitué son personnage d'après ces notes et d'après ces profils. Elle a modelé ainsi sa figurine du peintre sans se douter qu'elle commençait de créer un art nouveau.

L'apparition du *peintre* mérite d'être considérée comme une des dates importantes de sa carrière. C'est la première œuvre où elle a montré la puissance qu'elle a d'évoquer directement la vie. Et, dès cette première œuvre, elle a atteint la maîtrise : *Le Peintre,* avec sa tête un peu inclinée sur l'épaule, est, en effet, une œuvre de franchise et de force. Tout de suite l'accent de despotique sincérité qui en émane, l'impose au respect attentif du passant. Nouveau ou ancien — l'art dont il procède est un art magnifique et vivant.

Mais aussitôt sur cette voie, Mademoiselle Camille Claudel nous apportait des preuves plus incontestables encore de son génie. De même que le peintre observé là-bas à Guernesey lui avait donné l'idée de la petite figurine que nous venons de voir, de même quatre femmes assises les unes en face des autres dans l'étroit compartiment d'une voiture de chemin de fer et qui semblaient se confier on ne sait quel précieux secret devaient lui suggérer ce prodigieux chef-d'œuvre : les *Causeuses*.

Un coin intime, inexpliqué, indéterminé. Arbitrairement deux planchettes de plâtre placées en angle droit en constituent les parois délabrées. Au fond dans l'angle, une femme annonce, par le geste plein de menace et de précaution de sa main droite levée près de sa bouche, qu'elle va parler. Et, autour d'elle, et devant elle, les trois commères exaspérées de curiosité, tendant vers la bouche entr'ouverte déjà et vers le geste révélateur leur visage gourmand de savoir, impatient de connaître et d'entendre. Toutes les têtes convergent vers le but unique, qui est le visage, qui est les lèvres elles-mêmes de celle qui va parler. Le dos, les épaules, le cou de chacune d'elles obéissent au même mouvement. Une même volonté les incline. Une même force les soumet. Un même frémissement, une même anxiété les pénètrent et les montrent rangées parallèlement sur deux bancs, identiques comme des sœurs.

Cependant, elles sont toutes dissemblables les unes des autres. L'une, assise en face de celle qui va parler, s'est presque recroquevillée sur elle-même. Le buste est soutenu par les deux bras qui s'appuient et se croisent sur les genoux. La tête, comme pour mieux voir sortir de face le précieux secret et comme aussi pour s'assurer une sorte de complicité dans la curiosité et dans la joie d'entendre, cherche la tête de la voisine la plus immédiate et même ses cheveux aux siens. Pour élever un peu ses genoux sur lesquels s'appuie le buste, et pour que les yeux soient mieux au niveau voulu, ses pieds se haussent sur leurs orteils. L'autre femme, afin de se pencher davantage, a posé sa main droite sur le banc. Elle s'y appuie fortement. Pourtant elle l'allège un peu en plaçant son pied gauche aussi loin que possible de manière à établir, par un mouvement gracieux et naturel, une sorte de contrepoids. La troisième commère, à côté de celle qui détient l'inestimable secret, s'est assise presque en diagonale. Elle s'appuie du bras gauche sur le banc et du bras droit sur son genou. Plus heureuse que ses deux voisines, elle a pu approcher son visage tout près du visage de la Causeuse. Elle la regarde en face, les yeux dans les yeux, de toute la puissance de sa volonté, de toute l'anxiété qu'elle a de ne rien rien perdre, de ne rien ignorer du merveilleux secret. Et, dans l'effort qu'elle fait, son cou se gonfle, ses lèvres s'entr'ouvrent, son dos se voûte, tout son être témoigne de son extraordinaire passion.

Je crois ne pas me tromper en disant qu'il n'existe à peu près aucune œuvre moderne qui ait l'envergure des *Causeuses*.

Il me semble, du moins, que je n'en sais aucune où le drame se développe avec autant de soudaineté, autant de simplicité, autant de lucidité. Elle est, d'ailleurs, sans parenté précise avec quoi que ce soit que nous connaissions. Elle a la providentielle clarté des créations qui ne procèdent pas d'une création connue, qui ne nous confirment pas dans une habitude déjà prise, dont la mystérieuse filiation ne s'explique pas, et qui, tout à coup, pourtant, selon l'inexplicable et l'imprévue volonté du génie, *sont*. Et ces *Causeuses* « sont », en effet, d'une façon définitive. Elles ne « sont » pas seulement en vertu du caractère dramatique de leur expression. Elles « sont » parce qu'une sorte de miraculeuse raison en gouverne chaque partie en vue des fins de l'ensemble. Ici, chaque détail participe de la beauté de l'œuvre et y contribue. Que les yeux procèdent à sa lecture phrase par phrase, en s'enivrant de la splendeur des mots, du glorieux caprice des propositions, et de leurs harmonieuses combinaisons, ou que, du drame qui les émeut, ils aillent inversément vers les éléments qui le composent, partout et de toutes parts elle se défend, et nul examen, si minutieux qu'il soit, ne triomphe du secret de sa perfection.

Le poème est magnifiquement écrit. Car c'est un poème, en effet, que ces quatre femmes, assises en cercle autour de l'idée qui les domine, autour de la passion qui les inspire et qui les pénètre. C'est un poème dont ces cous tendus, dont ces têtes levées, dont ces torses souples et lumineux constituent les strophes splendides. C'est un poème où le sang circule, où quelque chose palpite, où il y a des épaules que soulève une émotion intérieure, où il y a des poitrines qui respirent, où s'atteste enfin la prodigieuse richesse de la vie. mais aussi ce n'est qu'un coin de nature ! Un incident quelconque, un hasard, un mouvement observé en passant l'a révélé à Mademoiselle Camille Claudel. Nul sortilège, nul effort, nulle recherche ne l'expliquent. Il est doué d'une grâce souveraine qu'il ne tient que de sa propre vertu. Il est vivant. Il vit en permanence. Le modelé et l'invention sont d'une invincible énergie. La fidélité même de l'artiste et son respect de la forme humaine s'y manifestent avec une grandeur et une liberté inconnues. Vraiment, plus on le regarde plus on l'aime, plus on le comprend, plus on sent qu'il verse aux yeux émerveillés la véritable ivresse de la Beauté (18).

Et c'est aussi un poème dramatique que le groupe intitulé la *Vague* qui a été exposé au Salon du Champ-de-Mars de 1897. Les trois petites baigneuses effrayées et frileuses se donnent la main. Au-dessus d'elles, la vague énorme s'élève et déjà sa volute d'écume s'échevèle en retombant. Et les trois petites créatures regardent la redoutable avalanche qui les menace. Et leurs genoux fléchissent. Leurs épaules se haussent. Leurs bras se serrent contre le flanc. Et toute leur attitude atteste l'émotion et l'angoisse qu'elles éprouvent.

De même que les *Causeuses,* c'est un incident quelconque, c'est un hasard, c'est un mouvement observé en passant qui a inspiré à Mademoiselle Camille Claudel ce nouveau chef-d'œuvre. Comme les *Causeuses* il est modelé avec cette grandeur et cette liberté qui sont inimitables, et qu'elle tient, je pense, de la faculté qu'elle a de se rappeler si exactement la forme humaine qu'elle peut l'évoquer de mémoire. Car, en effet, comme les *Causeuses,* la *Vague* a été décrite sans le secours du modèle vivant. Or, s'il n'y a pas d'autre vérité que celle que la nature fournit à tous impartialement et inépuisablement, du moins, répétons-le, la servilité et le moulage sur nature sont ses pires ennemis. Il faut à l'artiste qui regarde la vie et qui se propose de l'imiter fidèlement, la hautaine indépendance de son âme pour chercher et pour inventer les moyens qui lui sembleront le plus propres à servir son dessein. Cette indépendance, le sculpteur de la *Vague* l'a acquise par un lent et patient labeur.

Elle lui a permis de réaliser ces deux œuvres qui sont deux des plus belles œuvres de la statuaire moderne. Et non seulement elle lui a permis de les réaliser : c'est grâce à elle, je crois, qu'elle a pu les concevoir. C'est parce qu'elle s'est sentie sûre d'elle-même, libre et forte, qu'elle a osé entreprendre de traduire dans le domaine de la sculpture des éléments qui jusqu'à présent ne lui appartenaient pas. C'est parce qu'elle se savait capable de reconstituer dans sa forme essentielle le mouvement dont elle se souvenait, qu'elle en a réalisé le projet. Et c'est ainsi que sa science d'une part et son infaillible instinct d'autre part ont également contribué à l'une des plus nobles manifestations de ce temps.

En douant d'art, de plasticité les choses ordinaires de la vie, Mademoiselle Camille Claudel a créé un art nouveau : c'est de l'or qu'elle a trouvé. C'est de l'or qui est à elle.

La vie ? Certes ! Le mouvement ? Oui ! L'incomparable spectacle qui se développe chaque jour, à chaque heure, à chaque minute devant nous : le ciel, la terre, les arbres, les êtres sont les motifs de notre perpétuel enchantement. Il suffit d'ouvrir les yeux. Il suffit de regarder pour comprendre et pour aimer.

Il y a, paraît-il, à Paris et ailleurs, des gens qui pensent que les passants sont dépourvus de beauté, que leurs vêtements sont étriqués et ridicules, qu'il leur messied d'être sur une bicyclette ou sur une automobile. Ce sont de pauvres gens ! Les différences qu'ils voudraient établir sont chimériques. Elles n'existent pas. « Tout ce qui est dans la nature est beau, dit Rodin, puisque c'est vivant ! » Et si on demandait à Mademoiselle Camille Claudel de faire un bas-relief représentant une course vélocipédique, il serait d'un art aussi sévère et aussi pur que les panathénées des frises du Parthénon.

La vie est belle partout, puisqu'elle est vivante ! mais encore faut-il la voir ! Et c'est là qu'est la difficulté unique.

Assurément, beaucoup de ceux qui se sentaient incapables de la comprendre et de l'aimer ont usé de stratagèmes ingénieux. Il n'y a qu'à visiter, pour en avoir la preuve certaine, un Salon moderne de Beaux-Arts. Combien de tableaux dans la section de peinture sont de simples grandissements photographiques arbitrairement recouverts d'une couche plus ou moins épaisse de peinture ? Du reste, les artistes qui ont l'audace inexpliquée de signer ces choses sont si naïvement stupides qu'ils ne se sont même pas donné la peine de constater que l'objectif de l'appareil dont ils se sont servis n'a qu'un œil, et que par conséquent, selon nous tous, qui en avons deux, il déforme les perspectives et voit faux. Il est vrai qu'il seraient bien embarrassés pour y remédier. N'importe ! C'est toujours infiniment réjouissant, pour celui qui se promène dans les Salons, de voir ces puérils faussaires montrer, par exemple, des bateaux de guerre dont la photographie a fait des monstres marins de plusieurs kilomètres de longueur. Et c'est toujours infiniment réjouissant de voir dans leurs « paysages » ou dans leurs « intérieurs » pendus contre les murs, des perspectives trop nettes, trop précises, trop habiles aussi pour être faites à la main, recouvertes par des taches de couleurs qui révèlent leur sincère, leur profonde, leur incurable maladresse !...

Quant à la sculpture, le sacrilège est plus odieux peut-être. En effet, les procédés de travail qui sont admis aujourd'hui n'ont rien d'un art. Ils ne se distinguent des truquages d'un négoce malhonnête par aucune essentielle différence ; sinon peut-être que le marchand qui adultère son beurre, son lait ou son vin est puni par les justes lois, tandis que le sculpteur qui vend *des moulages sur nature* comme bronzes ou comme marbres originaux n'en reçoit que des récompenses et que des encouragements. Pour lui, pourtant, que de simplifications immédiatement réalisées ! Plus de modelage, plus de dessin, plus de couleur, plus de mouvement ! L'abominable mercantilisme a rendu toutes ces choses superflues ! Désormais le sculpteur n'a plus qu'à faire venir chez lui le modèle vivant qui convient à peu près au type du grand homme qu'il est chargé de commémorer ou de la nymphe qu'il se propose de déshabiller parmi de fictifs roseaux. Il n'a même pas besoin d'y être, dans son atelier ! Un habile plâtrier, un excellent gypsier, un incomparable gâcheur ne suffiront-ils pas à faire mieux et plus proprement que quiconque l'œuvre d'art que guettent les prochains discours officiels et les pompeuses pièces de vers promises aux sociétaires de la Comédie-Française ? Ce sont eux, dans tous les cas, qui versent à vif leurs tristes préparations sur l'infortuné modèle dont c'est le destin de représenter à jamais le grand homme défunt ou la nymphe poursuivie. Du reste, le moulage sur nature étant pris, on n'a plus besoin ni du modèle, ni des gâcheurs de plâtre. Ils peuvent aller ailleurs. Le monument commémoratif ou la déesse sont finis et sont parfaits. Un metteur au point et un praticien bien stylé leur feront une dernière toilette avant le grand jour de la place publique ou du Musée.

Il est vrai que si on regarde les boulevards, les places publiques, les promenades et les musées modernes, on constate vite qu'on a été dupé et qu'on n'en a pas pour son argent. Les redingotes, les pantalons, les tabliers, les robes aussi de tous ces grands hommes — et de ces femmes — en bronze ou en marbre attestent le vice originel. Les cassures sont nettes et précises comme celles d'étoffes qui ont été enduites de plâtre et qui sont mécaniquement reproduites. Il y a une fidélité de traduction dans les menus détails et pour mieux dire une servilité que la niaiserie de l'ensemble rend plus évidentes et plus outrageantes. Du reste, à défaut de ces témoignages visibles, il y en a un autre plus incontestable encore. Voici, en effet, des œuvres copiées étroitement, exactement, minutieusement sur la nature et elles ne sont ni ressemblantes, ni naturelles, ni vivantes. Ce sont des photographies médiocres, sans caractère, sans âme, sans observation. Ce sont des œuvres dépourvues d'art.

Or Mademoiselle Camille Claudel ignore profondément ces ingénieux artifices. Elle peut signer de son nom les œuvres qui sortent de son atelier. Elle sont bien d'elle-même et d'elle seule. Mais aussi, ce n'est pas assez, je crois, de dire qu'elle ignore ces stratagèmes. Elle a trop, comme tous les artistes de premier ordre, le sentiment de sa force et de sa certitude, pour ne pas s'énorgueillir de lutter directement avec la vérité. Et elle s'énorgueillira, en effet, de tout ce que son patient et véhément effort lui arrache ! Et, chaque jour, elle la veut conquérir davantage, dans une lutte plus belle, où elle aura mis elle-même plus de grandeur et plus de noblesse. Et c'est non pas sa coquetterie mais sa religion de ne triompher des incessantes difficultés de son art que par des moyens vraiment princiers.

Le *Portrait de Madame D...* (19), exposé au Salon du Champ-de-Mars de 1897, est un de ces nobles exemples d'héroïsme, qui sont si rares à notre époque, et qui, s'ils ne constituent pas, à eux seuls, un élément de beauté, enrichissent cependant les chefs-d'œuvre d'une sorte de prestige précieux et mystérieux. Il semble, dirai-je, que si de l'ample vêtement qui forme une corbeille autour de ses épaules nues, la tête de la jeune femme se dégage en belle liberté, que si ses yeux clairs, si ses traits nets et précis et si le je ne sais quoi de volontaire de sa physionomie ont été réalisés avec un bonheur abondant, facile, enthousiaste, s'ils ont l'éloquence indéfinissable et le charme des choses audacieuses et réussies, c'est que Mademoiselle Camille Claudel a conquis cette œuvre directement et victorieusement sur le marbre lui-même. Il est inconstestable, dans tous les cas, que le sculpteur qui entreprend ainsi de tirer immédiatement et sans esquisse préliminaire un portrait d'un bloc de pierre doit être imprégné d'une foi robuste. Il doit résolument se consacrer au plus obstiné et au plus dur des labeurs, et il doit être prêt en outre, si les circonstances, si l'inconnu du marbre le commandent, à recommencer tout entière l'œuvre entreprise. C'est, du reste, pour ce buste précisément, ce qui s'est produit. La grande et courageuse artiste le terminait une première fois lorsque son ciseau s'enfonça dans ce que les sculpteurs appellent un « ver ». Il fallut prendre un autre bloc de marbre. Tout le travail déjà fait était désormais inutile.

Cependant, elle ne se découragea point. Au contraire ces difficultés, ces complications, ces hasards d'une noble lutte enflamment son admirable zèle. Ni les fatigues, ni les incertitudes d'un procédé de travail que les artistes ont dû abandonner parce — que, nul ne tenait plus, dans notre société moderne, à ne posséder que des œuvres sincèrement conçues et sérieusement exécutées, il leur serait impossible de vivre de leur métier, — n'ont raison de sa bravoure. Bien mieux, elle qui n'a jamais « travaillé » le marbre que d'une façon rudimentaire, alors que, tout enfant, elle faisait ses premiers essais de sculpture, elle apparaît le plus extraordinaire des praticiens. Avec cette même liberté, avec cette même grandeur, dont elle a inoubliablement imprégné ses œuvres antérieures, d'abord modelées en terre glaise, elle assouplit la dure et splendide matière. Elle la soumet aux caprices de sa volonté. Elle lui impose les fantaisies de son imagination. Non seulement elle triomphe de ses résistances, mais encore elle les asservit et les utilise. La vie, comme si elle se dépouillait devant elle d'un lourd vêtement de ténèbres, sort toute neuve et toute fraîche du bloc dégrossi. Et loin d'être obligée d'« ajouter » pour exagérer les formes, loin de devoir établir ses plans par de longs tâtonnements successifs, le marbre les lui donne à fleur du ciseau, fermes, lumineux et frissonnants. Il suffit qu'elle se laisse inspirer par lui. Il résiste, mais il cède. Et lorsqu'il est purifié de tout ce qui l'alourdit, on dirait que la glorieuse nature elle-même l'anime et le fait resplendir. Aussi éprouve-t-elle une joie qu'elle ne connaissait pas encore, une joie telle que depuis le moment où, il y a trois ans ou quatre ans, elle lui fut révélée, la grande artiste n'a plus sali ses doigts à pétrir la terre à modeler. Elle modèle le ciseau à la main, en pleine chair vivante et claire.

Mais si le marbre se vivifie sous son effort triomphant, si elle le doue d'une sorte de feu intérieur, c'est, encore une fois, que son patient labeur le lui a seule enseigné.

Jusqu'au moment où, dans la solitude de l'atelier du boulevard d'Italie, elle s'est mise volontairement en exil devant ses projets d'œuvres futures, nul ne lui a montré à manier le maillet ou le ciseau. Il est vrai que son sens merveilleux de l'art a suppléé son inexpérience. Elle savait modeler ! N'était-ce pas là l'essentiel ? Elle avait, dans ses doigts magiques, le secret de la vie ! Était-il dès lors nécessaire qu'elle apprît à frapper avec un maillet la tête d'un ciseau en acier ? Le propre du génie est de créer les conditions nécessaires à sa complète et à son entière manifestation. Mademoiselle Camille Claudel les a toutes réalisées, encore que tant de circonstances ennemies se fussent conjurées, semblait-il, autour d'elle, pour vaincre son indomptable volonté ! Elle en a même, avec cette puissance qu'elle a de se dépenser chaque jour si magnifiquement, réalisé bien d'autres qui sont subtiles en apparence, mais qui, dans la réalité, sèment la vie des artistes moins vaillants d'imperceptibles et d'insurmontables obstacles. Dirai-je que si Mademoiselle Camille Claudel a excuté quelques-uns de ces marbres qui sont parmi les plus beaux qu'on ait exécutés depuis le dix-septième siècle, elle a dû créer presque tous les éléments de son rude métier ? Dirai-je que, trahie par les praticiens et trompée par les fournisseurs, elle a résisté à toutes les difficultés ? Dirai-je, enfin, pour montrer comment une artiste consciencieuse est servie aujourd'hui par une industrie trop peu scrupuleuse, qu'elle a dû se faire forgeron et marteler, tremper et aiguiser elle-même les aciers nécessaires aux ciseaux, aux limes ou aux vrilles dont elle se sert ?

Ce sont là sans doute de très menus détails. Je me plais à penser qu'ils ne sont pas superflus et qu'ils illustrent un peu de leur naïveté touchante le caractère et la physionomie de cette artiste. Du reste, je l'ai dit déjà et je le répète : rien de ce qui la concerne n'est indifférent. Il est possible qu'aujourd'hui encore ces petits faits n'aient pas toute leur signification. Ils ont, devant eux, un long avenir de légende et d'histoire qui leur donnera leurs proportions véritables.

La dernière œuvre de Mademoiselle Camille Claudel est un buste en marbre intitulé : *La jeune fille aux nénuphars* (20).

La bouche ouverte et souriante, les yeux ouverts, la peau tendue et nette comme si elle eût éclaté aux lèvres et aux paupières, la jeune fille montre ses dents franches et son regard doux. Sur le front, son abondante chevelure se hérisse en volutes lourdes. Au sommet de la tête, elle se tasse sur le crâne dont elle accuse la rondeur et la solidité. En arrière, sur le col nu, des lianes ajourées de nénuphars tombent du chignon en molles et longues guirlandes.

Cette œuvre, la plus parfaite que la grande artiste ait encore signée de son nom, résume superbement ses glorieuses qualités. D'abord le modelé — le modelé des joues, du front, des épaules, de la poitrine — a, comme celui des maîtres les plus purs, la force, la souplesse et la sûreté. les plans sont taillés avec une soudaineté, une vigueur, et un enthousiasme qui ne se peuvent expliquer. On discerne seulement que tout cela chante, vibre, frémit et sourit. C'est un morceau de vie arraché à la stérilité de la matière.

Mais encore n'est-ce point là sa seule beauté ! Le marbre a été longuement et soigneusement poli. Les reliefs ronds et dorés par la patine suscitent l'idée de ces bustes de princes de la Renaissance italienne où le luxe de l'ensemble s'unit à l'opulence des détails pour assurer mieux en quelque sorte la gloire du personnage dont l'artiste a pieusement perpétué l'orgueilleux souvenir. Et il s'illustre en outre, de tout ce qu'ajoute à la beauté de la forme l'inutile mais aristocratique richesse de ces lianes ajourées de nénuphars, qui tombent sur le col nu de la jeune fille.

Tel est l'œuvre de Mademoiselle Camille Claudel (21). J'ai dû laisser de côté un grand nombre d'esquisses, d'ébauches et d'études qui sont disséminées ici ou là. Il m'a semblé qu'il ne convenait pas d'autre part de signaler dès maintenant les travaux encore inachevés qui se trouvent dans son atelier de la rue de Turenne. On verra, dans de prochaines expositions, la *Vague*, qu'elle traduit en ce moment en bronze et en onyx, et le *Chemin de la Vie,* groupement que l'État, en attendant qu'il le lui commandât en marbre, lui a commandé en plâtre, et qui montre l'homme entraîné vers l'avenir par une figure symbolique de la mort, tandis qu'une femme, la jeunesse ou la beauté, agenouillée en arrière, s'efforce en vain de le retenir. On y verra de même le groupe en bronze et en marbre *Persée et la Gorgone*, qu'elle exécute pour l'hôtel de *Madame la marquise de Maygret.*

D'autres que nous les décriront en temps opportun. Mademoiselle Camille Claudel est aujourd'hui au nombre de très rares artistes dont aucune manifestation ne saurait être indifférente. Sa personnalité s'affirmait en effet avec une incoërcible puissance. Quelques petits groupes, un ou deux bustes lui ont suffi. La démonstration a été éclatante. Elle restera inoubliable.

D'ailleurs, on peut dire d'elle qu'elle est devenue célèbre sans le secours de personne, par le seul et naturel effort de son œuvre. Elle n'a profité ni des coteries, ni des enthousiasmes, si prompts, hélas ! à s'allumer sur les fausses pistes. Elle a travaillé modestement, dans le silence, presque dans l'exil, jusqu'au jour où les *Causeuses* ont fait tomber sur son nom les premiers rayonnements de la gloire. Aujourd'hui encore elle ne se doute point de sa célébrité. Elle ne sait pas jusqu'à quel point elle a — déjà ! — le redoutable privilège des grands artistes, qui est de susciter l'envie et qui est de déchaîner la colère. Elle travaille. Indépendante du bruit qui peut se faire autour d'elle, elle ne pense qu'à la sculpture. Sa vie lui est vouée tout entière. Elle va, selon son admirable destinée, vers les fins qui lui sont promises. Elle réalise lentement et patiemment une œuvre hautaine et belle. Elle va. Sa modestie et son orgueil sont les deux compagnons fidèles qui veillent sur elle et qui la préservent de toute pensée qui serait indigne de la noblesse de son art et de son âme. Elle va ! Elle est de la race des héros !

Mathias Morhardt.

NOTES

1. Il existe, de ce buste qui a été exposé au *Salon de 1882*, plusieurs variantes en terre-cuite ou en plâtre, variantes qui consistent principalement en modifications dans l'arrangement de la coiffure. Presque toutes ces variantes ont été achetées par des Américaines, notamment par Mme-Boulard, et se trouvent aujourd'hui aux Etats-Unis.
2. Mademoiselle Camille Claudel a plusieurs fois repris le buste de son jeune frère. Elle en a, dans son atelier, diverses esquisses très remarquables. Le buste dont nous parlons ici a été fondu pour Mme la baronne Nathaniel de Rothschild. Il a été exposé au Salon des Champs-Elysées en 1887. Des exemplaires en plâtre de ce buste appartiennent à divers amis de M. Paul Claudel et notamment à M. Marcel Schwob. C'est d'après l'un de ces exemplaires que Félix Vallotton a gravé le portrait qui ornait l'une des récentes séries de *Masques* de M. Rémy de Gourmont.
3. Quatre de ces dessins ont été gravés à l'eau forte par Melle Camille Claudel pour le livre (non encore paru) de M. Léon Maillard intitulé Auguste Rodin.
4. Le buste de Melle Louise Claudel (aujourd'hui Mme X...) a été exposé au Salon des Champs-Elysées en 1887. Mme la baronne Nathaniel de Rothschild en a acquis un exemplaire en bronze dont elle a fait don au Musée de Clermont-Ferrand. M. Bing en possède un exemplaire en plâtre.
5. Le portrait de Rodin appartient à M. Claudel père.
6. *Le Portrait d'Eugénie* et *le Portrait de Victoire appartiennent à M. Mathias Morhardt.*
7. Ce groupe ayant été exposé au Salon des Champs-Elysées en 1888. Le jury, l'ayant remarqué, a décerné à Mademoiselle Camille Claudel une mention honorable.
8. Mademoiselle Camille Claudel, après avoir vainement espéré que cette œuvre lui serait commandée par l'Etat soit en marbre, ou en bronze, s'est décidée en 1895, à faire don du modèle original en plâtre au Musée de Châteauroux. Ce don, a, du reste, vivement ému une partie de l'opinion publique de la ville. La plupart des connaisseurs castelroussins ont jugé difforme et mal traité cette œuvre élégante et parfaite. Il n'est peut-être pas inutile de rappeler qu'en 1897, la même mésaventure est arrivé à Rodin, qui avait offert à la ville de Genève plusieurs de ses œuvres les plus admirables. L'une de celles-ci fut même pendant quelques temps cachée dans les caves du Musée. Ce sont là de menus faits. L'histoire ne les jugera pas indifférents.
9. Ce buste, exposé en bronze au Salon des Champs-Elysées en 1889, a été

acheté par Madame la baronne Nathaniel de Rothschild qui l'a offert au Musée de Lille où il se trouve actuellement.

10. Le buste de Rodin, a été exposé au Salon du Champs-de-Mars de 1892. Il a été modelé pendant les années 1888 et 1889. Rodin posait rarement. L'œuvre dut être abandonnée plus d'une fois et reprise. A un moment même la terre sécha. Elle tombait en ruine quand on put heureusement en prendre un moulage de terre fraîche. L'œuvre fut terminée sur ce moulage et fondue en bronze. C'est cet exemplaire qui a été exposé au Salon du Champs-de-Mars de 1892. Il appartient à Rodin. Le Mercure de France ayant eu l'idée d'éditer quinze nouveaux exemplaires de ce buste — ce qui portera à 16 le nombre total des bustes de Rodin en bronze — M. Rudier, fondeur, rue Vavin, 17ᵉ, s'est chargé de cette opération. Les exemplaires, numérotés 1 à 15, sont marqués du caducée et signés Camille Claudel.

11. La *Valse,* bronze de mi-grandeur naturelle, exemplaire unique, appartient à *M. Siot-Decauville.* Il existe une variante réduite de ce beau groupe, variante qui a environ 30 centimètres de hauteur et qui a été coulée en bronze pour Mme Ménard et M. X... Il existe de plus, en plâtre, une douzaine d'exemplaires de la petite *Valse.* Ces exemplaires, tous retouchés dans le plâtre et patinés par Mademoiselle Camille Claudel elle-même, appartiennent notamment à MM. le Docteur Louis Julien, Georges Hugo, Georges Lorrain, Robert Godet, etc.

12. La *Clotho* a été commandée en *marbre* à Mademoiselle Camille Claudel par le groupe initial des organisateurs du banquet Puvis de Chavannes (16 janvier 1895) afin d'être offert, en commémoration de cette belle fête, et avec l'assentiment du Maître lui-même, au Musée du Luxembourg.

13. Le *Portrait d'une petite châtelaine* appartient à M. X... Il en existe deux variantes, exécutées toutes deux en marbre par Mademoiselle Camille Claudel. La première variante a été exposée sous le titre de *Jeanne enfant* au Salon du Champ-de-Mars de 1895. Elle appartient à P.P... La seconde variante a été exposée au Salon du Champ-de-Mars de 1896. Dans cette dernière le front de l'enfant est orné de boucles de cheveux travaillées à jour. Elle appartient à M. Fontaine. Les exemplaires en plâtre du *Portrait d'une petite châtelaine* appartiennent à PP. Besnard, Robert Godet, Z... et à la Société populaire des Beaux Arts. Peut-on donner ici ce détail : le modelage en terre du petit buste original n'a pas demandé *moins de 62 séances.*

14. La figure en bronze offert par Rodin au Musée de Genève.

15. Appartient à Mademoiselle Alix Vaissier.

16. Je note ici que l'opinon de Rodin sur ce point diffère de celle de Mademoiselle Camille Claudel. Pour lui, le modelage, c'est presque toute la sculpture. Il n'attribue au monument qu'une importance secondaire.

17. *Le Peintre,* petite statuette en bronze qui appartient à M. P..., a été exposée au Salon du Champ-de-Mars de 1897. Des exemplaires en plâtre se trouvent chez divers amateurs et chez M. Bing.

18. C'est au salon du Champ-de-Mars de 1895 que les *Causeuses* parurent pour la première fois. Je n'ai pas besoin de rappeler que ce fut un événement. Encore qu'aucun titre et qu'aucune signature ne l'eussent

désigné à la curiosité des passants, on comprit que, quel qu'il fut, l'auteur était désormais célèbre. On n'a pas oublié, d'ailleurs, l'enthousiaste article que lui consacra notre éminent confrère Octave Mirbeau et qui fut le premier rayon de soleil — le premier rayon de gloire ! — qui pénétra dans la retraite de la grande artiste. Il existe des *Causeuses* plusieurs exemplaires en marbre, en plâtre ou en onyx. Le premier des exemplaires en marbre a été exécuté en 1896 — non sans que des praticiens maladroits en aient anéanti auparavant plusieurs ébauches qui ne purent être achevées — pour le compte du peintre norvégien Fritz Thaulow. Il a été exposé au Salon du Champ-de-Mars de 1897. Un autre exemplaire en marbre ou se trouvent seules les quatre Causeuses sans la paroi qui les protège, a été sculpté pour M. Pontremoli. Un exemplaire *en onyx vert* qui a été exposé au Salon du Champ-de-Mars en 1897 appartient à M. P... Des exemplaires en plâtre, moulés à la gélatine sur le premier marbre ont été acquis par le Musée de Genève qui a relégué ce chef-d'œuvre dans le coin le plus obscur, et par MM. Rodin, Octave Mirbeau, Gustave Geffroy, Robert Godet, Maurice Reymond, Adrien Remacle, ... etc.

19. Appartient à Madame D...
20. Ce buste, qui appartient à M. Maurice F..., a été exposé, en septembre et octobre 1897, chez M. Bing.
21. Il faudrait, pour être complet, signaler encore un buste du *peintre Lhermitte,* un *Chien,* bronze qui appartient à M. Siot-Deceauville, et un groupe intitulé *Daphnis et Chloé.*

ANNEXE 14

CAMILLE CLAUDEL
CATALOGUE

Camille CLAUDEL, Catalogue

DÉSIGNATION DES ŒUVRES	DATE	GENRE	SALONS OU EXPOSITIONS	MUSÉE (date d'entrée)
Œuvres de jeunesse : Napoléon 1er, Bismarck, illustration des poèmes d'Ossian, Œdipe et Antigone....	(1876-1877)	Essais en terres, modelages		
David et Goliath	Ant. 1880	Sculpture		
Paul Claudel à 13 ans « Paul Claudel enfant »	1883	Sculpture	Champs-Élysées, 1887 ?	Châteauroux (1903) Don Baron Rothschild
Vieille femme ou la vieille Hélène	1882	Sculpture	Salon 1882 (plâtre) Salon 1885 (terre cuite)	
Paul Claudel à 16 ans	1883	Sculpture	Musée Rodin 1951, n° 3	Toulon. Titre « Mon frère ».
Buste de Louis-Prosper Claudel	Ant. 1884	Sculpture		
Portrait de Mme L.-P. Claudel	Ant. 1884	Peinture		
Torse de femme	Vers 1884 (1887)	Sculpture	Musée Rodin 1951, n° 7	

DÉSIGNATION DES ŒUVRES	DATE	GENRE	SALONS OU EXPOSITIONS	MUSÉE (date d'entrée)
Dessins	(1884-1892)			
Buste de jeune fille (Mme F. de Massary, née Louise Claudel)	1885	Sculpture	Champs Élysées, 1887. Musée Rodin 1951, n° 8	Lille (plâtre) (1892) Don Gauchez Clermont-Ferrand (bronze) Don N. de Roth. Bost. 1888
Le jeune romain	1885	Sculpture	Salon 1887 Musée Rodin 1951, n° 4	Avignon (1897) Don A. de Rothschild
Paul Claudel à 18 ans (autre version de l'œuvre précédente)	1886	Sculpture	Exposition des femmes artistes modernes, 1934	Calais Avignon
Buste de Rodin	1886	Sculpture		Musée Rodin
Portrait de Rodin	Vers 1887	Peinture (huile)		
Portrait de Maria Paillette	Vers 1887	Peinture (huile)		

DÉSIGNATION DES ŒUVRES	DATE	GENRE	SALONS OU EXPOSITIONS	MUSÉE (date d'entrée)
Portrait de Louise de Massary	Vers 1887	Pastel	Musée Rodin 1951, n° 10	
Portrait d'Eugénie Plé	1887	Peinture (huile)		
Portrait de Victoire Brunet	1887	Peinture (huile)		
Sakountala ou l'Abandon	1888	Sculpture	Champs Élysées 1888 (mention honorable) Exposition Galerie E. Blot 1905, n° 9 Exposition des femmes artistes, 1934 Musée Rondin 1951, n° 11, 12, 13	Châteauroux (1895) offert au Musée par l'artiste Poitiers (1967) Musée Rodin (1967) Don Paul Claudel
Torse de femme	1888	Sculpture		
Ferdinand de Massary Louise de Massary	1888 1888	Sculpture pastel	Musée Rodin 1951, n° 9	
La prière	1889	Sculpture	Champs-Élysées 1889	
Charles Lhermitte	1889	Sculpture	Salon de 1889 Musée Rodin 1951, n° 14	

506

DÉSIGNATION DES ŒUVRES	DATE	GENRE	SALONS OU EXPOSITIONS	MUSÉE (date d'entrée)
Auguste Rodin	1888-1889	Sculpture	Salon de la Société Nationale 1892 (n° 1482). Musée Rodin 1951, n° 10	Musée Rodin Don Rudier (1950)
La Valse	1893	Sculpture	Salon de la Société Nationale, 1893 (n° 37) Exposition Galerie E. Blot, 1905 (n° 10) Exposition femmes artistes, 1934 Musée Rodin 1951, n° 16	Musée Rodin (1963) Poitiers (Donation Brisson-Happe) (1967)
Clotho (La Parque)	1893	Sculpture	Salon Société Nationale 1893, n° 38 Musée Rodin, 1951, n° 15	Musée Rodin Don Paul Claudel (1967)
L'Aurore (cf. lettre Musée Rodin)	?			
Portrait d'une petite châtelaine	1894	Sculpture	Salon Société Nationale, 1894, n° 36	Beaufort-en-Vallée
Jeanne enfant (autre titre de l'œuvre précédente)	1895	Sculpture	Salon Société Nationale 1895, n° 20 Musée Rodin, 1951, n° 19	Musée Rodin (1968)

DÉSIGNATION DES ŒUVRES	DATE	GENRE	SALONS OU EXPOSITIONS	MUSÉE (date d'entrée)
Le Dieu envolé	1894	Sculpture	Salon Société Nationale, 1894	
Le peintre Léon Lhermitte	1894	Sculpture	Société Nationale, 1897	
Les Causeuses ou les Bavardes ou la Confidence	1894	Sculpture	Société Nationale, 1895 Société Nationale, 1897 Exposition Galerie E. Blot, n° 12 Musée Rodin 1951, n° 21	Musée Rodin (onyx) (1963) Musée Rodin (bronze) (1965) Genève (plâtre)
Le peintre Léon Lhermitte	1895	Sculpture	Société Nationale, 1895 Musée Rodin, 1951, n° 20	
Étude d'après un japonais	1895	Sculpture		
La vague ou les Baigneuses	1896	Sculpture	Salon Société Nationale 1897, n° 24 Exposition Galerie E. Blot, 1905, n° 13 Musée Rodin, 1951, n° 23 (cf. lettre de Mme Nantet du 18/06/95	
Portrait de Mme D...	1897	Sculpture	Salon Société Nationale, 1897	

DÉSIGNATION DES ŒUVRES	DATE	GENRE	SALONS OU EXPOSITIONS	MUSÉE (date d'entrée)
Hamadryade ou la jeune fille aux nénuphars	1897	Sculpture	Exposé chez Bing, septembre-octobre 1897	
Modèle de Rodin pour la profonde pensée	1897	Sculpture		
Le Comte de Maygret en costume Henri II	1899	Sculpture		
L'Age mûr (le chemin de la vie) 1er projet	1899	Sculpture	Salon Société Nationale 1899, n° 28 Musée Rodin, 1951, n° 24	Musée Rodin Don Paul Claudel, (1967)
L'Age mûr 2e projet		Sculpture	Salon 1903, n° 2658 Musée Rodin, 1951, n° 25	Musée Rodin Don Paul Claudel, (1967)
Imploration ou l'imploration ou l'implorante		Sculpture	Exposition Galerie E. Blot, 1905 n° 1/2 Musée Rodin, 1951, n° 26	Musée Rodin (1968)

DÉSIGNATION DES ŒUVRES	DATE	GENRE	SALONS OU EXPOSITIONS	MUSÉE (date d'entrée)
Persée ou Persée et la Gorgone	1899	Sculpture	Salon Société Nationale 1899, n° 29 Exposition Galerie E. Blot, 1905, n° 3 Exposition des femmes artistes modernes, 1934 Musée Rodin, 1951, n° 27/28	Musée Rodin (marbre) (1963)
Le rêve au coin de l'âtre ou le rêve au coin du feu	1900			Draguignan
La profonde pensée (marbre) Alsacienne	1902	Sculpture		
La Comtesse de Maygret	1902	Sculpture		
La Fortune	Ant. 1905	Sculpture	Exposition Galerie E. Blot, 1905, n° 5 Musée Rodin, 1951, n° 31	Poitiers Donation Brisson-Happe (1967)
La Sirène	Ant. 1905	Sculpture	Salon de 1905 n° 2891 Exposition Galerie E. Blot, 1905, n° 8 Musée Rodin, 1951, n° 29	

DÉSIGNATION DES ŒUVRES	DATE	GENRE	SALONS OU EXPOSITIONS	MUSÉE (date d'entrée)
Portrait de L.-P. Claudel	1905 ?	Crayon	Musée Rodin, 1951, n° 39	
Paul Claudel à 37 ans	1905	Sculpture	Musée Rodin 1951, n° 30	Musée Paul et Camille Claudel, Villeneuve-sur-Fère
Vertumne et Pomone (cf. l'Abandon)	1905	Sculpture		
ŒUVRES CITÉES OU REPRODUITES MAIS DE DATATION INCERTAINE				
Chien ou Chien affamé		Sculpture	Musée Rodin, 1951, n° 32	Musée Paul et Camille Claudel, Villeneuve-sur-Fère
L'Aurore		Sculpture		
Têtes d'enfant		Sculpture	Musée Rodin, 1951, n° 33	
Jeune fille		Sculpture	Musée Rodin, 1951, n° 34	
Quatre études de têtes		Sculpture	Musée Rodin, 1951, n° 35	
Homme aux bras croisés		Sculpture	Musée Rodin, 1951, n° 36	
Aveugle chantant		Sculpture	Musée Rodin, 1951, n° 37	

DÉSIGNATION DES ŒUVRES	DATE	GENRE	SALONS OU EXPOSITIONS	MUSÉE (date d'entrée)
Femme à sa toilette		Sculpture	Musée Rodin, 1951, n° 38	
Femme se chauffant devant une cheminée	Ant. 1905	Sculpture		
Portrait de l'artiste par elle-même	Ant. 1905	Sculpture		
Sans titre	Ant. 1905	Sculpture		
Vieille aveugle chantant	Ant. 1905	Sculpture		
Tête d'enfant	Ant. 1905	Sculpture		
Intimité	Ant. 1905	Sculpture	Exposition Galerie Blot, 1905, n° 6	
Au coin du feu (cf. au coin de l'âtre)	Ant. 1905	Sculpture	Exposition Galerie Blot, 1905, n° 4	Musée de Draguignan + terre cuite Villeneuve
Daphnis et Chloé	Ant. 1898	Sculpture		

ANNEXE 15

ARBRE GÉNÉALOGIQUE

ARBRE

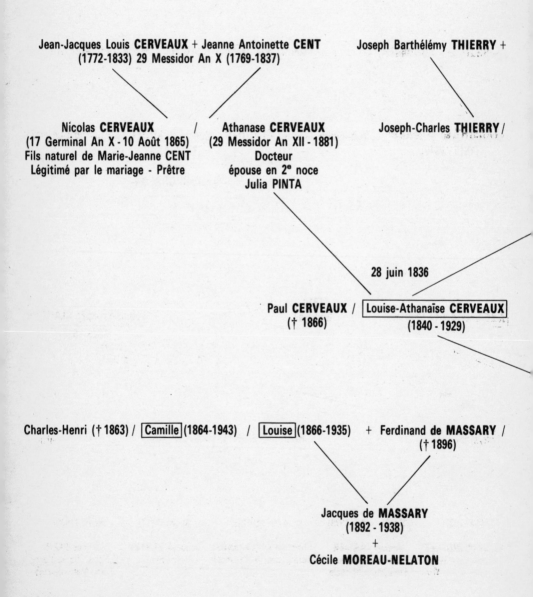

Jean-Jacques Louis **CERVEAUX** + Jeanne Antoinette **CENT**
(1772-1833) 29 Messidor An X (1769-1837)

Joseph Barthélémy **THIERRY** +

Nicolas **CERVEAUX**   /
(17 Germinal An X - 10 Août 1865)
Fils naturel de Marie-Jeanne CENT
Légitimé par le mariage - Prêtre

Athanase **CERVEAUX**
(29 Messidor An XII - 1881)
Docteur
épouse en 2ᵉ noce
Julia PINTA

Joseph-Charles **THIERRY** /

28 juin 1836

Paul **CERVEAUX** /   Louise-Athanaïse **CERVEAUX**
(† 1866)   (1840 - 1929)

Charles-Henri († 1863) / Camille (1864-1943) / Louise (1866-1935) + Ferdinand de **MASSARY** /
(† 1896)

Jacques de **MASSARY**
(1892 - 1938)
+
Cécile **MOREAU-NELATON**

* MARIE DITE « CHOUCHETTE »
** REINE DITE « GIGETTE »

GÉNÉALOGIQUE

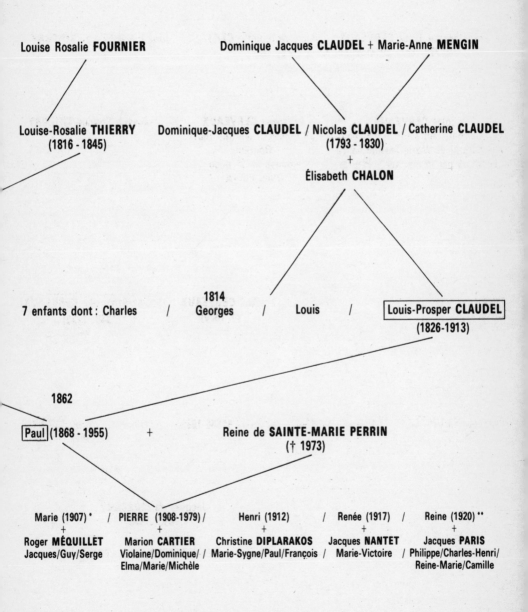

Louise Rosalie **FOURNIER**

Dominique Jacques **CLAUDEL** + Marie-Anne **MENGIN**

Louise-Rosalie **THIERRY** (1816 - 1845)

Dominique-Jacques **CLAUDEL** / Nicolas **CLAUDEL** / Catherine **CLAUDEL** (1793 - 1830)

\+

Élisabeth **CHALON**

7 enfants dont : Charles / 1814 Georges / Louis / Louis-Prosper **CLAUDEL** (1826-1913)

1862

Paul (1868 - 1955) + Reine de **SAINTE-MARIE PERRIN** († 1973)

Marie (1907) [*] / PIERRE (1908-1979) / Henri (1912) / Renée (1917) / Reine (1920) [**]
\+ / \+ / \+ / \+ / \+
Roger **MÉQUILLET** / Marion **CARTIER** / Christine **DIPLARAKOS** / Jacques **NANTET** / Jacques **PARIS**
Jacques/Guy/Serge / Violaine/Dominique/ / Marie-Sygne/Paul/François / Marie-Victoire / Philippe/Charles-Henri/
Elma/Marie/Michèle / Reine-Marie/Camille

Ce livre est dédié à Pierre Claudel.

A la demande de Jacques Cassar, nous tenons à exprimer nos plus vifs remerciements à Madame Monique Laurent, conservateur en chef du Musée Rodin, et au personnel du musée pour leur aide et leur accueil chaleureux.

Madame Cassar tient à remercier tout spécialement :

La Famille claudel,

Monsieur Maurice Lébre pour son soutien,

Monsieur Michel Archimbaud.

Achevé d'imprimer
en mars 1987
sur les presses de
l'Imprimerie Durand
28600 Luisant
pour les Éditions Garamont
Librairie Séguier
à Paris.
N° d'édition : 107
N° d'impression : 5812
Dépôt légal : mars 1987
Printed in France

Il a été tiré de cette édition 200 exemplaires numérotés de
1 à 200 constituant l'édition originale.
50 exemplaires sont réservés à l'Association d'étude et d'aide
aux enfants amputés congénitaux (ASSEDEAC).